中国（昆明）南亚东南亚研究院丛书

何祖坤　任佳　主编

环印度洋地区经济发展研究

HUAN YINDUYANG DIQU JINGJI FAZHAN YANJIU

任佳　杨光　主编

中国社会科学出版社

图书在版编目(CIP)数据

环印度洋地区经济发展研究／任佳，杨光主编．—北京：中国社会科学出版社，
2017.4

ISBN 978-7-5161-9940-4

Ⅰ.①环… Ⅱ.①任…②杨… Ⅲ.①经济发展-研究-世界②区域经济合作-
国际合作-中国 Ⅳ.①F113.4②F125.5

中国版本图书馆 CIP 数据核字（2016）第 280715 号

出 版 人	赵剑英	
责任编辑	任 明	
特约编辑	乔继堂	
责任校对	刘 娟	
责任印制	李寡寡	

出　　版	中国社会科学出版社
社　　址	北京鼓楼西大街甲 158 号
邮　　编	100720
网　　址	http：//www.csspw.cn
发 行 部	010-84083685
门 市 部	010-84029450
经　　销	新华书店及其他书店

印刷装订	北京君升印刷有限公司
版　　次	2017 年 4 月第 1 版
印　　次	2017 年 4 月第 1 次印刷

开　　本	710×1000　1/16
印　　张	18
插　　页	2
字　　数	310 千字
定　　价	75.00 元

序　言

　　南亚、东南亚地处亚洲大陆南部和东南部，南亚包括印度、巴基斯坦、孟加拉国、斯里兰卡、尼泊尔、不丹、马尔代夫和阿富汗等八个国家，总面积约 500 万平方公里，人口 17 亿左右。南亚次大陆作为一个相对独立的地理单元，东濒孟加拉湾，西濒阿拉伯海，囊括了喜马拉雅山脉中、西段以南至印度洋之间的广大地域，是亚洲大陆除东亚地区以外的第二大区域。东南亚包括新加坡、马来西亚、泰国、印度尼西亚、缅甸、老挝、越南、柬埔寨、菲律宾、文莱、东帝汶 11 个国家，面积约 457 万平方公里，人口约 5.6 亿。东南亚地区连接亚洲和大洋洲，沟通太平洋与印度洋，马六甲海峡是东南亚的咽喉，地理位置极其重要。著名的湄公河，源自中国云南境内澜沧江，流入中南半岛，经缅甸—老挝—泰国—柬埔寨—越南，注入南海，大致由西北流向东南。总长 4180 公里，流域总面积 81.1 万平方公里。

　　习近平主席在 2013 年访问哈萨克斯坦和印度尼西亚时分别提出丝绸之路经济带和"21 世纪海上丝绸之路"的倡议。这是中国西向开放和周边外交战略的新布局，其战略指向是解决国内区域发展不平衡问题，推动西部大开发与大开放相结合，与沿线国家构建利益共同体、命运共同体和责任共同体。南亚、东南亚及环印度洋地区位于亚欧陆上、海上交通通道的枢纽位置，是"丝绸之路经济带"和"21 世纪海上丝绸之路"（"一带一路"）的必经之地，是对我国西向方向开放具有重大战略意义的周边地区，也是中国落实与邻为善、以邻为伴，睦邻、安邻、富邻的周边外交方针，以及"亲、诚、惠、容"外交理念的重要地区之一。

　　从历史交往和相互关系来看，中国与南亚、东南亚山水相依、人文相亲、守望相助，双方平等交往、相互反哺、互通有无的友好关系史绵延至今最少已有两千余年。在漫长的古代，依托南方丝绸之路和茶马古道等连通中缅印且贯通亚欧大陆的古老国际通道，中国与南亚东南亚的经贸交往频繁、人员往来不断，在人类文明交流史上写下了一部互学互鉴，交相辉映的精彩华章。一方面，古蜀丝绸最早让南亚知道了中国，公元前 4 世纪成书的梵文经典《摩诃婆罗多》及公元前 2 世纪的《摩奴法典》中都有"支那"产"丝"的记载。此外，考古学者还在四川三星堆遗址发现大量象牙，又在云南江川、晋宁等地春秋晚期至西汉中期墓葬中挖掘出大量海贝和金属制品。经考证，上述出土文物很可能是从古代印度输入的。这表明，古代中国与南亚之间的经贸交往不仅内容丰富，而且互动频繁。另一方面，在中国东晋高僧法显、唐代高僧玄奘的西行求经，天竺鸠摩罗什、达摩祖师的东来送法，以及南传上座部佛教从古印度经斯里兰卡传入缅甸，此后再传播至泰国、柬埔寨、老挝、越南、马来西亚和印度尼西亚等地的过程中，佛教文化也随之传入中国和东南亚，并落地生根、开枝散叶。据统计，从公元 2 世纪到 12 世纪的一千年间，中国翻译的南亚佛教经典著作多达 1600 种、共 5700 余卷。可以说，以"丝绸东去"和"佛陀西来"为典型，中华文明与南亚东南亚文明的交流互动，无论其内容还是规模，在世界文化交流史上均属罕见。

这些多条多向的古代国际通道，不仅是古代中国云南通往南亚、东南亚的交通通道，也是操藏缅语族、孟高棉语族等语言的古代诸民族的迁徙走廊。可以说，至迟自蜀身毒道的开通以来，途径云南或以云南为起点的多条多向通道，使今天我们所说的中南半岛地区和孟中印缅毗邻地区较早产生了互联互通的历史萌芽，促进了中华文明、南亚文明与东南亚文明在漫长古代的整体互动。到了近现代，无论是滇越铁路，还是史迪威公路、滇缅公路、驼峰航线，这些在近现代交通史上曾留下浓墨重彩的交通线路，无一不以云南为起点，而云南也正是凭借这些线路，在大湄公河地区和孟中印缅毗邻地区互联互通史上发挥了特殊作用并占据着重要地位。

改革开放以来，云南省在我国西南边疆省区中率先提出了面向东南亚南亚的对外开放战略。90 年代，在国家加强西部大开发期间，又提出把云南建设成为我国通往东南亚南亚的国际大通道的建议。进入新世纪，云南着力推进绿色经济强省和民族文化大省建设，努力打造中国连接东南亚南亚国际大通道。经过多年的努力，以大湄公河次区域经济合作（GMS 合作）、孟中印缅地区经济合作（BCIM 合作）为代表，云南省在推动面向东南亚和南亚这两个战略方向的对外开放和区域合作中，走在了全国的前列，并且取得了明显的成效。目前，云南是我国与南亚东南亚等国家和地区开辟航线最多、国家级口岸最多、与周边国家连接的陆路通道最多、民间交流最频繁的省之一；也是泛亚铁路、亚洲公路网的覆盖地区，多条连接东南亚南亚国家的规划路线通过云南走出中国。2013 年，中国—南亚博览会永久落户云南省会昆明，云南获得了加强与南亚、东南亚、西亚及其他国家和地区全面交流合作的新平台。2013 年 5 月李克强总理访印期间，两国在《中印联合声明》中共同倡议建设孟中印缅经济走廊，加强地区互联互通。2014 年习近平主席访问印度时签署的《中华人民共和国和印度共和国关于构建更加紧密的发展伙伴关系的联合声明》中再次提到，双方忆及孟中印缅经济走廊联合工作组第一次会议，同意继续努力，落实会议达成的共识。这标志着云南学者最先提出的孟中印缅地区经济合作构想最终上升成为国家战略。

2015 年 1 月，习近平总书记考察云南时指出：随着我国实施"一带一路"战略，云南将从边缘地区和"末梢"变为开放前沿和辐射中心，发展潜力大，发展空间广。希望云南主动服务和融入国家战略，创出一条跨越式发展的路子来，努力成为我国民族团结进步示范区、生态文明建设排头兵、面向南亚东南亚辐射中心。这是对云南发展明确的新定位、赋予的新使命、提出的新要求。由于云南是中国西南方向与周边东南亚和南亚接壤和邻近国家最多的省，也是中国与印度洋沿岸地区开展经济合作最具区位优势的省。因此云南理所当然担负着落实国家"一带一路"战略和周边外交的重任。

云南省委省政府为贯彻落实中央的决策部署，加强顶层设计，九届十次全会作出了《中共云南省委关于深入贯彻落实习近平总书记考察云南重要讲话精神闯出跨越式发展路子的决定》，主动融入和服务国家发展战略，全面推进跨越式发展。习近平总书记指出，"云南的优势在区位、出路在开放"。云南的优势在"边"，困难也在"边"。如何在沿边开放中倒逼改革，在改革创新中推动孟中印缅经济走廊和中国—中南半岛国际经济合作走廊建设；处理好与邻国的关系，对接各国的发展战略和规划，共商、共建、共享经济走廊；准确研判国际形势和周边情势，都需要云南智库深入调研、长期跟踪地进行国别研究、国际关系和国际区域合作问题研究，提出科学及有价值的决策咨询研究成果。为此，在省委、省政府的关心和支持下，依托云南省社会科学院，正式成立了中国（昆明）南亚东南亚研究院。这是云南省学习贯彻落实习近平总书记考察云南重要讲话精神和党中央、国务院《关于加强中国特色新型智库建设意见》的重要举措。

云南省社会科学院的南亚东南亚研究历史悠久、基础扎实、底蕴深厚、人才辈出。早在上世纪 60 年代，外交部落实毛主席、周总理《关于加强国际问题研究报告》批示精神，在全国布局成立国际问题研究机构，就在我院成立了印巴研究室和东南亚研究室，经一代又一代社科专家的积淀和传承，发展成了现在的南亚研究所和东南亚研究所。南亚东南亚研究是我院优势特色学科之一，在国内外享有较好的声誉和影响力，该领域的研究在国内居领先地位。进入 90 年代以来，我院高度重视对我国和我省面向东南亚南亚对外开放、东南亚南亚国别问题和地区形势的研究。在大湄公河次区域合作、中国与东南亚南亚区域合作战略、中国和印度经贸合作新战略、中国与南亚经贸合作战略、孟中印缅地区经济合作、东南亚南亚的历史与现状、中国与东南亚南亚的人文交流合作、印度洋地区研究等领域，推出了一批重要学术成果。培养了一支专业从事东南亚南亚研究的学者队伍。

　　当前，云南省充分利用边疆省份的区位优势，加快融入"一带一路"国家战略，推进孟中印缅经济走廊和中南半岛国际经济合作走廊建设。在这一背景下，中国（昆明）南亚东南亚研究院推出"一带一路"沿线地区的国情研究、专题研究报告、南亚东南亚研究、环印度洋地区研究等组成的书系，深入对"一带一路"沿线国家的政治经济、历史文化、对外关系、地理生态环境，以及中国与南亚东南亚、环印度洋地区的经贸合作、互联互通、人文交流、非传统安全合作等问题的研究，推出一批成果，使广大读者对"一带一路"沿线国家和我国与周边国家关系有更深入的了解，以期对政府、学界、商界等推动我国与沿线国家设施联通、贸易畅通、政策沟通、资金融通、民心相通，共商、共建、共享丝绸之路经济带和 21 世纪海上丝绸之路有所裨益。

任　佳

2015 年 10 月 25 日

前　言

　　环印度洋地区地跨亚洲、非洲和大洋洲，拥有丰富的自然资源、巨大的人力资源、广阔的市场和便利的交通，向东可以通过马六甲海峡进入太平洋，向西绕过非洲南端可达大西洋，西北通过红海、苏伊士运河可联系地中海，印度洋优越的地理位置使其在世界航运上占有重要地位，是世界能源与贸易的命脉。

　　中国与印度洋沿岸的交流是通过古代丝绸之路开始的。从海上交流来看，1405—1433年郑和率领中国大明王朝庞大船队访问了30多个西太平洋和环印度洋的国家和地区，最远到达非洲东海岸和红海沿岸，把古代中国西出印度洋的远航推向高潮，加深了中国同东南亚、南亚、东非的友好关系，大大促进了东西方的文化、经济交流。从陆路交流来看，中国与印度的交流始于公元前。据印度学者的研究，早在公元前4世纪印度孔雀王朝时期，就有一条从四川经云南出缅甸，跨越钦敦江和帕特凯山脉，到达古印度的丝绸之路①。印度另一位学者指出，"从印度东北至中国的商道，中国称'丝绸之路'，其存在甚至早于中亚丝绸之路的推广和佛教传入中国之前……当时只有通过阿萨姆陆路，印度和中国有直接的贸易联系"②。中印文化研究大师季羡林认为，"丝绸之路并不是简简单单的一条路，而是路线颇多……，我只着重指出，这一条路也通到的印度，在一千多年的长时间内，它是中印文化交流的干线。此外，还有通过西藏的路和川、滇、缅、印路，等等，在陆路方面，也都起过重要的作用。当然还有海路"③。法国汉学家伯希和认为在公元2世纪前"中国与印度已由缅甸一道发生贸易关系"④。

---

　　① B. G. Verghese, *India's Northeast Resurgent*, Konark Publishers PVT Ltd., 1996.

　　② ［印］Haraprasad Ray：《从中国到印度的南方丝绸之路》，见江玉祥主编《古代西南丝绸之路研究》第2辑，四川大学出版社1995年版。

　　③ 季羡林：《中印文化交流史》第16页，中国社会科学出版社2008年版。

　　④ ［法］伯希和：《支那名称之起源》，见冯承钧译《西域南海史地考证译丛》，商务印书馆1962年版。

1997 年 3 月 5 日，由 14 个成员国组成的环印度洋区域合作联盟（IOR-ARC）在毛里求斯成立，标志着世界上地域面积最大的跨区域合作联盟的诞生。联盟成员国面积总和占世界陆地总面积的 17%，人口近 20 亿，约占世界人口总数的 31%，其 GDP 占世界 GDP 的 7%，贸易总额占世界贸易总额的 10%。现已发展为 20 个成员国，截至 2015 年 7 月已举行 14 届部长理事会会议。

相对环印度洋地区日渐上升的战略地位，我国对该地区的研究还很有限，远远不适应世界地缘政治、经济发展的趋势和中国对环印度洋地区的战略利益的需求。总体来说，以环印度洋地区作为对象加以研究成果较少，也较分散。整体地、系统地对该地区经济发展的专门研究还是空白。随着中国与环印度洋地区经济关系的日趋紧密，特别是中国高度重视西向开放并提出"一带一路"倡议，加强对环印度洋地区研究的理论意义和现实意义更加凸显。

本书研究的"环印度洋地区"指位于印度洋沿岸的主要地区和主要国家，主要涉及五个板块：南亚板块，主要包括巴基斯坦、印度、孟加拉国、斯里兰卡和马尔代夫等国；东南亚板块，主要包括缅甸、泰国、马来西亚、新加坡和印度尼西亚等国；中东板块，主要包括伊朗、沙特阿拉伯、科威特、伊拉克、阿曼、也门等国；非洲板块，主要包括南非、莫桑比克、坦桑尼亚、肯尼亚、索马里、苏丹、埃及和毛里求斯等国；大洋洲板块，主要是澳大利亚。

国内外对环印度洋地区的研究主要包括两个视角：首先是基于海权的视角，将该地区视为控制和影响印度洋海上交通线使用的关键地区、本世纪的世界地缘政治中心、大国博弈的核心舞台加以研究。1890 年美国学者阿尔弗雷德·塞耶·马汉出版了《海权对历史的影响（1660—1783）》一书，提出了"海洋中心"说。马汉认为，海权是决定世界强国兴衰的主要原因，也是影响历史进程的主要因素。谁能有效控制海洋，谁就能成为世界强国。当今的"海权论"者不仅主张国家要建立现代化的、强大的远洋舰队以保护国家的海外贸易、海外市场、海上航行、海外利益，而且主张把国家的政治意志和外交影响投射到海洋沿岸的国家和地区，最终影响陆上事态进程和对关键海上交通咽喉的把控。影响甚至控制环印度洋地区的国家被视为使用、控制印度洋海上交通线的重要战略构成。卡普兰是《大西洋月刊》的通信记者，同时身兼美国国防政策联邦顾问委员会成员。他出版的《季风：印度洋与美国强权的未来》（*Monsoon：The Indian Ocean and the Future of American Power*）一书以及其在美国《外交事务》上发表的《印度洋：21 世纪大国争夺的中心》一文可谓研究环印度洋地区历史、地缘格局演进的代表性著作，对这一地区的政治格局的演变对世界格局产生的冲击和影响作了深刻的分析。

研究环印度洋地区的另一个重要的视角是把这一地区作为全球重要的新兴市场，从环印度洋地区合作联盟、"印度洋经济圈"的角度对这一地区进行研究。环印度洋区域合作联盟是目前环印度洋地区最重要的经济合作组织之一，地跨亚洲、非洲和大洋洲，拥有丰富的自然资源、巨大的人力资源、广阔的市场和便利的交通。印度观察家研究基金会特聘研究员拉贾·莫汉认为，既然区域内各国都必须承担起维护印度洋安全的责任，就不应当拘泥于"区域内还是区域外"国家。环印度洋区域合作联盟必须加强与世界主要大国联系，共同维护印度洋安全。印度洋沿岸地区正形成印度洋经济圈和世界经济的又一增长极。目前，中国在环印度洋地区国家的投资已接近 1000 亿美元。环印度洋地区已经成为中国贸易投资的主要区域之一。印度洋海上交通线是我国对外经济联系的重要通道。该地区成为关系到中国经济发展繁荣、能源安全乃至国家安全的重要地区。中国与环印度洋地区的经贸合作，一方面推动了本地区国家的贸易和经济发展，另一方面也面临一些挑战和风险。要实现中国贸易、投资与所在国的互利互惠，长期可持续地发展，都要求我们准确研判环印度地区经济发展形势。

云南是中国西南连接印度洋最近的通道，是与印度洋沿岸国家开展经贸交流最具优势的省。云南正在建设中国面向南亚东南亚的辐射中心，每年的中国—南亚博览会已经吸引了来自印度洋沿岸的南亚、东南亚、非洲、西亚等国家云集昆明开展经贸和文化交流。中国社会科学院和云南省社会科学院较早就关注印度洋地区研究。中国社会科学院西亚非洲研究所自 1961 年成立以来，对西亚、非洲国家进行了广泛深入的研究，产生了大量研究成果，并且在 1997 年承担了国家社科基金课题"环印度洋经济圈的形成与我国中西部开发"。云南省社科院早在 20 世纪 80 年代就出版了研究历史上的南方丝绸之路等书籍，之后又在学术界发起了郑和下西洋、西出印度洋的国际研讨会，一系列研究成果相继问世。90 年代云南社科院开始研究环孟加拉湾地区经济合作、亚欧大陆桥等课题，开辟印度洋出海通道等课题成果成为国内最早的研究经缅甸连接印度洋，开辟印度洋经贸、能源通道的成果。21世纪以来，大量研究环印度洋地区的相关课题成果相继出版，2003 年出版《中国与印度经贸合作新战略》、2009 年出版《中国云南与南亚经贸合作战略研究》等。2012 年以来又完成了中国印度洋地区的利益评估、中国在印度洋的战略利益研究等课题。2013 年出版《面向印度洋的开放和合作》，

2015 年出版《印度的印度洋战略研究》等专著。云南财经大学印度洋研究中心 2013 年以来出版了《印度洋地区发展报告》。这些成果都是云南学术界关注和研究印度洋地区的最新成果，对本书的研究有所裨益。

与已有的研究成果相比，本书更注重基础性、系统性、前瞻性；综合运用经济学理论、地缘经济学理论、相互依存理论、国际关系等多种理论对环印度洋地区的经济发展形势进行分析、评估和预测；力图客观分析环印度洋地区自身的经济社会发展和环境，以及中国与环印度洋各区域和国家的经济关系，中国实施西向开放、"一带一路"建设与环印度洋地区经济合作的前景、面临的挑战等，以便使国内学术界和读者对环印度洋地区经济发展及该地区与中国的经济关系有较为全面的了解。本课题的首席专家及核心成员均来自中国社科院和云南省社科院。在学理性研究的基础之上，提出有针对性的对策建议，为国家和云南面向印度洋的开放建言献策，从而发挥社会科学研究系统的智库作用，也是开展这项研究的重要目的。

本书包括七章内容：第一章环印度洋地区经济发展现状与展望；第二章环印度洋各区域经济发展现状与趋势；第三章环印度洋地区的相关区域合作组织状况及影响；第四章中国与环印度洋各区域经济关系分析；第五章中国在印度洋的利益及其与环印度洋各区域经济合作潜力分析；第六章中国与环印度洋各区域发展经济关系的战略环境分析；第七章拓展中国与环印度洋各地区经济关系的对策建议。

任佳　杨光
2015 年 12 月 30 日

目　录

第一章　环印度洋地区经济发展现状与展望 ……………………… （1）

　第一节　环印度洋地区经济发展评述 ………………………… （1）

　　一　环印度洋地区地域覆盖辽阔、人口众多 ………………… （1）

　　二　环印度洋国家经济发展不平衡，大多数处于中低收入水平 … （2）

　　三　印度洋地区国家经济增长率高，经济活力大 …………… （4）

　　四　环印度洋地区国家城镇化水平较低 ……………………… （5）

　　五　环印度洋地区国家社会贫困形势比较严峻 ……………… （6）

　第二节　环印度洋地区发展环境分析 ………………………… （8）

　　一　丰富的自然资源与优越的地理环境 ……………………… （8）

　　二　环印度洋地区错综复杂的地缘政治环境 ………………… （9）

　　三　环印度洋地区域内、域外国家利益与冲突深度交织的国际
　　　　关系环境 ………………………………………………… （11）

　　四　环印度洋地区不稳定的社会环境 ………………………… （14）

　第三节　环印度洋地区发展与合作展望 ……………………… （15）

　　一　经济发展速度较快，收入差距呈小幅缩减态势 ………… （15）

　　二　区域内合作加强，印度洋地区将在国际事务中发挥越来
　　　　越重要影响 ……………………………………………… （16）

　　三　海事安全合作成为重点 …………………………………… （17）

　　四　中国积极参与环印度洋区域合作联盟合作 ……………… （17）

　　五　经贸合作继续推进，规模不断扩大、领域逐步拓广 …… （17）

　　六　环印度洋区域发展仍将面临重重挑战 …………………… （18）

第二章　环印度洋各区域经济发展现状与趋势 ……………… （20）

　第一节　环印度洋地区南亚国家经济增长及发展现状 ……… （20）

　　一　环印度洋地区南亚国家宏观经济增长现状分析 ………… （20）

　　二　环印度洋南亚国家社会发展现状分析 …………………… （31）

　　三　小结 ………………………………………………………… （34）

第二节　环印度洋地区东南亚国家经济发展现状与趋势 ……………（36）
　　一　宏观经济运行 …………………………………………………（36）
　　二　部门经济走势 …………………………………………………（39）
　　三　私人投资 ………………………………………………………（43）
第三节　环印度洋地区中东国家经济发展现状与趋势 ………………（45）
　　一　经济发展资源和条件 …………………………………………（47）
　　二　当前发展战略和规划 …………………………………………（52）
　　三　经济增长趋势和动力 …………………………………………（56）
　　四　产业结构及其变化趋势 ………………………………………（62）
　　五　经济体制特点和对外开放程度 ………………………………（64）
第四节　环印度洋地区非洲国家经济发展现状与趋势 ………………（67）
　　一　经济发展资源和条件 …………………………………………（67）
　　二　当前发展战略和规划 …………………………………………（73）
　　三　经济增长趋势和动力 …………………………………………（76）
　　四　产业结构及变化趋势 …………………………………………（80）
　　五　经济体制特点及对外开放程度 ………………………………（81）
第五节　环印度洋地区大洋洲国家经济发展现状与趋势 ……………（87）
　　一　产业结构 ………………………………………………………（87）
　　二　投资政策 ………………………………………………………（89）
　　三　澳大利亚国内经济运行指标 …………………………………（91）
第三章　环印度洋地区的相关区域合作组织状况及影响 ……………（92）
第一节　环印度洋区域合作联盟发展状况及影响 ……………………（92）
第二节　南亚区域合作联盟发展状况及影响 …………………………（96）
　　一　南亚区域合作联盟发展状况 …………………………………（96）
　　二　南亚区域合作联盟的影响 ……………………………………（97）
第三节　环孟加拉湾多领域经济技术合作组织状况及影响 …………（99）
　　一　环孟加拉湾多领域经济技术合作组织发展状况 ……………（99）
　　二　环孟加拉湾多领域经济技术合作组织影响 …………………（100）
第四节　湄公河—恒河组织发展状况及影响 …………………………（100）
第五节　孟中印缅地区合作的进展及影响 ……………………………（101）
　　一　孟中印缅地区合作的进展 ……………………………………（101）
　　二　孟中印缅地区合作影响 ………………………………………（102）
第六节　东南亚国家联盟 ………………………………………………（103）
　　一　东盟对马来西亚经济发展的影响 ……………………………（104）

二　东盟对印度尼西亚经济发展的影响 ……………………（105）

三　东盟对新加坡经济发展的影响 ……………………………（106）

四　东盟对泰国经济发展的影响 ………………………………（106）

五　东盟对缅甸经济发展的影响 ………………………………（107）

第七节　区域合作组织及其对环印度洋地区中东国家经济发展的

　　　　影响 …………………………………………………（108）

一　海湾阿拉伯合作委员会 ……………………………………（108）

二　大阿拉伯自由贸易区 ………………………………………（112）

三　新地中海联系协定 …………………………………………（115）

第八节　东非共同体及南部非洲共同体状况及影响 ……………（118）

一　东非共同体 …………………………………………………（119）

二　南部非洲发展共同体 ………………………………………（121）

第四章　中国与环印度洋各区域经济关系分析 ………………（124）

第一节　中国与环印度洋南亚地区经济关系分析 ………………（124）

一　双边贸易合作 ………………………………………………（124）

二　直接投资与工程承包 ………………………………………（134）

三　中国与环印度洋南亚国家经济关系的发展趋势 …………（137）

第二节　中国与环印度洋地区东南亚国家经济关系分析 ………（140）

一　货物贸易状况及特点 ………………………………………（140）

二　工程承包现状及特点 ………………………………………（145）

三　直接投资的现状及特点 ……………………………………（147）

四　金融合作的现状和特点 ……………………………………（149）

第三节　中国与环印度洋地区中东国家经济关系分析 …………（150）

一　货物贸易状况及特点 ………………………………………（151）

二　工程承包现状及特点 ………………………………………（155）

三　直接投资的现状及特点 ……………………………………（157）

四　金融合作的现状和特点 ……………………………………（160）

第四节　中国与环印度洋地区非洲国家经济关系分析 …………（161）

一　货物服务贸易及特点 ………………………………………（162）

二　相互投资的数量和结构变化趋势 …………………………（164）

第五节　环印度洋地区大洋洲经济关系分析 ……………………（168）

一　直接投资 ……………………………………………………（168）

二　货物贸易 ……………………………………………………（169）

三　服务贸易 ……………………………………………………（171）

四　承包劳务 ……………………………………………………（172）

第五章　中国在印度洋的利益及其与环印度洋各区域经济合作
　　　　潜力分析 ……………………………………………………（173）
　第一节　中国在印度洋地区的战略利益 ……………………………（173）
　　一　发展利益 …………………………………………………（173）
　　二　安全利益 …………………………………………………（174）
　　三　外交利益 …………………………………………………（174）
　　四　打造海洋强国的需要 ……………………………………（175）
　第二节　中国与环印度洋南亚地区经济合作潜力分析 ……………（175）
　　一　贸易合作仍具有很大潜力 ………………………………（176）
　　二　对外开放政策有利于直接投资与工程承包合作 ………（178）
　　三　基础设施建设合作潜力大 ………………………………（179）
　　四　电力通信、电力供给与能源开发利用合作潜力 ………（181）
　　五　产业互补性合作潜力大 …………………………………（182）
　　六　医疗、卫生以及环境合作 ………………………………（184）
　第三节　中国与环印度洋地区东南亚国家经济合作潜力分析 ……（185）
　　一　农林渔业合作 ……………………………………………（186）
　　二　服务业 ……………………………………………………（187）
　　三　能源合作 …………………………………………………（189）
　　四　制造业 ……………………………………………………（190）
　　五　基础设施领域 ……………………………………………（190）
　　六　环保与生物产业 …………………………………………（191）
　第四节　中国与环印度洋地区中东国家经济合作潜力分析 ………（192）
　　一　能源联系继续加强使双边贸易关系发展具有较大潜力 …（192）
　　二　发展工程承包促进贸易的发展 …………………………（196）
　　三　扩大对外投资 ……………………………………………（198）
　　四　开展金融合作 ……………………………………………（200）
　第五节　中国与环印度洋地区非洲国家经济合作潜力分析 ………（201）
　　一　投资性驱动作为该地区国家经济发展战略将为开展中
　　　　非合作提供长久动力 ……………………………………（202）
　　二　非洲国家针对自身工业化条件将设立工业园区作为吸引
　　　　外资的重要手段值得关注 ………………………………（202）
　　三　各国优势特点突出，具体合作应优势对接 ……………（202）
　　四　发展规划存在较多的不确定性 …………………………（205）

　　五　宏观经济风险 ……………………………………………（205）
　　六　非市场风险因素值得关注 ………………………………（205）
　第六节　中国与环印度洋地区大洋洲国家经济合作潜力分析 ……（205）
　　一　合作优势 …………………………………………………（206）
　　二　问题与挑战 ………………………………………………（207）

第六章　中国与环印度洋各区域发展经济关系的战略环境分析 ……（210）
　第一节　印度洋战略地位不断提升，日益成为21世纪的全球
　　　　　中心 ……………………………………………………（210）
　　一　印度洋：走向"21世纪世界舞台的中心" ………………（210）
　　二　印度洋的战略重要性日益凸显 …………………………（214）
　第二节　中国与印度洋展开历史性再接触，积极扮演新角色 ……（217）
　　一　印度洋对中国的战略价值日益增大 ……………………（217）
　　二　中国与印度洋地区合作交流日益扩大 …………………（220）
　　三　印度洋："21世纪海上丝绸之路"的关键节点 …………（223）
　第三节　世界其他大国围绕印度洋激烈角逐，地缘政治竞争
　　　　　不断升温 ………………………………………………（224）
　　一　印度洋战略竞争演变新态势、新特点 …………………（224）
　　二　大国对印度洋地区争夺加剧，纷纷加大战略投入 ……（225）
　第四节　印度洋安全面临严峻挑战，印度洋和平区任重道远 ……（230）
　　一　印度洋面临多重安全困境，多重安全危机集中爆发 ……（231）
　　二　毗邻印度洋的西亚非洲地区构成动荡弧的核心地带，传统
　　　　与非传统安全问题尖锐突出 …………………………（232）
　　三　印度洋和平区建立任重道远，印度洋安全合作
　　　　亟待加强 …………………………………………………（240）
　第五节　印度洋地区发展潜力巨大，但区域合作障碍重重 ………（243）
　　一　当前印度洋地区合作水平不高 …………………………（243）
　　二　印度洋地区合作潜力巨大，但困难障碍不少 …………（244）

第七章　拓展中国与环印度洋各地区经济关系的对策建议 …………（246）
　第一节　中国与环印度洋地区南亚国家发展经济关系的对策
　　　　　建议 ……………………………………………………（246）
　　一　进一步发展经济贸易关系 ………………………………（247）
　　二　进一步加强产业投资合作 ………………………………（248）
　　三　大力开展基础设施合作 …………………………………（248）

四　共同推进孟中印缅经济走廊建设 ……………………………… （249）

第二节　中国与环印度洋地区东南亚国家发展经济关系的对策
　　　　建议 ……………………………………………………………… （250）

　　一　促进区域合作 …………………………………………………… （250）

　　二　促进相互投资 …………………………………………………… （251）

　　三　促进贸易合作 …………………………………………………… （251）

　　四　能源合作 ………………………………………………………… （252）

　　五　以重大项目带动基础设施领域合作 ………………………… （252）

第三节　中国与环印度洋地区中东国家发展经济关系的对策
　　　　建议 ……………………………………………………………… （253）

　　一　重新定位中东在中国对外关系中的地位 …………………… （253）

　　二　以外交手段创造有利于经贸合作的环境 …………………… （253）

　　三　明确双方经贸合作的主攻方向 ……………………………… （255）

　　四　多方施策解决经贸问题 ……………………………………… （257）

第四节　中国与环印度洋地区非洲国家发展经济关系的对策
　　　　建议 ……………………………………………………………… （260）

　　一　维护中非新型战略伙伴关系 ………………………………… （260）

　　二　为经贸合作提供外交保障 …………………………………… （260）

　　三　经贸合作的主攻方向 ………………………………………… （262）

　　四　经贸合作的相关建议 ………………………………………… （264）

第五节　中国与环印度洋地区大洋洲国家发展经济关系的对策
　　　　建议 ……………………………………………………………… （266）

　　一　中国企业需要进一步严格遵守澳大利亚法律法规，积极
　　　　融入当地社会 ………………………………………………… （266）

　　二　调整贸易及投资结构，扩大投资主体 ……………………… （266）

　　三　积极规避风险，做好预警防范 ……………………………… （267）

　　四　中国企业应与国内主管部门及中国驻澳使领馆保持畅通
　　　　联系 …………………………………………………………… （267）

后记 ……………………………………………………………………… （268）

第 一 章

环印度洋地区经济发展现状与展望

环印度洋地区已经成为中国贸易投资的主要区域，印度洋海上交通线是我国对外经济联系的重要通道。印度洋通道承担着我国80%—90%的贸易运输量，我国与环印度洋地区的经济联系也日趋紧密，环印度洋地区已经成为关系到我国经济发展、能源安全乃至国家安全的重要地区。我国在这一地区的战略利益也在不断上升。

第一节　环印度洋地区经济发展评述

环印度洋地区包括南亚、东南亚、中东、非洲以及大洋洲五大板块，其中，南亚板块的巴基斯坦、印度、孟加拉国、斯里兰卡、马尔代夫为该课题主要研究对象；东南亚板块主要涉及的国家有缅甸、泰国、马来西亚、新加坡、印度尼西亚；中东板块主要是伊朗、沙特阿拉伯、科威特、伊拉克、阿曼与也门；非洲板块主要是南非、莫桑比克、坦桑尼亚、肯尼亚、索马里、苏丹、埃及以及毛里求斯；大洋洲主要研究的国家是澳大利亚。

一　环印度洋地区地域覆盖辽阔、人口众多

印度洋是世界第三大洋。从地缘政治的角度来看，通常被界定为位于非洲、亚洲、澳大利亚与南纬60°之间的水域：向西，以非洲大陆和从厄加勒斯角向南延伸的东经20°经线与大西洋为界；向北，以苏伊士地峡至马来半岛的亚洲大陆为界；向东，以新加坡和印度尼西亚群岛、澳大利亚（含塔斯马尼亚）和从东南角向南的东经147°经线为界；向南，以与《南极条约》（1959年）界限一致的南纬60°为界。

冷战结束后，世界经济区域化，伴随着欧洲统一大市场的实现，北美自由贸易区的建立，亚太经济合作的深化，又一个具有潜在竞争力的经济集团——环印度洋经济圈正在兴起。1995年，南非、印度、澳大利亚、毛里求斯、肯尼亚、阿曼环印度洋七国在毛里求斯集会，签署了一项推动环印度

洋经济圈计划的联合声明，宣布环印度洋经济合作组织正式启动，环印度洋地区合作联盟也逐渐形成，成为目前环印度洋地区最重要的经济合作组织之一，地跨亚洲、非洲和大洋洲，拥有丰富的自然资源、巨大的人力资源、广阔的市场和便利的交通。联盟成员国面积总和占世界陆地总面积的17%，人口近20亿，约占世界人口总数的31%，国内生产总值占世界总量的7%，贸易总额占世界贸易总额的10%。环印度洋地区地跨亚洲、非洲和大洋洲，包含南亚、东南亚、非洲和中东板块，地域辽阔，人口众多，整个地区经济结构规模庞大，据世界银行2015年世界发展指标最新统计数据显示，环印度洋地区总人口达到251560万，在世界总人口的比重为35.3%，其中，由于巴基斯坦与印度均是人口密度较高的国家，因此成为环印度洋地区的人口组成大国，占据整个环印度洋地区人口的65%；环印度洋地区面积达到2772.3万平方公里，占据世界总面积的20.6%。（参见表1-1）

表1-1　　　　　　　　　　　　　环印度洋地区人口面积

	人口（百万）	面积（万平方公里）
环印度洋南亚板块（5国）	1611.5	429.78
环印度洋东南亚板块（5国）	405.3	343.21
环印度洋中东板块（6国）	171	518.54
环印度洋非洲板块（8国）	304.7	706.68
环印度洋大洋洲板块（澳大利亚）	23.1	774.12
环印度洋地区总规模	2515.6	2772.33
环印度洋经济圈的世界占比	35.3%	20.6%

资料来源：根据世界银行 *World Development Indicators* 2015 计算整理。

二　环印度洋国家经济发展不平衡，大多数处于中低收入水平

据世界银行发布的《世界发展指标2014》数据显示，在环印度洋四大块的24个国家当中，位于中低等收入的国家有20个，其中处于最低收入国家主要分布在非洲，有索马里、肯尼亚、坦桑尼亚与莫桑比克，另外还包括南亚国家孟加拉国，以及东南亚国家缅甸，这些国家经济普遍落后，人均收入在1035美元以下；处于低中等收入阶层的国家有七个，分别是埃及、印度、印度尼西亚、巴基斯坦、斯里兰卡、苏丹和也门，这些国家人均收入在1036—4085美元，已经基本摆脱贫困；处于高中等收入的国家同样为七个，分别是伊朗、泰国、南非、马尔代夫、毛里求斯、马来西亚和伊拉克，这些国家的人均收入在4086—12615美元；只有四个国家处于高收入水平，分别是阿曼、

科威特、新加坡与沙特阿拉伯。相对来说，环印度洋的中东国家经济发展水平较高，在中东的六个国家当中，有三个国家已经达到高收入水平，分别是石油国沙特阿拉伯和科威特与阿曼，另外三个也达到中收入水平，而环印度洋非洲地区国家则仍然处于收入较低水平，大多处于低收入和中等收入水平，南亚板块除了孟加拉国也都基本达到中等收入水平，东南亚国家除新加坡处于高收入水平、缅甸处于低收入水平外，其他达到中等收入水平。

表 1-2 　　　　　　　　　　　　　**环印度洋国家收入阶层划分**

低收入国家（人均收入<1035 美元）	索马里、孟加拉国、肯尼亚、缅甸、坦桑尼亚、莫桑比克
低中等收入国家（1036—4085 美元）	埃及、印度、印度尼西亚、巴基斯坦、斯里兰卡、苏丹、也门
高中等收入国家（4086—12615 美元）	伊朗、泰国、南非、马尔代夫、毛里求斯、马来西亚、伊拉克
高等收入国家（人均收入>12615 美元）	阿曼、科威特、新加坡、沙特阿拉伯、澳大利亚

资料来源：世界银行 *World Development Indicators* 2015。

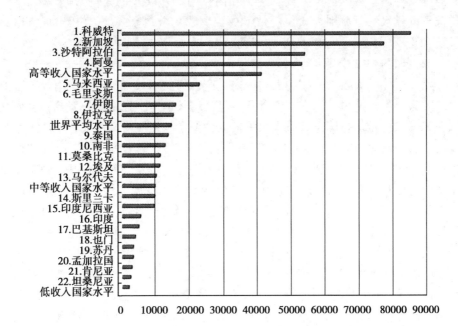

图 1-1　环印度洋国家按照购买力平价衡量的人均国民收入分布图（美元）

资料来源：世界银行 *world development indicators* 2015。

如图 1-1 所示，环印度洋地区经济发展水平差异很大，在本课题研究的 24 个国家中，缅甸与索马里均无最新的统计数据，故没有在图 1-1 中显示，依据购买力平价所衡量的除缅甸与索马里的 22 个环印度洋国家中，科威特经济发展水平最高，非洲坦桑尼亚发展水平最低，从图中可以明显看出环印度洋国家的发展水平迥异，但基本和表 1-2 所显示的结构相似，大多数国家处于中等低等收入水平，高收入水平较少，基本是中东能源国家，其中人均收入高于世界平均水平的国家有 8 个，依次是科威特、新加坡、沙特阿拉伯、阿曼、马来西亚、毛里求斯、伊朗、伊拉克，而其他 16 国均处于世界平均水平之下。总体来看，环印度洋地区的经济体主要还是集中于低中等收入国家，由于这些国家发展尚未饱和，该地区仍具有很大的发展潜力。

三　印度洋地区国家经济增长率高，经济活力大

环印度洋地区由于地理位置优厚、资源丰富、市场广阔，经济活力很大，大多数国家经济增长率高于世界平均水平。据世界银行最新数据统计，2013 年，有 17 个国家的人均 GDP 增长率高于世界水平 1.1%，其中缅甸与索马里没有最新数据显示，没有包含在内，南非与埃及的人均 GDP 增长率均低于世界水平，分别为 0.6% 与 0.4%，少数几个国家人均 GDP 出现负增长现象，分别是阿曼、伊朗与苏丹，负增长率分别为 -3.5%、-7%、-7.9%。如图 1-2 所示。

除此之外，大多数国家的人均国内生产总值的增长率都较高，南亚国家表现尤为突出，斯里兰卡和印度近几年经济增长迅速，经济增长率分别名列第一和第二，孟加拉国虽然收入水平较低，但是其发展潜力很大，整个国家发展平稳，从 2000 年以来几乎一直都保持 10% 左右的 GDP 增长率，同时，人均 GDP 的增长速度也保持在 6% 左右的水平，经济发展前景良好。中东和东南亚地区整体发展形势较好，东南亚除缅甸比较贫困、经济增长缓慢外，马来西亚、新加坡、印度尼西亚和泰国的经济都具有活力；中东地区科威特和沙特阿拉伯经济发展尤为突出，科威特人均收入水平虽然已经达到高等收入国家，但其国内经济的增长率依旧保持很高的增长速度，在环印度洋地区国家中收入水平排名第一，经济增长水平排名第六，人均 GDP 增长率为 4.1%；阿曼与伊朗的经济收入较高，但经济增长近年遇到了瓶颈，出现了负增长现象。非洲地区最为贫困的莫桑比克、坦桑尼亚、肯尼亚近几年市场比较活跃，经济正在快速增长，未来前景良好；毛里求斯国家在经济发展水平达到较高发展的同时也保持了一定的经济活力，是非洲最为活跃以及经济发展最为看好的国家，相反，苏丹的经济形势不景气，人均 GDP 几乎没有增长。

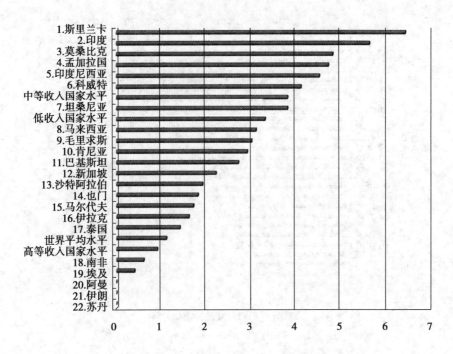

图 1-2　环印度洋国家人均 GDP 增长率分布（%）

资料来源：根据世界银行 *World Development Indicators* 2015 整理。

四　环印度洋地区国家城镇化水平较低

衡量一个地区的经济发展潜力与发展水平的一个重要指标就是城镇化水平，本章中以城市人口在全部人口的比重为依据，对各国城镇比率进行排序。如图 1-3 所示。

从图中可以直观看出，国家的城镇化水平基本和其收入水平直接相关，以世界平均水平为划分线，可以看出，环印度洋地区的大多数没有达到世界平均城镇水平的 53%，在统计图中的 22 个国家中，有 8 个位于世界平均水平之上，有三个达到高等收入国家水平的 80%，有 3 个位于低收入国家水平之下，城镇率小于 30%，其他大多数国家都位于低等收入与中等收入之间，整体的城镇率不是很高，有超过 16 个国家都没有达到世界平均水平。位于城镇化首位的新加坡的数据也不具有说服力，因为新加坡只是一个小国，国土面积只有 0.07 万平方公里，而且是一个城市国家，没有城镇与乡村之分；同样，城镇率达到 98% 的科威特也是一个小国，国土面积只有 1.8 万平方公

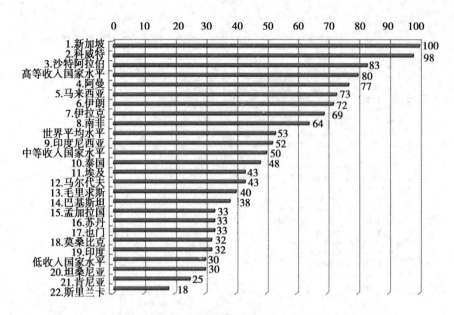

图 1-3　环印度洋地区国家城镇化水平（%）

资料来源：根据世界银行 *World Development Indicators* 2015 整理。

里。除去这两个国土面积小的高城镇化国家，石油国沙特阿拉伯的城镇覆盖率较高，达到 83%，阿曼、马来西亚、伊朗、伊拉克、南非的城镇率都超过了世界水平，这些国家基本是中等收入水平，相应的城镇率也较高。而剩下其他全部的南亚国家的城镇化水平都比较低，尤其是巴基斯坦、印度、孟加拉国和斯里兰卡；非洲国家的城镇率也较低，最贫穷的国家坦桑尼亚、肯尼亚、莫桑比克以及苏丹的城市化水平最低，成为环印度洋地区经济圈较为落后的几个国家。

五　环印度洋地区国家社会贫困形势比较严峻

在整个世界经济结构中，欧洲中亚、中东北非以及拉丁美洲、加勒比地区的经济发展水平较高，所以这些地区的贫困率很低，基本已经摆脱了贫困，如图 1-3 所示，这些地区的贫困水平均低于世界一般水平，而且从 1990 年到现在呈现出明显的下降趋势。在环印度洋地区几大板块当中，中东地区发展较为快速，相应的贫困率也就比较低，基本已经摆脱了贫困；东南亚除了缅甸官方统计的数据很少外，其他国家的贫困率也逐步下降。但是，南亚和非洲地区却是环印度洋地区中贫困率最高的地方，也是整个世界

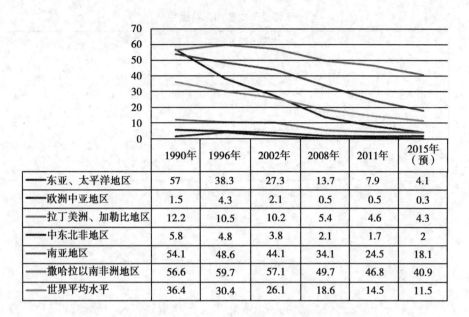

	1990年	1996年	2002年	2008年	2011年	2015年（预）
——东亚、太平洋地区	57	38.3	27.3	13.7	7.9	4.1
——欧洲中亚地区	1.5	4.3	2.1	0.5	0.5	0.3
——拉丁美洲、加勒比地区	12.2	10.5	10.2	5.4	4.6	4.3
——中东北非地区	5.8	4.8	3.8	2.1	1.7	2
——南亚地区	54.1	48.6	44.1	34.1	24.5	18.1
——撒哈拉以南非洲地区	56.6	59.7	57.1	49.7	46.8	40.9
——世界平均水平	36.4	30.4	26.1	18.6	14.5	11.5

表 1-3　世界各大板块贫困率水平

（日均生活水平小于 1.25 美元人口所占的比重%）

资料来源：根据世界银行 *World Development Indicators* 2015 整理。

经济格局中贫困率最高的地区，非洲地区由于气候条件以及各种主客观原因，经济一直比较落后，也是贫困较为集中的地方，这两个地区的贫困率水平会直接抬高环印度洋经济体的整体贫困率水平，如图 1-3 所示，撒哈拉以南非洲地区的贫困率最高，而且从 1990 年到现在，贫困率没有明显的下降，到 2011 年，日均生活水平低于 1.25 美元人口所占的比重仍然高达46.8%，到 2015 年，估计的贫困率为 40.9%，可能会更高，而这些地区就包括我们所研究的坦桑尼亚（43.5%）、肯尼亚（43.4%）、莫桑比克（60.7%）、苏丹（19.8%）等国家，这些国家也是世界贫困率最高的国家。仅次于非洲，南亚贫困率也高于世界一般水平，尤其是孟加拉国（43.3%），另外印度（23.6%）、巴基斯坦（12.7%）和斯里兰卡（4.1%）也存在一定程度的贫困问题，这不仅与南亚国家庞大的人口基数有关，也与该地区的经济发展水平密切相关。近几年，南亚国家发展迅速，在对抗贫困的斗争中取得了一定成就，1990 年南亚地区日均生活水平小于 1.25 美元的人口占比为 54%，到 2011 年已经明显下降到 24.5%，2015 年继续下降，首次低于20%，降到 18.2%。

表 1-4	环印度洋主要国家贫困率	（单位：%）
	（日均生活水平小于 1.25 美元人口的占比）	
严重贫困国家 （>20%）	1. 莫桑比克：60.7（2009）；2. 坦桑尼亚：43.5（2012）；3. 肯尼亚：43.4（2005）；4. 孟加拉国：43.3（2010）；5. 印度：23.6（2011）	
比较贫困国家 （9%—20%）	1. 苏丹：19.8（2009）；2. 印度尼西亚：16.2（2011）；3. 巴基斯坦：12.7（2010）；4. 也门：9.8（2005）；5. 南非：9.4（2011）	
存在贫困国家 （2%—9%）	1. 伊拉克：3.9（2012）；2. 斯里兰卡：4.1（2009）	
基本告别贫困国家 （<2%）	埃及、伊朗、马来西亚、马尔代夫、毛里求斯、泰国等	

资料来源：世界银行 *World Development Indicators* 2015。

第二节　环印度洋地区发展环境分析

影响一个地区经济发展的因素有很多，包括资源以及自然地理因素、政治因素、人文因素、社会因素等，环印度洋地区具有独特的经济发展环境。本课题对于环印度洋地区的发展环境主要侧重于对自然地理环境、地缘政治环境、国际社会国际关系环境以及人文社会环境进行分析，这些都是直接影响该地区今后经济发展的重要环境因素。

一　丰富的自然资源与优越的地理环境

环印度洋地区自然资源丰富，是重要的原料供应基地，各种矿产资源，如铜、锂、铍、镍、钴及磷酸盐等分布丰富，而且印度洋地区沿岸国家大都属于矿产资源丰富的欠发达国家，由于技术和资金短缺，这些矿产资源基本上属于未开发、半开发或开发水平不高的状态，资源开发潜力巨大。另外，海湾国家素有"世界石油宝库"之称，石油储量约占世界的 2/3，南非的矿产资源十分丰富，其黄金、铂金属等储量均居世界首位。

印度洋资源丰富，地理位置重要，贯通亚洲、非洲、大洋洲的交通要道，向东可以通过马六甲海峡进入太平洋，向西绕过非洲南端可达大西洋，西北通过红海、苏伊士运河可联系地中海，是世界能源与贸易的命脉，具有重要的地缘战略意义，因此，印度洋优越的地理位置使其在世界航运上占有重要地位。

对于任何一个大国来讲，谁能在印度洋上获得战略优势，不仅能确保自己的能源和贸易命脉不受控于人，同时还可在战时掐住对手的咽喉。如果控制了印度洋，向西可控制波斯湾、红海、亚丁湾、曼德海峡，影响西亚、中东，向东可控制马六甲海峡，遏制东亚。

印度洋地区拥有众多的国际海上交通线和石油运输线，拥有世界 1/9 的海港，1/5 的货物吞吐量，是世界上最为繁忙的海上贸易通道之一，对世界经济的重要性是显著的，世界贸易量的 90% 通过海洋运输，其中通过印度洋的商品吨位最高，每年通行轮船近 10 万艘，包括世界 2/3 的石油运输、1/3 的散货和一半的集装箱航运量；世界有大约 36% 的石油产量源于印度洋地区，其中首要地区来自波斯湾，极大方便了全球海洋贸易。它是将中东、东亚和非洲与欧洲和南北美洲大陆连接起来的重要海上航线枢纽，特别是与也门和吉布提接壤的曼德海峡，位于印度半岛周边的与伊朗和阿曼接壤的霍尔木兹海峡，以及与印尼、新加坡和马来西亚接壤的马六甲海峡。印度洋的"石油航线"是许多发达国家和发展中国家仰仗的"战略生命线"，经印度洋运送的石油占世界海上石油运输量的一半以上。

二　环印度洋地区错综复杂的地缘政治环境

与"开放的"大洋——大西洋和太平洋相比，印度洋在地缘战略上有其独特之处：它的北面由亚欧大陆所包围，对外海上交通仅限于屈指可数的几个咽喉水道。由于比其他路线更节省时间和成本，所有海上交通都汇集通过这些十分狭窄的通道。印度洋通向大西洋、欧洲和北非的主要门户是经亚丁湾、曼德海峡、红海和苏伊士运河抵达地中海；其替代性路径是绕过非洲南端的厄加勒斯角，取好望角航线，但它对于集中于印度洋北部的大部分交通来说并不理想。环印度洋地区面临和平与安全的长期严峻挑战，是一个外来大国和本地区国家利益深度交织的复杂而又十分开放的地缘政治体系。

进入 21 世纪以来，随着北美次贷危机和欧洲主权债务危机的发生，世界经济中心加速向东转移，中国、印度成为世界公认的经济发动机；同时，印度洋周边民族宗教矛盾的激化以及地区冲突的频发，吸引了世界各大力量的关注，全球地缘政治的天平开始向印度洋地区倾斜。

该地区在地缘政治和地缘战略上的重要性源于如下特点。第一，特别的地理结构。首先，对外海上交通只能通过屈指可数的几个咽喉水道；其次，印度半岛将北印度洋分为阿拉伯海和孟加拉湾两大水域，并将印度投向大洋中心，使其拥有长约 7600 公里的漫长海岸线，并在印度洋内拥有一个优异的位置。第二，自然战略资源的重要性。矿产资源丰富多样，在南部非洲、印度、印尼、澳大利亚尤其如此；能源资源更为引人注目，其中已探明石油储量占世界的 55% 和占世界 40% 的天然气储量位于波斯湾。印尼和马来西亚也进入世界 20 大天然气储藏地行列。澳大利亚、印度和南部非洲拥有大型的煤炭储藏，分列世界可开采储量的第四、第五和第六位，而澳大利亚和南非还分别拥有世界第一和第四位的可开采铀矿储藏。第三，拥有成千上万的种族群体、部族以及千差万别的语言和宗教。由此产生的冲突成为许多国家政治生活中的一个基本要素。其中最为显著的大规模文化特征，就是伊斯兰世界涵盖从东非海岸至东北非、整个中东和南亚及东南亚的大片区域。第四，地区国家间社会、经济发展水平千差万别，存在着普遍的贫穷和就业不足，例如像孟加拉国、坦桑尼亚、莫桑比克、肯尼亚都属于世界最不发达国家。第五，地区内的一些国家地位相对重要。印度正在成为一个真正的印度洋范围内的地区性强国和全球范围内的崛起中大国。其他重要国家包括澳大利亚、印尼、沙特阿拉伯、伊朗、新加坡、泰国、巴基斯坦、南非、马来西亚、埃及和阿联酋。

　　世界主要大国对印度洋的关注与印度洋的地缘特质密切相关。在印度洋北部边缘地带，从红海到马六甲海峡这一弧形的辽阔地带，包括许多现有的和潜在的冲突区，如海湾地区、阿富汗、印巴边界等。就国家构成而言，该弧形地带除了拥有众多区域性大国或"枢纽国家"外，还涵盖了绝大部分伊斯兰国家，即便印度也拥有占人口总数 11.4% 的穆斯林，所以这也是一条"伊斯兰之弧"。在美国"9·11"事件后，该区域不可避免地成为国际反恐力量与恐怖主义势力缠斗的主战场。同时，印度洋在全球地缘政治中的重要性，也导源于它对各大国能源与贸易安全的深刻影响。印度洋拥有包括苏伊士运河、好望角、亚丁湾和阿曼湾在内的世界性海上航路，以及诸如曼德海峡、霍尔木兹海峡和马六甲海峡等对全球贸易有重大影响的战略支点。作为连接大西洋和太平洋、欧洲和亚洲航程最短的关键性战略通道，印度洋自然成为大国眼中的"海上生命线"。在过去的一百多年时间里，能源一直是大国地缘政治游戏中的关键因素，在当今世界地缘政治中依然居于主导地位。21 世纪以来，各主要大国围绕着印度洋区域的海湾地区和马六甲海峡控制权而明争暗斗，国际社会关于印度洋战略性的认识进一步被强化。然而，在世界大洋中，印度洋地区的区域内合作明显滞后。尽管相关沿岸国家大力呼吁和倡导共同致力于地区合作关系，但受制于地理上的分隔，印度洋地区整合程度依然较低。大国博弈成为印度洋地区地缘政治的主轴，其中印度和美国的影响最为明显。

　　从总体上看，印度洋地区地缘政治的平衡实际上并不是在地区这一层面上构建的，而是在波斯湾、南亚、东南亚、东非、非洲之角、南部非洲、西南印度洋岛屿地区以及周边中东、非盟、亚太的大环境里构建，后者还与前者交叠并对其进行整合。在次体系层面的组织有东盟、南亚区域合作联盟（SAARC）、南部非洲发展共同体（SADC）、海湾合作委员会（GCC）和印度洋委员会（COI），而与印度洋地区交叉并因而相联系的周边地区性体系有非洲联盟（Africa Union）、亚太经济合作组织（APEC）、东盟地区论坛（ARF），这些地区性合作和经济整合上作用明显，成效显著。

三　环印度洋地区域内、域外国家利益与冲突深度交织的国际关系环境

环印度洋地区错综复杂的地缘政治体系，不可避免地使区域内与区域外国家利益相互交织，在这个复杂的地缘政治体系中，美、中、法、英、德、日、俄等外来强国有着重要的影响，而印度、沙特阿拉伯、伊朗、印尼、南非、埃及、澳大利亚、以色列和巴基斯坦等区域内国家也具有重要意义。其中，外来大国美国和中国以及作为一个主要地区性因素的印度之间的战略性对立正在印度洋上演进，它们都想获得进入波斯湾石油和战略性海上交通线的主动权。

（一）区域内国际关系环境及域内大国因素

本课题研究的区域内对象包括东南亚、南亚、非洲、中东与大洋洲板块。在政治力量中，冷战后东南亚国家实现了"大东盟"的内部联合，"东盟"逐步成为世界经济格局中一个一体化的经济体，内部的政治沟通在加强，经济贸易合作逐步深入，成为各大国争取和争夺的主要对象；南亚地区推动南亚区域合作联盟（SAARC）的建设与发展，尽管艰难，但仍在前行。东南亚、南亚跨区域合作组织逐步登上本地区舞台，重要的合作组织有环孟加拉湾多部门技术与经济合作组织（BIMSTC）、恒河—湄公河合作（MGC）等。南部非洲发展共同体、东非共同体成为非洲地区重要的区域合作组织，推动了非洲地区内部的政治沟通与经济合作。作为一个整体，环印度洋地区也成立了环印度洋区域合作联盟与印度洋委员会，极大地推动了区域内各个板块的合作与发展。其他重要的合作组织还有海湾阿拉伯合作委员会，与印度洋地区交叉并因而相联系的周边地区性体系有非洲联盟（Africa Union）、亚太经济合作组织（APEC）、东盟地区论坛（ARF）等。环印度洋地区各板块之间以及板块之内的国家的经济合作组织为印度洋经济圈的发展营造了极好的环境。

域内大国——印度。印度作为域内核心大国的地位是无须置疑的，无论是经济总量还是军事上，印度在这个区域内都表现出大国的影响力，在环印度洋地区合作联盟 14 个成员国中，其核心层就包括印度。自 20 世纪 80 年

代印度对其印度洋邻国马尔代夫和斯里兰卡采取军事干预行动开始,特别是20世纪90年代初推出"东向政策"以来,印度在印度洋地区的战略进取态势越来越明显。经过几十年的努力,印度的印度洋战略规划已经取得了明显的阶段性成果,其海军建设成就在印度洋地区也有目共睹。随着新时期印度自身实力的增长,印度海洋安全战略的核心是把印度洋作为新一轮战略扩展的重点方向,以强大的海军为基础,通过积极的政治手段、外交手段、军事手段,力图掌控印度洋局面,向印度洋毗邻地区辐射影响力。当然,从整个印度洋区域的战略态势来看,印度依然处于一种战略守势,它在强化自身海上力量建设的同时,仍有赖于区域性海上合作,尤其是与美国的合作。

印度积极响应南非提出建立"环印度洋地区合作"的建议,并努力促成其走向现实。1993年11月,印度与南非恢复外交关系,南非外长博塔倡议酝酿建立"环印度洋经济合作区",得到印度的热烈响应。1995年1月,南非总统曼德拉出访印度,就环印度洋经济合作问题两国进行磋商,并取得积极成果,经过为时两年的积极筹备,由14个成员国组成的环印度洋区域合作联盟(IOR-ARC)于1997年3月5日在毛里求斯诞生,标志着印度洋沿岸以航海为主的各民族和王国历史上曾有过的沿海贸易的复兴。印度的政策是确保这个区域合作能够具体化,印度将做出"三维时空"的努力,以促进伟大的区域合作。在IOR-ARC已在不同阶段制定和实施的10个工作纲领中,其中有4个是由印度或由印度协助提出的。

域内形势不确定国家——缅甸。随着缅甸内外政策的调整,缅甸在环印度洋地区表现出日益重要的战略地位。美国、日本和印度等大国都在改善与缅甸的关系,对该地区的地缘政治与经济格局带来了新的变化。美缅关系由敌对迅速实现了正常化,缅甸的新变化也为印度发展对缅关系带来新机遇,随着印度国内战略界对缅甸地缘战略重要性认知的共识上升,印度政府对缅政策发生积极转变,除了在军事和安全上加强合作外,两国还加强了在经贸领域、区域组织中的合作。日本重返缅甸、重建日缅亲密关系的意图非常明显,近几年来,日缅两国已经基本形成了双边政治、经济技术、社会和民族问题以及地区安全防务等领域的全方位合作。日本调整对缅政策的原因除了传统的美日同盟及西方舆论影响外,还有其维护国家利益、推行日式价值观及摆脱对华经济依赖、遏制中国在东南亚的影响力等考虑。日本的介入将加剧大国在缅的博弈竞争,从而可能会带来在缅甸乃至在整个中南半岛的势力再平衡,届时缅甸的竞争格局将会更加复杂。缅甸既是中国维持西南周边安全的重要合作伙伴,也是中国连接印度洋的重要陆路通道,美日对缅关系将加大环印度洋地区国际关系的复杂性。

（二）区域外国际政治环境及域外大国因素

21 世纪以来，随着新兴市场国家特别是中国和印度的崛起，海上贸易的欣欣向荣，海湾地区国际形势的紧张，以及国际社会反海盗行动的全面展开，印度洋这片古老海域越来越明显地聚集了全世界的目光，各大国加强了在这一地区的竞争和争夺，美国"亚太再平衡"战略的推出，更加剧了这一地区的竞争态势。各国都在增加自己参与博弈的筹码。澳大利亚基于海上通道安全，法国基于海外利益需要，也都在印度洋地区建有海军基地，并且不断强化。

外来大国美国和中国以及作为一个主要地区性因素的印度之间的战略性对立正在印度洋上演进，一个由美、中、印构成的"战略三角形"正在呈现，极有可能成为 21 世纪印度洋地区地缘政治和地缘战略的塑造性力量。此外，所有这些区域内外的国家都面临着非国家行为体重要性的上升所带来的危害，这包括恐怖组织、跨国颠覆势力、有组织的犯罪团伙以及诸如环境安全、食品安全和自然灾难等非传统安全问题。

中国。印度洋是中国重要的国际贸易通道和能源通道，关系中国的贸易安全与能源安全。因此，印度洋地区是中国重要的外交和战略舞台。20 世纪，中国与印度洋地区的许多民族和国家有着相同的历史命运，具有加快经济社会发展、推动工业化和现代化建设的共同目标。进入 21 世纪后，随着中国的迅速崛起，中国在全球范围的政治、经济、军事、文化和安全利益日益增多，印度洋在中国全球战略中的地位也日益凸显。印度洋战略地位的提升，使中国参与印度洋地区合作越来越具有战略价值和现实紧迫性。中国提出的建设 21 世纪海上丝绸之路的构想将推动中国与印度洋地区发展中国家的合作与共同发展，彰显中国主张的以经济合作和文化交融为先导的国家间关系发展模式，以构建发展中国家利益共同体和命运共同体的方式增强在印度洋的影响力。

中国西南方向的云南、广西等省区，积极参与中国、南亚、东南亚的次区域合作，无论是 20 世纪 80 年代末 90 年代初发起的大湄公河次区域合作（GMS），还是 90 年代末 21 世纪初发起的孟中印缅地区合作（BCIM），其成员国都有印度洋沿岸国家。云南具有面向两洋（太平洋、印度洋）的区位优势，是中国与东南亚、南亚等印度洋沿岸国家开展经济合作和文化交流最具有优势的省之一。经过与周边国家 20 多年的合作与发展，中国西南已经奠定了与东盟、南盟以及两个次区域合作的基础和条件。"一带一路"中的中南半岛国际经济合作走廊和孟中印缅经济走廊是中国与印度洋沿岸开展合作的重要支撑。孟中印缅经济走廊的建设成为中国—南亚—东南亚次区域国家经济合作的重要内容。

美国。在印度洋区域，美国的战略目标是确保中东—波斯湾—马六甲这一关键性的战略区域始终在自己的掌控之下，保证能源安全，保持自身作为印度洋地区最强大的海上力量。美国对中东地区的高强度控制和在印度洋上的强大军事存在，为美国主导印度洋地区事务奠定了基础。近年来，印度洋在美国的战略体系中进一步提升。显然，这是对美国总体海洋战略影响深远的一次转变，它将进一步强化美国的印度洋力量存在，并进一步强化美印战略关系。

对于美国来说，控制印度洋对执行美国的全球战略具有至关重要的意义。在美国看中的全球 16 条海上咽喉要道中，印度洋地区就拥有 5 个，分别是霍尔木兹海峡、曼德海峡、马六甲海峡、巽他海峡和望加锡海峡。冷战后，美国成为印度洋的主导力量，开始在印度洋地区进行军事前沿部署。目前，美国海军在印度洋地区主要拥有 3 座海军基地，分别是位于迭戈加西亚的陆海空三军联合保障基地、位于巴林麦纳麦的第五舰队基地和位于吉布提的海军基地。在印度洋地区，美国的主要战略利益在于：保持主导地位、保护海上交通线安全、控制战略要冲。

日本。印度洋对日本也具有重要的地缘战略意义。由于大量的石油进口和进出口贸易需要通过印度洋，日本对印度洋的关注，首先是出于保护海上运输生命线安全的考虑。除此之外，还有诸多政治目的，一是通过在索马里海域执行护航反海盗任务来展现大国形象，扩大影响力；二是加大在印度洋周边地区的力量渗透，尤其是在南亚和非洲。2011 年 7 月，日本在吉布提正式建立了 P-3C 预警机部队的永久性军事基地，这不仅是日本第二次世界大战后建立的第一个海外军事基地，也是有史以来首个设在非洲的基地。此外，日本领导人近年来多次出访所谓"与日本共有战略利害的伙伴"国家，提升日本在印度洋地区的力量存在。在 2014 年 8 月底安倍晋三访问印度的过程中，日本防卫省官员还提出了日本海上自卫队与印度海军一同巡逻印度洋海上交通线的设想。

四　环印度洋地区不稳定的社会环境

印度洋地区被认为是全世界最麻烦和危险的区域。印度洋周边地区共有 47 个国家，其内部在政治、人口、文化、经济和环境方面存在着巨大的多样性和差异性，周边情况复杂，包括东南亚、南亚、西亚和东非四个区域，差异极大，其中不少国家存在着复杂的国内问题，如贫穷、极端主义、政局动荡、各种民族分裂势力、宗教极端势力和恐怖主义威胁，一些国家政局不稳，社会动荡、内部冲突不断，特别是索马里、也门、伊拉克、伊朗、阿富汗、巴基斯坦、缅甸、斯里兰卡等国家，严重影响着印度洋地区的和平与稳定。

外来大国的军事干预主义、对地方政治的干涉、军事援助及军火供应，是造成印度洋地区不稳定局面的主要因素。但上述不稳定也与当地诱发社会与政治紧张情势的诸多因素有关，这些因素包括缺乏民主、国家治理能力薄弱、文化上的不容忍、激进主义与恐怖主义、贫穷、环境退化、资源的争夺。不容忽视的是，波斯湾、西亚和非洲地区的种种不稳定已经外溢至海洋领域。索马里海盗危机就是一个饱受困扰的失败国家的典型例子，它预示着在未来数十年内，印度洋地区的一些国家可能将面临种种越来越复杂的问题。印度洋地区和平与安全面临的最大挑战在于上述因素以不同的模式交叠与混合，形成相当复杂的形势。

第三节　环印度洋地区发展与合作展望

印度洋地区在人类经济发展史上具有重要的地位。过去 600 年世界发生的大变化，首先是从大航海开始的。进入印度洋是大航海过程中一个重要的阶段。进入 21 世纪，印度洋的重要性在上升，印度洋东岸与当今世界增长最迅速的东亚地区相连接。

一　经济发展速度较快，收入差距呈小幅缩减态势

预计到 2020 年，环印度洋地区经济将实现高速发展，最贫困的非洲地区诸如莫桑比克、坦桑尼亚等将逐渐摆脱低收入水平逐步达到中等收入水平，人均生产总值超过 1035 美元，除肯尼亚、孟加拉国、苏丹、也门、印度、缅甸、莫桑比克、坦桑尼亚 8 国外，其余大部分国家将进入高中等收入水平，人均国民生产总值超过 4086 美元，另外将有包括新加坡、澳大利亚、科威特、沙特阿拉伯、阿曼、毛里求斯、马来西亚 7 国进入高等收入水平，人均国民生产总值超过 12615 美元。如图 1-4 所示。

虽然未来环印度洋地区最贫困地区将逐步摆脱贫困，但是不难看出，该地区的收入差距以及贫富差距将持续存在，2015 年，该地区最富有的新加坡的人均生产总值是最贫困的莫桑比克人均生产总值的 85 倍，而预计到 2020 年，该倍数为 65 倍。可以看出该地的贫富差距没有继续扩大，而是呈现小幅缩减规模，尽管如此，该地区的贫富差距依旧是比较大的，也是该地区长期处于动荡与不安定的因素之一。

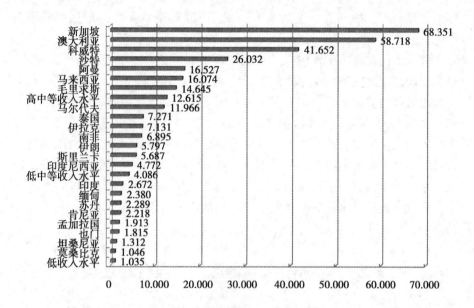

图 1-4　环印渡洋地区国家 2020 年人均国内生产总值图（美元）

资料来源：国际货币基金组织 *World Economic Outlook Database*，April 2015。

二　区域内合作加强，印度洋地区将在国际事务中发挥越来越重要影响

印度洋地区有两个鲜明的特点，代表着世界的两大潮流——和平、发展、合作、共赢的潮流和冷战、对抗、冲突、仇恨的潮流。印度洋的西岸是中东和北非地区。这是全球动荡、冲突、局部战争的中心，叙利亚内战就是其集中的表现。

印度洋地区在国际事务中将发挥越来越重要的影响，域外大国虽然暂时没有把南亚地区和印度洋区域作为实现各自全球战略的核心地带，但将其视为未来可能的重要战略区域。域外大国对南亚和印度洋地区近年来不断加大的战略投入，其目的主要还是出于"长期投资"的考量，以及对这一区域部分国家经济发展实力增长现实及前景的承认和尊重。印度洋地区各国需共同应对环境和气候挑战，促进宗教与民族和解，扼制恐怖主义和走私贩毒，推动经济增长和消除贫困等提供新的机制探索，以实现新型大国关系在国际体系变化过程中的重塑和发展。

"亚洲崛起首先需要印度洋和太平洋两大地区的融合，这两个地区通过马六甲海峡相连。"印度洋—太平洋地区成为各国瞩目的焦点，源于地缘政

治和地缘经济意义上的考量。但地缘政治战略的主要目标是为地缘经济服务的，是为了进一步拓展资本和商品在这一地区的流通空间。印度洋地区和太平洋地区已经在战略上紧密联系在了一起。但是印度洋地区内部的经济联系还很弱，要成为世界经济增长的新引擎还有待于通过与西太平洋国家特别是中国的合作才能实现。在地缘政治因结构性障碍无法推进的前提下，经济整合可以通过合作共赢化解冲突，促进地区繁荣与稳定。

三　海事安全合作成为重点

环印度洋区域合作联盟于 2012 年举行第 12 次部长理事会会议，会议通过的《古尔冈公报》中提出，海事安全有望成为环印联盟未来十年的合作重点，这也是联盟内多个成员国积极推动的结果。印度外交部部长库尔希德在会议上强调，环印联盟成员国未来应加强海上贸易和人员安全合作，包括充分认识海盗活动对印度洋海上贸易通道威胁的严重性以及设立特别保护区域等。第 13 次会议于 2013 年 11 月在澳大利亚珀斯召开，会议通过了《珀斯公报》与《珀斯原则》，其中，《珀斯原则》强调未来联盟合作的重点是印度洋及其资源的和平、生产性和可持续性利用。

四　中国积极参与环印度洋区域合作联盟合作

2000 年 1 月，中国成为环印度洋联盟对话伙伴国。多年来，中国与环印度洋联盟及其成员国之间交往频繁，同联盟成员国的双边贸易额增长迅速。随着了解与沟通的深入，中国与环印度洋联盟的合作领域不断扩大。其中，中国积极与环印度洋联盟开展打击海盗的合作，为印度洋地区的航行安全做出了重要贡献；同时中国也与环印度洋联盟在海水淡化、废水处理等领域探讨合作。中国希望与环印度洋地区国家、环印度洋联盟加强沟通与协调，这符合中国自身的利益。另外，环印度洋联盟成员国也有意愿与中国开展合作，双方今后在经贸、安全等领域合作的空间很大。中国与环印度洋联盟的合作长期稳定、领域广泛，比如中国护航舰赴亚丁湾打击海盗等，无论是在经济领域还是安全领域，中方都给予了联盟诸多支持。

五　经贸合作继续推进，规模不断扩大、领域逐步拓广

环印度洋区域合作联盟是印度洋地区第一大区域性经济合作组织，是继欧洲联盟、北美自由贸易区和亚太经济合作组织之后第四大经济集团，它的建立为世界经济区域化的发展提供了新的形式，对于推动印度洋沿岸的经济发展，加强亚洲、非洲和大洋洲国家之间相互联系和南南合作产生了重大

影响。

环印度洋区域合作联盟自建立以来，在推进区域经贸合作方面取得了巨大的成就。推行了经贸合作四项原则，分别是贸易自由化原则、贸易和投资便利化原则、经济和技术合作、贸易和投资对话。贸易自由化强调对所有成员国都一视同仁、无歧视对待，该原则的推行将会在未来更大程度地促进贸易合作往来，到 2020 年，所有成员国关税将为零。贸易和投资便利化原则奉行贸易融资、投资管理、检验检疫、采购程序、关税管理、知识产权、标准化一致等方面进行信息共享，极大程度地统一简化贸易与投资手续和处理程序。经济与技术合作在未来将会促进区域内国家技术互补、资金融通、先进资源的共享，通力开辟经济和技术的合作领域。定期召开联盟内成员国政界、商界的专家会议，实现域内贸易和投资的对话，未来联盟的经贸合作的沟通与协作将逐步深化。

联盟的合作领域在不断扩大，逐步从经贸合作开始向非传统安全领域转移，区域在打击海盗、保护海上运输航线安全和灾难救援上逐步达成合作协议，在 2011 年班加罗尔的第 11 次部长理事会上，联盟明确了今后优先合作的领域，包括：海洋安全，贸易和投资便利化，渔业管理，灾难风险管理，学术、科学和技术合作，旅游和文化交流合作。联盟为了切实推进合作，相继成立了德黑兰科学和技术转让地区中心和马斯喀特渔业互助中心，实现技术转让与科学知识共享，同时计划创建阿曼交通委员会、吉隆坡多边教育中心和也门海区地区中心，多角度、全方位推进环印度洋地区合作。

未来印度洋地区经济合作依然是双边和多边关系为主导，求同存异、谋求合作发展将是区域关系的总体趋势。过去数百年来，全球经济脉动一直聚焦于大西洋两岸与环太平洋地区，但哈佛大学的最新研究预测，在 22 世纪，印度等环印度洋地区国家将后来居上，引领全球经济增长。哈佛大学国际发展中心表示，全球经济的希望将寄托在环印度洋地区。哈佛大学国际发展中心主任豪斯曼预测，印度经济增长率将会交出 7.6% 的好成绩。若东非国家能释放撒哈拉以南非洲的经济潜能，也可望提振世界其他地区的经济和市场。豪斯曼的研究团队统计各国出口品的多元性和复杂性，以寻找未来十年经济增长步调最快的国家。在成长预测的前十名中，印度、肯尼亚、坦桑尼亚、马达加斯加高居第一、三、五、七名，这些结果显示环印度洋国家可望成为全球经济增长的重要引擎。

六 环印度洋区域发展仍将面临重重挑战

域内国家在民族、宗教、语言和政策上存在很大差异，而且部分国家社会极度动荡和不稳定，在一定程度上对于整个地区发展极为不利，另外，除了澳大利亚外，域内国家大多数属于发展中国家，经济基础薄弱，产业结构相近、贸易互补性差导致出口产品的相互竞争，难以维持长久的贸易合作往来，大部分国家经济水平低，基础设备不完善，技术落后，缺乏资金技术和人才，会在引资、融资方面造成在竞争，而且区域内由于经济实力相差悬殊，政治上的分歧，不可避免会导致国家之间的猜忌和戒心，难以实现域内团结与统一合作。最后，域内国家之间的关税与非关税壁垒目前仍然比较严重，在未来一段时间，这些壁垒可能会有一定改善，但短期内也无法彻底改变，所以，这些壁垒将会是未来地区合作的巨大障碍，会直接减少彼此进入对方市场的机会。这些都是该地区未来发展与合作所面临的诸多挑战。

为此，环印度洋地区各国应尽快就地区安全行为规范、合作机制等达成共识，发展对称性相互依存，进一步加深各国间的合作，密切国家间的贸易联系，强化各国间的利益相关性，最大限度地减少贸易摩擦。求同存异、互利共赢、共谋发展，这不仅有利于提高各自国家的经济实力，还能够造福于各国人民，并将惠及整个亚太地区，进而在稳定全球经济秩序中发挥重要作用。

第 二 章

环印度洋各区域经济发展现状与趋势

冷战结束后，随着世界经济区域化进程的加速，一个具有潜在竞争力的经济集团——环印度洋经济圈逐步兴起。该经济圈主要涉及东南亚、南亚、中东、非洲、大洋洲五大板块。客观分析这一地区的经济增长和发展现状，对于我们了解环印度洋地区经济发展的真实状况，推动中国企业与这一地区国家开展经济合作具有现实意义。

第一节　环印度洋地区南亚国家经济增长及发展现状

环印度洋的南亚地区有巴基斯坦、印度、孟加拉国、斯里兰卡和马尔代夫5个国家。南亚作为环印度洋地区人口最为稠密的地区，自然资源和劳动力资源丰富，经济增长潜力较大，已成为环印度洋地区的重要市场。与此同时，也存在贫困问题突出，经济结构不尽合理等问题。

随着中国"一带一路"战略的提出，环印度洋地区逐步成为中国的战略核心之一。南亚地区8个国家（含阿富汗）中有5个国家是印度洋沿岸国家，又有5个国家与中国接壤。因此，南亚及环印度洋的南亚国家对于我的长期战略及发展至关重要，跟踪研究该地区的经济增长及发展状况，研判地区形势，对于我国推动"一带一路"战略，与印度洋沿岸国家合作，推动孟中印缅经济走廊、中巴经济走廊建设都具有基础性和现实性意义和价值。本章将详尽分析南亚地区的经济增长与发展现状，并分别对各个经济指标进行国家间的横向纵向对比及实证分析，阐述该地区国家经济增长和发展的共性及个性，以期对我国与不同国家采用不同的投资及贸易合作战略提供参考。

一　环印度洋地区南亚国家宏观经济增长现状分析

为了多视角多层次地反映该地区的经济增长现状，笔者选取了 GDP、人均 GDP、国内总需求结构（包括投资与消费占比）、三大产业的占比及增长率、通货膨胀率、国际收支赤字、财政赤字规模以及外债作为主要经济增长指标。其中，GDP 以及人均 GDP 衡量该地区的经济发展水平，GDP 增长率衡量该地区的经济增长活力与潜力；国内需求结构包括投资需求以及消费需求反映该地区的经济内需结构，从而了解经济增长的主要的驱动力所在；三大产业结构以及增长率，衡量该地区的产业结构与工业化程度；通货膨胀率反映该地区的市场以及消费水平；国际收支赤字以及贸易逆差可以反映该地区的外贸结构；财政赤字与外债可以衡量该地区的经济发展债务负担以及政府支出。为保证各个国家各个时间点的数据连续，以 1988—2013 年为研究时间段，具体分析该地区的经济增长现状。

（一）环印度洋南亚国家经济在波动中增长

从国内生产总值角度看，作为人口大国，印度在南亚五国中经济总量规模是最大，GDP 遥遥领先于其他四国，五国生产总值的排名由大到小依次是印度—巴基斯坦—孟加拉国—斯里兰卡—马尔代夫，尤其是马尔代夫，其经济总量和印度相比差了将近几百倍。但是从人均 GDP 角度上，我们又会得到与上面截然相反的结果。从人均 GDP 上看，印度就远远落后于马尔代夫及斯里兰卡，按照从大到小的顺序进行排序，依次是马尔代夫—斯里兰卡—印度—巴基斯坦—孟加拉国，马尔代夫这样的小国在人均 GDP 上占有决定优势。

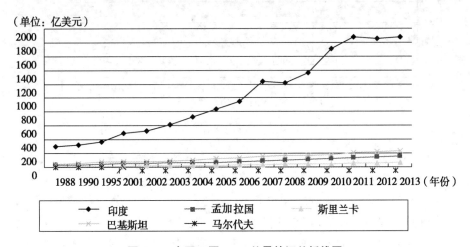

图 2-1　南亚五国 GDP 总量的汇总折线图

近几年来，环印度洋南亚国家经济增长波动幅度比较大，五个国家的经济增长较过去都有所放慢，孟加拉国经济增长保持着优势，依旧徘徊在 10% 左右的增长率，而其他四国受国内外的因素影响比较大，波动的弹性很大，尤其以印度表现最为突出，巴基斯坦、马尔代夫略低于 10%，而印度

（单位：亿美元）

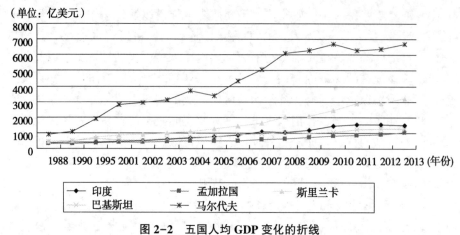

图 2-2 　五国人均 GDP 变化的折线

资料来源：国际货币基金数据 *World Economic Outlook Database*, *October* 2014。

经济却进入了一个停滞的瓶颈期，经济几乎停止增长。

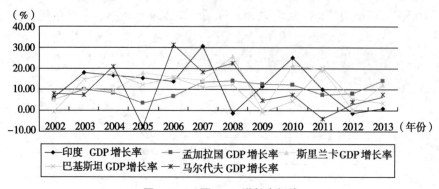

图 2-3 　五国 GDP 增长率折线

（二）经济结构不合理，经济主要靠消费拉动，投资对于经济的贡献有限

国民生产总值可以分为四部分，分别为消费支出、投资支出、政府支出以及净出口，公式表达就是 GDP＝C＋I＋G＋NX，一国的总需求结构反映的消费投资对于国民经济的拉动作用。环印度洋南亚国家经济结构有一定的同质性，主要靠消费拉动，孟加拉国消费对于国内生产总值的贡献达到了 78% 左右水平，投资支出对经济拉动作用维持在 24% 至 27%；印度的消费支出对于经济增长的拉动作用在 60% 左右水平，投资对于经济的贡献作用在增强，投资对于国民经济的贡献率在 35% 左右；巴基斯坦从 2000 年到 2012 年，经济对于消费的依赖度仍在上升，2012 年消费对于国民经济的带动作用高达 83%，高于其他四国，而投资对于经济的贡献作用却只有 15%，显

现非常低的拉动作用，也低于南亚的其他四国，巴基斯坦长期的投资不足导致了投资对于经济拉动作用的疲软；斯里兰卡消费的拉动作用低于孟加拉国与巴基斯坦，高于印度，投资对于经济增长的贡献高于孟加拉国与巴基斯坦，但是要低于印度。整体的国民经济结构，印度的情况相对较为平衡，投资的贡献相对较大，斯里兰卡次之，巴基斯坦的情况最为糟糕，投资对于经济增长的作用微乎其微。马尔代夫的数据很难获得，2000 年马尔代夫的消费、政府支出、投资分别是 33%、23%、26%，净出口为 17%。

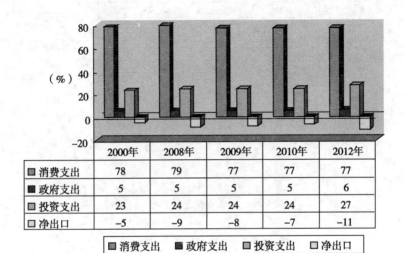

	2000年	2008年	2009年	2010年	2012年
■ 消费支出	78	79	77	77	77
■ 政府支出	5	5	5	5	6
■ 投资支出	23	24	24	24	27
□ 净出口	−5	−9	−8	−7	−11

■ 消费支出　■ 政府支出　■ 投资支出　□ 净出口

图 2-4　孟加拉国总需求结构（%）

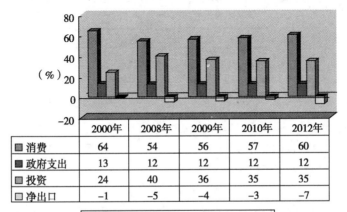

	2000年	2008年	2009年	2010年	2012年
■ 消费	64	54	56	57	60
■ 政府支出	13	12	12	12	12
■ 投资	24	40	36	35	35
□ 净出口	−1	−5	−4	−3	−7

■ 消费　■ 政府支出　■ 投资　□ 净出口

图 2-5　印度总需求结构变动趋势

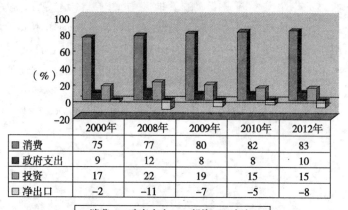

	2000年	2008年	2009年	2010年	2012年
■ 消费	75	77	80	82	83
■ 政府支出	9	12	8	8	10
■ 投资	17	22	19	15	15
□ 净出口	−2	−11	−7	−5	−8

■ 消费　■ 政府支出　■ 投资　□ 净出口

图2-6　巴基斯坦总需求结构的变动趋势

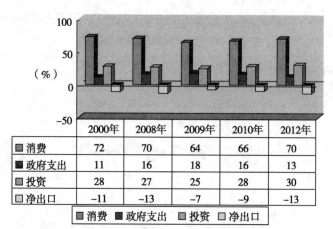

	2000年	2008年	2009年	2010年	2012年
■ 消费	72	70	64	66	70
■ 政府支出	11	16	18	16	13
■ 投资	28	27	25	28	30
□ 净出口	−11	−13	−7	−9	−13

■ 消费　■ 政府支出　■ 投资　□ 净出口

图2-7　斯里兰卡总需求结构变动趋势

资料来源：世界银行网站《世界发展指标》。

　　纵观五国的总需求结构以及投资的 GDP 占比，都可以看出环印度洋南亚国家消费支出几乎占了总需求的一半以上，甚至高达70%—80%，经济增长主要是靠消费支出来拉动，而投资水平最高的印度也只有30%左右，相对来说比较落后的巴基斯坦国家投资水平就更低了，都没有超过20%。仅仅靠消费投资拉动的经济比较脆弱，如果内需不足、经济低迷，那么对于经济增长的冲击效应会加倍，可见南亚国家普遍存在投资不足、经济拉动力不足的潜在威胁。另外，五的政府购买所占的比重除了孟加拉国外，也往往占比较高，政府支出占比越大，越表明政府机构的臃肿以及无效率、贪污腐败等问题。这是因为大量的产出都用于满足政府的支出，就会挤占私人投资，政府支出的"挤出效应"会严重地削弱国家经济运行的效果以及经济活力。

（三）工业化程度不高、产业结构同质化演进、服务业是带动发展的主力

环印度洋南亚国家都是相对来说比较落后、不发达的国家，工业化程度普遍不高，产业组织结构性质基本类似，工业占比较低，集中在20%左右，没有超过30%，而且产品的附加值比较低，普遍集中在劳动密集型产品，资本与技术密集型产业结构发展不健全。工业部门的增长率属孟加拉国比较可观，工业化进程一直比较稳定，工业的增长率一直高于农业和服务业，而且也维持在10%甚至更高的增长水平。其他四国的工业增长率都很少超过10%，尤其是2008年金融危机之后的巴基斯坦，工业增长持续低迷，工业化程度发展最为不足。印度的工业化进程在2011年以后几乎停滞不前，工业增长持续低迷，斯里兰卡的工业化进程在2009年以后开始加速。

环印度洋南亚国家基本都是以农业为主导的国家，但是作为基础部门的农业对GDP的贡献比率也不是很高，在20%左右的水平，由于抵制自然灾害以及先进农业技术不发达，缺乏先进的管理经验，并没有充分发挥农业的基础作用，农业的增长率在5个国家中也普遍低于工业与服务业。相比而言，五国的共同格局就是经济主要靠服务业来带动，服务业的劳动力占比都在50%甚至以上，而且服务业的增长率也在三大产业中比较具有优势。

环印度洋南亚国家的产业结构演变遵循的是同质的变化，从2000年到2013年，农业占比在缩减，工业和服务业都有小幅的扩张，尤其是服务业。服务业是南亚国家经济的主要动脉，但是由于技术和管理上的原因，服务业一般都集中在低端的服务，产业的整体附加值比较低，这和南亚国家相对比较落后的国情是息息相关的。马尔代夫和斯里兰卡的旅游业发展很好，对国内生产总值的贡献很大。

表2-1　　　　　环印度洋南亚国家三大产业的 GDP 占比　　　　（单位:%）

年份	印度			孟加拉国			斯里兰卡			巴基斯坦			马尔代夫		
	农业	工业	服务	农业	工业	服务	农业	工业	服务	农业	工业	服务	农业	工业	服务
2000	23	26	51	26	25	49	20	27	53	26	23	51	9	15	76

续表

年份	印度			孟加拉国			斯里兰卡			巴基斯坦			马尔代夫		
	农业	工业	服务	农业	工业	服务	农业	工业	服务	农业	工业	服务	农业	工业	服务
2008	17	29	54	19	29	52	20	27	53	26	23	51	—	—	—
2009	18	27	55	19	29	53	13	30	58	22	24	54	—	—	—
2010	19	26	55	19	28	53	13	29	58	21	25	53	—	—	—
2012	18	26	56	18	28	54	11	32	57	24	22	54	4	23	73

资料来源：世界银行网站《世界发展指标》。

从 2003 年到 2013 年，印度的农业增长率逐步下滑，2009 年农业出现了负增长；印度工业增长率起起落落，整体的增长规模要优于农业，2008年金融危机对印度工业的打击很大，进入 2010 年，工业的增长率也跌至 4%以下，2013 年更为严重，只有 0.7%；印度的服务业发展迅速，一直优于工业和农业，即使印度经济持续走低的态势下，服务业也保持在 6%以上的增长率，可见印度第三产业对于经济起着巨大的拉动作用。

巴基斯坦是农业大国，全国人口约 2/3 住在农村，农业产业吸纳了 45%的劳动力就业，远高于工业（20%）和服务业（35%）。近年来，巴基斯坦农业 GDP 占其 GDP 总量的比率约为 20%，比重较低，但是以农业为基础的棉纺织业却是巴基斯坦工业部门中最重要的产业，占巴基斯坦出口总额的60%左右。服务业是巴基斯坦工业经济体中占 GDP 比重最高的部门，但以批发和零售等低端服务为主。而这些低端服务业的发展往往依附于农产品，严重依赖于农业的发展；金融、保险（占 GDP 比重约 5%）等相对高端的服务业发展速度缓慢，远低于与农产品相关的低端服务业对 GDP 的贡献。[①]巴基斯坦工业 GDP 比重逐年提高，农业 GDP 比重不断下降，工业化进程逐步推进。但是，巴基斯坦服务业结构不理想，整体素质不高，仓储和批发零售业占服务业总值大约 60%，金融保险业只有不到 10%，通信及软件业大约 17%。巴基斯坦农业在近几年的增长率却明显不高，最低为 2011 年的1.2%，2012 年后农业的发展状况有所好转，增长率在 2012 年和 2013 年分别达到了 3.1%和 3.3%，但是作为一个农业大国，农业的发展显然存在不足与缺陷。同样，巴基斯坦的工业发展也动力不足，尤其在 2011 年出现了负增长，2012 年以后工业开始恢复到正的增长率，但是仍然比较低，只有3.4%与 3.5%。巴基斯坦的服务业增长率也整体呈现出下滑趋势，但是总体

① 邓海艳、陈小雪：《巴基斯坦经济的波动发展及其原因》，《国际经贸》2013 年第 9 期。

来看发展形势优于农业与工业，最低增值为 2013 年的 3.7%。2009 年工业出现了巨大幅度的负增长，2011 年工业仍处于负增长的状况，2012 年以及 2013 年三大产业的增长仍旧处于很低的水平，巴基斯坦经济增长速度放缓。

孟加拉国的农业部门吸收了大约 62% 的劳动力，而工业部门相对落后，仅仅吸收了全国总劳力的 8%，其余大部分劳动力集中在了服务业领域。孟加拉国工业以原材料工业为基础，兼以本国的和进口的原材料为基础，重工业尤其是制造业发展不足，技术密集型产业特征尚未形成。纺织服装成为孟加拉国最主要的工业部门和拳头出口部门，服装出口占了孟加拉国出口创汇收入的 1/3。农业部门比重有所下降，工业部门比重相应有所上升，服务业整体趋于持平趋势。从三大产业的增长率上看，孟加拉国的工业增长率在三大产业中是最高的，工业行业不断发展壮大，增长速度较快，在石化、橡胶、食品和烟草等部门增长的带动下，工业增幅位居三大产业之首，中小企业在政府政策的鼓励下迅猛发展也是支撑工业增长的重要因素。其次是服务业，医院、IT 业、旅行社、教育、社会工作、公共管理、电信和娱乐业表现突出。相比之下农业的增长率比较低，主要是由于耕地面积减少，自然灾害频发导致粮食产量下降。孟加拉国经济发展平稳，工业保持高速增长，虽然工业占比不及服务业，但是增长率很高，对国内经济的有着积极的推动作用。

斯里兰卡也是一个以农业为主的国家，70% 以上的人口都从事农业，但斯里兰卡的农业增长率普遍偏低，产值偏低；工业基础相对较为薄弱，从业人数只达 30% 左右，大多数以服装加工业为主。2003 年以后，农业呈现出增长的态势。2009 年是斯里兰卡的一个过渡阶段，2009 年之前，服务业的增长率要高于工业的增长率以及农业，2009 年之后，工业的增幅大幅度地攀升，而服务业开始走低，2008 年金融危机以后，2009 年的三大产业增长均出现了最低谷。2009 年以后，斯里兰卡的工业稳步开始攀升，增长率达到了两位数。

马尔代夫是印度洋上一个岛国，服务业所占的比重相当巨大，2000 年为 76%，2012 年为 73%，农业所占比重只是个位数，工业也普遍偏低。马尔代夫的旅游业、渔业、船运业一起成为马尔代夫三大支柱产业。旅游业是马尔代夫国家经济的重要推动因素。马尔代夫三大产业的增长率并不像其他南亚国家一样，而是表现出随机波动的趋势，马尔代夫经济波动性很大。马尔代夫的农业、工业经常会出现负的增长率，尤其是农业，从 2007 年到 2011 年持续负增长，负增长比率甚至高达 16%；工业增长的波动同样很大，从 -8.1% 到 15.5%；同样的规律也体现在服务业上，马尔代夫的经济结构增长总体就是表现出不稳定性和随机性。

（四）环印度洋南亚国家存在不同程度的通货膨胀

通货膨胀率是反映一个国家经济增长的重要指标，可以反映出一个国家的整体物价指数，环印度洋南亚国家都存在不同程度的通货膨胀现象，消费价值指数比较高。从图 2-8 可以看出，2009 年以前，斯里兰卡的通货膨胀率在五国中最高，2012 年下降为 7.6%，2013 年再下降到 6.9%。巴基斯坦2005 年以来的 6 年，平均通货膨胀率为 12.57%，远高于其 4.9% 的经济增长率。2009 年以后，巴基斯坦的通货膨胀率在五国中最高。

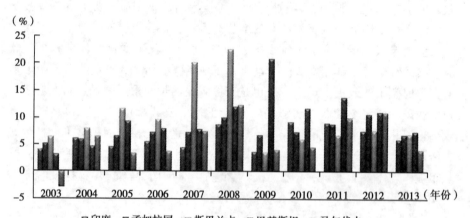

图 2-8　各国通货膨胀率水平

资料来源：亚洲开发银行《基本经济指标》。

2011 年以前印度的通货膨胀率较高，2011 年以后开始下降，2013 年印度的通货膨胀率为 5.9%。孟加拉国在 2013 年以前，通货膨胀率平均为10% 左右。2013 年下降为 6.8%。马尔代夫 2008 年、2011 年、2012 年通胀率在 10% 左右，2013 年下降为 4%。总体而言，五个国家均存在不同程度的通货膨胀，巴基斯坦情况相对糟糕，2013 年以后五国的通货膨胀都得到了较好的控制。

通货膨胀对于一国货币的实际购买力有直接的影响，影响国内内需，直接关乎人民的社会生活水平和福利水平，同样也关乎一国的社会稳定。通货膨胀率往往和失业率存在一定的关系，菲利普斯曲线描述的是通货膨胀率和失业率之间的相互替代此增彼涨的关系。但是巴基斯坦和斯里兰卡的失业率同样是很高的，也就是说巴基斯坦牺牲了通货膨胀率并没有降低失业率水平，整体社会动荡不安。印度和孟加拉国的通胀率水平在南亚国家相对比较低，但是部分年份也有突破两位数的高通胀率，造成经济发展的不稳定。

（五）国际收支失衡、贸易逆差长期存在

环印度洋南亚的 5 个国家中都存在着国际收支失衡、贸易逆差的客观事实，无论是贸易往来还是当前账户。但是五国的逆差规模有所不同，马尔代夫的贸易逆差规模大得惊人，远远高于其他 4 个国家。贸易逆差的 GDP 占比多数国家都超过了一半。斯里兰卡的贸易逆差规模仅次于马尔代夫，2010年以后斯里兰卡的贸易逆差在 GDP 的比重均超过了两位数；而印度、孟加拉国、巴基斯坦的贸易逆差规模从 2003 年以来有所波动，但是在 GDP 的占比都没有超过两位数水平，国际收支失衡现象不是很严重。

印度贸易逆差在本国 GDP 的比重一直维持在相对来说比较低的水平，而且比重呈下降的趋势，基本控制在 10% 以下。孟加拉国在商品贸易往来方面一直处在贸易逆差的局面，贸易逆差在 GDP 中的占比维持在 5%—7%之间。斯里兰卡逆差规模在 2011 年最为严重，占到了 GDP 的 16.5%，2012年以后贸易逆差状况有所改善开始下降，到了 2013 年逆差规模为 11.4%，但是仍然比同期的巴基斯坦和孟加拉国的逆差要严重。巴基斯坦存在着持续而且规模巨大的长期贸易逆差，进入 2010 年以来，贸易逆差在 GDP 中的占比逐步走高。

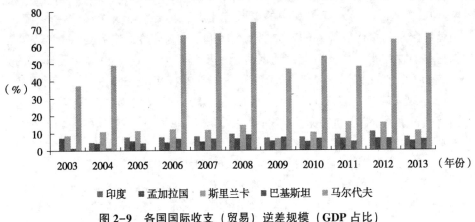

图 2-9　各国国际收支（贸易）逆差规模（GDP 占比）

资料来源：亚洲开发银行《基本经济指标》。

国际收支长期处于逆差，首先会影响本国货币汇率的下降，进而导致外汇储备减少，从而严重削弱其对外支付能力，大量的贸易逆差将致使国内资源外流，对外债务增加，引发偿还债务的危险，从而陷入债务危机，这也正解释了部分国家高额的外债规模的客观事实；国际收支失衡也会形成国内货币紧缩形势，促使利率水平上升，影响本国经济的增长，从而导致失业的增加和国民收入增长率的下降，从而影响国民经济正常运行。另外，一国长期处于贸易逆差的地位也表明南亚各国在贸易往来中处于不利地位，会影响其贸易往来积极性与主动性，南亚各国都普遍有着改善贸易往来条件的需求。

（六）财政赤字巨大、外债规模不容乐观

环印度洋南亚国家整体表现是财政收入主要靠税收，而税收往往不足而且监管不力，其政府机构臃肿、财政支出庞大，所以不可避免地要造成巨大财政赤字，而且赤字规模居高不下，尤其以马尔代夫和斯里兰卡情况最为糟糕，印度相对来说情况比较乐观，但也不容忽视。财政赤字的巨大缺口往往需要举债来弥补，经济陷入一种增长的"畸形怪圈"，即政府支出挤出私人投资，导致经济增长动力不足，经济增长疲软，为刺激经济政府购买继续扩大，导致高规模的财政赤字，为弥补财政赤字举债，高额的债务挤出国内的总投资，使总投资继续下降，经济增长持续动力不足。

马尔代夫的财政赤字规模在 2006 年、2009 年、2010 年以及 2012 年形势很为严峻，远远高于其他四国，而且财政赤字在 GDP 中的比重高达 26.1%（2009 年）、12.3%（2012 年），2013 年财政赤字规模下降到了 4.7%。正是因为马尔代夫高额的财政赤字，只能靠外债来填补赤字空缺，也就解释了马尔代夫惊人的外债规模。斯里兰卡与印度的财政赤字规模基本保持在 10% 水平以内，时有波动但是幅度不是很大，进入 2010 年，印度的财政赤字一直在缩减，从 2010 年的 8.3% 到 2012 年的 6.9%；巴基斯坦从 1980 年以来就存在财政赤字，且呈恶化态势，一直处于攀升的态势；相比而言，孟加拉国的财政赤字问题最为乐观，几乎一直控制在 5% 以下的水平。

五国的外债规模可以通过外债在 GNI 的占比得以体现①。马尔代夫和斯里兰卡的外债规模相当巨大，尤其是马尔代夫，在 2008 年以及 2009 年外债的 GNI 占比接近甚至突破了 80%，2010 年以后外债规模稍有缩减，但依然盘旋在 40%—60% 之间，经济增长的泡沫很大。同样斯里兰卡的外债规模也相当惊人，整体的变化是呈"倒 U"形状，2008 年最低，之后又开始攀升，到 2012 年外债规模接近 60%，而且超过同期的马尔代夫，2011 年斯里兰卡

---

① GNI 是人均国民总收入的缩写，与 GDP 的差别在于引入了要素的国际流动的增减变动，反映的是一个国家国民意义上的总产出。

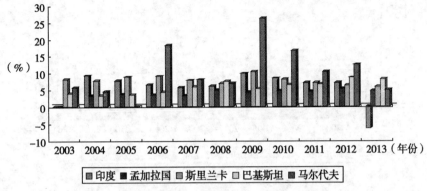

图 2-10　南亚五国中央政府财政赤字规模（GDP 占比）

的外债在 GNI 中的占比为 45.4%，除马尔代夫（49.6%）外，比其他三国都要高得多。到了 2012 年，外债的规模有增无减，在 GNI 中的比重达到了56.7%。巴基斯坦公共债务占 GDP 的比例很高，进入 2000 年后，公共债务占 GDP 的比例开始下降，至 2009 年 3 月已降到 55.5%，为历年来的最小值。巴基斯坦的外债形势略好于马尔代夫与斯里兰卡，呈逐步走低的趋势，由于长期存在未偿债务，接受的国际援助也逐渐减少，这和巴基斯坦的高占比的财政支出、高规模的财政赤字以及外债是分不开的。相比而言，孟加拉国的外债一直比较低而且也逐年减少，孟加拉国的未偿债务从 2006 年以后所占比重在逐渐下降，债务占据出口创汇收入的比重也是走低的形势，说明孟加拉国近几年债务形势逐渐好转。

印度的外债规模是最为乐观的，一直保持在比较低的水平，没有超过20%。就 2010—2012 年来看，印度的外债规模在逐步扩大，印度 2012 年的外债占据人均国民总收入的比重为 20.9%，同期的其他南亚国家孟加拉国是 17.1%，马尔代夫为 41.9%，巴基斯坦的占比是 29.1%，斯里兰卡高达 56.7%。

综上，印度和孟加拉国在控制财政支出、抵制财政赤字、抑制外债规模上的比较有成效的。

二　环印度洋南亚国家社会发展现状分析

经济增长在一定程度上不等同于经济发展，经济增长更加侧重于总量的增长，而经济发展则更侧重于质的发展，从发展经济学的角度看，经济发展既包括了经济的增长，同时也要兼顾社会公平、整体生活水平的提高。衡量

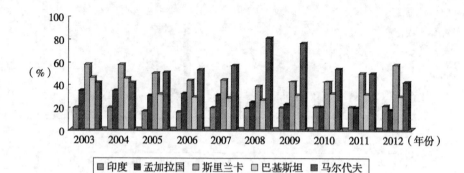

图 2-11　各国总外债规模（GNI 的占比）

资料来源：亚洲开发银行《基本经济指标》。

经济发展的主要指标一般有社会失业率与贫困率以及洛伦兹曲线与基尼系数①。

（一）社会失业率及贫困率较高

马尔代夫的劳动力市场失业率②在环印度洋五个南亚国家中是最高的，一直都维持在 11%—14% 的高水平上，远远高于其他四国，再次证明了马尔代夫经济的不稳定性与泡沫性。斯里兰卡的失业率紧随马尔代夫之后，但是从 2000 年到 2012 年失业率明显下降。巴基斯坦的失业率和斯里兰卡遵循着类似的变化趋势，也出现了比较明显的好转与下降态势，巴基斯坦在 2007 年以后就基本保持了 5% 左右的失业率水平。用发展的眼光看巴基斯坦斯虽然经济增长的现状令人担忧，但是却有发展，首先就是大幅降低了失业率，民生工作做得比较到位。对于孟加拉国和印度，从 21 世纪以来到现在失业都比较低，维持在 4% 左右的水平，有一点不同就是孟加拉国的失业率略有恶化，从小于 4% 的水平变化到了大于 4% 的水平，而印度恰恰相反，从大于 4% 的水平变到了小于 4% 的水平，但是变化幅度不是很大。

从表 2-2 可以看出，环印度洋南亚国家在减少贫困上都取得了一定的成效，尤其是斯里兰卡和巴基斯坦，孟加拉国和马尔代夫在减贫上也取得了一定的成果，印度的成效不是很明显，只有在 2012 年以后才出现了比较大

---

① 奥地利统计学家洛伦兹 1907 年提出了著名的洛伦兹曲线，描述的是在一个总体（国家、地区）内，人口百分比对应的收入百分比的关系，可以直观地反映一个国家收入分配平等或不平等的状况，洛伦兹曲线越弯曲，不平等程度越大。与洛伦兹曲线直接相关的是基尼系数，表示的是不平等面积与完全不平等面积之比，是衡量一国贫富差距的标准。

② 指社会长期总失业率。

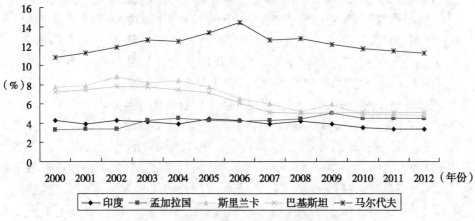

图 2-12　南亚五国劳动力市场总失业率变化
资料来源：世界银行《世界发展指标》。

的下降。虽然整体上南亚国家都实现了一定程度的减贫目标，但是截至2012 年，除了斯里兰卡的贫困率低至一位数外（6.5%），其他四国的贫困率数值还是比较高的，尤其是孟加拉国（31.5%），贫困仍旧是阻碍其该国经济发展的因素，说明对于环印度洋南亚国家，贫困仍旧是一个不会褪色的沉重话题，减贫仍旧是经济发展的长期目标。总的来看，斯里兰卡在发展方面是比较成功的一个国家，不论是减贫还是降低失业率方面，斯里兰卡做得都比较好；而印度，在失业率与减贫的视角上就出现了我们所说的有增长无发展的现象；巴基斯坦国家经济增长不是很乐观，但是却有一定程度的发展，虽然目前仍旧没有摆脱贫困问题；孟加拉国的增长一直是比较稳定的，在发展方面略有成效，但是效果不是很明显。

表 2-2　　　　　　　各国贫困线以下人口的比例　　　　　　　（单位:%）

年份	印度	孟加拉国	斯里兰卡	巴基斯坦	马尔代夫
2003	26. 1	49. 8	22. 7	32. 6	21. 0
2004	27. 8	40. 0	22. 7	23. 9	21. 0
2005	27. 5	40. 0	15. 2	22. 3	16. 0
2009	27. 5	40. 0	7. 6	22. 3	21. 0
2010	29. 8	31. 5	8. 9	22. 3	15. 0
2011	29. 8	31. 5	8. 9	22. 3	15. 0
2012	21. 9	31. 5	6. 5	22. 3	15. 0

资料来源：亚洲开发银行相关网站《基本经济指标》。

(二) 社会不公平程度有所改善，社会安全问题不容乐观

洛伦兹曲线和基尼系数是衡量一个国家经济发展的重要指标之一，基尼系数客观地反映一个国家经济"增长"与"公平"之间的关系。基尼系数越高，表示社会不公平程度越大，其中 2010 年印度基尼系数为 33.9%，孟加拉国为 32.12，巴基斯坦为 29.63，斯里兰卡为 36.4[①]。

从 2000 年到 2010 年，印度基尼系数呈现出恶化的趋势，上升了 1.4 个百分点，印度经济高速增长部分牺牲了社会公平，贫富差距在逐步拉大。孟加拉国的基尼系数水平和印度基本持平，低收入人口的总收入占比有所提升，高收入者所持有的财富比重有所下降，可见孟加拉国的经济注重平稳发展的同时也没有忽视公平与平等，经济稳定增长的同时实现了发展。巴基斯坦和斯里兰卡的基尼系数变化很是可观，尤其是巴基斯坦，到 2011 年基尼系数已经低于 30%，这在很多发达国家中都是很少见的，巴基斯坦 2002—2006 年经济快速增长的同时伴随着贫富差距的显著拉大，2006—2011 年巴基斯坦经济增长的同时也有余力兼顾公平，所以贫富差距在 2006 年的基础上有所好转，而且比 2002 年的基尼系数更小，社会公平性更加乐观。另外更加值得一提的是巴基斯坦是环印度洋南亚国家基尼系数最低的国家，也就是说巴基斯坦国家经济贫困，但是社会相对公平一些，总体而言，巴基斯坦是一个经济增长不是很乐观但是却有发展的国家。斯里兰卡和巴基斯坦有着相似的变化轨迹，但是斯里兰卡国家整体的收入差距更大一些，而且单纯地从 2000 年和 2010 年来看，斯里兰卡的收入差距是扩大的。当然考察一个国家的发展与否也不能完全依赖于统计上的数据，统计数据有一定的偏差，一些非量化的指标，如，生活质量的提高、社会动荡因素的减少等都是衡量一个国家发展的重要因素。

环印度洋南亚国家都是发展中的国家，发展的过程中都面临着相似的国际社会环境，都普遍存在着腐败问题、恐怖主义、能源短缺、基础设施不完善、社会动荡等问题。

三　小结

虽然南亚国家经济发展与增长面临诸多挑战与障碍，但是，近年来南亚国家积极推动对外开放，调整国家战略，逐步放开外资进入的领域，比如该地区大国印度的 FDI 政策逐步放宽，绝大多数部门都开始实行自动投资渠道，因此 FDI 进入几乎达到了 100% 允许的程度。2014—2015 年度，印度继

---

① 世界银行：*World Development Indicators* 2015。

续放宽 FDI 投资政策，在国防安全工业部门，允许高达 49% 的 FDI 投资通过政府途径流入，其他部门 FDI 投资占比更高，如建筑业、医疗手术行业以及铁路基础设施维护行业开放度达到 100%，涉及最小化利用土地、资本化问题以及在土木工程发展项目中遣返资金的国际直接投资项目将更加自由化。其他南亚国家市场也逐步放开，允许外国资金进入，比如巴基斯坦是中国对外承包工程的重点市场之一。越来越多的中国企业进入巴基斯坦，积极参与巴基斯坦通信、油气勘探、电力、水利、交通、机场、港口、房建、资源开发等领域的项目设施。另外，中国与孟加拉国以及斯里兰卡的合作也逐步展开，南亚经济在国内消费需求大幅上升、外部资本大量涌入和良好的外部环境推动下不断增长，成为全球经济增长最快的地区之一和世界重要的新兴市场。

表 2-3　　　　　　　　　　环印度洋南亚主要国家经济发展战略

国家	经济发展战略	规划期内的经济社会目标			战略领域	方向
		GDP 增长率（%）	人均 GDP 美元	减贫		
印度	2011 年出台十二五计划（2012/13—2016/17）	8.2		减到 10%	重点支持劳动力密集型行业吸引外资鼓励出口争取外援加强基础设施建设加强良政建设	继续原有的经济增长模式融入国际社会
巴基斯坦	2009 年出台《投资政策》（2010—2015）	7—8		减贫		
孟加拉国	第 6 个五年规划（2011—2015）	7		降至 22%		
斯里兰卡	2011 年出台《2011—2020 投资规划》		6000			

资料来源：赵江林《当前亚洲国家经济发展战略调整：背景、方向与影响》，《亚太经济》2013 年第 4 期。

从表 2-3 可以看出环印度洋南亚国家在未来经济发展中所奋斗的目标。印度在加快经济增长、减少贫困上目标很是明确，要摆脱经济增长停滞的瓶颈期，实现 8.2% 的经济增长水平并且将贫困降低到 10%；巴基斯坦将经济增长的目标锁定在 7%—8% 的增长率，也致力于减贫；孟加拉国对于贫困以及经济增长的目标都比较明确，要把贫困降低到 22% 的水平，且实现经济的 7% 的经济增长水平；斯里兰卡的贫困问题不是很严重，故而斯里兰卡的经济目标是实现人均 GDP 突破 6000 美元，可见环印度洋南亚国家对于未来经济的发展都充满信心，尽管南亚国家发展还面临着诸多挑战与危险，但是相信发展的前景是很值得期待的。

第二节　环印度洋地区东南亚国家经济发展现状与趋势

环印度洋地区东南亚各个国家经济发展状况良好。泰国虽然经历着国内政治变动，但所幸的是一直保住了作为投资地的优势，因此，仍保持着一定的经济增长势头。马来西亚自 2010 年开始实行"经济转型计划"以来，在很多方面都取得了成绩。印度尼西亚（以下简称印尼）作为东盟最大的经济体，在经历了十几年的转型阵痛后，重现发展活力，发展基础设施，农业、工业、服务业均在国民经济中发挥重要作用。缅甸经济发展的各种条件正在改善，发展前景看好。因受到外部需求减弱以及全球金融波动的影响，新加坡短期经济前景存在着高度的不确定性，近年来新加坡的经济增长开始大幅度放缓。

一　宏观经济运行

近年来，环印度洋地区东南亚国家宏观经济运行良好。马来西亚自 2010 年开始实行"经济转型计划"以来，在很多方面取得了成绩。在强劲内需和出口逐步好转的拉动下，2014 年初 GDP 已经达到了 2569 亿林吉特，同比增长 6.2%，经济增幅超过新加坡和印尼。[①] 受到国际环境持续不景气的影响，加之国内政治发展的需求，每次在大选前马国政府都需要做出马来西亚经济发展良好的态势。但是在每次大选结束后，经济必然出现下滑。虽然在总体发展态势上有超过周边国家的趋势，但是与马来西亚自身经济发展成绩相比，内需拉动一直是其所面临的问题。

作为东盟最大的经济体，2008 年以来面对国际金融危机，印尼政府应对得当，经济仍保持较快增长。近年来，印尼的经济和财政改革逐渐得到认可，加之能源价格的持续上涨，为经济持续稳定增长提供了基础。印尼2012 年的 GDP 增长率为 6.3%，是除中国以外新兴经济体中增速最快的国家；但是，由于能源需求的问题造成印尼的贸易逆差幅度增高，从 2014 年开始出现货币贬值，这些因素影响着印尼的经济增长。[②] 据印尼央行披露，印尼 2012 年经济增长率 6.3%，居世界第二，仅次于中国增长率 7.8%。目前，印尼面临的经济风险主要源于以下几个方面：一是由于出口结构中能源矿产占比较大，经常账户多年持续盈余的局面将面临全球经济低迷对能矿需

---

① 《2014 年第一季度马来西亚宏观经济形势》，中国驻马来西亚经商处网站，2014 年 5 月。
② 《印度与印度尼西亚经济形势比较分析》，《中国市场》2013 年第 43 期。

求方面形成的不确定性挑战；二是经济领域中的由政治势力形成的垄断经济的低效仍然普遍存在，阻碍了市场化改革的深入；三是就业创造不足与国内融资成本过高的问题长期存在；四是财政收支中的结构性矛盾依然突出，财政中资本支出较少，对经济贡献不足；五是汇率波动，印尼盾极易受到投机性攻击，长期以来被认为是亚洲风险最大的货币之一。① 由于热钱热衷于印尼市场，资金的大进大出不可避免地对印尼盾的币值稳定产生影响。② 受全球经济不景气影响，2013 年印尼遭遇贸易逆差和经常账户赤字扩大、物价上涨、货币贬值等一系列问题。因此，2014 年印尼经济增幅略有下降。2014 年增速虽较前几年略有放缓，但在世界主要经济体中仍名列前茅。总体而言印尼经济趋于稳定，前景向好，外资逐渐回流至印尼市场。从长期来看，印尼仍拥有吸引投资的支持因素，例如：人口众多，市场规模庞大，以及拥有丰富的天然资源等。印尼拥有丰富的石油、天然气以及煤、锡等矿产资源，矿业产值占国内生产总值的 10% 左右。丰富的土地、渔业等资源，巨大的潜在消费市场和富有竞争力的劳动力市场，这些都为其提供了相对于其他东盟国家的较大竞争优势。经济发展长期保持在东南亚诸国前列，这也坚定了印尼引领东南亚的信心和雄心。③

东南亚小国新加坡在全世界有着不同凡响的地位，新加坡经济在经历 2008—2009 年的全球金融风暴以后能够强劲反弹，反映了新加坡政府在采取积极的宏观经济政策以及财政政策方面的能力和决心。当然，新加坡经济从复苏过渡到持续增长却不十分顺利。从 2011 年第二季度开始，由于受外部经济环境恶化的拖累，新加坡的电子产品出口急剧下滑，对投资造成很大的影响，从而使经济增长减速。④ 有专家认为，新加坡目前随着价格上涨压力的逐渐趋缓，通胀将受到一定的控制，而一旦出现经济放缓比预期严重的情况，就有进一步谨慎放宽货币政策的空间。届时政府就可以利用财政空间刺激总需求，维持就业率，以达到保护低收入家庭的目的。与此同时，新加坡着手缩小贫富差距，加强社会安全网，使社会援助更具针对性。新加坡政府有足够的能力在必要时推出援助配套以帮助低收入家庭，并确保中小企业

---

① 《印度尼西亚国情概况》，中华人民共和国商务部，http://policy.mofcom.gov.cn/export/Indonesiavg/cl.aotion，2018 年 1 月 1 日。

② 中国信保：《印度尼西亚投资与经贸风险分析报告》，《国家风险分析报告》，2011 年，第 67 页。

③ 《印尼想成为全球经济十强，发展前景可期》，《人民日报》，新华网转载，2015 年 1 月 20 日。

④ 陶杰：《新加坡短期经济前景不明朗》，中国经济网，腾讯网转载，2012 年 2 月 17 日，http://finale.qq.com/a/20120217/001729.htm。

能够申请到足够的贷款。由于受到外部需求减弱以及全球金融波动的影响，新加坡短期经济前景存在着高度的不确定性，近年来新加坡的经济增长开始大幅度放缓。与此同时，在外部和国内经济前景疲软的影响下，新加坡2012年的整体通货膨胀得到有效缓解。但由于新加坡有着巨大的政策空间和相关政策工具来缓冲外部冲击，所以能够继续保持宏观经济的稳定。2012年其人均国内生产总值（GDP）为52051美元，处于世界前三位。按照购买力平价衡量，新加坡2010年人均GDP为56532美元，超过了挪威、美国和中国香港，是全球最高的。[①] 2013年，新加坡的经济增长率达到4.1%，失业率仅为1.8%，人均国民收入超过5.5万美元、跻身全球前八。[②]

泰国近些年总出现这样的情况：每当经济指标稳步上行两三年后，就会发生一场政治斗争引发的危机，将经济拖入谷底。一位泰国银行家这样描述泰国经济的尴尬处境：如果政局稳定，泰国经济就能将其他东盟国家甩在身后，但这个"如果"很难实现。[③] 2013年末连续近7个月的政治危机，已将泰国经济拖至衰退边缘。根据泰国国家经济和发展委员会发布的数据，2014年第一季度，经济环比萎缩2.1%，同比萎缩0.6%，消费者信心指数降至12年来最低。[④] 泰铢自2013年6月以来贬值近5%，外商直接投资大幅下降。随着政局趋稳，人们对泰国经济的信心正在迅速恢复。据泰国国家经济和发展委员会公布的数据，2014年第二季度，泰国经济环比增长0.9%，同比增长0.4%。[⑤] 泰国第三、四季度的经济增幅分别达到3%—4%和5%—6%，全年经济增幅预计将超过2.2%。[⑥] 泰国在最新公布的全球竞争力排名中也大幅提升至第31位。如此看来，泰国政局无论如何动荡，经济似乎总能迅速恢复元气。[⑦]

缅甸宏观经济形势，尽管全球经济笼罩在阴影之下，但在系列改革措施推动下，缅甸2010—2011年宏观经济呈现稳定发展的态势。根据国际货币基金组织的数据，2010年和2011年，缅甸经济增长率均为5.5%。[⑧] 缅甸外

① 王江雨：《"新加坡模式"慎思明辨》，《财经》，2013年3月31日，财经网杂志转载。

② 郭钢：《感受狮城新加坡》，《联合早报》，2014年9月25日。

③ 暨佩娟：《"不粘锅"经济也离不开稳定》，《人民日报》，转引自凤凰网2014年11月18日。

④ 《泰国2014年第一季度经济环比萎缩2.1%》，中华人民共和国驻泰国经商参处。

⑤ 《2014年第二季度泰国国内生产总值同比增长0.4%》，中华人民共和国驻泰国经商参处，2014年8月22日。

⑥ 《泰国民意调查显示泰国经济发展趋势继续下滑》，[泰]《世界日报》，2013年6月26日。

⑦ 《泰国经济尴尬处境：政局不稳致经济大幅衰退》，华龙网，2014年11月18日。

⑧ 宋清润：《缅甸经济改革的前景》，共识网，2012年8月1日。

贸发展态势良好，2010—2011 财年，外贸总额达 152.78 亿美元，比上一财年的 117.68 亿美元增长 29.8%，其中，出口 88.63 亿美元，进口 64.14 亿美元。[①] 2010—2011 财年边境贸易额是 21.3 亿美元（其中出口 11.14 亿美元），而上一财年边贸额为 13.84 亿美元（其中出口 6.69 亿美元）。[②] 缅甸进、出口贸易和边贸发展喜人。2011—2012 财年，也是缅甸新政府执政的首个财年，缅甸贸易额就创历史纪录，达 181.5 亿美元，其中出口 90.9 亿美元，进口 90.53 亿美元。[③] 同时，缅甸吸引外资总量也是不断攀新高。截至 2011 年底，外国对缅投资总额高达 400 亿美元。

二　部门经济走势

以下分别从进出口、服务业、金融业、制造业与旅游业这几个门类讨论环印度洋地区东南亚国家的经济发展走势。

1. 进出口贸易

马来西亚 2014 年上半年贸易总额累计达 7156 亿林吉特，同比增长 9.9%，出口同比增长 12.5%，进口同比增长 81.8%；从产品结构看，制造业产品出口占总额的 76.1%。[④] 印尼的进出口贸易同比略有下滑，逆差有所缩小。2014 年 1—5 月，印尼出口额为 734.2 亿美元，同比下降 3.8%，进口额为 742.4 亿美元，同比下降 5.76%，贸易逆差为 8.2 亿美元。新加坡 2014 年的货物进出口额同比下降了 0.9%，贸易顺差增加了 16.8%。[⑤] 泰国经济今后能否持续增长，取决于以引进外资企业和振兴出口为基础的经济发展战略的可持续性。泰国经济的一个很大优势来自泰国政府外资政策构建的良好投资环境。不仅大企业，许多中小企业也对具有优越投资环境的泰国进行投资。这成为泰国产业竞争力的源泉。[⑥] 2014 年泰国对中国的贸易额同比

---

①　《2011—2011 财年缅甸外贸总额突破 150 亿美元大关》，中华人民共和国商务部网站，2011 年 5 月 4 日。

②　《2010—2011 财年缅甸外贸总额突破 150 亿美元大关》，[缅]《十一新闻》，2015 年 5 月 4 日，转引自中华人民共和国商务部网站，http://www.mofcom.gov.cn/article/i/jyjl/j/201504/20150400938166.shtml.

③　《2011—2012 财年缅甸贸易额达 181 亿美元》，[缅]《七日新闻》，2012 年 4 月 10 日，转引自新浪财经，http://finance.sina.com.cn/roll/20120411/100111796872.shtml.

④　《马来西亚与中国上半年进出口贸易统计数据》，[马来西亚]《东方日报》，2014 年 8 月 8 日。

⑤　《2014 年新加坡货物外贸进出口分析进出口总额 7760.9 亿美元》，中商情报网，2015 年 5 月 4 日，http：www.askci.com/news/2015/05/04/101346fizb.shtml.

⑥　《泰国经济尴尬处境：政局不稳致经济大幅衰退》，华龙网，2014 年 11 月 18 日，http://neus.cqneus.net/html/2014-11/18/content_32654485.htm.

下降了 0.8%，中国对泰国的出口同比增长 0.2%，中国对泰国贸易呈现逆差，逆差额为 51.48 亿美元。[①] 自 2010 年缅甸开始政治民主化与经济自由化改革以来，缅甸进出口贸易额不断增加。2014 年，缅甸进出口贸易总额达 272.6 亿美元，进出口总额同比增长 17.1%；其中，缅甸出口 110.3 亿美元，同比下降 1.8%；缅甸进口 162.3 亿美元，同比增长 34.7%。[②]

2. 服务业

服务业已经成为区域内多个国家的支柱产业。服务业不仅是马来西亚发展最快的行业，也是经济转型计划扶植的重点。[③] 在转型计划中列出的 12 项关键经济领域里，服务业占了 7 项。其中，批发零售业、金融服务业和旅游及相关行业最具增长活力。一直以来，马来西亚的批发零售业在亚洲市场名列前茅，具有丰富的管理和经营经验。随着该行业被列入关键经济领域，以及国内刺激消费政策的实行，加上经济转型计划中对于其他相关领域（如旅游业、公共交通基建设施）的扶持，该行业得到迅猛发展。[④] 目前，服务业已经成为印尼三次产业中最主要的就业部门，其对国民经济总量的贡献也在不断提升。[⑤] 目前，服务贸易自由化已经被印尼政府列入政府中期发展重点目标，并逐步开放服务业市场。服务业是新加坡经济的重要支柱，在国家三次产业中的比重已经占到 1/3；新加坡服务业主要包括批发零售业、商务服务业、交通与通信、金融服务业、酒店业等六大门类。服务业也是泰国的重点发展产业，目前泰国的服务业需要经历从劳动密集型向以技术和知识为基础的服务业转型，以提高生产力。如果能实现这个转变，将推动泰国尽早进入高收入国家。服务业对于缅甸而言，还有很大发展空间。2010 年以后，随着经济自由化改革的推进，服务业可发展空间巨大，包括从商品批发零售到酒店服务业等。

3. 金融保险业

金融及保险业是另一个被列入关键经济领域的行业。近年来发展势头较好。2011 年 12 月，马来西亚中央银行出台了《2011—2020 年金融领域大蓝图》，其负责人表示，希望通过该蓝图，使马来西亚的金融领域能以每年

---

① 《2014 年 1—12 月中国—泰国重点产品进出口趋势分析》，南博网，2015 年 3 月 30 日，http://custons. caexpo. com/data/cowtry/2013/06/24/3596331. html.

② 《2014 年缅甸进出口贸易总额达到 272.6 亿美元》，中国驻缅甸经商参处，2015 年 3 月 27 日，http://www. mofcom. gor. cn/article/i/jyjl/j/201503/20150300924497. shtml.

③ 闫森：《马来西亚经济转型计划的实施与成效》，《亚太经济》2012 年第 4 期。

④ 同上。

⑤ 卢泽回：《印尼服务业发展现状、结构演变及问题分析》，《生产力研究》2014 年第 2 期。

8%—11%的速度增长,以使其规模在 2020 年达到国内生产总值的 4.7%—6.2%;届时,金融领域对马来西亚国内生产总值的贡献也将增加至 10%—12%。① 在金融发展蓝图的推动下,马来西亚的金融服务业在未来数年内将获得持续的增长动力。② 印尼从 2014 年底开始深化金融改革,增加金融市场抵御外来风险冲击的能力。2014 年雅加达股市综合指数增长了 19.92%,在东盟国家中高居榜首,2015 年也表现稳健,贷款增长率可达到 16%。③ 新加坡的金融业发展异常迅速并具特色。2013 年,新加坡金融业产值在国民生产总值中所占比重达 12.2%(其中,银行业增加值占金融业增加值的比重为 46.7%),新加坡所管理的全球财富规模高达 2.1 万亿美元,仅次于纽约和瑞士,名列全球前三;截至 2014 年 6 月,新加坡集聚各类金融机构 600 余家,包括商业银行 124 家、保险公司 155 家、基金公司 117 家、证券公司 96 家、期货公司 50 家等。④ 新加坡已经成为与纽约、伦敦、香港相提并论、并驾齐驱的重要国际金融中心之一。新加坡政府在借鉴瑞士金融机构为客户严守秘密等做法的同时,努力打造优良的健康医疗和子女教育环境等配套设施,以此吸引更多的全球高净值人士,集聚与配置更多的全球财富。泰国金融业,在泰国国民经济发展中发挥着关键作用。随着泰国经济的复苏,泰国金融体系也在逐日改善。随着资本市场的发展,传统的商业银行仍然是泰国金融业的发动机。⑤ 缅甸的金融业,在 2010 年经济自由化改革后刚刚起步,日本公司为缅甸证券市场的建立做了许多规划,可以想见日后日本在缅甸金融业的影响力将非常大。

4. 运输与通信业

马来西亚由于资金与技术的密集投入,通信服务、运输和仓储及公共设备等部门保持了快速增长。在竞争激烈的商业环境中,大型公司都希望通过外包服务争取更大的世界市场份额,以确保公司原料和资讯供应链充足,这就要求高效率的物流和仓储相配合。⑥ 虽然该行业未被直接列入关键领域,但其发展所必需的水上运输、高速公路和航空业都是政府投资的重点,这些行业的加快建设,也带来仓储物流业的快速增长。在过去几十年中,印尼电

---

① 《马亚西亚出台金融领域新蓝图》,《经济日报》,2011 年 12 月 24 日。

② Central Bank of Malaysia. *Financial Sector Blueprint 2011-2020.*

③ 《印尼:深化金融业改革,抵御外来风险冲击》,中国经济网,2014 年 12 月 24 日,http://intl.ce.cn/specials/zxgjzh/201412/24/t20141224-4195307.shml。

④ 郭纲,《新加坡金融奇迹的奥秘是什么》,经济网——中国经济周刊,2014 年 8 月 25 日。

⑤ 普佳玛:《AEC 对泰国金融业影响及对策分析》,硕士学位论文,对外经贸大学,第 12 页。

⑥ 闫森:《马来西亚经济转型计划的实施与成效》,《亚太经济》2012 年第 4 期。

信业以每年超过 10% 的速度增长，该国的消费信心指数为众多亚洲国家中最高；在通信配套设施中，印尼政府与多个外资集团都开始投入大量资金展开通信基建，以期在进军通信市场中分一杯羹。在新加坡政府制定的"智慧 2015"的发展蓝图中，资讯通信业成为政府重点发展的产业，新加坡政府希望在利用资讯通信业为经济和社会增值方面领先世界各国，资讯通信科技业创造 8 万个就业机会；资讯通信业增值成倍增加，达到 260 亿新元（约合 172 亿美元）；资讯通信业出口的收入翻两番，达到 600 亿新元（约合 400 亿美元）。[①] 泰国的电信业起步较晚，但是随着泰国经济的复苏以及国内民众需求的增加，泰国电信业得到了有效带动。早在 2002 年时，通信及交通产业已经在泰国 GDP 中占到了 10.2% 的比例。[②] 缅甸通信业也在 2010 年后获得了飞速发展，进入了廉价通信时代。

5. 旅游业

旅游业是马来西亚另一个被列入关键领域的行业，通过一系列促进措施的实施，该行业继续保持本国第二大赚取外汇行业的地位。旅游业也是印尼的主要产业。外国游客对印尼旅游资源的认可，推动了印尼近年来旅游业的快速发展，印尼政府持续保持对旅游业的支持力度。根据印尼旅游部门的统计数据，近年来，印尼国内游客年均增幅达到 5%，预计 2013 年将增加到 2.5 亿人次，2022 年将增长到 4 亿人次。同期，外国游客增长幅度也达到了 5.04%，2013 年吸引外国游客的 860 万人次。[③] 新加坡依托自由港的地位，利用免税的优势，发达的交通与通信工具、吸引了来自全球各地的大量游客。早在 20 世纪末，新加坡的游客接待量就已经位居亚洲第一。泰国旅游业的自然资源禀赋较好，始终保持强劲增长，这是泰国经济的主要引擎之一。泰国政局稍有缓和，各国游客的旅游需求就会集中释放。近年来，缅甸这个"隐士之国"迎来了"投资潮"和"游客潮"。旅游业也快速开放，更多机场开放落地签证，外国游客络绎不绝。2011 年入境缅甸的外国游客日均 600—700 人，2012 年则增至 1500 人。[④] 宾馆房源非常紧张，价格水涨船高，高级宾馆原先 40 美元的房间一度飙升到 300 美元。2012 年 1—2 月，来缅外国游客总计 98486 人，比上年同期增长 37.75%。[⑤]

---

① 《新加坡重点和特点产业》，中国驻新加坡经商处，2014 年 7 月 8 日，http://www.mofcom.gov.cn/article/i/ck/201407/20140700667367.shtml。

② 胡珊：《丈湄公河次区域通信业扫描》，《通信世界》，2005 年 7 月。

③ 李国章：《印尼力推旅游业发展》，《经济日报》，2013 年 6 月 3 日。

④ 《赴缅甸游客日均入境 1500 人》，《新闻周刊》，2012 年 5 月 22 日。

⑤ 宋清润：《缅甸经济改革的前景》，《东方早报》，2012 年 7 月 31 日。

6. 制造业

近年来，马来西亚制造业增速放缓，产业结构有待调整。长期以来，制造业是马来西亚最重要的出口部门，电子电气行业更是占到全部出口的1/3 左右。[①] 但近年来，外需减弱导致马来西亚制造业及出口增长放缓，尤其是电子电气等传统的出口导向型部门遭遇重创，继而导致私人投资以及工业产量的疲软。[②] 转型计划制订后，电子电气业也被列入首批关键经济领域。政府尝试通过发掘和建立一流的人力资源和基建设备，发展高附加值的上游活动，促进其增长。此外，ETP 计划下槟城第二大桥的建设，以及"一个马来西亚房屋计划"等政策的实施，促使建筑业相关领域（如金属产品等）成为制造业增长的主要力量。但是，比低出口增长率更值得关注的是现有出口结构的不合理和不断增加的国内生产成本；整个制造业出口显示出从高附加值领域转移到原产品如橡胶、木材、纺织、原油等原料产业上的趋势，这是与经济转型计划的目标背道而驰。[③] 那么，经济转型计划如何保证各产业之间的均衡，加快产业结构升级，加强制造业自身竞争力是政策制定者下一步面临的主要问题。泰国制造业基础扎实，是东南亚最大的汽车和电脑硬件制造与装备中心，拥有大批熟练的制造业技术工人，且制造业企业多集中在东部的工业园区，受政局变化的影响较小。[④] 日本丰田、本田等车企在泰国进行了大量投资，短期内不会大幅降低产量。由于泰国需要提高制造业的附加值，制订提高潜在增长率的大规模的基础设施完善计划等。即使在新兴国家受到瞩目的情况下，泰国也没有失去作为投资对象的魅力。

三　私人投资

印度洋沿岸的东南亚国家私人投资动力不足，在总投资中比重偏低。马来西亚转型计划顺利实施的关键是私人投资，因而该计划中包含许多鼓励私人投资的措施，涉及领域有资本市场、金融服务业、旅游、资源性行业，以及增值性制造业；但是，随着启动项目初期投资的完成，后期私人投资增长率逐步降低；同时，外部环境导致的经济前景不明朗和需求下降，再加上闲置产能增加，也降低了企业扩大投资的动力，并抵消了部分经济转型计划下

---

① 闫森：《马来西亚经济转型计划的实施与成效》，《亚太经济》，2012 年第 4 期。

② 同上。

③ 同上。

④ 暨佩娟：《"不粘锅"经济也离不开稳定》，《人民日报》，转载于人民网，2014 年 11 月 18 日。

通过私人与政府合作所推动的私人投资增长。① 经济转型计划实施后，刺激经济的任务大部分仍是政府公共投资和公司完成。这一方面导致了政府公共开支庞大，造成巨额的财政赤字，增加了政府的债务风险；另一方面也挤占了私人经济的发展空间，严重影响资源的分配效率。因此，能否有效推动私人投资的成长，将更多企业纳入转型计划中来，成为下一步转型措施顺利实施的关键。② 已兑现投资比重低，本地资金外流严重。经济转型计划实施后，国内外对马来西亚经济的信心逐渐增强，投资热情显著提升。但相对于庞大的投资承诺，已到位的投资额却仍然有限，且本地资金外流现象依然严峻。③ 因此，政府在关注各种投资承诺的同时，更要把握承诺的落实和投资的持续性。连续多年的数据显示，马来西亚本身就具有相当的投资实力，但由于国内经营成本上升，政策不稳定和政联公司的过于强大，许多投资者都将资金投向了海外市场，导致本国每年在海外的投资总额比通过经济转型方案真正吸引到位的投资总额高出一倍以上；因此，政府主导的经济转型方案在竭力吸引国外投资的同时，更要设法改善国内市场环境，留住本地投资者，促进国内经济的发展。④

印度尼西亚，国内外投资继续强劲增长。2014 年第一季度，印尼吸引国内外投资总额约 101.5 亿美元，同比增长 14.6%，创单季度投资总额最高历史纪录。其中国内投资 32.9 亿美元，同比增长 25.9%；外国投资 68.6 亿美元，同比增长 9.8%，较 2013 年同期增幅有所下降。⑤

泰国，"通过引进外资来促进经济发展"这一泰国的基本政策方针是坚定的，即使政变导致政权更迭也不会改变。为此，可以认为近年来的政局混乱中长期使泰国经济、商业环境恶化的可能性很小。泰国的投资环境在许多方面优于其他新兴国家，很难由于外资企业的投资减少，泰国经济会衰退。今后泰国经济战略并不是单纯地以量和价与拥有大量廉价劳动力人口的其他巨大新兴国家相竞争，而是以质取胜。

缅甸，2012 年开始大量外国投资者开始涌入缅甸。如果缅甸经济改革措施得当，不出现大的失误或遭遇突发风险，逐步增加的外来投资会推动经济发展。2012 年 4 月 25 日联合国缅甸问题特别顾问南威哲预言，缅甸若持

---

① 闫森：《马来西亚经济转型计划的实施与成效》，《亚太经济》，2012 年第 4 期。

② 同上。

③ 同上。

④ 同上。

⑤ 《2014 年上半年印尼主要经济情况》，中华人民共和国驻印度尼西亚大使馆经商处网站，2014 年 7 月 18 日。

续推进改革、扩大对外开放，有机会成为亚洲经济强国，让"亚洲四小龙"之名变成"亚洲五小龙"。[①] 缅甸出台的新《外国投资法》和《缅甸经济特区法》确实为外界提供了诱人的商机，农林牧副渔业、矿业、油气开采、工业、建筑业、交通运输业、饭店旅游业等各领域纷纷向外商敞开怀抱，其给予外资的优惠和保障令外商垂涎三尺，希望尽快踏上这块亚洲最后的投资热土。亚洲各国对缅甸的投入不断增加。日本商界铆足劲进军缅甸。日本野村综合研究所在 2012 年 3 月发布的一份报告中将缅甸称为"地区内最后一个未被开发的电信市场"，因为在缅甸将近 6000 万人口中，大约 96%的人都没有手机，这块"肥肉"对效益低迷的日本电信厂家来说无疑注入了强心剂。[②] 日本另一调研公司"IDC 日本"预测未来 5 年缅甸 IT 市场年均增长 14%。[③] 缅甸汽车产业几乎一片空白，需求却在增加，丰田、尼桑、本田和铃木等日本企业在向缅甸投资委员会咨询后，表示有意与缅甸一流企业组建合资公司。印度总理 2012 年 5 月底访问缅甸时，双方签署了 12 项合作协议，涉及两国边界地区发展、贸易投资协定以及交通运输等方面的合作，其中包括印度—缅甸边界地区发展谅解备忘录、印度向缅甸提供 5 亿美元优惠信贷协议；两国拟共同投资 2.14 亿美元建设跨国水陆交通网，这条商路将从缅甸通到印度首都新德里。缅甸与印度贸易额预计在 2015 年达到 30 亿美元，比现在翻一番。[④]

第三节　环印度洋地区中东国家经济发展现状与趋势

作为环印度洋经济圈的重要组成部分，环印度洋地区中东国家位于印度洋的西北岸，大部分在北纬 10°—44°、东经 30°—63.5°之间，东部与土库曼斯坦、阿富汗、巴基斯坦接壤，西部与利比亚、乍得、中非毗邻，北临地中海和里海，南隔红海和撒哈拉大沙漠与撒哈拉以南非洲国家为邻。区域内东有波斯湾，西有红海，南有阿拉伯海，还有亚丁湾、阿曼湾、苏伊士湾。扼守苏伊士运河、曼德海峡与霍尔木兹海峡等世界军事战略要地，地理位置

---

① 《缅甸前景能成亚洲第五条小龙?》，《云南信息报》，和讯网转载，2012 年 8 月 6 日，http://news.hexun.com/2012-08-06/144392227.html。

② 暨佩娟：《缅甸第二波改革助推旅游电信开放》，《人民日报》2012 年 7 月 12 日第 21 版。

③ 《调研公司预测未来五年缅甸 IT 市场年均增长 14%》，日本共同社，2012 年 7 月 19 日，转引自网易科技。

④ 王超：《印度总理辛格访问缅甸签署 12 项合作协议内容涵盖边界地区发展等领域》，国际在线，2012 年 5 月 29 日。

非常重要。该地区的国家有海湾沿岸的沙特阿拉伯、伊朗、伊拉克、阿联酋、卡塔尔、科威特、阿曼、巴林 8 个国家，以及红海沿岸的埃及、以色列、约旦、苏丹和也门，共计 13 个国家。陆地总面积约为 100.337 万平方公里，占世界陆地总面积的 5.75%。[①] 人口约 3.25 亿（2014 年数据），占世界人口总数的 18.08%。[②]

据世界贸易组织（WTO）最新数据，环印度洋中东国家国内生产总值 6.455 万美元，约占世界总量的 6%；贸易额占世界贸易总额的 13.3%。[③] 其中货物商品贸易额进口额约占 4.8%，出口额约占 8.5%，该地区对外贸易依存度为 47.5%。[④] 这 13 个中东国家的地理条件、资源禀赋、经济基础和发展模式各有不同，经济发展极不平衡，但多数国家拥有丰富的石油资源。依据这些国家经济对于石油资源的依赖程度，可以分为主要石油输出国和非主要石油输出国两类。

主要石油输出国包括沙特阿拉伯、阿联酋等 6 个海合会成员国家以及伊朗、伊拉克。海合会国家是世界著名的石油和天然气储藏地和生产国，也是环印度洋地区最富有的国家。沙特阿拉伯是海合会国家最大的经济体，其经济总量占海合会国家总量的 45.4%，也是贸易顺差最大的海湾国家；阿联酋是海合会第二大经济体和第一大货物贸易国；卡塔尔、科威特、阿联酋 2014 年人均 GDP 分别高达 14.4 万美元、7.1 万美元和 6.5 万美元，位列世界高收入国家前列。伊朗、伊拉克是世界石油和天然气资源储量和生产大国，也是该地区传统上的人口大国，产业门类比较齐全，经济基础较好。但伊拉克因为海湾战争和美伊战争，经济受到严重破坏。近年来，伊斯兰国的兴起和由其引发的战事严重阻碍了伊拉克经济增长。伊朗在经历长达 12 年的国际制裁以后，伊核问题六方谈判已于 2015 年 7 月 14 日达成协议，伊朗迎来了新的经济发展时期。

非主要石油输出国有埃及、以色列、约旦、也门和苏丹。埃及属于自然和社会条件都较为优越的国家，已经建立了比较完整的现代工业体系，有些工业品已进入国际市场。近年来，"阿拉伯之春"对经济社会影响很大，经

---

① 笔者根据 EIU 发布数据计算得出。

② 笔者根据联合国人口署《世界人口状况报告 2014 年》发布数据整理计算得出，2015 年 8 月 6 日获取。

③ 按照世界银行的划分，中东北非地区包括阿尔及利亚、伊朗、伊拉克、以色列、利比亚、也门、巴林、科威特、卡塔尔、沙特阿拉伯、阿曼、阿联酋、埃及、突尼斯、摩洛哥、约旦、黎巴嫩、叙利亚、吉布提、约旦河西岸和加沙地带共 20 个国家和地区。笔者根据国际货币基金组织发布的 2012 年数据计算得出。

④ 笔者根据世界贸易组织《2014 年世界贸易年报》整理得出。

济下滑，通货膨胀率居高不下，政局不稳成为经济发展的主要制约因素。2015 年开始，埃及经济企稳向好，当前正处于恢复阶段。苏丹和也门的经济以农业为主，工业落后，基础薄弱，被联合国列为"最不发达国家"，属于较低中等收入国家。①

一　经济发展资源和条件

中东国家地处三洲五海之地，具有发展经济得天独厚的区位优势。波斯湾沿岸又是世界著名的石油产地，素有"世界石油宝库"之称，石油和天然气储量均居世界第一。石油工业不仅是主要石油输出国的经济支柱，而且成为本地区其他经济部门发展所需资金、能源和原料的重要来源，石油收益给该地区带来了经济发展的资本优势。然而，由于经济发展基础和政策等原因，石油收益的作用并未充分发挥，中东地区没有建立起完整的工业基础，经济尚处于起飞前准备阶段。该地区同时也面临着水资源短缺、可耕地稀少以及人口增长过快等现实问题。环印度洋地区中东国家经济发展的资源禀赋和客观条件主要体现在以下方面。

1. 得天独厚的区位优势和丰富的资源优势

环印度洋地区中东国家位于亚洲、欧洲、非洲三洲的接合部，且正好位于东半球大陆的中心，周围环绕着地中海、里海、黑海、红海和波斯湾等国际海域。这些海域大大便利了这些国家与世界各地的联系，沟通上述海域的博斯普鲁斯海峡、达达尼尔海峡、苏伊士运河、曼德海峡和霍尔木兹海峡，是重要的国际航道，也是扼守这些航道的重要门户。中东地区这种适中、临海的地理位置，使之成为沟通大西洋和印度洋、东方和西方、欧洲经西亚到北非的联系纽带和十字路口，从而在世界政治、经济、军事方面具有十分重要的战略地位。霍尔木兹海峡、苏伊士运河和曼德海峡被列入世界七大能源运输通道之中，被称为世界石油运输的咽喉要道（oil chokepoint）。② 在世界石油贸易中，超过 25%的总量通过海上油轮固定航线运输。每天有相当于世界海上石油贸易的 35%的总量经过这里运往亚洲、西欧和美国，其中有 1700 万桶每天经过霍尔木兹海峡，有 340 万桶经过曼德海峡，有 380 万桶经苏伊士运河运输。③ 与此同时，卡塔尔每年经过霍尔木兹海峡输出 2 万亿立方英尺的

---

① 文中非洲部分将对这两个国家进行分析和论述，此处不再重复。

② 世界石油运输的咽喉要道是指世界石油海上运输航线的狭窄的海峡，包括曼德海峡、丹麦海峡、黑海海峡、霍尔木兹海峡、马六甲海峡、巴拿马运河和苏伊士运河。因为全球约一半的石油生产依赖海上运输，这些海峡成为全球能源安全的重要构成。

③ EIA World Oil Transit Choke points, Last Updated：August 22, 2012.

液化天然气，约占全球液化天然气贸易总量的 20%。与此同时，环印度洋地区中东国家已经建立起一套由油气管道、输油港口及油轮构成的比较完备的油气储运及出口体系，陆上输油管道可将伊拉克、沙特阿拉伯和阿联酋等主要石油输出国的石油和天然气资源输往海湾地区以外的国家和地区。

丰富的石油和天然气资源成为环印度洋地区中东国家经济发展的有利条件。这里是世界最大的石油和天然气储藏地和生产地，已探明石油储量8010.1 亿桶，占世界总储的 48.9%，其中，沙特阿拉伯石油储量达 265.9 亿桶，占 15.9%，居世界排名第二位；伊朗石油储量达 157 亿桶，占 9.4%，排名第四位；伊拉克石油总储量达 150 亿桶，排名第五位。再加上科威特和阿联酋，分别居世界石油储量的第六和第七位，环印度洋中东国家的合计储量，就占世界总储量的近一半。因此，石油工业成为主要石油输出国的支柱产业。其次是天然气资源，该地区天然气储量达 80.54 兆亿立方米，占世界总储量的44%，其中，伊朗是世界排名第一的天然气储藏地，储量达 33.6 兆亿立方米，占世界总储量的 18%；卡塔尔天然气储量达 25.1 兆亿立方米，占总储量的13.4%，位居世界第三位；沙特阿拉伯天然气储量达 8.2 兆亿立方米，占总储量的 4.4%，位居世界第六位（见表 2-4）[1]。优越的地理位置和丰富的石油天然气资源为环印度洋地区中东国家经济的发展提供了先决条件。

表 2-4　　　　　　　　　　　世界石油和天然气储量一览

石油（亿桶）				天然气（兆亿立方米）			
排名	国别	储量	占比（%）	排名	国别	储量	占比（%）
1	委内瑞拉	297.6	17.8	1	伊朗	33.6	18.0
2	沙特阿拉伯	265.9	15.9	2	俄罗斯	32.9	17.6
3	加拿大	173.9	10.4	3	卡塔尔	25.1	13.4
4	伊朗	157	9.4	4	土库曼斯坦	17.5	9.3
5	伊拉克	150	9.0	5	美国	8.5	4.5
6	科威特	101.5	6.1	6	沙特阿拉伯	8.2	4.4
7	阿联酋	97.8	5.9	7	阿联酋	6.1	3.3
8	俄罗斯	87.2	5.2	8	委内瑞拉	5.6	3.0
9	利比亚	48.0	2.9	9	尼日利亚	5.2	2.8
10	尼日利亚	37.2	2.2	10	阿尔及利亚	4.5	2.4

资料来源：根据《BP 能源统计评论（2013）》数据整理制表。

---

[1] BP Statistical Review of World Energy, June 2013. http://www.bp.com/content/dam/bp/pdf/statistical-review/statistical_ review_ of_ world_ energy_ 2013.pdf，获取时间：2014/4/16.

2. 人口和人力资源条件

环印度洋地区中东国家是世界人口出生率较高的地区之一，平均人口出生率在 2.8%以上，远超世界平均水平。卡塔尔、约旦的人口增长率达到了 7.9%和 5.9%。该地区的人口大国有埃及（约 8340 万人），伊朗（约 7850 万人），伊拉克（约 3480 万人）。人口在 2000 万人以上的国家还有苏丹、沙特阿拉伯和也门。海湾国家的人力资源比较短缺，许多国家的劳动力资源缺口在很大程度上依靠外籍人口来补充，外籍人口分别占阿联酋、卡塔尔、科威特和巴林人口总量的 83.7%、73.8%、60.2%和 54.7%，主要来自巴基斯坦、印度、马来西亚等国。① 同时，由于该地区经济发展不平衡且人力资源分布不均，埃及等非主要石油出口国劳动力资源相对过剩。因此，地区内部各国之间人口流动的数量也很大，形成了该地区巨大的劳务市场。

人口出生率的居高不下，导致该地区年轻人口占总人口数量的比重较高。与世界各国相比，环印度洋地区中东国家年轻人口在总人口中的比例呈不断增长趋势。近 2/3 的人口平均年龄在 26 岁，埃及 15—29 岁人口占总人口的比例为 29.87%。② 较高的人口出生率和较高的青年人比例为经济发展提供了劳动力保障，也预示该地区未来具有巨大的人口资源潜力。

3. 来源于石油收益的资本优势

资本是经济发展的重要资源。自 20 世纪 70 年代石油危机以后，国际油价不断上涨，石油出口国的资本形成率不断上升，资本要素资源增长迅猛。2000 年以来国际油价进入新的上涨周期，2000 年油价为 28.5 美元/桶，2008 年已经上涨到 97.26 美元/桶，2012 年，在中东地缘政治动荡影响下，国际油价更是飙升至 111.79 美元/桶。③ 因为自身市场狭小，环印度洋地区中东石油出口国无法吸收如此规模庞大的资金量，为了规避价格风险、实现保值增值，这些国家逐步将石油美元投放到了全球金融市场。根据美国主权财富基金研究所（SWFI）估计，2012 年，海合会国家的主权财富基金资产共计 1.89 万亿美元，占全球资源性主权财富基金的 59.5%。其中，阿联酋、沙特阿拉伯、科威特三国主权财富基金分别占全球总额的 18%、11%和 5%，排名分别为第二、第四和

---

① 笔者根据联合国人口署《世界人口状况报告 2014 年》发布数据整理计算得出，2015 年 8 月 6 日获取。

② 同上。

③ BP 世界能源统计评论，2013 年 6 月版。

第六位。① 环印度洋地区中东国家石油收益以及主权财富基金的规模提升，不仅为该地区经济发展提供了资本支持，而且对区域经济及全球经济发展产生深刻影响。

4. 水资源短缺的现实短期内很难改变

环印度洋地区中东国家是世界上石油资源最丰富的地区，但同时也是水资源最贫乏的地区，除伊拉克、埃及等少数国家以外，该地区受副热带高压长期控制，东南信风长期吹拂，降雨量稀少，阿拉伯沙漠和地中海以东的沙漠覆盖并威胁着大片地区，使这一地区形成干热的沙漠气候，此外，沿岸洋流也增加了该地区的干热状况。此处沙质土壤，地表水极易渗漏，地面存水少，水资源严重匮乏。

中东地区的水资源主要来自尼罗河、幼发拉底河—底格里斯河、约旦河三大水系。尼罗河全长 6700 公里，流经 9 个国家，河水总量为 840 亿立方米。幼发拉底河全长 2700 公里，90%的水来自土耳其东部山地，流经土耳其、伊朗、叙利亚和伊拉克四国，它是土耳其、叙利亚、伊拉克的重要经济命脉，关系着三国的切身利益。约旦河为约旦、叙利亚、以色列 3 国共有，水量只有尼罗河的 1%，但它是巴勒斯坦地区唯一的水源，也是阿以冲突的焦点之一，多年来，巴勒斯坦、黎巴嫩、约旦同以色列围绕该河水源利用问题进行过殊死斗争和艰苦谈判。从发展来看，近年来石油工业大发展，也形成生态破坏、环境污染等问题，再加上该地区平均2.8%的人口增长，进一步加速了水资源的紧张状况。主要石油输出国如沙特阿拉伯、阿联酋投入大量资金进行海水淡化设施建设，而卡塔尔正在大规模建造蓄水池项目。水资源问题已经成为阻碍中东经济发展的一个重要因素。

5. 土地资源和土壤荒漠化

环印度洋地区中东 13 国，整体上沙漠占有相当大的面积，耕地面积只有 100.337 万平方公里，约占土地总面积的 5.75%。该地区牧场资源广泛分布在也门、苏丹和沙特阿拉伯，这些国家的永久性牧场占土地总面积的一半以上，其中也门拥有牧场面积较大，约占土地总面积的 41.7%，达 220.163万平方公里。牧区多分布在沙漠和半沙漠地区。环印度洋地区中东国家由于气候原因和经济的发展，土壤被工业化和城市化最大限度地利用，自然植被遭到破坏，土壤荒漠化严重，多数中东国家无法完全实现食物自给自足。为

---

① USA, "Sovereign Wealth Funds Institute", December 2012, http: //www. Swfinstitute. org/ fund.

了应对粮食危机，不少海湾国家选择在泰国、埃及、哈萨克斯坦、澳大利亚等国进行农业投资，租地种粮。该地区的粮食作物主要为小麦、大麦、玉米、水稻、高粱和黍类。经济作物则以棉花、烟草、椰枣、橄榄、柑橘、葡萄、咖啡、柠檬、茶叶等为主。

表 2-5　　　　　　　　　环印度洋地区中东国家土地资源情况

国别	土地总面积（万平方公里）	土地使用			森林覆盖	其他
		可耕地占总面积比例（%）	多年生作物土地占总面积比例（%）	牧场占总面积比例（%）	森林占总面积比例（%）	占比（%）
巴林	0.076	2.1	3.9	5.3	0.7	88.0
埃及	99.545	2.8	0.8	0	0.1	96.3
伊朗	153.159	10.8	1.2	18.1	6.8	63.1
伊拉克	437.367	8.4	0.5	9.2	1.9	80.0
以色列	2.033	13.7	3.8	6.3	7.1	69.1
约旦	8.88	2.0	1.0	8.4	1.1	87.5
科威特	1.781	0.6	0.3	7.6	0.4	91.1
阿曼	30.95	0.1	0.1	4.5	0	95.3
卡塔尔	1.158	1.1	0.2	4.3	0	94.4
沙特阿拉伯	214.9	1.5	0.1	79.1	0.5	18.8
阿联酋	83.600	0.5	0.1	3.6	3.8	91.6
也门	527.968	2.2	0.6	41.7	1.0	54.5
苏丹	188.6068	15.7	0.2	84.2	0	0

资料来源：根据 CIA 公布数据整理计算，https://www.cia.gov/library/publications/the-world-factbook/geos/sa.html，2015 年 8 月 30 日。

6. 其他资源

除石油和天然气以外，中东的其他矿产资源品种丰富，储量巨大。现已探明该地区蕴藏着近百种矿藏，有些重要矿产资源储量，如煤炭、硫黄、磷酸盐、铁矿、铜矿、钾盐、制陶黏土和石灰石等矿产资源在世界均居于显要地位。其中，伊朗是该地区的资源大国，拥有的矿产资源储量居世界第三位，伊朗煤炭资源储量约 35 亿吨，铁矿石 47 亿吨，铜矿 30 亿吨，锌矿5000 万吨，铬矿 1500 万吨。埃及约有 6000 万吨铁矿石储量和 70 亿吨的磷酸盐资源。伊拉克和约旦分别拥有 100 亿吨和 20 亿吨磷酸盐储量。钾盐主要蕴藏在死海，储量达 40 亿吨。也门还拥有储量为 400 万吨的黄金矿藏。此外，该地区还拥有丰富的动物和渔业资源。

二　当前发展战略和规划

中东的主要石油输出国自开始大量生产石油以来，就一直致力于发展和推动国民收入来源多样化发展战略，大力发展非石油产业，并通过制定经济发展规划推动这一战略的实施。而埃及等非主要石油输出国，则在 20 世纪八九十年代以来，主要通过经济体制调整，建设政府对经济的直接控制，改善投资环境，提高经济自由化水平，以此吸引私人投资和外国直接投资，促进经济发展。

首先，中东国家政府普遍从战略高度重视和推动经济多样化发展战略。经历了 20 世纪 70 年代和 80 年代两次"石油繁荣"带来的高速增长以及 20 世纪 90 年代漫长的停滞期，构建完整合理的国民经济结构，摆脱对石油经济的依赖，成为主要石油输出国的主要发展战略目标。沙特阿拉伯政府发布了第九个国家发展五年规划（2010—2014 年）和国家长期发展战略《2005—2024 年长期发展战略》，提出了明确的经济多样化目标，对 20 家国有企业，包括供水和排水、海水淡化、采矿、电力、电信、航空运输及相关服务，铁路、公路、部分邮政服务，面粉加工和仓库、港口服务、饭店、体育俱乐部和一些市政服务项目，如教育服务、社会服务、农业服务、健康服务，以及沙特阿拉伯基础工业公司的政府部分、银行和当地的炼油厂全部对国内和国外投资者开放，实行私有化。计划到 2024 年，国家 GDP 年均增长率达 6.6%，非石油部门的年均增长率将达到 7.1%，服务业的年均增长率为 8.8%，其中私营部门的增长率将达到 8.1%，均高于石油部门 4.3% 的年均增长率，届时，服务业和非石油部门将超越石油部门，成为沙特阿拉伯经济的支柱产业。（见表 2-6）

表 2-6　　　　　　　　沙特阿拉伯国内生产总值构成及增长情况
（以 1999 年不变价格计算，单位：10 亿里亚尔）

	2004 年	2009 年	2014 年	2019 年	2024 年	增长率（%）
非石油部门	178.25	234.22	322.25	445.15	696.02	7.1
农业和林业	38.01	44.4	50.32	56.51	62.81	2.5
工业	140.24	189.82	271.93	388.64	633.21	7.8
服务业	195.91	258.49	409.02	652.04	1066.16	8.8
私人部门	374.16	492.71	731.27	1097.19	1762.18	8.1
公共部门	135.06	162.89	180.91	224.34	300.22	4.1
石油部门	196.7	225.05	262.49	335.60	455.28	4.3

续表

	2004 年	2009 年	2014 年	2019 年	2024 年	增长率（%）
进口税	8.98	14.52	14.38	17.61	24.86	5.2
GDP	714.9	895.17	1189.05	1674.74	2542.54	6.6

资料来源：据沙特阿拉伯王国国家发展长期计划数据整理而成。

　　阿联酋政府出台了《阿联酋愿景 2021》，积极促进教育、制造业和政府服务领域的发展，成为海湾国家在经济多元化方面的成功典范。石油和天然气的产出占国内生产总值的比重已经降低到 25%。阿联酋对太阳能、核能等清洁能源产业的发展非常重视，新能源产业在创造就业、吸引非石油产业入驻、促进经济多元化发展中的作用日益显著。[①] 卡塔尔政府发布了《国家愿景 2030》和《2011—2016 年第一个国家发展五年计划》。《国家愿景 2030》确立了长期发展目标，并制订了国家战略和实施计划的总体框架，希望利用国家财富为国民打造一个可持续发展且具备国际竞争力的经济体。在第一个五年计划中，卡塔尔确定到 2016 年对基础设施的投资超过 650 亿美元，涉及电力、供水、多哈新港建设、信息及科技产业等领域。此外，还提出了建设卡塔尔国内铁路网及多哈地铁网项目的规划。阿曼制定了《1996—2020 年远景规划》，致力于发展非石油工业，以带动经济多元化计划的实施。主要石油输出国利用石油出口获得的大量石油美元，大力发展发电、海水淡化厂和天然气加工、石油化工等企业，初步改变了依赖石油收入的单一经济结构，在逐步实现经济多元化的道路上取得了一定的进展。也门颁布了第四个五年规划（2011—2015 年），将年均经济增长目标设为 5.2%，非石油部门年均增速为 6.5%，石油部门年均增速为 -3.3%，进一步降低原油产量，控制天然气产量。加快实现"千年发展目标"，其中包括把贫困率降低到 20.1%，提高教育普及率、降低婴儿出生率等。

　　其次，加大基础设施投资，夯实经济基础。大型基础设施建设对当地经济发展具有显著的带动作用。根据世界银行统计数据，基础设施资产规模每提高 10%，就会给当地经济带来 1% 的增长。环印度洋地区中东国家基础设施普遍比较薄弱。对于包括电力、海水淡化、电信、公路和桥梁、建筑、石油和天然气、港口及航运、航空、铁路和公路在内的大型基础设施需求旺盛，已经迎来新一轮的基础设施投资和更新改造热潮。电力、交通运输部门、道路的投资需求更高。虽然整个地区的基础设施投资和更新改造需求不

_____

① 环球网科技，http：//tech.huanqiu.com/it/2014-04/4953394.html，2014 年 5 月 20 日获取。

尽相同，但更新改造项目投资需求预计占基建投资总需求一半以上，非主要石油输出国改造项目投资需求占 GDP 的 11% 左右，而主要的石油输出国改造项目投资需求占 GDP 的 6%，海合会成员国改造项目投资需求大约占GDP 的 5%。专家估计，未来十年，该地区基础设施投资将达到 1500 亿—2000 亿美元。大部分投资将集中在满足人们的日常需要、长期内可创造持续就业的项目。海湾国家的计划项目包括新的发电厂、污水处理系统、石油和天然气基础设施、公路、机场和港口设施。沙特阿拉伯政府已经批准了非常可观的资金用于新基础设施的建设，目标是在未来的 20 年内承载当前三倍以上的客运量。沙特阿拉伯部长委员会还批准了一项 250 亿美元资金的项目，该项目将通过一条全长 2117 公里的铁路网，最终连接海湾合作委员会六个国家。①

在 2013 年基础设施投资和改造中，运输部门的投资上升 18.3%，达到512 亿美元，其中 310 亿美元投资铁路和地铁项目，最大的项目是卡塔尔首都多哈的地铁方案。迪拜、开罗、德黑兰的地铁项目已经开通运营。阿联酋迪拜的阿勒马克图姆国际机场将开始运营，以缓解阿联酋旧机场的压力，阿联酋的地铁及轻轨网络项目已开始招标。巴林需要扩建其国际机场。为了承办 2022 年世界杯足球赛，缓解交通拥堵，多哈投资 62 亿美元建设蓝色、绿色和红色城市交通线路的隧道工程，并开始地铁系统、轻轨系统、新港口、道路、场馆及体育设施建设。新建的哈马德国际机场，一期工程完成后，旅客接待量将达到 2400 万人次，建成后接待量将达到 5000 万人次。沙特阿拉伯将开通利雅得地铁六号线，并开始研讨麦加、麦地那和吉达的地铁网络建设。其他项目还有价值约 1.4 亿美元的石油天然气管道项目和一个预算约1887 亿美元的项目，包括伊拉克阿卡斯油田天然气加工设施建设、阿布扎比的扎耶德博物馆建设和阿曼的巴蒂那哈高速公路建设。另外还有一个价值约 2258 亿美元的发包项目。② 据世界银行的统计，截至 2020 年，该地区的基础设施投资需求约为 1060 亿美元，占该地区国内生产总值的 6.9%。③

再次，实施本土化方案，提高就业率。年轻人失业问题是影响该地区社会稳定和经济发展的重要因素之一。目前，该地区许多国家已经采取措施，比如加大基础设施投资，积极创造就业机会。据世界银行预测，到 2020 年，

---

① http://www.pascorisk.com/news/featured-articles/301-a-new-infrastructure-boom-in-the-middle-east#.U31vkUa_5Uc, 2014 年 5 月 24 日获取。

② 同上。

③ 世界银行官方网站 http://elibrary.worldbank.org/doi/book/10.1596/978-0-8213-9665-0, 2014 年 5 月 24 日获取。

该地区的基础设施投资能够创造 200 万个直接就业机会和 250 万个与基础设施投资相关的间接或诱发就业机会。[①] 有报告显示，到 2025 年，环印度洋地区中东国家人口数量将达 5 亿人，比目前增长 31%。该地区的就业与人口比率为 52.6%，低于世界平均水平的 65.8%，其中就业与人口比率不同国家和地区差异很大，卡塔尔就业与人口比率最高，达 89.9%。埃及青年失业率高达 54.1%。[②]

沙特阿拉伯政府对所有外国工人实行严格的签证政策，并用法律手段，迫使所有企业雇用人力资源成本较高的沙特阿拉伯人，提高沙特阿拉伯人就业比例。2011 年，沙特阿拉伯劳动部制定了那塔凯特（Nitaqat）项目，该项目规定，所有公司被分为 41 个行业，后增加到 45 个，每个行业依据公司规模设定不同的沙特阿拉伯人就业人员定额。沙特阿拉伯员工比例达到或超过定额的公司，为黄色和红色公司，达不到定额的公司分为铂色和绿色，并且在红色和黄色公司的外籍员工，不用得到雇主的许可，就可以自由移动到绿色或铂色公司工作。劳动部的目标是将外籍员工比例由目前的 32% 降低到 20%。沙特阿拉伯通过鼓励私营部门的增长，实现经济多元化，并为更多的沙特阿拉伯国民创造就业机会。据沙特阿拉伯国家通信社 SPA 报道，沙特阿拉伯内阁已经批准成立一个新的公司来投资制造业。作为世界上最大的石油出口国，沙特阿拉伯正努力发展多元化经济以创造更多的就业机会。报道指出，新公司将会有 20 亿里亚尔（约 5330 万美元）的资金用于工业投资，重点发展石油化工、塑料、化肥、轮胎、铝和基础产业，实现经济多元化发展。[③] 根据阿联酋国家统计局数据，2010 年，阿联酋的人口约为 826 万，85% 以上的人口是外国人，在阿联酋私营部门工作的外籍员工约为 98%。国家开展了一项被称为酋长国本土化（Emiratization）的运动，目标是吸纳越来越多的阿联酋人就业。截至 2010 年，所有的私人公司必须为阿联酋人至少保留 15% 的位置，在银行业，至少雇用 40% 的阿联酋人。2012 年 11 月，统计报道，阿联酋国家联邦政府雇员人数达到了 34600 名，其中阿联酋人 21400 人，本土化率达 61.9%。[④]

最后，埃及在经历了 2011 年以来的所谓"阿拉伯之春"运动冲击，两

---

① 世界银行官方网站 http://elibrary.worldbank.org/doi/book/10.1596/978-0-8213-9665-0，2014 年 5 月 24 日获取。

② Job opportunities key to sustained economic development. The Middle East，April 2013，No.442：50-54.

③ 海湾咨询周刊网 http://www.gulfinfo.cn/info/show-2922.shtml，2014 年 5 月 20 日获取。

④ 美国 CIA 资料数据。

度变更政权以后，2015 年执政的塞西总统领导的政府吸收了以往经济发展的教训，把经济发展的重点放在解决就业问题上。一方面立即提出并开始实施苏伊士运河扩建和新首都建设等一系列大型国家级基础设施工程项目，以解决迫在眉睫的就业问题；另一方面通过召开埃及经济发展国际大会，宣布了一批招商引资项目，并承诺改善投资环境，以吸引私人和外国投资，通过发展工业、农业和服务业，实现长期经济发展和就业问题的解决，实现 4 年之内年均经济增长率 7% 的目标。

三　经济增长趋势和动力

20 世纪的第一个 10 年，国际石油价格总体价位一直处于高位区间。虽然 2008 年发生的国际金融危机，对中东经济造成了明显的冲击，但这些国家经济发展总体向好的趋势并未改变。较高的石油收入在主要石油输出国的国内生产总值、出口额以及政府财政收入中占有相当大的比重，并且通过投资、侨汇、过境费收取、援助等转移机制流向非主要石油输出国，地区经济发展迅猛。2000—2008 年间，中东经济增长达到了 5.2% 的年均增长率，其经济增长速度超越了欧盟、OECD 国家，以及拉丁美洲和加勒比地区，并且远高于世界平均经济增长速度。[①] 2009 年，受全球经济和金融危机的影响，该地区经济增长虽有所下滑，但依然和亚洲、撒哈拉以南非洲保持了正增长。然而，"阿拉伯之春"的爆发使中东经济发展明显放缓，整个地区面临着不同程度的财政收入和对外贸易持续保持疲弱、通货膨胀率居高不下的宏观经济环境（见表 2-7）。从中长期来看，环印度洋地区中东国家经济增长主要取决于国际石油价格水平、体制调整、区域经济一体化程度和地区局势稳定四个主要因素。

表 2-7　　　　　　　　环印度洋地区中东国家主要经济发展指标

国别	GDP 实际增长率（%）			年通货膨胀率（%）			国际收支经常项目差额占 GDP 的比重（%）		
	2012 年	2013 年	2014 年	2012 年	2013 年	2014 年	2012 年	2013 年	2014 年
主要石油输出国									
沙特阿拉伯	5.8	2.9	3.6	2.9	3.5	3.3	18.7	17.9	13
阿联酋	4.4	4.6	4.3	0.7	1.1	2.5	16.8	14.9	12
卡塔尔	6.2	5.3	6.5	2.6	3.1	4.2	29.5	23.6	17.1
科威特	8.3	3.0	2.9	4.4	2.7	3.5	46.0	39.4	36.4

---

① 世界银行：《2010 年世界发展指标》，中国财政经济出版社 2010 年版，第 228 页。

续表

国别	GDP 实际增长率（%）			年通货膨胀率（%）			国际收支经常项目差额占 GDP 的比重（%）		
	2012 年	2013 年	2014 年	2012 年	2013 年	2014 年	2012 年	2013 年	2014 年
主要石油输出国									
巴林	3.4	4.1	3.9	2.6	3.3	2.9	15.4	7.2	3.5
阿曼	5.8	4.2	3.4	2.9	2.1	2.5	11.6	8.8	6.1
伊朗	-5.6	-3.0	1.5	19.9	39.3	22	-2.1	-1.0	-0.8
伊拉克	5.2	8.0	-0.5	6.1	1.9	4.0	7.0	8.9	5.4
非主要石油输出国									
埃及	2.2	2.3	2.2	7.1	9.5	9.9	-3.1	-2.5	-2.4
以色列	3.4	3.3	2.5	1.7	1.5	1.6	0.3	2.5	1.4
约旦	2.7	3.3	3.0	4.6	5.5	3.0	-18.1	-11.1	-12.9
苏丹	-4.2	3.0	3.0	46	41.9	15.6	-7.8	-12.5	-11.9
也门	0.1	3.9	1.9	9.9	11.0	8.3	-0.9	-7.4	-5.9

资料来源：根据世界货币基金组织统计数据整理，http://www.imf.org/external/pubs/ft/weo/2015/01/weodata/index.aspx，2015 年 9 月 3 日。

1. 国际油价影响

国际油价低位波动，经济增速调整，但仍保持稳步增长。环印度洋地区中东国家中，尤其是主要石油输出国，长期以来产业结构单一，严重依赖石油资源的生产和出口。虽然近年来的经济多元化政策取得了一定的成效，但是，石油收入在主要石油输出国的国内生产总值、出口额和政府财政收入中仍然占有很大比重，国际石油价格的波动依然对这些国家的经济产生着巨大影响。自 2014 年 6 月开始，国际石油价格深度下跌，布伦特原油现货价格由 6 月 15 日的 115.3 美元/桶，12 月直线下跌到 55 美元/桶，跌幅达到52.3%。此次原油价格大幅下跌的主要原因是全球原油供需失衡。从 2003 年开始到 2013 年，国际原油价格高企，导致美国页岩油、加拿大油砂、委内瑞拉超重油等非常规原油的产量迅速增加，促进了全球原油供应的实质性增长。而欧洲经济持续低迷，中国和印度等新兴经济体增速放缓等原因，导致全球石油需求量增长缓慢，致使全球原油供应供需由基本平衡转为相对宽松。美元升值、沙特阿拉伯力保市场份额的石油政策也加剧了油价下跌。综合考虑全球石油需求、开采成本、产能增长和美元升值等因素，结合国内外重点机构的预测，预计未来五年内，国际原油价格将在 50—90 美元/桶之间低位波动。

对于主要石油输出国而言，虽然短期内这些国家可通过利用其较大的缓冲资金和动用外汇储备而避免大幅削减支出，但油价的持续走低以及由此形成的财政余额巨额赤字将会带来新一轮的政府支出危机。为了降低油价下跌对经济增长的影响，这些国家已经开始多方筹集资金或调整政府支出。沙特阿拉伯重启债券市场，发行了自 2007 年以来的首批主权债券以填补由于油价下跌造成的预算缺口。阿联酋政府宣布，将于 2015 年 8 月起取消对汽油和柴油的补贴。科威特 2015 年 1 月已开始按照市场价格销售柴油、煤油和航空燃油。已经陷入财政赤字的巴林和阿曼也计划削减补贴。目前，主要石油输出国取消汽油、柴油补贴的趋势已经比较明显。主要石油输出国的政府支出将集中于基础设施的建设和修复以及教育和医疗等领域。

油价下跌使非主要石油输出国节省了石油开支，减少了非主要石油输出国的财政压力，也为这些国家的经济增长提供了机遇。随着国内需求进一步增加，再加上宽松的货币政策和财政支出的降低，将进一步促进非主要石油输出国出口增长，从而抵消因主要石油输出国经济增长放缓的不利影响。从2015 年开始，埃及等主要石油进口国经济出现了明显的改善迹象。埃及经济增长率将从 2014 年的 3.0%提高到 2015 年的 4.0%，预计 2016 年将达到4.4%。根据国际货币基金组织、世界银行等权威机构预测，预计 2015—2020 年，环印度洋地区中东国家经济将保持在 3.5%—4.5%的中等增速。

2. 经济体制调整

进入 20 世纪 80 年代后，环印度洋地区中东国家开始了以建立市场经济体制为特征的结构调整。1992 年初，阿曼政府宣布，能源以外的工业部门均由私人经营。同年，沙特阿拉伯政府规定，私人可以投资石油化工、新闻报纸、电视机组装等大型项目。2007 年，沙特阿拉伯将禁止外国投资的领域减少到 13 个，但是，有关石油的勘探、开采、设备和器械的生产、陆路运输等领域仍然没有向外资开放。阿联酋进一步开放本土电信市场，放宽外资对中东地区第二大电信运营商阿联酋电信的投资，允许外资拥有电信企业20%的股份，阿联酋电信经营地区除阿联酋本土外，还包括埃及、沙特阿拉伯等中东北非国家，市场广大。科威特实施经济结构调整的具体做法包括：在不断扩大石油生产和出口的基础上，大力发展电力、海水淡化、交通运输等基础设施建设；兴办一大批炼油、石油化工、建筑材料等骨干企业；积极扶持轻工、食品、农畜品、水产和日用品的生产，以及扩大对外投资等。埃及继续进行财政整顿和广泛的结构改革，以及加强外部融资，以维护宏观经济稳定，并创造可持续的经济增长和就业机会。

伊朗从 1988 年起调整经济发展政策，试图减少国家对经济的过度干预，允许并鼓励私营部门的发展，提高市场对经济发展的调节作用。但这种调整受到保守派的阻碍，进展缓慢。1999 年，哈塔米政府宣布将对通信、邮电、铁路、石油化工等几个主要工业部门进行私有化。2002 年颁布《吸引和保护外国投资法》，将外国投资领域扩大到除石油工业以外的所有工业领域，不再严格限制投资比例，并允许投资者把本金和利润自由汇出境外。2005 年，内贾德当选总统，伊朗经济经历了一个重大的转变。在此期间，伊朗面临比以往更强烈的制裁。内贾德政府最初暂停了许多已经实施的经济改革项目，按照他的思想观点和政治利益对这些项目进行修改。继续实行私有化政策，出售政府持有的国有企业的 40% 股份。但这部分股份分别被半国有企业和基金会购买。经过近两年的激烈争论，2010 年 12 月，终于开始实施《补贴改革法》，该法律规定在五年内，取消对汽油、天然气、柴油、食品等价格补贴，并对低收入家庭实行现金补贴，后范围扩大到所有家庭。政府实行了货币和银行业改革，强化了政府对金融领域的控制，认为国有商业银行作为政府的政策工具，政府可以通过控制利率和设定对不同经济部门的贷款配额，分配银行的大部分信贷额。政府还给予伊斯兰革命卫队和巴斯基（民兵）两个组织经济授权，将政府合同优先授予其附属公司，并在政府公共招标项目中给予支持。2013 年 8 月，伊朗鲁哈尼新政府上台，承诺在国际事务中，包括有关备受争议的伊朗核计划会谈中采取比较温和的方式。新政府虽然表示不会向西方要求"低头"，但是决心寻求"同世界进行建设性互动"，其中包括争取解除严重损害伊朗经济的国际制裁。当局已与 5 + 1（联合国安理会五个常任理事国和德国）国家达成临时协定，对伊朗实施暂时的放松制裁，让伊朗稳定石油出口，提取一些海外资产，并暂时放弃对石化产品出口和汽车工业的制裁。为了解决低经济增长率和高通货膨胀率两个问题，新政府着手从货币政策、财政政策补贴制度结构调整四个方面进行改革。主要措施有：第一，扩大税收，提高增值税（VAT）税率，加强税收管理，减少税收豁免。第二，统一外汇市场。计划到 2015 年中期，实行统一汇率，简化中央银行对价格的控制；第三，改善创业环境，释放企业家和人力资本的潜力，提高生产率，创造新的就业机会；第四，扩大补贴改革的成效，继续为居民户提供现金补贴。

伊拉克在 20 世纪 70 年代，已经凭借石油资源，拥有了现代化的基础设施，良好的教育和医疗保健系统，跻身于中等收入水平国家行列。然而，由于两伊战争、第一次海湾战争和美伊战争的影响，再加上 20 世纪 90 年代国际社会制裁，伊拉克经济遭受了沉重打击，背负沉重债务负担。2011 年 12 月，美国从伊拉克撤军，标志着美伊战争的结束。尽管暴力活动依然存在，但伊拉克转型政府在经济方面取得了显著的进步。年度通胀率已经从 60%以上降到了个位数，伊拉克第纳尔对美元汇率保持稳定，去除了国内燃料补贴。伊拉克战后重建，不仅仅是基础设施的重建，而且是经济和社会制度的重建，以及吸引资本和带来新的技术和技能的商业环境的重建。伊拉克巨大的石油储量和产能在原则上能够为战后重建提供必要的财政支持，2012 年，伊拉克平均日产原油 310 万桶，其中 230 万桶用于出口。未来，通过解除管制、鼓励民营企业发展、银行重组等措施，伊拉克将成为本国公民和外国投资者理想的投资场所，但其经济前景依然面临着制度的约束、国际石油价格的波动、基础设施建设的迟缓和脆弱的政治和安全局势的巨大风险。主要石油输出国的结构调整将进一步促进经济增长，经济发展前景看好。

非主要石油输出国中，埃及、约旦于 20 世纪 80 年代末同世界银行和国际货币基金组织签订协议，进行结构性经济调整。中心内容是实行经济自由化，减少政府对经济的行政性干预，政府最终退出生产领域。具体措施包括鼓励出口，放宽对进口的限制，实现进口自由化；减少政府补贴，放开价格；减少政府开支，控制货币发行，实行灵活的利率政策；改进税收，控制通货膨胀；取消外汇管制，允许汇率自由浮动等。从 2004 年到 2008 年，埃及政府积极推行经济改革，以吸引外国投资，促进经济增长。尽管近年来经济增长的水平相对较高，但由于结构失衡，国民的平均生活水平仍然很低，导致了公众不满和社会骚乱。2011 年 1 月骚乱爆发后，埃及政府取消了经济改革，大幅增加社会支出。新政府在 2012 年 11 月采取了一系列举措以遏制经济恶化，其财政部公布了一个长达十年的经济改革计划，最重要的部分就是通过削减补贴和完善税收制度来减少政府赤字。但在同一时间，政治上的不确定性引起经济增长显著放缓，政府收入急剧减少。旅游业、制造业和建筑业是埃及经济中受打击最严重的行业。2013 年，塞西政府开始执政，并积极扩大开放，吸引外资。2015 年开始，埃及经济企稳发展。

也门和苏丹属于低收入国家。也门的石油收入约占 GDP 的 25%，政府税收收入的 70%。2006 年，也门政府启动经济多元化改革计划，支持非石油部门经济发展和外国投资，以降低石油资源日益减少带来的影响。2009年，也门天然气生产形成工业化并开始出口。2010 年 1 月，国际社会成立了"也门的朋友"集团，支持也门的政治和经济改革，2012 年该集团承诺出资 70 亿美元帮助也门经济社会发展。自经济改革计划实施以来，也门已经在电力、水和燃料等基础服务部门取得了一定成就。苏丹国内 80% 的劳动力从事农业生产，从 1999 年开始石油出口。十多年来，由于石油产量的增加，高油价以及外商直接投资的巨额资金流入，经济有所发展。近年来，苏丹政府实行经济体制改革以及紧缩的财政政策，逐步取消燃料补贴，并试图发展金矿开采业，获得新的收入来源。

3. 区域经济一体化

20 世纪 80 年代，中东区域经济一体化进入全面发展阶段。20 世纪 90 年代开始，从地区内的经济一体化走向跨地区的经济一体化。目前，具有一定影响力的主要地区组织有海湾合作委员会（简称海合会，GCC）和大阿拉伯自由贸易区（P—AFTA），跨地区的经济组织有欧盟与地中海南岸国家签署的新地中海协定。然而，近年来，除海合会进展较快，已经实现关税同盟外，大阿拉伯自由贸易区和新地中海自由贸易区成效甚微。

20 世纪 80 年代开始，阿拉伯国家在阿盟框架下，加快建设大阿拉伯自由贸易区的步伐，迄今已有 16 个阿拉伯国家正式加入。1981 年，海湾阿拉伯合作委员会正式成立，起初是以提高共同防御能力为目的而建立，建成后经济合作的内容逐步增加。由于中东国家相互之间在经济上互补性较弱，政治上矛盾错综复杂，影响到区域组织内部投资贸易的发展，但一些区域组织内部合作依然取得了一定的成绩。海湾合作委员会在 2003 年成立了关税同盟，对内实现了贸易自由化，对外实现了统一关税，并且提出了建立海湾合作委员会统一货币的设想。

从 20 世纪 90 年代开始，随着冷战后世界格局的变化和经济全球化趋势的发展，该地区区域一体化向跨地区经济集团化迅速发展。1995 年，欧盟与南地中海中东国家在西班牙巴塞罗那召开会议，决定欧盟与南地中海国家分别签署新地中海联系协定，并根据新协定推动南地中海国家改革并最终与欧盟建成自由贸易区。中东国家的区域一体化进程，逐步减少了进入世界主要市场的障碍，对于扩大投资和吸引外国直接投资具有较大的促进作用。

4. 地区局势影响

中东动荡不安的地区局势和一些国家的政局变动，对中东地区经济发展产生了严重影响。从 20 世纪 80 年代到新世纪的第一个 10 年，中东一直是全球战争和冲突最为频繁的地区，据统计，第二次世界大战后中东地区先后爆发了 60 余次战争和冲突，两伊战争、黎巴嫩战争、海湾战争、巴以冲突、阿富汗战争、伊拉克战争、伊朗遭受国际制裁、中东局势动荡、南北苏丹分裂、利比亚战争等重大冲突和局部战争此起彼伏，给该地区经济造成严重影响，许多国家的多年经济建设成就毁于战争和冲突之中。战争和冲突加上体制方面的制约，增大了外国投资风险，不仅使外资不敢涉足动乱国家，而且造成地区内国家资金的外流。战争和冲突严重地阻碍了区域经济合作，20世纪 80 年代成立的阿拉伯马格里布联盟和阿拉伯合作委员会都未发挥作用。

20 世纪 90 年代启动的阿拉伯和以色列之间的合作进程半途而废，都有地区冲突的背景。战争和冲突也加剧了资源、环境和人口问题。实现地区和平与稳定，仍然是中东经济发展面临的最大挑战。

四 产业结构及其变化趋势

在 21 世纪的第一个 10 年，随着国际油价不断高涨，中东国家加大基础设施投资，也带来了该地区国家产业结构的新变化。对钢铁、建材、内装零部件及工具等原材料和成品的需求剧增，制造业获得了有力的市场刺激呈几何级数增长，再加上各国政府的财政支持，中东国家产业结构调整进程明显加快，通信、运输、旅游、金融等服务业在国民经济中的比重大幅提升。但从长期来看，中东国家产业结构仍存在较大的不合理性，主要体现在石油工业所占比重过高、制造业发展水平较低以及对农业投入的不足。

1. 加快工业化进程

以石油产业为基础，大力发展石油化工等下游产业部门以及制造业，加快工业化进程，是中东国家产业结构变化的一个显著趋势。该地区制造业发展起始于 20 世纪初期，到第二次世界大战以前，仅伊朗和埃及建立了纺织、制糖、烟草、面粉加工等轻工业。沙特阿拉伯、伊拉克、也门、约旦等国的制造业还处于萌芽和起步阶段，仅有很少的一些食品加工厂、纺织厂、砖厂、皮革加工厂等。其余国家的制造业几乎是一片空白。20 世纪五六十年代，在争取民族独立与经济自主的基础上，通过国有化和政府有计划的重点投资，沙特阿拉伯、伊拉克的制造业有了一定的发展，一些初具规模的大中型制造业企业开始建立。1973 年石油价格暴涨之后，在巨额石油美元的推动下，中东国家的制造业进入快速发展阶段。生产领域也从食品、纺织等轻工业部门扩大到钢铁、有色金属冶炼、石油化工、电子、机械与运输设备制造等重化工业部门。但是，从产业结构、生产总量及其在国内生产总值中所占比重等方面来看，石油天然气等资源产品生产部门依然占主导地位。工业占 GDP 比重较高的国家有，卡塔尔 72.7%，伊拉克 64.6%，沙特阿拉伯 62.5%，阿联酋 61.1%。[①] 但这些国家的工业构成主要以采掘业为主。除以色列拥有一定规模的高科技产业，伊朗、沙特阿拉伯、阿联酋等国拥有一定规模的机电、钢铁或化工产业外，多数国家的制造业以食品加工和纺织服装为主。因此，这些国家中，无论是日用消费品还是生产设施、设备等货物，

---

① 根据 CIA 公布数据，https://www.cia.gov/library/publications/the-world-factbook/geos/sa.html，2015 年 8 月 30 日获取。

都依赖进口供应。

2. 服务业占 GDP 比重迅速提升

自 20 世纪 90 年代开始，阿联酋在旅游、金融、保险、商业等服务行业取得突出成就。迪拜已成为中东金融、贸易和旅游中心。迪拜把发展旅游作为经济多样化的核心内容，旅游业发展计划的重要项目包括建设棕榈岛和世界岛等填海造地的人工岛工程，以弥补迪拜缺乏天然海滩之不足。迪拜还建造了世界最大的室内滑雪场和大批精品购物中心，以吸引欧洲和海湾地区的旅游者。为宣传旅游业和招揽游客，迪拜 1999 年建成了世界唯一的七星级饭店。高达 800 多米的世界第一高楼"哈里发塔"于 2008 年落成。此外，阿联酋还经常举办网球、赛马等体育赛事。银行业是阿联酋服务业发展的另一亮点。全国集中了大批本国和外国银行和金融机构，这些银行主要从事中短期贷款业务，或参与外国银行的银团贷款业务。迪拜建设了迪拜国际金融中心，从 2004 年开始吸引著名外国银行来此设立地区总部。阿联酋还开设了 3 个证券交易市场，即 2000 年开设的迪拜金融市场和阿布扎比证券市场，2005 年开设了迪拜国际金融交易市场。2008 年国际金融危机爆发后，阿联酋的金融服务业受创，在产业结构中的比重有所下降，但旅游业发展势头依然看好。

伴随着服务业的发展，中东服务贸易发展非常迅猛。2011 年该地区服务贸易增长率为 11%，2012 年增长率为 12%，远远超出世界平均水平。其中，运输业、旅游业、建筑业、保险业、计算机和信息产业发展尤为迅速。埃及在运输业出口贸易中居地区第一位，出口额为 89 亿美元，年平均增长率为 8%，占世界 1%，世界排名第 14 位。以色列在建筑业、计算机和信息产业、特许经营权和许可证出口方面已经居世界领先水平。2013 年，卡塔尔和伊朗的服务贸易出口发展非常突出，年均增长率分别达到了 59% 和40%。2013 年该地区服务贸易进口总额约为 1890 亿美元，其中，阿联酋630 亿美元、沙特阿拉伯 500 亿美元、卡塔尔 220 亿美元、以色列和伊朗均为 200 亿美元。在运输贸易中，阿联酋和沙特阿拉伯的进口额分别达到 477亿美元和 179 亿美元；在旅游业中，沙特阿拉伯和伊朗是该地区最大的出境旅游市场，进口额分别为 170 亿美元和 124 亿美元。埃及服务贸易进口主要发生在法律、会计、管理和公共关系项目，进口额为 19.65 亿美元。卡塔尔服务贸易进口则以个人、文化和娱乐服务业为主，进口额为 13.98 亿美元。[1]

---

① 世界贸易组织，https：//www.wto.org/english/res_ e/statis_ e/its2014_ e/its2014_ e.pdf，2014 年 6 月 24 日获取。

3. 农业差异较大

海湾国家农业占比普遍很低，其他国家的农业在 GDP 中占比差异较大。农业是苏丹、埃及、伊朗和也门的支柱产业，2013 年，农业在这些国家国民经济中占比分别为 27.4%、14.5%、9.1%和 10.6%，农业就业人口分别占总就业人口的 80%、29%、16.3%、16.9%。在农业发展方面，伊朗农业的机械化程度较低，但是主要粮食基本实现自给自足。埃及是中东地区人口最多的国家，农业是保障埃及粮食安全的基础产业，埃及出产一定数量的小麦、大米等农产品，但粮食长期难以自给自足，国内小麦消费的大约一半需要依赖进口。海湾国家农业占 GDP 的比重普遍较低，其中，沙特阿拉伯 2%，阿曼 1%，阿联酋 0.6%。在沙特阿拉伯产业结构调整过程中，农业在 GDP 中的比重在 20 世纪 90 年代以前基本呈逐年上升趋势，从 4.1%、6.4%、10.5%至 1990 年达到 13.4%，并于 1985 年实现小麦自给①。然而，由于农业生产成本过高，沙特阿拉伯最终改变了发展农业的产业结构调整战略，降低了对本土农业投入，转向国际市场，在澳大利亚、东南亚以及北非气候、土壤、水资源条件适宜农业发展的地区租地种粮，发展境外农业。

五　经济体制特点和对外开放程度

自 20 世纪 80 年代始，中东国家先后开始了经济体制的调整，很多国家把对外开放、发展市场经济、扶持和鼓励私营经济部门发展作为国家发展主导政策。从制度层面来看，各国为吸引外资，营造开放的投资环境，出台了许多新的法律与法规，并确定了外国投资国民待遇原则。但在实际运行中，为提高财政收入，提高本国居民就业率，开放政策又有一定保守性。该地区经济自由化和对外开放程度方面主要有以下特点。

1. 各国经济体制差异较大，但总体上对外开放程度趋于提高

海湾合作委员会成员国国营部门虽居于主导地位，但政府干预相对较少。这些国家实行经济多样化战略，支持和鼓励私营企业发展，只是不允许私人资本涉足石油等重要领域。而伊朗经济以中央集权政策为标志，实施国家对经济发展的强干预和完全的国有化体制。以色列、约旦虽然存在国家干预，但私营部门发展较好。国营部门在伊朗经济中占主导地位，政府实施的价格管制和各项补贴对经济发展效率影响较大，阻碍了私营部门的增长潜力。私营部门的生产经营活动通常仅限于小规模的作坊、种植业一些小规模

---

① 根据沙特阿拉伯国家发展计划数据整理。

的制造业和服务业。自 2012 年开始，国际社会扩大了对伊朗的制裁力度，大大降低了伊朗的石油收入，迫使伊朗政府削减财政开支并实施新的货币政策。2012 财政年度，伊朗的经济增长出现了 20 年来的首次负增长，并连续遭受了两位数的失业和就业不足。就业机会的缺乏使许多受过教育的伊朗青年到海外寻找工作，"人才外流"现象严重。2013 年 6 月，伊朗总统哈桑·鲁哈尼赢得大选。新一届政府给伊朗民众带来了改善伊朗经济和扩大伊朗国际参与的广泛预期。2015 年 7 月，伊朗核问题协议签署，国际社会对伊朗解除制裁，伊朗经济进入了新的发展阶段。海湾国家长期实行外向型的经济发展战略，注重对外贸易的发展，但在就业、行业进入等方面对本国公民和企业存在明显的保护。

在经济全球化加速发展的背景下，中东国家普遍积极加入世界贸易组织或区域经济组织，采用国际贸易规则，提高国家对外开放程度。目前，环印度洋地区中东国家中，埃及、以色列、科威特、阿曼、约旦、卡塔尔、沙特阿拉伯和阿联酋 8 个国家已正式加入世界贸易组织，成为世界贸易组织成员国，同时，伊朗、伊拉克、苏丹、也门已成为世界贸易组织的观察员国。这也就意味着，该地区的大多数国家具有较低的关税壁垒，已经转向以规则为基础的国际贸易体系，积极扩大贸易收益。环印度洋地区中东国家是一个迅速扩大的货物和服务市场。

中东国家在促进贸易发展方面已经取得了很大进展，尤其是地区内的经济一体化组织，如大阿拉伯自由贸易区、海湾合作委员会以及跨区域的新地中海协定，加速了这些组织成员国的贸易自由化进程，使这些国家产生了贸易自由化自我实施的过程，并走向了更加开放的市场。

2. 企业投资和经营环境总体上趋于改善

自 20 世纪 90 年代末开始，着手进行多方面的改革和调整，从经济层面、政治层面和法律层面进一步修改和完善国内外贸易与投资环境。截至 2013 年底，地区内部外国直接投资存量已达 6315.07 亿美元，外部外国直接投资存量达 2767.19 亿美元。① 沙特阿拉伯为加入世界贸易组织做了大量准备工作，2005 年，沙特阿拉伯成为世贸组织的正式成员。政府开始在国内不同地区筹划建立六个"经济城市"，计划在 2010—2014 年之间投资 3730 亿美元，改善沙特阿拉伯社会发展和基础设施项目，促进外国投资和经济发展。在 2000 年 4 月，沙特阿拉伯成立了投资总局（SAGIA），为外国投资者提供信息和帮助，并培育在能源、交通和知识型产业的投资机会。沙

---

① 根据美国 CIA 发布数据计算得出。

特阿拉伯投资总局的职责包括制定政府政策，改善投资环境，对投资项目进行评估并颁发许可证。科威特政府于 2001 年 3 月实施《外国直接投资法》，允许非居民投资本国企业并允许外资可以拥有高达 100% 的科威特公司股份。进入 21 世纪以后，环印度洋地区中东国家在吸引外资方面增速很快，2005 年达到峰值，2010 年"阿拉伯之春"后开始下降。投资主要集中在资源密集型产业和服务业，非石油产业的制造业投资依然较低。在投资总量中，非主要石油出口国仅占该地区的 30%。大量资金投在海合会国家，2003—2013 年间，海合会国家引入了该地区投资总量的 2/3。

阿联酋政府规定，除了外国公司的分支机构，阿联酋国民必须持有公司至少 51% 的股权。海合会成员国公民被允许持有工业、农业、渔业和建筑业企业 75% 的股权；饭店行业 100% 的股权，并可以从事批发和零售贸易活动。在自由贸易区内，允许外国所有权占到企业的 100%。

世界经济论坛发布的《2014 全球促进贸易发展报告》，对全球 138 个经济体在促进对外贸易的因素、政策和服务的表现进行了评估，内容包括市场准入、边境管理、基础设施以及运营环境四个领域，七个部分，共 56 个指标。在环印度洋地区中东国家中，阿联酋促进贸易指数（ETI）排在地区首位，在全球 138 个经济体中排名第 16 位，比 2012 年上升 3 位。其中，阿联酋的交通和通信基础设施指标排在全球首位、商业环境指标排在全球第 13 位，已经成为该地区的物流、贸易和旅游中心。沙特阿拉伯进入全球前 20 位最适宜营商国家行列，排名第 16 位。沙特阿拉伯连续两年成为整个中东和阿拉伯国家中最适宜营商的国家，领先于巴林、阿联酋和科威特等开放程度较高的国家。世界银行认为，沙特阿拉伯跻身前 20 位得益于近期的几项改革政策。第一，商业及资产注册程序的改进，有效地帮助了投资者在创业和公司注册方面降低了成本。第二，沙特阿拉伯资本市场局和贸易工业部颁布了几项新规定，进一步加强了对公司投资者的保护。第三，港口费用降低了一半，使跨境交易成本下降。第四，破产程序必须严格执行期限限定，有效地加快了司法程序，更好地保护了债权人的利益。[1] 在此报告中，促进贸易指数（ETI）排名较前的环印度洋地区中东国家有：卡塔尔（19 位）、阿曼（31 位）、以色列（32 位）、巴林（33 位），约旦（40 位）[2]。

---

① http：//www.weforum.org/docs/WEF_ GlobalEnablingTrade_ Report_ 2014.pdf，2014/5/24.

② 世界经济论坛官方网站，http：//www.weforum.org/docs/WEF_ GlobalEnablingTrade_ Report_ 2014.pdf，2014/5/24.

第四节　环印度洋地区非洲国家经济发展现状与趋势

环印度洋非洲国家主要包括埃及、苏丹、厄立特里亚、吉布提、索马里、肯尼亚、坦桑尼亚、莫桑比克、塞舌尔、马达加斯加、科摩罗、毛里求斯、南非等 13 国。从地域分布特点来看，除北非两国以及南部非洲两国南非、莫桑比克外，该地区国家又主要集中在东非地区。

一　经济发展资源和条件

非洲不仅是资源禀赋条件较好的大陆，也是资源开发严重滞后的大陆，经济开发潜力较大。但受多种因素制约，长期以来非洲的资源潜力并没有变为现实的增长力。近年来，在国际资本流动新趋势的影响下，非洲的资源潜力正得到释放，成为拉动经济增长的重要动力，很多国家保持了多年的持续高增长。在经历新兴市场国家多年的快速增长和工业化进程后，全球产业结构面临着新的调整。而非洲所具有的资源禀赋和市场条件无疑使其成为国际资本关注的重点地区。由此，国际社会将 21 世纪视为非洲增长的世纪，国际资本正关注非洲并积极布局非洲。环印度洋非洲国家作为非洲市场开发条件较好的地区，更是备受重视。就资源禀赋和发展条件特点而言，主要集中体现在以下几个方面。

1. 人口资源潜力较大

环印度洋非洲 13 国人口总量 2013 年为 4.28 亿人，约占非洲总人口数量的 38.6%。同时，许多国家是非洲的人口大国，如排名第二的埃塞俄比亚、第三的埃及、第五的南非、第六的坦桑尼亚、第八的肯尼亚。除资源开发型国家外，近年来非洲快速增长国家多是人口大国。大量的人口成为近年来这些国家保持高速增长的动力，也为未来劳动力密集型行业的发展奠定了基础。此外，一些国家因大量人口具有的市场潜力被国际投行看好。

表 2-8　　　　　　　　　非洲 13 国人口数量　　　　　　　（单位：千人）

年份 \ 国家	2008	2009	2010	2011	2012	2013
科摩罗	649	666	683	700	718	735
埃及	75492	76775	78076	79392	80722	82056
厄立特里亚	5382	5558	5741	5933	6131	6333
埃塞俄比亚	82621	84838	87095	89393	91729	94101
肯尼亚	38773	39825	40909	42028	43178	44354

续表

国家　　年份	2008	2009	2010	2011	2012	2013
马达加斯加	19927	20496	21080	21679	22294	22925
毛里求斯	1223	1227	1231	1235	1240	1244
莫桑比克	22763	23361	23967	24581	25203	25834
塞舌尔	90	91	92	92	92	93
索马里	9140	9381	9636	9908	10195	10496
南非	50267	50890	51452	51949	52386	52776
苏丹	34040	34854	35652	36431	37195	37964
坦桑尼亚	42354	43640	44973	46355	47783	49253

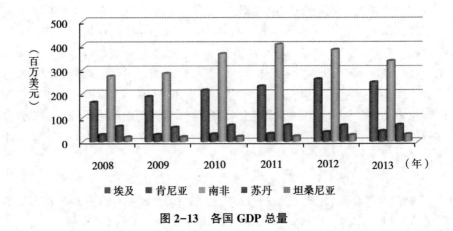

图 2-13　各国 GDP 总量

2. 矿业发展不平衡，但受行业特点影响，都受到各国政府的重视。一方面，该地区多数国家为农业国家，矿业发展较为滞后，很多矿产资源进入商业开发。如坦桑尼亚资源丰富，主要矿藏及储量如下：黄金探明储量1800 万盎司，估计储量 3000 万盎司；钻石探明储量约 250 万吨；铁矿储量超 3 亿吨，已探明储量 1.3 亿吨；煤 3.24 亿吨；磷酸盐约 1000 万吨；钛约3350 万吨；锡、钨 25 万吨；高岭土 20 亿吨；黑砂 4725 万吨；镍 4.05 万吨；纯碱 100 万吨；天然气 450 亿立方米。此外，还有铀、铅、锌、石墨、铂、铬、锰、水银、银、钼、钒、铝土矿、石灰石、石膏、云母等矿藏。宝石丰富，有举世闻名的坦桑蓝。目前，该国大规模开采的矿产有黄金、原始钻石等，其他矿物尚待充分开发。而莫桑比克因近年来天然气资源的发现和商业开采，正迅速成为该地区吸引外资的重量级国家。另一方面，有的国家，如南非，长期以来的经济发展主要依靠矿产资源。目前，受国内资源条件以及发展条件影响，南非已经成为对非洲矿业投资的重要投资国。

表 2-9　　　　　　　　　　　南非主要矿产储量

名称	储量（万吨）	占世界比重（%）	世界排名
铂族金属	7	87.7	1
黄金	3.1	29.7	1
铝硅酸盐	5100	37.4	1
铬矿石	5500	72.4	1
锰矿石	4000	80.0	1
钒	1200	32.0	2
钛族矿石	24400	16.3	2
氟石	8000	16.7	2
蛭石	8000	40.0	2

3. 农业资源分布平衡，发展条件受限

整体上，相比于北部撒哈拉沙漠地区国家，该地区国家气候条件相对较好。但是，农业在各国经济中的地位有着较大的差异，而不断恶化的气候条件和匮乏的水利设施正影响着该地区的农业发展。如南非是一个缺少耕地的国家，可耕地、永久性农作物用地和其他土地面积分别占全国土地总面积的12.1%、0.79%和87.11%。其中可灌溉土地面积约1300万公顷。埃及大部分国土是沙漠，耕地资源紧张，可耕地面积为292.2万公顷，占国土面积的2.9%，长期耕种的土地只有50.2万公顷，仅占国土面积的0.5%，耕地几乎全部集中在尼罗河流域。肯尼亚地表水占全部水资源的86%，地下水占14%，可利用水资源较缺乏。全国有供水站1800个，小水坝1782个，蓄水池669个，多半为国营，因管理不善，一些已经干涸。苏丹水力资源丰富，青尼罗河和白尼罗河流经苏丹南北，为境内提供了约200万公顷的淡水水域。而苏丹可耕种土地据估计约为8400万公顷，但目前仅有百分之六七得到开发耕种。

4. 局部地区水资源丰富

坦桑尼亚水力资源丰富，水力发电潜力超过4.78亿千瓦。21世纪早期长期的干旱使水力发电潜力严重下降。苏丹水力资源丰富，青尼罗河和白尼罗河流经苏丹南北，为境内提供了约200万公顷的淡水水域。埃及的主要水源有两个。一个是尼罗河，其每年径流量约为725亿立方米，为有效使用尼罗河季节性水资源，20世纪50年代在阿斯旺修建了水坝，因此形成的面积为6500平方公里的水库称纳赛尔湖，可蓄水1640亿立方米，在灌溉和发电方面发挥了显著作用。但关于尼罗河水使用的分成一直是该地区国家苏丹、埃及、埃塞俄比亚的敏感议题。另一个是位于埃及、苏丹和利比亚之间巨大的努比亚石（The Nubian Stone）地下水层，其面积为180万平方公里，且补水状况良好，每年补水量相当于蓄水总量的2.5%。利比亚从20世纪90年代起，已经开始通过实施"人工河"计划，大量抽取该水层的蓄水，引起埃及和苏丹对该水层资源流失的担忧。

5. 森林资源丰富，但可持续性开发正受到当地政府和市民社会组织关注

肯尼亚森林面积约为8.7万平方公里，多分布在中部地区，包括原生林8.5万平方公里，人工林0.12万平方公里。由于采伐过量，林业资源正迅速减少。为此，肯尼亚政府大力号召植树造林，并将保护森林资源作为环境保护的一个重要措施。2003—2007年全国人工育林数量有所增加，由2003年的10.72万公顷增加到2007年的11.23公顷。尽管如此，肯尼亚森林覆盖率目前仅为3%左右。2003年以来，肯尼亚政府开始严禁采伐硬木资源。南非林木覆盖面积占全部土地的6%。其中原始森林资源相对比较贫乏，国内森林主要是人工种植林。南非林木种植技术先进，不仅对树种进行筛选和培育，还实现了计算机管理和控制系统。20世纪80年代，南非森林工业的劳动生产率增长率是南非所有工业部门中最高的。目前，每个工作日，森林工业部门种植36万棵树，每年约种植9000万棵树，种植面积每年约为1万—1.2万公顷。其中夸祖鲁—那塔尔省和东开普省的增长潜力较大。在南非现有的人工种植林中，30%属于公共部门所有，70%属于私营部门。坦桑尼亚森林和林地面积共4400万公顷，占国土面积的45%。蓄木量约13亿立方米。有人工林场16个，森林种植面积8万公顷。树木种类主要有松、柏、桉树等。人工林场每年可提供木材约129万立方米。其中姆芬迪和伊林加地区人工种植面积最广，共40529公顷，每年可提供木材64.8万立方米。主要木材有黑木、乌木、鸡翅木、檀木、花梨木等。苏丹森林面积约6400万公顷，占全国面积23.3%。苏丹盛产阿拉伯树胶，种植面积504万公顷，年均产量约3万吨，占世界总产量的60%—80%，产量和出口量均居世界之首，因此苏丹也被誉为"树胶王国"。

6. 旅游业资源丰富，旅游业在各国财政收支中占有重要地位

濒临地中海的埃及曾创造了辉煌的古代文明，境内留有大量的古代文化遗址。南非拥有极为丰富的自然和人文旅游资源，是世界最负盛名的旅

游度假胜地之一。南非旅游资源包括：众多世界一流的国家公园和自然保护区、种类繁多的野生动物和各种奇花异草、阳光明媚的海滩和海滨浴场、巍峨的山脉和幽静的山谷、神秘的土著丛林、广袤的高山平原、壮观的瀑布、星罗棋布的矿泉和温泉、多姿多彩的民族和部族文化、繁荣丰富的夜生活场所、各种异国情调的烹饪等，不胜枚举。肯尼亚自然景观和野生动植物资源丰富，全国共有 59 个国家公园，非洲海拔位居第二的肯尼亚山，被看作是非洲难得的具有众多动植物品种和代表不同地质和气候带，且具有经济和研究价值的山峰。这些都为肯尼亚的旅游业提供了得天独厚的有利条件。

7. 养殖业资源潜力较大

南非共和国三面临海，海岸线长达 2954 公里，实行 200 海里领海权，领海中拥有极为丰富的渔业资源。南非西面的大西洋宾格拉寒流营养非常丰富，是世界最大的渔场之一。肯尼亚的维多利亚湖淡水渔业资源较丰富，主要品种为尼罗河鲈鱼。鱼产品部分出口欧洲。近年来维多利亚湖渔业生产也面临着湖水污染、无序和过分捕捞的威胁。海洋资源尚未充分开发。由于缺乏资金、技术和设备，近海及远洋捕捞尚为空白。沿海金枪鱼等资源大多为外国公司所控制。苏丹拥有包括牛、羊、骆驼在内的数目庞大的牲畜群，苏丹全国畜牧业总值预估为 1.65 亿头，位居阿拉伯国家第一、非洲第二。此外，还有大量的野生动物、禽类以及红海和尼罗河中丰富的鱼类。

8. 特色产业突出

南非行业水平发展较高。南非是非洲的制造业大国，其某些行业在全球处于较高水平。南非制造业门类齐全，技术先进。2013 年南非制造业总产值 3000 亿兰特，占 GDP 比重为 15%。其中冶金和机械工业是南非制造业的支柱。近年来南非纺织服装等行业萎缩较快，而汽车制造业等新兴出口产业发展较快。南非是全球性矿业大国，主要出口矿业初级产品包括黄金、钻石、铂金、矿砂等，制成品出口占总出口比重不足 20%。2013 年南非矿业总产值 990 亿兰特，占 GDP 比重约 5%。南非农业较为发达，出口收入占非矿业出口收入比重约为 15%，出口产品主要是农产品制成品，包括烟酒、各类罐头、咖啡、饮料等。此外，南非基础设施较为发达，现代服务业包括通信服务、物流、旅游、金融业在整个非洲地区都处于前列。

苏丹是传统农业国，农业是国民经济的主要支柱。2012 年苏丹农业产值占 GDP 比重高达 32%，农业人口占全国人口的 80% 以上。但是由于农业现代化水平较低，全国可耕地面积 5300 公顷，利用率仅 20%。受前些年石油经济的影响，南非石油产业链发展较快。南苏丹独立后，苏丹政府积极发展非油气资源矿业，包括黄金、银矿、铬铁等资源。这些新的矿业开发正成为苏丹拉动经济增长的新动力。主要的投资方包括来自法国、摩洛哥公司的黄金开发。2011年苏丹全国黄金产量34吨，2012年、2013年分别增加到50吨、55吨。其他工业较弱，包括纺织服装、食品加工、制革等基本产业现代化程度不高。

肯尼亚和坦桑尼亚是传统农业国，但肯尼亚工业化程度较高。肯尼亚农业产业特点显著，特别是咖啡、茶叶、花卉等种植业，是其出口创汇的重要部门。2013年农业占该国GDP的比重为25.8%。而以上三大创汇产品出口分别为9.7亿美元、12.17亿美元、1.9亿美元，约占出口总值的40.6%。作为该地区制造业发达国家，肯尼亚制造业以食品加工业为主。此外，肯尼亚的现代服务业水平较高，肯尼亚航空公司在非洲的市场占有率较高。近年来，肯尼亚关注同东方国家的经济合作，加大了在东部港口的建设，蒙巴萨港、拉姆港将成为连接东方国家与内陆非洲国家的重要集散中心。坦桑尼亚是传统农业国。农业人口占80%以上，农业生产现代化程度很低。工业以农产品加工和轻工业为主。主要加工产品包括椰子加工厂、丁香油厂、米厂、糖厂等。

埃及不仅是重要的油气资源生产国，也有着较为发达的现代工业体系。石油和天然气探明储量分别居非洲第五位和第四位。但从2009年起，埃及成为石油净进口国。埃及石油冶炼工业发达，居非洲大陆首位。现有10座冶炼厂，日处理原油能力97.5万桶。制造业领域，埃及汽车工业较为发达。美国通用，德国宝马，日本丰田、尼桑等品牌均在埃及以独资或合资等形式开展汽车生产。

表2-10　　　　　　　　　　肯尼亚特色农产品出口情况　　　　　（单位：千先令）

	2005年	2006年	2007年	2008年	2009年	2010年	2011年	2012年
总额	260423071	250993689	274657578	344946664	344949800	409793687	512604108	517846941
食品饮料和烟草	93411918	103017674	111976774	136805234	143171243	177686785	208879365	208305559
鱼类	4606883	3971254	4116867	5131156	4391107	5029286	4955497	5391678
水果蔬菜类	23097798	23157044	26913392	30958556	27711502	35487281	38162743	36844716
茶类	42372506	47348595	46783664	63842812	68765712	91617347	102235537	101440917
茶类占对外贸易总额比重	0.162706422	0.188644564	0.17033451	0.185080242	0.199349911	0.223569445	0.19944346	0.195889768
基础材料	39013933	43407572	52431265	65223082	54089360	59360536	91075073	83998717

续表

	2005 年	2006 年	2007 年	2008 年	2009 年	2010 年	2011 年	2012 年
切花类	18338140	19547149	21094130	30698291	32573760	31413447	39594029	38226072
切花占基础材料比重	0.470040793	0.450316571	0.402319685	0.47066606	0.602221213	0.529197496	0.434740568	0.455079237
切花占对外贸易总额比重	0.070416726	0.077879046	0.076801558	0.088994312	0.094430436	0.076656737	0.077240951	0.073817317

资料来源：Kenya National Bureau of Statistics, *Statistical Abstract* 2013, pp. 87–91。

二　当前发展战略和规划

非洲国家独立以来，就发展道路曾进行过多次积极的尝试和探索。但由于自身开发条件和能力制约，以及自身产业在全球经济结构中的特点，导致非洲国家的自主发展成效大打折扣。20 世纪 90 年代以来，随着国际经济格局的变化，非洲国家发展道路出现了新的发展机遇。一方面，通过接受国际多边金融机构"减贫""减债"方案积极制定适宜本国发展的战略；另一方面，在反思发展经验的基础上、在非盟统一协调下，针对自身产业特点和国际合作需要，积极制定和落实促进增长和发展的行业发展规划。

1. 依托国际多边金融机构减贫、减债战略制定国内中长期发展规划是近年来该地区国家主要任务

由此，基础设施建设成为规划中的重要领域。一方面，从 20 世纪 90 年代后期以来，随着非洲经济形势的不断恶化及债务形势的凸显，国际货币基金组织和世行等多边机构开始了新的对非指导方针。其中典型的方案是要求各国确立新的"减贫与增长方案"。该方案将配套得到相关项目贷款并根据宏观经济指标确立相关的多边债务减免。2000 年联合国千年发展目标提出后，国际多边金融机构要求各国的"减贫与增长方案"加大公共投入，其中包括水、电、医疗等公共领域及基础设施。由此，各国近年来制定的发展规划基本按照该思路进行。另一方面，由于非洲国家发展水平滞后，公共投入严重不足，也直接影响了投资环境。而扩大基础设施领域的投入，将有助于增加就业和提高民众收入，并带动经济的增长。如苏丹大力发展基础设施建设，供电、供水、道路、桥梁等基础设施建设，将是苏丹国家发展战略规划的主要目标。根据苏丹国家电力公司（NEC）的苏丹电力 2008—2030 年长期电力规划，苏丹将投资 304.35 亿美元用于改善电力服务系统，目标是至 2030 年电力服务系统覆盖全国 80% 的地区。发展清洁能源做出计划。2014 年 8 月 5 日，埃及总统阿尔·塞西宣布埃及将开发第二苏伊士运河，

以缓解现有运河的拥堵状况。2015 年 3 月经济发展大会上提出建造新的行政首都的计划。这些巨大的基建项目将耗资上千亿美元。在南非，1994 年非国大主导的新政府上台后实行扶持黑人经济发展和改善黑人社会经济条件的政策，即《重建和发展计划》（RDP）。该计划成为指导南非近年来发展规划的主导。2003 年 2 月姆贝基提出"扩大公共就业项目"（EPWP），2003 年 6 月，项目在"增长与发展高层会议"（GDS）上通过。旨在对公共部门和国营企业贫穷和失业人口通过培训提供临时工作。项目作为全国性计划，覆盖对象包括政府和国营企业员工。EPWP 的核心思想是通过政府对公共项目的财政支持以增加就业岗位，并促进黑人的就业。2006 年 2 月政府公布实施"南非加速和共享增长计划"（ASGISA），根据该计划，政府的发展目标是要在 2004—2009 年的年均 4.5% 的增长率基础上进一步促进国家经济增长，到 2010—2014 年间达到年均 6% 的增长率，以此来增加就业，提高人民生活水平，减少贫困。在 2014 年 1 月 11 日总统祖马发表的非国大竞选纲领中，强调非国大将在未来五年内专注进行大刀阔斧的经济改革，重点解决"贫困、失业和不平等"的社会顽疾。强调要释放经济潜力，创造更多的就业机会，并在下个任期内继续优先发展教育、卫生、农村发展、土地改革和粮食安全事业，承诺政府到 2019 年使南非新增 600 万个就业岗位，向城市和农村人口聚居地区提供 100 万套住房用于改善贫困家庭的居住条件。

2. 结合国情及国际经济形势提出行业综合发展及保持较快增长目标

南非发展规划：2010 年 10 月，南非政府提出"新增长路线"（NGP）发展战略，旨在推动南非经济发展由当前的缺乏持续发展潜力的消费型模式向可吸纳更多劳动力的经济增长模式转变，计划在未来 10 年内优先在基础设施建设、农业、矿业、绿色经济、制造业、旅游业及服务业等 6 个重点领域发展，创造 500 万个就业岗位，将失业率由长期的 25% 左右降到 15% 左右。2011 年 11 月，南非政府又公布了《2030 年国家发展规划》（NDP），目标是在未来 20 年内实现减贫和社会公平，提出在未来 20 年实现年均增长 5.4%，创造 1100 就业岗位。到 2030 年南非失业率将从目前的 25% 降低到 6%，基尼系数由目前的 0.7 降到 0.6，彻底消除贫困人口。

2011 年苏丹南北分裂后，苏丹十多年来依靠的石油经济受到严重打击。为此，苏丹政府制定了《三年经济急救规则（2011—2013）》，主要内容包括：调整国家预算结构、发展石油替代品、控制银行借贷、实施外汇管制、发展农业、矿业、加工业、提高社会生产率和自给率、实现经济增长和国家稳定等。由此，国家在积极寻求石油替代行业的增长点，黄金矿业成为当前较为关注的热点。除此之外，由于苏丹拥有大量的畜牧业资源和农业资源，加强在该领域的投入成为政府发展经济的重要点。

埃及 2011 年动荡前，政府已经充分认识到促进增长的重要性。2010 年，埃及农业部颁布了"2030 年农业可持续发展战略"，主要目标包括应对气候变化、管理稀缺资源（如水、耕地等）、减少农作物耗损、提升农产品国际市场竞争力、改善农业投资环境、改善农民生存环境等。

2007 年肯尼亚政府制定了《2030 年远景规划》，其核心目标是要实现 GDP 年均 10% 的增长率，到 2030 年将肯尼亚建设成新兴工业化、中等发达和具有国际竞争力的国家。并根据该规划制定了 2008—2012 年的第一个五年中期发展农业规划和 2013—2017 年第二个中期发展规划。肯尼亚中期和远期发展规划均将能源、公路、铁路、港口和通信等基础设施作为实现经济增长的重要优先发展领域。并在此基础上推进旅游、农业、批发、零售、制造业、采矿业、服务外包和金融服务业等。

坦桑尼亚 1999 年就出台了《2025 国家发展远景规划》。根据该规划，坦桑尼亚将从最不发达国家发展成为中等收入国家，年均经济增长率达到 8% 以上。这一规划基本奠定了坦桑尼亚在未来二三十年内的发展基调。苏丹在石油经济的带动下提出了以石油业为基础，逐步建立日用、生产化工体系，发展加工业，并最终建立完善的现代工业体系。

3. 在非盟相关产业发展框架下，积极制定本国的行业发展规划

2001 年，非统推出标志着全面规划非洲政治、经济和社会发展目标的蓝图——《非洲发展新伙伴计划》。随后，在此计划的精神下，非盟逐步出台了相关的行业发展规划，其中包括 2003 年非盟在莫桑比克首都马普托发起的"非洲农业综合发展计划"（CAADP）。到 2014 年，已经有埃塞俄比亚、卢旺达、利比里亚、塞拉利昂、加纳、马里、尼日尔、多哥、布隆迪、尼日利亚、佛得角、塞内加尔、乌干达、马拉维等国签署该协议。即将签约国包括莫桑比克、赞比亚、肯尼亚、津巴布韦等国。在矿业领域，从 2000 年开始，非洲有关国家的矿业部长同"经合组织"（OECD）的矿业合作伙伴就在联合国非经委的组织下以"圆桌会议"的方式开展建设性对话。2007 年 2 月联合国非经委设计并由非经委、非盟和非洲开发银行组织的非洲矿业发展第五次"圆桌会议"召开。会议的主题是"为增长和减贫管理非洲的自然资源"（Managing Africa's natural resources for growth and poverty reduction），来自 11 个丰富矿产资源国的部长和高官及非盟委员会代表参加了会议。并在之后提出了"非洲矿业愿景"（The Africa Mining Vision, AMV），以及长期利用矿业发展实现千年发展目标。具体措施包括改善投资环境、加大矿业开发监管、促进矿业在国民经济转型和产业结构完善方面的

带动作用、提高矿业收入对国家实现千年发展目标的贡献等方面。2008 年
10 月非盟第一次矿业部长研讨会召开，"非洲矿业愿景"被采纳；2009 年 2
月的非盟首脑会议上经非洲国家签署。2011 年 12 月非盟第二届矿业部长会
议通过了非洲"非洲矿业愿景"具体执行方案。由于南非、赞比亚等国是
全球重要矿产国，因此矿业发展规划一直受到国家重视。为促进地区内矿业
发展，相关国家还通过区域组织积极协调矿业发展。其中通过的方案包括
"南部非洲共同体矿业投资促进计划"（Mining Investmnt Promotion in The
Sadc Region，Growth And Diversification in Mineral Economies Organized by
Unctad，2000）、"南部非洲矿业政策协调、标准、立法及监管组织"（Har-
monization of Mining Policies，Standards，Legislative and Regulatory Frameworks
in Southern Africa，2004）、"非洲矿业伙伴计划"（the Africa Mining Partner-
ship，AMP）等。

三　经济增长趋势和动力

整体上，东非地区由于多数国家以传统农业为主，长期以来增长并不
显著。但近年来这一现象正发生快速转变。一方面，东非地区已经成为继
西非地区以后的第二个油气资源密集发现地。大量油气资源的发现，吸引
了大量的外资进入。另一方面，受该地区区域一体化发展较快影响，特别
是在东非共同体的带动下，该地区的增长保持了较快增速。就增长动力而
言，改善投资环境吸引外资进入仍是该地区国家促进增长的主要手段。其
中一些国家因为自身发展实际，正面临着新的调整，如南非的转型和埃及
的动荡后重建。

1. 整体上，东非地区经济发展水平较低

2000 年以来，东非地区占全球 GDP 总额的比重变化很小，仅从 2000 年
的 0.14% 微升到 2010 年的 0.18%。其实，直到 2010 年整个非洲大陆占全球
GDP 总额的比重也仅为 2.6%。东非地区占非洲 GDP 总额的比重一直在 7%
左右徘徊，在经济总量上还不及南非、尼日利亚、埃及、阿尔及利亚等任何
一个地区大国的 GDP 总额。2010 年，仅南非、埃及、阿尔及利亚和尼日利
亚四个国家的 GDP 就占到非洲 GDP 总额的 58%。

在人均 GDP 方面，东非地区低于整个非洲大陆的人均 GDP，更远远低
于全球平均水平。东非国家中塞舌尔人均 GDP 超过了世界平均水平，吉布
提超过 1000 美元，肯尼亚接近 800 美元，其余国家均不足 600 美元。总体
来说，东非地区经济发展水平还很低，贫困状况也很严重，除了肯尼亚和塞
舌尔，均属于最不发达国家。

表 2-11　　　　　　　　　　东非国家收入情况

IMF 标准	中等收入国家	塞舌尔
	低收入国家	肯尼亚、埃塞俄比亚、卢旺达、坦桑尼亚、乌干达
	经济脆弱国家	布隆迪、厄立特里亚
世行标准	低收入国家	布隆迪、厄立特里亚、埃塞俄比亚、肯尼亚、卢旺达、索马里、坦桑尼亚、乌干达
	中低收入国家	吉布提
	中高收入国家	塞舌尔
UN 标准	最不发达国家	布隆迪、厄立特里亚、埃塞俄比亚、卢旺达、索马里、坦桑尼亚、乌干达、吉布提

　　相比于环印度洋多数国家经济水平较低的现状，区域内重点国家都属于各地区的经济大国，也是各自地区经济增长的火车头。如南非在南部非洲地区不仅有着较为完备的工业体系，也有着较强的产业研发能力，其经济实力和竞争力远超出非洲其他国家。南非近年来之所以保持较低增长率，同南非结束种族隔离统治后的社会经济转型有着很大的关系。坦桑尼亚是近年来保持高速增长的国家。埃及受动荡因素影响，近年来经济增长出现了持续下滑。苏丹由于南苏丹的独立，丧失了重要的石油收入，严重地影响了经济发展。

表 2-12　　　　　　　　主要国家 GDP 增长情况　　　　　　（单位:%）

年份	埃及	肯尼亚	南非	苏丹	坦桑尼亚
2008	8.3	1.5	3.6	3.8	7.4
2009	10.2	2.7	-1.5	4.5	6
2010	-2.2	5.8	3.1	6.5	7
2011	-53.8	4.4	3.6	1.9	6.4
2012	1.8	4.6	2.5	0.4	6.9
2013	3	4.9	1.9	3.6	7

　　2. 援助及外资驱动是非盟及大多数国家制定发展规划、促进发展的动力

　　这种特点无论在非盟的行业发展规划还是各国的对外投资政策及行业发展政策法规中都有充分的体现。以非盟为例，在其公布的"非洲发展伙伴计划"（NEPAD）文件中，公开表示希望能够根据各国对自己国情的了解，制定具有吸引力的行业政策来吸引外资和援助促进各国的经济发展。正因这一背景，在"非洲农业综合发展计划"中，强调未来非洲农业的发展援助

需要通过提供无偿援助或有偿援助，而不能仅仅依靠过去的无偿援助来实现。在"非洲农业综合发展计划"中，虽然提出各国国家层面实施进程最具体的目标是政府投入 10% 的财政预算到农业，并力争实现农业国内生产总值 6% 的增长；但是，也充分认识到 10% 的财政投入可能不是所有国家都能够立即实现，提出变通做法是利用 CAADP 整合相关援助方或投资者吸引资金（比如多边信托基金，MDTF），补充国家预算的不足。除此之外，CAADP 其他目标主要是希望通过一系列的制度和机制安排，使其与国家规划所涉及的各个利益相关方都能够参与到规划制定过程当中，从而使规划更切合本国实际情况，吸引更多资金发展农业生产，并将经验传授到非洲大陆其他国家。需要注意的是，CAADP 不是硬性规定、必须执行的万能规划，根据各个国家的具体情况会有所区别。

3. 改革与转型成为政府试图推动经济增长的动力

不同于坦桑尼亚、肯尼亚等典型农业国的是，南非的增长主要试图通过国家相关行业的改革来推动。1994 年新南非成立后，结束种族隔离统治，实行多党民主的南非的转型曾被西方国家认为是具有典型特色的国家。非国大执政后出台了一系列旨在促进增长和黑白人平衡发展的政策，但收效甚微，南非的发展被西方国家认为陷入了停顿。2012 年 6 月南非执政党非国大全国政策会议上对南非"转型与发展"展开讨论。南非总统祖马表示，南非自 1994 年结束种族隔离制度后的 18 年里，主要进行的是以政治转型为主旋律的"第一次转型"，即向民主的过渡。但在南非这个中等收入国家，广泛存在的贫困、高失业率和贫富悬殊等问题，威胁着今后的国家建设，因此需要进行"第二次转型"，即社会经济转型，这个转型期需要 30—50 年。尽管祖马提议的"第二次转型"公开的政策层面尚未公开化，但从祖马执政以来政府结构调整等方面可以充分看出，如 2009 年祖马新当选总统后成立国家计划委员会，加强政府对国民经济的宏观调控。研究数据表明，在全球跨国公司的国营企业占比中，南非排名大大居前。由此，在政府统一调控下，通过包括土地改革、矿业等领域的公正和平等的经济改革，来实现提高社会弱势群体在社会经济中的地位和实力，推动社会经济的包容性发展，将是南非非国大未来的主要发展动力。

4. 一体化推动跨区域基础设施建设，成为经济增长的动力，并在整个非洲大陆层面上统一行动，促进非洲国家的区域一体化进程和经济发展

这一计划在农业领域的实施，就是非洲农业综合发展计划（CAADP），同时，CAADP 也是 NEPAD 减贫计划的重点。为促进一体化建设，跨区域基础项目也是该地区国家积极推动的合作项目。在电力领域，2004 年成立

了东部非洲电力联营体（EAPP），成员国包括卢旺达、布隆迪、刚果（金）、乌干达、肯尼亚、坦桑尼亚、苏丹、埃塞俄比亚、索马里、吉布提、厄立特里亚、埃及。受益于东非地区的特殊地理资源，该地区规划和在建的能源项目包括肯尼亚东非大裂谷地热开发、乌干达卡鲁马（Karuma）水电站、坦桑尼亚拉胡迪（Ruhudji）水电站、埃塞俄比亚—肯尼亚输电线路、肯尼亚—坦桑尼亚—赞比亚输电网。南部非洲电力联盟（SAPP）12家成员国（博茨瓦纳、莫桑比克、马拉维、安哥拉、南非、莱索托、纳米比亚、民主刚果、斯威士兰、坦桑尼亚、赞比亚、津巴布韦等），其中除马拉维、安哥拉和坦桑尼亚外，其余9个国家实现了电网互联。在公路连通方面，非盟NEPAD项下规划的泛非公路网规划中，就有从埃及首都开罗经苏丹、埃塞俄比亚、肯尼亚、坦桑尼亚、赞比亚、津巴布韦、博茨瓦纳至南非的开普敦，全长10228公里的TAH4项目。此外，还提出了纵观南北的南北交通走廊计划（the North South Corridor Rail and Road Projects，NSC）和东非铁路网计划。南北交通走廊计划是东南非共同市场、南部非洲发展共同体和东非共同体于2011年联合提出的，该计划分为铁路网和公路网两部分。铁路网将在现有铁路基础上形成两纵四横的铁路网，将资源富集地区、主要经济中心、重要港口连接起来。两纵指达累斯萨拉姆走廊和南北走廊。达累斯萨拉姆走廊北起达累斯萨拉姆，向南经赞比亚、刚果（金）、津巴布韦、博茨瓦纳，至南非港口城市德班。南北走廊北起坦桑尼亚姆贝亚，向南经马拉维、莫桑比克、津巴布韦，至德班。与两纵相交的四横包括卢萨卡—利隆圭线、卢萨卡—哈拉雷线、布拉瓦约—奎鲁线、马哈拉佩—彼得斯堡线。公路网则计划在现有公路网的基础上形成两纵三横的网状布局。两纵包括达累斯萨拉姆—卢萨卡—布拉瓦约—哈博罗内—比勒陀利亚—约翰内斯堡—德班，以及姆贝亚—姆祖祖—姆万扎—利隆圭—哈拉雷—马斯温戈—比勒陀利亚—约翰内斯堡—德班。三横为卢萨卡—利隆圭、卢萨卡—哈拉雷、弗朗西斯敦—马斯温戈。东非铁路网计划（East African Railway Master Plan）是东非各国改善东非地区各国间交通运输窘况、推动地区贸易发展而提出的铁路发展规划。东非共同体5国以及埃塞俄比亚、苏丹于2010年出台一项计划，拟用12年时间在该地区新建10余条铁路，以形成覆盖东非大部分国家的现代铁路网。按照规划，坦桑尼亚将承担最多的建设项目，将新建8条线路，建成之后将坦桑尼亚与肯尼亚、乌干达和卢旺达连接起来。乌干达将新建4条线路，建成之后把国内主要经济区连接起来。肯尼亚将新建2条线路，一条通往埃塞俄比亚首都亚的斯亚贝巴和南苏丹首都朱巴，另一条与现有的蒙巴萨至坎帕拉铁路平行。

四 产业结构及变化趋势

传统农业和传统服务业长期在非洲国家的国民经济中占重要比重。但无论是资源开发还是改善投资环境，都需要良好的基础设施条件。因此，基建行业成为近年来该地区投资的热点，也由此带来了该地区国家产业结构的新变化，特别是通信信息等现代服务业领域。此外，在新兴资源开发国，由于资源开发收入急剧提高，在国民经济中所占的比重也有较大幅度的提升。从长远看，目前东非国家的产业结构仍存在较大的不合理性。这主要体现在新兴资源国的资源开发所占比重较高以及普遍存在的对农业这一基础行业的投入不够。

1. 服务业占 GDP 的比重普遍较高

除了索马里和埃塞俄比亚，东非地区其余国家的服务业占 GDP 的比重较大。2010 年服务业占 GDP 比重最高的国家是塞舌尔（81.2%），其次是吉布提（75.9%）、厄立特里亚（61.1%）、肯尼亚（55%）和乌干达（51.3%）。旅游业和渔业是塞舌尔的支柱产业。吉布提的工、农业均不发达，交通运输业、商业和港口服务业是吉布提的支柱产业。近年来乌干达服务业的快速发展得益于电信、金融服务、贸易、酒店和餐饮业的快速增长。目前服务业是乌干达国民经济中比重最大和最具活力的部门。而坦桑尼亚是典型的农业国，农业产值约占国内生产总值的 1/3。自 20 世纪 90 年代中期以来，基于国家发展战略的调整，坦桑尼亚逐渐进入经济与社会协调发展阶段，加之外部经济环境的好转，坦桑尼亚经济增长呈现中高速发展态势，高于非洲大陆的年均经济增速。如果探查该国经济向好走势内部发现，从图 2-14 可以看出，该国经济增长主要得益于工业和服务业的快速增长，而农业增速始终低于同期经济增长率。这说明农业落后严重制约了国民经济的发展。

2. 农业占 GDP 的比重普遍低于服务业占比

除了卢旺达和埃塞俄比亚，其余国家的农业占 GDP 的比重均低于服务业。尽管如此，大多数国家农业部门的就业人数仍最高。农业作为支柱产业之一并提供全国 70% 以上就业比率的国家有：埃塞俄比亚、卢旺达、坦桑尼亚、乌干达、肯尼亚和厄立特里亚。2010 年农业占 GDP 比重最大的国家是索马里（60.2%），其次是埃塞俄比亚（46.7%）、布隆迪（36%）和卢旺达（34.9%）。

尽管许多国家的农业是国民经济的支柱产业，但主要为生存农业，以小农耕种为主，耕作方式十分落后，广种薄收，靠天吃饭，灌溉面积占可耕地

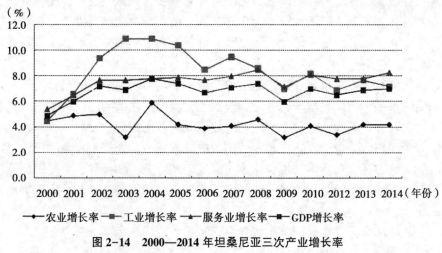

图 2-14　2000—2014 年坦桑尼亚三次产业增长率

资料来源：根据世界银行网上数据库资料（http://data.worldbank.org/country/tanzania, 2014-09-11）绘制。

面积的比例极低（如，埃塞俄比亚仅为 0.77%），抵御自然灾害能力低。现代农业发展普遍滞后，主要集中在以出口为主的经济作物种植上。由于农业生产技术落后，投入少，生产规模小，效率低下，肯尼亚、埃塞俄比亚、厄立特里亚、索马里等东非国家的粮食无法自给，坦桑尼亚的粮食勉强能够自给。农业经济的不发达，不利于这些国家农村人口收入水平的提高，无法满足居民的基本生存需要。

工业化水平普遍较低，制造业占 GDP 的比重均不足 15%。没有一个东非国家的工业是国民经济的支柱产业。2010 年工业占 GDP 比重最大的国家是乌干达（25.8%），其次是坦桑尼亚（24.7%）、布隆迪（21.9%）和厄立特里亚（21.3%）。制造业占 GDP 比重最大的是布隆迪（14%），其次是肯尼亚（11.4%）。

五　经济体制特点及对外开放程度

20 世纪 80 年代以来，随着国际经济形势的变化，各国纷纷调整经济政策，自由化经济政策成为主导。相关法律确定了外国投资国民待遇原则。从政策层面来看，各国为吸引外资，重视营造开放的对外投资环境。但实际操作中，为提高本国就业人口、增加财政收入，开放政策又有一定的保守性。

贸易自由化是该地区国家近年来主要推动的旨在促进地区自由化的重要政策趋势，但目前合作范围仍有显著的区域或民族、宗教、文化特点。其中包括在签署协议的合作组织内积极降低贸易壁垒、降低关税等手段，促进贸易发展。肯尼亚、坦桑尼亚作为东非共同体的火车头，积极推动东非共同体和东南非市场的经济一体化。而埃及和苏丹在发展同中东穆斯林国家方面更加积极。

投资行业限定重在保护当地重要产业和劳动力就业。一方面，由于实行多党选举制，因此，增加就业是各国执政党较为关注的问题。由于低端技术劳动力较多，因此，劳动力密集型行业是政府较为关注的领域。其保护措施也较为严格，集中体现在非技术劳动力的输入、劳动力密集行业的投资限定等。另一方面，对资本密集和涉及国家安全的行业，如银行、重要资源开发行业、通信、运输等行业的外资既体现吸引外资的需求，又有具体投资比例的限定。

具体而言，该地区国家经济自由化和国内市场化程度方面存在以下一些特点。

1. 各国经济体制特点差异较大

肯尼亚自 2002 年肯尼亚全国彩虹联盟取代肯盟以来，基本经济政策沿"华盛顿共识"而行，自由化、私有化的经济政策占主导。坦桑尼亚曾长期保持政局稳定及经济政策连续，经济体制特点也是以"华盛顿共识"为主导。南非是 G20、金砖国家机制等成员国，国际经济接轨度较高。但近年来政府对市场调控加强。可以说新南非成立后，政府关于各行各业的经济政策都体现出提高黑人在国民经济中的地位的特点，包括要求雇员的黑人雇佣比例等。但受多种因素影响，成效甚微，且经济陷入长期疲软。祖马当选总统后，开始通过重视政府调控来加强经济的管理，在上任初就成立了旨在加强政府职能的国际计划委员会。此外，近年来非国大关于矿业企业等的国有化讨论不断。苏丹经济体制特点是伊斯兰宗教文化，这使苏丹同中东穆斯林国家的经贸合作占有较高比重。此外，由于西方国家对苏丹多年的制裁，也使苏丹在对外经济活动中受制因素较多。埃及自塞西政府上台以来，由于恢复经济压力较大，政府也在积极寻求国际多边金融机构和西方国家的支持。因此，经济体制并没有显著变化。

2. 整体上，各国均实行开放的投资政策，但执行实质差异较大

整体上，为吸引外资，各国对特定投资项目都给予不同的财税等各方面的优惠。需要强调的是，南非实行开放投资政策，但对行业技术标准门槛比较高。相较而言，作为被西方制裁的苏丹，投资政策制约较多。外汇政策方面，苏丹实行外汇管制，苏丹镑不可自由兑换货币。苏丹属于世界上少有的仅按照《古兰经》交易维持国家金融体系的国家之一。中央银行规定不允

许收取利息，而是按照协商价格收费。商业贷款由中央银行根据行业发展有限程度进行额度分配。由于外汇短缺严重，苏丹国内银行开具的贸易信用证承兑能力不足。作为伊斯兰国家，苏丹进口商品有特定的限制，包括酒类、麻醉品、赌具、武器等不得进口。此外，由于缺少外汇，对其他本地产的部分商品也禁止进口。

3. 区域组织内国家的市场自由化程度较高

南非是世贸组织创始成员国及南部非洲关税同盟、同欧盟签署《贸易发展合作协定》（TDCA）成员国、金砖国家成员国。在南非，电信、采矿、化工、食品、饮料、烟草、汽车及零配件、化工、餐饮、休闲、制造等行业都是对外投资开放的。而投资国主要来自于欧美。截至 2013 年底，南非吸引外资存量 1400.5 亿美元，其中欧洲国家占 70%，美洲占 25%。美洲国家对南非证券投资比重较大，英国是南非最大的外国直接投资地，其次是美国和德国。

埃及是世贸组织成员国，加入的区域贸易协议组织还包括埃及—欧盟伙伴协议、大阿拉伯自由贸易区协定、埃及—土耳其自由贸易协定、合格工业区协定（含 11.7% 以色列成分的埃及输美产品获免关税待遇）、阿加迪尔协定（埃及、约旦、突尼斯、摩洛哥四国工业品和大部分农产品成员国间流动免关税）、穆斯林发展中八国集团（埃及、伊朗、尼日利亚、印度尼西亚、马来西亚、孟加拉国、土耳其、巴基斯坦）、东南非共同市场成员国。截至 2012 年底，埃及有 9 家国营股份公司，146 个分公司。即使在国民经济的核心领域如能源、通信等领域，私有化也是政府促进增长的重要方面。截至 2012 年底，埃及在石油和天然气领域吸引外资达 71.01 亿美元，在通信和信息技术领域吸引外资 13.91 亿美元。除此之外，埃及的服务业、金融业、建筑业、房地产、农业、旅游业等部门，都属于对外资开放的领域。而欧盟、美国、阿拉伯国家是埃及传统的外资投资来源地。截至 2012 年底，沙特阿拉伯、阿联酋、英国是埃及前三大外资来源国，在埃及投资存量分别为 58 亿美元、52 亿美元、43 亿美元。

从经济自由化趋势来看，近年来坦桑尼亚和肯尼亚改革幅度较大。肯尼亚和坦桑尼亚作为东非共同体成员国，在东非地区的经济一体化和自由化中发挥着重要作用。肯尼亚和坦桑尼亚都是东南非共同市场和东非共同体成员国，并积极推动相关国家在贸易、金融、交通运输、工农业、能源等领域的合作。继 2000 年东南非共同市场 8 个成员国签署自由贸易区协定，成员国间相互实施零关税以来，2009 年第十三届东南非共同市场首脑会议又宣布成立关税同盟。2009 年东非共同体 5 国首脑会议签署东非共同市场协议，并于 2010 年 7 月 1 日正式启动。肯尼亚的外国投资国主要包括英国、美国、德国、法国、日本、加拿大等西方国家。这些国家在肯尼亚设有数百家公司，行业涉及农业、工业、商业、金融、旅游、交通、医药等领域。2011—2012 年，中国成为肯尼亚第一大外资来源国，当年投资约 2.5 亿美元，之后分别是德国和英国，投资额分别为 1.94 亿美元、8600 万美元。坦桑尼亚外资主要来自于英国、印度、肯尼亚、南非等国。2013 年，中国成为坦桑尼亚第二大外资来源国，仅次于英国。截至 2013 年底，坦桑尼亚吸引外资存量达 127.2 亿美元。投资领域主要集中在矿业、旅游业、农业、制造业和通信业等领域。坦桑尼亚政府也鼓励外商更多投资到农业、教育、医疗、公路、铁路、机场、旅馆等行业。

4. 为保护国内民族利益，部分国营企业存在政府保护

南非长期以来实行对外开放的投资政策，其境内存在很多西方的大型跨国公司。南非政府对绿地投资开放，但并购行为很敏感。对行业技术研发、当地雇工，特别是黑人雇工有一定的比例要求。特定领域的投资，如能源、矿业、、银行、保险、国防等部门需要政府专门审批。南非的国营企业在国民经济中发挥着突出作用。如在电力、交通、电信等领域，国营公司实力较强，处于行业领导地位。政府也不鼓励外资在该领域的投资。

埃及国内的纺织、冶金化工、医药、食品、建筑、交通等部门很多企业属于政府参股或控股经营，一定程度上属于政府保护产业。银行资产的40%集中在三家国营银行（Banque Misr, Banque du Caire, National Bank of Egypt）手中。2004 年开始的银行私有化进程在 2008 年开始停滞。2011 年，埃及法院开始反对之前政府准备私有化的一些公司。在银行业，虽然根据埃及银行法不对外资银行进入设立门槛，但实际上埃及不批准外资银行在埃及设立分行，仅可设立代表处。根据 2003 年《银行法》，埃及欢迎外国银行和金融机构参与埃及银行的私有化进程，包括通过参股、收购等方式进入埃及市场。

埃及政府规定外商只能以合资形式成立建筑公司，并且外资股权不得超过 49%。非埃及员工在公司中被雇佣比例不得超过 10%；对从事进口业务的企业有严格限制，规定本国人才能注册从事进口业务；外国人不得在埃及从事商品流通和批发业务；在埃及开办超市和连锁经营要经过特别委员会审批；只允许埃及人注册从事投标业务的商业代理；在未得到国有航空公司许可的情况下，任何私营或外国航空公司承运人不得经营从开罗出发和抵达开罗的定期航班业务；不允许外国投资者进入棉花种植业；非埃及人不得从事职业介绍、为企业招募员工等经营活动。在金融服务业，外资很难获得经营

许可。要从事该领域的投资，只能并购当地银行或保险公司。埃及鼓励外资参与埃及油气资源开发，但前提是必须与埃及国有的 4 家石油公司用分成协议（PSA）形式合作。

坦桑尼亚的国营公司主要是电力、通信、铁路、电信、航空和港口等领域。随着近年来油气资源的开发，国营公司按照开发协议参与经营。但缺乏竞争力。此外，坦桑对于投资者获取土地有着较为严格的限制。

5. 整体上，环印度洋非洲国家的营商环境在非洲地区处于较好水平

特别是南非，法律法规较为健全，执行相对规范；其次是埃及，而坦桑尼亚和肯尼亚则处于同一水平。2014 年世行公布的全球营商环境显示，在全球参与排名的 189 个国家中，南非营商环境便利度排名第 43 位，企业经营的各环节排名都属于前列。相比，埃及排名第 112 位，肯尼亚和坦桑尼亚分别排名第 131 和 136 位，苏丹排名第 160 位。

表 2-13　　　　　　　　　　2015 年营商环境指标及排名

经济体	营商环境便利度	开办企业	办理施工许可	获得电力	登记财产	获得信贷	保护少数投资者	纳税	跨境贸易	执行合同	办理破产
南非	43	7	4	27	13	5	1	2	5	4	1
埃及	112	4	14	15	10	1	13	18	12	18	10
坦桑尼亚	131	17	41	9	20	32	30	26	18	19	15
肯尼亚	136	24	19	23	25	15	20	14	25	25	28
苏丹	160	23	35	20	3	38	45	22	31	37	34

资料来源：世界银行《2015 年全球营商环境报告》。

6. 多数国家存在外汇管制，或因外汇短缺而实施事实上的外汇管制，资金流出便利度较差

埃及货币埃镑属于可自由兑换货币，人民币与埃镑不能直接结算。从立法角度看，埃及"外汇法"和"投资法"均规定外汇自由兑换，投资利润可自由汇出。但由于国际收支逆差问题，导致近年来外汇较为紧张，因此一般银行都规定了一次性兑换外汇的最高金额。而政府为保证外汇使用的效率，如确保重点商品进口和重点企业及项目用汇，直接参与外汇资源分配，客观上降低了外汇的自由流动性。2012 年底，埃及中央银行进一步对外汇进行管制，严格限制换汇及外币汇出，并对换汇用途作了明确规定，要求银行优先考虑进口基本的和重要的生活物资，并按有限排列进口商品为粮食、石油、医药、化肥、原材料、机械等。如果银行收到外汇并结算出现盈余

后，每家银行仅可以保留少量外汇头寸（最多 500 万美元），其余部分必须交给中央银行。外汇短缺导致的政府对外汇的管制直接影响到企业进口原料、设备以及利润汇出。对市场汇率的确定主要通过常态化拍卖美元来确定，由此也导致黑市汇率猖獗。

南非是外汇管制国家。非居民可自由向南非投资，但资本转出受到限制。个人向境外投资最高限额为 75 万兰特，公司向境外投资最高限额在非洲国家为 20 亿兰特。

坦桑尼亚实行外汇管制，但政策较为宽松。金融管理部门对外汇兑换业务持开放态度，外汇兑换较为简便。大多数银行都可以从事本国货币（先令）和外汇业务。外汇汇率指导价格由银行间外汇交易市场决定。由于坦桑尼亚、肯尼亚同属东非共同体，因此两国货币可自由兑换。坦桑尼亚经常项目下的外汇可实现自由兑换。

苏丹实施外汇管制和浮动汇率制。由于外汇短缺，外汇管制政策变动较大，时松时紧。特别是由于美国对苏丹实施经济制裁以来，苏丹外汇流通出现困难，政府对外汇的汇入、汇出实施审批制，限制美元的汇款和流通，但欧元和英镑可自由兑换。由于外汇短缺，市场交易不正常。

肯尼亚没有外汇管制，外资利润汇出自由。对出入境人员携带的外汇金额也没有限制，只是超过 5000 美元需要在海关登记。

7. 外汇储备规模较小，货币汇率国际影响较大

彭博最新数据显示，非洲各国平均外汇储备仅 58 亿美元，是全球 31 个发展中国家（除中国外）平均外汇储备 780 亿美元的 7%。2015 年以来，由于国际大宗商品价格的持续低迷，出口创汇收入锐减。以肯尼亚为例，根据肯尼亚央行数据，2015 年前 7 个月，肯尼亚外汇储备下降 10 亿美元，到 7 月末，外汇储备为 64.1 亿美元，可支撑该国 4.06 个月的进口支出。为缓解货币汇率波动，政府数次向市场出售美元。2015 年上半年，肯尼亚货币已经贬值 12%，兰德银行预测年内还将贬值 2.6%。

8. 本地融资较为困难

尽管区域内国家属于非洲资本市场发达国家，南非、肯尼亚、埃及、苏丹等国均有股票交易市场，但外资企业在当地上市较为严格。此外，通过银行等机构的融资条件也较为严格。中国在非洲经营主要依靠国内融资。在苏丹，外国企业和当地企业原则上可同样获得商业银行的贷款，抵押和担保条件相同，但由于苏丹本地银行信誉较低，当地银行开出的保函等一般难以获得承认。埃及对外国企业贷款条件同当地企业相同，要求有担保。但受资金短缺等因素影响，在当地融资较为困难。

9. 非技术劳动力输入严格限制

埃及是劳动力大国和劳务输出大国,对外籍劳务需求较小,只有部分技术和管理岗位对外籍劳务有一定的需求。2011 年动荡以来,埃及劳动部不断收紧外籍公民在埃及就业政策,严格限制外籍劳工来埃及工作。同样,在南非,由于本地黑人劳动力技术水平较低,加之金融危机以来经济持续疲软,尽管政府多方出台文件提高黑人就业能力和就业机会,但多年维持 20% 左右的失业率。为此,2015 年爆发了针对外籍人的暴力排外事件。此外,各国均有完备的劳动法,对本地劳动力的雇佣有着严格的保护。

第五节 环印度洋地区大洋洲国家经济发展现状与趋势

澳大利亚是南半球最大国家,是地球上唯一占据一个大陆的国家。澳大利亚总面积为 768.23 万平方公里,其中陆地面积为 761.45 万平方公里,沿海岛屿面积为 6.78 万平方公里。澳大利亚是一个四周环海国家,东临太平洋,与新西兰隔海相望。澳大利亚的西南两面为印度洋环绕。北临帝汶海和阿拉弗拉海,与东南亚的印度尼西亚和南太平洋岛国、巴布亚新几内亚相望。

澳大利亚为资本主义发达国家,政治和社会环境稳定,金融体系规范。澳大利亚地理优越,是连接西方市场和亚太地区的重要桥梁。世界经济论坛《2012—2013 年全球竞争力报告》显示,澳大利亚在全球最具竞争力的 144 个国家和地区中,排名第 20 位,经济弹性排名全球第 5 位。

一 产业结构[①]

澳大利亚产业结构完整,体系较为健全。

(一)农牧业

在很长一段时间内,养羊业是澳大利亚的主要经济部门。澳大利亚所产羊毛和出口羊毛的数量居世界第一位。因此有人将澳大利亚称为"骑在羊背上的国家"。澳大利亚所产羊毛 97% 供出口,国际市场上用于制衣的羊毛约 70% 来自澳大利亚。

澳大利亚是世界小麦主要出口国。澳大利亚小麦产值约占农业产值的 13%,其出口产值占农业出口额的 17%。澳大利亚小麦的主要出口市场是日

---

① 本部分主要参考文献:沈永兴、张秋生、高国荣编著《列国志·澳大利亚》,社会科学文献出版社(第 2 版),2010 年。

本、韩国、印度和埃及，比较稳定的销售市场包括中东地区、东南亚地区和南太平洋岛国。除小麦外，澳大利亚的主要农作物还有甘蔗、大麦、燕麦、高粱、玉米等。澳大利亚是世界上最大的甘蔗生产和蔗糖出口国之一。澳大利亚原糖出口占其年产量的75%，主要出口市场是日本、加拿大、韩国、马来西亚、中国、美国和新加坡。澳大利亚出产丰富的果蔬，主要有：葡萄、苹果、柑橘、香蕉、梨、桃、菠萝、芒果、荔枝、甘蓝、生菜、西红柿、花椰菜等，其中葡萄是产量最高的水果。

（二）制造业

在第二次世界大战之前，澳大利亚已经具备了一定的制造业基础。第二次世界大战期间，由于战争的刺激其制造业得到了进一步发展。澳大利亚制造业体系较为完备。从服装、食品、金属制品、精密仪器、电器到石油冶炼及复杂电子设备等都有涉及。

澳大利亚加工制造业发展也较为成熟，主要包括了食品加工业、羊毛和皮毛加工业、采矿冶炼、木材加工等。其中，食品加工业是制造业中的最大部门，并具有广阔的海外市场。澳大利亚工业制造主要涉及钢铁、汽车、电器和电子领域。布罗肯希尔控股公司是澳大利亚最大的钢铁生产企业。信息工业是澳大利亚发展最快的部门之一。澳大利亚软件开发能力处于世界先进水平。澳大利亚的航天工业和造船工业也具有一定的优势。

尽管战后澳大利亚制造业发展迅速，但还存在一些问题。如在制造业中，初级产品简单加工的行业所占比重较大，高附加值的技术密集型行业比重过小。制造业分布不平衡。此外，澳大利亚人口较少，国内市场容量有限，由于生产成本较高造成许多产品难以进入国际市场。

澳大利亚矿产资源十分丰富，是世界上矿产和能源的主要生产国和输出国之一。澳大利亚的铁矿出口量居世界第一位，产量居世界第二位。其铁矿石主要出口日本（约占出口总额的50%），其次是中国（约占18%）和韩国（约占15%）。煤也是澳大利亚储藏量和产量最多的矿产品之一。铝矾土资源也十分丰富。此外，澳大利亚还盛产铀、镍、锰、铅、锌等稀有金属。澳大利亚采矿业的主要问题是严重依赖国际市场，大宗出口初级产品价格波动较大。

（三）交通运输业

澳大利亚的铁路和公路始建于英国殖民时期。澳大利亚联邦成立后，由于引进移民、开发矿藏和增加出口的需要，联邦政府大量投资发展国内和对外运输业。澳大利亚的交通运输系统主要包括81万公里的公路、4万公里的铁路、16万公里的单程航空线和一些定期的远洋航线。澳大利亚长期以来倚重对外贸易，所以海上运输业发展十分迅速。澳大利亚全国共有 75 个港口。

（四）服务业

澳大利亚的服务业包括物流、电信与邮政、金融服务、旅游、零售商业、建筑与房地产等。服务业的产值约占全国 GDP 的 78%，雇佣劳动力占全国的 70%，即每 10 个澳大利亚雇员有 7 个从事服务业。

澳大利亚物流产业规模约占 GDP 的 9%。物流业服务对象主要集中在汽车、高技术、采矿、食品加工、饮料生产、家电、零售百货、服务连锁、客户服务等行业。

早在殖民时期，澳大利亚就建立了以邮政、电报和电话为主的通信体系。澳大利亚邮政、电报和电话均由联邦政府的两个法定机构——澳大利亚电讯委员会和澳大利亚邮政委员会管理，交由 4 家公司分别负责，即澳大利亚电讯公司、海外电讯公司、卫星有限公司和澳大利亚邮政公司。澳大利亚是拥有 129 个成员国的国际卫星组织的主要投资国，也是该组织 17 颗卫星的主要使用国。

金融服务业是澳大利亚增长最快的产业之一，平均保持了 5% 左右的增长率。由于贸易资本自由化，澳大利亚金融市场发展迅速，国际化程度不断提高，澳元成为全球第八种常用的货币。澳大利亚股票市场也是亚太地区最大最活跃的股市之一，其流通量是香港的两倍，几乎相当于韩国和中国台湾的总和。

旅游业是澳大利亚经济的主要组成部分，是澳大利亚最大、发展最迅速的产业之一，入境旅游业收入占澳国内生产总值的 3% 左右。旅游业目前为澳洲 5 大国家重点投资行业之一。业内预计，到 2020 年，澳大利亚还需要新建 2 万间房间（约等于 16 家酒店）以满足日益增长的游客需求。澳大利亚旅游业和国际教育的发展也带动了服务业总体的跨越发展。

澳大利亚建筑业的年营业增加值约占全国 GDP 的 10%。澳大利亚的房地产市场有近百年的历史。近年来，随着经济的不断发展和移民配额的提高，以及政府鼓励和吸引海外投资的政策，澳大利亚房地产市场出现了强劲的发展势头。

二 投资政策

澳大利亚政治社会稳定，法律制度健全，金融体系规范，政策透明度高，市场经济较发达，国民经济连续 21 年保持正增长。同时，澳大利亚地广人稀，拥有丰富的能源和矿产资源。这些经济、政治、社会和自然资源条件为澳大利亚吸引外国投资奠定了良好的基础。但是，澳大利亚本国资本严重不足，长期需要外国投资促进国民经济发展和开发能矿资源。多年来，澳大利亚一直保持净资本进口国的地位，外国投资为澳大利亚国民经济增长和民生改善做出了重要贡献。20 世纪，英国、美国和日本先后是澳大利亚主要外资来源国。近年来，美国一直是澳大利亚第一大外资来源国。

澳大利亚欢迎外国投资，有着透明、规范、严格的外资审查制度。澳大利亚外资政策的决策机构是澳大利亚联邦政府国库部，其下属的外国投资审查委员会具体负责外国投资的审批事务。澳大利亚涉及外国投资的主要法律有《1975 年外资收购与接管法》和《1989 年外资并购与接管条例》。

根据《1975 年外资收购与接管法》规定，澳大利亚国库部长或其代表可以审查投资提案，决定提案是否有违澳大利亚的国家利益。国库部长可以拒批有违国家利益的提案，也可以对提案实施的方式施加一定条件，但作出此类决定需依据外国投资审查委员会的建议。

澳大利亚根据国家利益逐例审查外国投资提案。对于外国政府及其相关实体投资，无论投资价值大小，均需事先申报澳大利亚外国投资审查委员会，并获得预先批准；对于外国私营投资者，在其收购澳大利亚企业和公司时，如被收购企业和公司的价值超过 2.44 亿澳元，并且收购股比达到 15% 或以上时，也需事先申报澳大利亚外国投资审查委员会审批。

在投资领域上，澳大利亚没有在法律上明确规定禁止和限制外资进入的行业。任何支持澳大利亚行业可持续发展的外国投资都受到鼓励，包括为澳大利亚提供货物和服务、发展出口市场、引进和开发新技术或管理技术，以及对商业的经营和管理等。澳大利亚政府也规定了一些敏感的投资行业，主要包括能源矿产、房地产、金融、保险、航空、媒体、电信、机场等。澳大利亚政府对这些敏感行业的外资项目都设定了具体的限制措施。外国投资者在对这些敏感行业进行投资时，需事先申报澳大利亚政府并获得批准。详情参见澳大利亚联邦政府国库部网站（www. treasary. gov. au）。

联合国贸易发展会议（UNCTAD）发布的《2015 年世界投资报告》显示，2012—2014 年的 3 年间，澳大利亚吸引的外商直接投资总额达 1620 亿美元，比之前 3 年的 1250 亿美元增长近 30%。澳大利亚在全球外商直接投资规模中的比重提升，从 2009—2011 年的 3.1% 增至 2012—2014 年的 4.2%。相比之下，发达经济体整体比重由 2009—2011 年的 53% 降至 2012—2014 年的 41%。

2014 年澳大利亚吸收的外国直接投资总额居全球第八，达 520 亿美元，占全球外商直接投资的 4.2%，远超 2008 年经济危机前的 220 亿美元的水平，遥遥领先于德国、法国、日本、意大利、印度和韩国等主要发达和发展中经济体。

三　澳大利亚国内经济运行指标

自 20 世纪 80 年代以来，澳大利亚通过一系列有效的经济结构调整和改革，经济持续快速增长，创下了连续 20 年增长的纪录。据澳统计局数据，1998—2010 年的 13 年间，澳实际 GDP 平均增长率达到了 3.2%。2011 年，澳大利亚 GDP 达 13350 亿澳元，同比增长 2.3%，人均 GDP 达 5.88 万澳元，成为世界上经济增长较快的发达国家之一，被经济合作与发展组织（OECD）评为世界最具活力的经济体。2011 年，澳大利亚国内生产总值中，第一产业占 2.6%，第二产业占 33%，第三产业占 64.4%。澳大利亚通过一系列有效的经济结构调整和改革，保证了国家经济金融和社会发展，经受住了亚洲金融危机的冲击和考验，连续 20 年保持快速增长，并维持了较低的通胀率和失业率。

2012—2013 财年，澳大利亚私人消费与政府消费分别达到 8151 亿和 2679 亿澳元，占 GDP 的比重分别为 52.9% 和 17.3%，消费在澳大利亚经济中处于重要地位。2012—2013 财年，澳大利亚最终需求 15101 亿澳元，同比增长 1.9%；总的国民支出 15128 亿澳元，同比增长 1.6%。澳大利亚居民储蓄率为 9.5%。居民可支配收入为 103888 亿澳元。澳大利亚推行全面健康的福利政策，GDP 的 10% 用于医疗，居民医疗费用较低。生活支出中住房占有很大比重。

截至 2012 年末，澳大利亚联邦的公共债务余额为 GDP 的 26.9%。财务赤字占 GDP 的 6.08%。截至 2014 年 3 月，澳大利亚外债余额约为 8556 亿澳元。截至 2013 年 12 月，澳大利亚外汇储备为 479.8 亿澳元。2013 年，标准普尔、穆迪、惠誉三家国际评级机构给澳大利亚主权债务的评级均为 AAA，评级前景为"稳定"。

第 三 章

环印度洋地区的相关区域合作组织
状况及影响

20世纪90年代以来，世界经济全球化加速推进，各国各个地区的相互影响和相互依存度上升。为了迎接全球化的挑战，很多国家或地区大力参与或推进经济区域化、一体化的步伐，这使各类区域经济合作组织迅速发展。中国以及云南周边也是各类区域经济合作组织活跃的地区，仅南亚地区就有"南盟"、环印度洋区域合作组织、孟印斯缅泰尼不区域合作组织、恒河—湄公河区域合作组织、孟中印缅地区经济合作论坛等。这些区域合作组织相互联系、相互影响，共同构成了一张网，不断促进国家或地区间的经贸合作。[①] 本章选取了相关的、有代表性的组织加以介绍。

第一节　环印度洋区域合作联盟发展状况[②]及影响

环印度洋区域合作联盟或环印度洋地区合作联盟（简称环印联盟，The Indian Ocean Rim-Association for Regional Cooperation，IOR-ARC），最初被称为环印度洋设想（The Indian Ocean Rim Initiative），是印度洋沿岸18个国家所组成的国际组织，属于政府间国际组织。1995年4月18日，南非、印度、澳大利亚、肯尼亚、毛里求斯、新加坡和阿曼7国在毛里求斯发表推动环印度洋经济圈计划的联合声明。此后，有关各方共召开了四次筹备会议，会员国从7个创始国增加到14个。1997年3月6—7日，环印度洋14国在毛里求斯首都路易港召开部长级会议，通过《联盟章程》和《行动计划》，宣告环印度洋区域合作联盟正式成立。在1999年3月31日召开的部长理事会会议上决定将联盟总部设在毛里求斯。2013年11月1日，环印联盟第十

---

① 陈利君主编：《面向印度洋的开放和合作》，云南人民出版社2013年版，第3页。
② 参见环印度洋区域合作联盟网站：http://www.iora.net/default.aspx；《环印度洋地区合作联盟》，新华网，http://news.xinhuanet.com/ziliao/2003-07/10/content_ 965058.htm。

三届部长理事会会议决定将该组织更名为环印度洋联盟（The Indian Ocean Rim Association，IORA）。

该联盟是环印度洋地区目前唯一的经济合作组织，地跨亚洲、非洲和大洋洲三大洲，自然资源和人力资源丰富，市场广阔，交通便利。联盟成员国面积总和占世界陆地总面积的17%；人口近20亿，约占世界总人口的31%；国内生产总值占世界总量的7%；贸易额占世界贸易总额的10%。

截至2012年，共有20个成员国、6个对话伙伴国和2个观察员。成员国：南非、印度、澳大利亚、肯尼亚、毛里求斯、塞舌尔、科摩罗、阿曼、新加坡、斯里兰卡、坦桑尼亚、马达加斯加、印度尼西亚、马来西亚、也门、莫桑比克、阿联酋、伊朗、孟加拉国、泰国。对话伙伴国：中国、美国、日本、埃及、英国、法国。观察员：环印度洋旅游组织和印度洋研究组。

该组织的目标：（1）促进该地区和成员国经济持续增长和平衡发展；（2）把为发展和利益共享提供极大的机会的经济合作地区集中起来；（3）促进经济自由化，去除自由障碍和贸易壁垒，增强环印度洋地区的商品、服务、投资和技术流动。该组织的宗旨：遵循尊重国家主权、领土完整、政治独立、不干涉内部事务、和平共处、平等互利与协商一致等原则，不卷入双边等有争议的问题，推动区域内贸易和投资自由化，促进地区经贸往来和科技交流，扩大人力资源开发、基础设施建设等方面的合作，加强成员国在国际经济事务中的协调。

环印度洋区域联盟的活动包括一些仍进行中的专题方案和工作计划，是由有兴趣参与的成员国操作的，这些成员国在3个独立工作组的保护之下。这三个工作组是：贸易与投资工作组（The Working Group on Trade and Investment，WGTI）、环印度洋商业论坛（The Indian Ocean Rim Business Forum，IORBF）和环印度洋学术组（The Indian Ocean Rim Academic Group，IORAG）。联盟每两年召开一次部长理事会会议。工作组中有商务和技术代表保证不同的观点和兴趣可以在联盟的工作计划中得到充分的反映。

该组织的组织机构为：

总部：常设机构，设在毛里求斯共和国的瓦科阿市，享受外交使团待遇；负责协调联盟政策的执行，处理日常行政事务。

部长理事会（Council of Ministers，COM）：最高权力机构，由各成员国的外交部部长或经济合作部长组成，负责制定联盟政策，决定新的合作领域和项目，每年召开一次例会，需要时可举行特别会议。

高官委员会（Committee of Senior Officials，CSO）：执行机构，由各成员

国的政府官员组成，会期一年一次或视需要召开，负责监督和审查部长理事会决议执行情况，审议联盟高级别工作组、商业论坛、学术组、贸易和投资工作组提交的工作报告，确定联盟合作重点并向部长理事会提出政策建议，有关报告连同高工组、商业论坛、学术组和贸投组报告一并提交部长理事会审批。

环印度洋商业论坛（Indian Ocean Rim Business Forum，IORBF）：由各成员国政府的官员和工商界人士组成，每年举行一次会议，负责就扩展联盟成员国在贸易、投资、金融和旅游方面的合作、减少贸易壁垒、加强科技交流和人力资源开发等问题提出政策建议，并实施联盟合作项目和工作计划。

环印度洋学术组（Indian Ocean Rim Academic Group，IORAG）：由各成员国的学术界人士组成，每年举行一次会议，负责开展联盟学术合作和信息交流。

贸易和投资工作组（Working Group on Trade and Investment，WGTI）：由各成员国的技术级官员组成，会期每年一次或视需要召开，负责协调和拟定联盟合作项目和工作计划。

高级别工作组（IOR-ARC High Level Task Force，HLTF）：由联盟前任、现任和候任主席国政府的主管官员为主体组成，负责就联盟发展方向、内部组织建设和推动对话伙伴国参与联盟活动等问题进行研究并提出政策建议。

截至 2015 年 7 月已举行 14 届部长理事会会议。

2008 年 5 月 4—5 日，环印联盟第八届部长理事会会议在伊朗首都德黑兰举行。会议审议并通过了联盟 2007 年财政决算和 2009 年财政预算报告、联盟特别基金管理委员会关于各项目拨款计划、联盟未来 3—4 年行动计划以及联盟商务峰会进展情况的报告；通过了《德黑兰宣言》，其中包括关于修改联盟宪章、实行机构改革、加强各领域合作等内容。

同年 10 月，成立环印度洋地区合作联盟区域科技转让中心，总部设在伊朗德黑兰，旨在推动成员国间的技术转让，促进科研成果商业化和标准化。

2009 年 6 月 25 日，环印联盟第九届部长理事会会议在也门首都萨那举行。会议审议了联盟秘书处和特别基金委员会财务报告。通过了《萨那公报》，鼓励成员国加强各领域交流与合作；批准修改联盟章程；同意建立审查委员会对提交联盟商业论坛的项目进行优先排序和审查；支持在也门建立地区反海盗中心；支持阿联酋竞争国际可再生能源机构总部设立权。

2010 年 8 月 5 日，环印联盟第十届部长理事会会议在也门首都萨那举行。会议强调要加强机制建设，由部长理事会现任、候任及前任主席组成

"三驾马车"主持常务工作，由成员国驻南非使节组成"使团工作组"定期开会协调检查后续工作。会议发表《萨那公报》，呼吁各成员国和对话伙伴国重点支持渔业中心、海运理事会和区域科技转让中心等三个合作项目。

2011年11月15日，环印联盟第十一届部长理事会会议在印度班加罗尔举行。会议同意接收2003年退出联盟的塞舌尔重新加入，通过了区域科技转让中心谅解备忘录和章程草案。联盟秘书处与阿曼政府签署了渔业中心总部协议。会议发表《班加罗尔公报》，并提出将工作重点放在海事安全、贸易和投资便利、渔业管理、减低灾害风险、学术和科技合作以及促进旅游业和文化交流等六大领域。

2012年11月2日，环印联盟第十二届部长理事会会议在印度古尔冈举行。会议同意接收科摩罗成为联盟第二十个成员国，并通过了美国要求成为联盟对话伙伴国的申请，宣布澳大利亚将在下届部长理事会会议接任联盟主席国，印度尼西亚将接任副主席国。会议发表《古尔冈公报》，提出加强区域内渔业资源保护与开发、密切减灾合作、开展区内优惠贸易安排及实施统一关税的可行性研究和加强区内互联互通建设的举措，并决定于2013年召开印度洋航运安全会议，并研究建立印度洋航运安全信息交换和海上形势监控机制。

2013年11月1日，环印联盟第十三届部长理事会会议在澳大利亚珀斯举行。会议通过了《珀斯公报》和《环印联盟关于和平、生产性和可持续性利用印度洋及其资源的原则》（又称《珀斯原则》）。

2014年10月9日，环印联盟第十四届部长理事会会议在澳大利亚珀斯举行。会议通过了《珀斯共识》，呼吁进一步推进区域贸易与投资便利化，促进蓝色经济和加强对话伙伴国作用。

每年的部长会议都会将以下项目列入工作方案中：科学和技术转让地区中心、印度洋地区的大学生流动方案、旅游可行性研究项目、海上运输、机制建设、文化合作、优惠贸易协定、渔业。

项目资金来源：环印度洋区域合作联盟特别基金、成员国的自愿捐赠、成员国对于自身参与的资金支持。来自对话伙伴、观察员国、非政府组织、私人部门及个体的自愿捐赠。

2000年，经成员国一致同意，中国正式成为该组织的对话伙伴国。由此，环印联盟包括了中国和印度这两个世界上最大的、发展最快的经济体。中印关系的发展不仅影响到了环印联盟的未来，同样环印联盟也对中印关系产生了深刻的作用。当前，中印两国都加强了各自的"海洋强国"建设，我国积极推进的 21 世纪海上丝绸之路的大部分覆盖区域都属于环印度洋地区，印度也逐渐将外海利益延伸到南海。由于印度对中国进入印度洋的戒备以及印度对南海问题的介入很可能会导致两国关系复杂化，也引发了学者对中印是否会在海上发生冲突的讨论。在这一背景下，环印联盟不仅为中印两国提供了一个公共平台，也为其他所有环印度洋地区的利益相关者提供了一个地缘政治共享平台，以确保各国在经济利益发生重叠时可以相互尊重彼此的权益。①

总体上，环印联盟的成立是地区一体化发展的产物，不仅顺应了全球化发展趋势，也反映了相关国家对发展经济、促进合作的共同愿望。联盟成立后，有利于改善各成员国的合作环境，加强各国间的经济和政治对话。这个组织是印度洋区域内覆盖范围最广、最具代表性的多边经济合作平台。但是客观而言，目前该组织的影响力和成熟度还有待进一步提高，这主要是因为：第一，相对于地区内其他组织，如亚太经合组织、南盟等，该组织取得的实际成效较少。环印联盟还须加强与该区域内其他多边组织的协同关系。第二，该联盟成员国大多属于发展中国家，经济互补性不足。有必要进一步发展各国的比较优势，实现彼此优势互补。第三，各国在文化、政治、经济等方面的差异较大，还需要深化利益共同点和各国的融合度。因此，在短期内该组织的影响力较为有限，但随着世界大国对印度洋投入的增加以及印度洋重要性的提升，该组织的潜力将得到进一步释放。

第二节　南亚区域合作联盟发展状况及影响

一　南亚区域合作联盟发展状况

南亚区域合作联盟（简称"南盟"；South Asian Association for Regional Cooperation，SAARC）成立于 20 世纪 80 年代中期，是南亚国家为推动南亚人民间的友谊、信任与理解，加强经济、社会、文化和科学技术领域内的相互合作而成立的一个非政治性集团组织。1980 年 5 月，孟加拉国时任总统齐亚·拉赫曼首先提出开展南亚区域合作的倡议。1981 年 4 月，孟加拉国、不丹、印度、马尔代夫、尼泊尔、巴基斯坦和斯里兰卡 7 国外交秘书在斯里兰卡首都科伦坡举行首次会晤，具体磋商成立南盟的有关事宜。1983 年 8

①　[印度] 斯瓦兰·辛格、瑞妮·玛娃：《印度与环印度洋地区合作联盟经济关系中的中国因素》2014 年第 2 期。

月，7 国外交部部长在印度首都新德里举行首次会晤，并通过了《南亚区域合作联盟声明》。1985 年 12 月，7 国领导人在孟加拉国首都达卡举行第一届首脑会议。会议发表了《达卡宣言》，制定了《南亚区域合作联盟宪章》，并宣布南亚区域合作联盟正式成立。2005 年 11 月，阿富汗加入南盟，成为南盟第八个成员。它的诞生，标志着南亚区域合作进入了一个新的阶段，并为第三世界国家的"南南合作"注入了新的血液。

南盟自成立以来，已举行了 17 次峰会。近年来，南盟区域合作和对外开放步伐加快。2004 年 1 月，第十二届南盟首脑会议通过了《南亚自由贸易区框架协定》。根据协定，各国从 2006 年 1 月起开始逐步降低关税，10 年内从当前的 30% 左右降至 0—5%。2005 年第十三届峰会就发展区域经济、消除贫困、反恐、应对自然灾害等方面加强合作，制定 50 多条措施，并宣布 2006—2015 年为南盟"减贫十年"。峰会决定吸收阿富汗为新成员，并接纳中国、日本等国为观察员国。2007 年 4 月，第十四届南盟首脑会议在印度首都新德里举行。会议通过了涉及减贫、能源合作、环境保护、自由贸易、文化交流和打击恐怖主义等多项内容的宣言。峰会决定加强基础设施、能源和经贸等领域合作，设立南亚大学、地区粮食银行和南盟发展基金。中国、日本、韩国、美国、欧盟等观察员首次派团出席峰会。2008 年，第十五届南盟首脑会议在斯里兰卡首都科伦坡举行。会议通过了涉及反恐、粮食安全、能源和环境保护等多项内容的《科伦坡宣言》。南盟峰会签署了南盟发展基金宪章、南亚地区标准组织协议、司法互助公约和阿富汗加入南亚自贸区议定书，修改了观察员指导原则，吸收澳大利亚和缅甸为观察员。2010 年 4 月，第十六届南盟峰会发表了《廷布宣言》，签署了《关于气候变化的廷布声明》《南盟环境合作公约》《南盟服务贸易协定》等文件，宣布在廷布设立南盟发展基金秘书处。2011 年，第十七届南盟峰会强调加强区域联通，早日落实南亚自贸协定，推动地区经济一体化。南盟八国领导人签署了《应对自然灾害快速反应协定》《南盟种子银行协定》等 4 份合作文件。

二　南亚区域合作联盟的影响

南盟自成立以来，就一直致力于推动该地区的合作与一体化，取得了一定成效，不断推动南亚国家在政治、经济、文化、安全、环境等领域的合作，但由于该组织自身存在问题，以及地区安全环境有许多掣肘因素，因此合作进程发展缓慢。目前，南盟仍存诸多问题，如经济发展不平衡、印巴冲突、各国互信度不高等，都阻碍了其内部的合作与发展；中国与南盟的合作，较之与东盟、欧盟等程度较低。① 南盟现有印度、巴基斯坦、尼泊尔、孟加拉国、不丹、斯里兰卡、马尔代夫和阿富汗8个成员国，同时接纳澳大利亚、中国、伊朗、日本、韩国、毛里求斯、缅甸、美国及欧盟作为观察员国。观察员国在峰会中不参与会谈，只出席开闭幕式。2005年11月，第十三届南盟峰会原则同意中国成为观察员。2006年8月，南盟第二十七届部长理事会审议通过南盟观察员指导原则，正式接纳中国为观察员，并邀请中国以观察员身份出席第十四届南盟峰会。2007年、2008年和2010年，外交部部长李肇星、外交部副部长武大伟、外交部副部长王光亚分别率团出席第十四、十五、十六届南盟峰会。2011年，外交部副部长张志军率团出席第十七届南盟峰会，建议在继续办好现有合作项目基础上，将经贸、农业、基础设施建设、环保、人力资源培训和扶贫减灾作为中国—南盟务实合作的重点领域，探讨建立双方务实和更有效的合作机制。目前，中国在人力资源培训、扶贫救灾、经贸、人文交流等领域与南盟开展了多项合作。② 2014年，第十八届南盟首脑会议在尼泊尔首都加德满都举行，会议通过了《加德满都宣言》，并签署了《南盟能源合作框架协议》。《南盟能源合作框架协定》是这次峰会的最大成果，这一协定的通过说明南亚地区国家确实希望加强互联互通，同时也表明南盟确实在慢慢成长。

莫迪上台后，印度政府反复强调要重振与周边国家的关系，好像为南盟发展创造了机会，但问题是印巴关系并未出现明显改观。虽然莫迪在总理就职仪式上邀请了巴基斯坦总理谢里夫，但随后克什米尔冲突的爆发又使两国关系呈现恶化趋势。另外，虽然印度是在努力改善与其他南亚国家的关系，但也时刻流露出大国倾向。③ 南盟的前景仍然不太乐观，短期内难以有突破性进展。

2015年，中国与印度、巴基斯坦、孟加拉国、斯里兰卡、尼泊尔、马尔代夫、阿富汗和不丹等南盟8国贸易总额为1112.2亿美元，同比增长4.9%。2016年第一季度，中国与南亚国家进出口贸易额达到256亿美元，与上年同期基本持平，在全球贸易都不景气的大环境下，取得这样的成绩实属不易。④

① 解世红：《浅析南盟的作用及与中国的合作关系》，《和平与发展》2015年第3期。
② 《中国与南盟关系》，中国外交部网站，http://www.fmprc.gov.cn/mfa_ chn/gjhdq_ 603914/gjhdqzz_ 609676/lhg_ 610302/zghgzz_ 610306/t578259.shtml。
③ 《南盟多国望中国成正式成员印度或无自信和心胸》，环球网，http://oversea.huanqiu.com/article/2014-12/5278611.html。
④ 《商务部副部长高燕：2015年中国与南盟8国贸易总额高达1112.2亿美元》，《中国日报》http://cnews.chinadaily.com.cn/2016-05/05/content_ 25078870.htm。

第三节 环孟加拉湾多领域经济技术合作组织 状况及影响

一 环孟加拉湾多领域经济技术合作组织发展状况

冷战结束后，东南亚国家的经济呈现出了一片欣欣向荣的良好景象。以印度为主导的南亚各国也不同程度上强化了与东盟国家在经济上的联系。1992 年，印度政府首次提出"东向政策"，强调发展与东盟及亚太国家的关系。自此，印度不断加快向东盟靠近的步伐，向东盟示好。1996 年，印度加入东盟地区论坛；1997 年印度与其南亚、东南亚邻国建立了孟印缅斯泰经济合作组织（BIMSTEC），2004 年不丹和尼泊尔加入该组织，组织也更名为环孟加拉湾多领域经济技术合作组织，同年，印度、泰国、孟加拉国、斯里兰卡、缅甸、尼泊尔、不丹等七个成员国领导人在泰国首都曼谷举行第一届首脑峰会，就加快建立自由贸易区、促进该地区经济发展进行了交流和探讨。会议体现了各国进一步深化合作的强烈愿望，对于加强东南亚与南亚地区的合作具有划时代意义，因而受到广泛关注。[①]

该组织是一个区域合作组织，成员包括南亚的印度、孟加拉国、不丹、尼泊尔、斯里兰卡，以及东南亚的缅甸和泰国，为南亚国家和东南亚国家合作的重要平台。它以孟加拉湾为基础，使印度、斯里兰卡、尼泊尔、不丹和孟加拉国与东盟经济体之间的联系更加紧密，其追求的前景是扩大其亚洲地区内部的联系网，从而推动相关国家外向型经济的增长，并为其注入新的发展活力。主要目标是在各成员国自身的经济实力及优势的基础上实现区域内的经济、贸易及技术协作，以推动环孟加拉湾国家的经贸合作，促进成员国之间的经济发展。合作领域主要包括贸易、投资、技术、产品标准、人力资源发展、渔业、自然资源、能源和运输等方面。贸易与投资方面的重点发展领域是纺织服装、药品医药、宝石首饰、花卉园艺、食品加工、汽车工业，以及零配件、橡胶、茶叶、咖啡、椰子和香料。

2014 年 3 月 4 日第三届环孟加拉湾多领域经济技术合作组织峰会在缅甸首都仰光闭幕。峰会闭幕时发表了宣言。宣言对成员国之间在打击恐怖主义和跨国犯罪方面的密切合作表示满意，并呼吁加快批准该组织有关合作打击恐怖主义的相关协议。所有成员国同意深化在该组织框架内各领域的合

---

① 程龙：《环孟加拉湾多领域经济技术合作组织研究》，硕士学位论文，云南大学，2015 年。

作，重申对消除贫困、提高人民生活质量的坚定承诺。各国领导人一致表示，尽快完成成员国之间货物贸易协议的谈判，并尽早签订在该组织自由贸易合作框架下的争端解决和关税互助协定。①

二　环孟加拉湾多领域经济技术合作组织影响

成立初期，作为联系南亚和东南亚当今世界两大新兴市场的第一个区域经济合作组织，环孟加拉湾多领域经济技术合作组织成员国之间的合作领域也仅仅限于贸易与投资、能源、交通与通信、渔业和旅游业几个领域。而后经历了长达近20年的发展后，各成员国之间在贸易投资、交通、旅游、反对恐怖主义和跨国犯罪等领域开展了较为广泛而深入的合作，并取得了一定的成绩，加速了该区域的一体化进程。环孟加拉湾多领域经济技术合作组织自成立以来，各国虽然在许多领域取得了一定的进展，但是，从总体上来看，成员国之间的合作仍处于较低水平和较为松散的状态，尚未在区域经济一体化方面取得实质性的突破。而经济合作组织存在的主要问题是成员国之间的重叠性较高，主要集中于经济贸易合作方面，而在选择合作方式时，继续选择国家的做法，而不是选择区域解决方案。在贸易、自由贸易区建设、交通、能源等方面的合作都体现了较浓厚的国家意志，而不是从区域整体出发构建政策体系，所以往往出现"各吹各打"甚至互相制约。该经济合作组织所面临的问题主要是区域内合作水平较低，并且多数国家地区合作意识相对较为缺乏。

第四节　湄公河—恒河组织发展状况及影响

湄公河—恒河合作倡议自成立于2000年11月10日。成员国一直保持为印度和湄公河下游的五个国家，即缅甸、泰国、老挝、柬埔寨和越南。至今为止共召开了四次部长会议，并形成了由部长会议、高官会议和工作小组构成的工作机制。根据重点开展的合作领域划分，成立了旅游、教育（人力资源开发）、文化、交通和行动计划5个小组，分别由泰国、印度、柬埔寨、老挝和越南负责工作。成员国虽然在合作问题上达成一定共识，签署了三个多边文件，但维系和发展仍然面临诸多问题。

湄公河—恒河合作倡议自成立至今，几乎没有得到国际资金的支持。整个组织机构过于松散，组织内部缺乏经常性沟通和联系，项目推进缺乏监督，基本处于松散型合作状态。虽然也鼓励民间资本的参与，但收效甚微。仅印度政府在 2003 年投入了 10 万美元作为支持，难以开展大型合作项目。比如，印度在湄公河—恒河合作倡议中特别提倡进行交通合作，希望建成一条从印度通往中南半岛的跨区域、跨国公路。2002 年 4 月，印度、缅甸和泰国三国达成修筑印度德穆到泰国美索的公路共识。公路计划分三期修筑，总长 1360 公里、投资 7 亿美元。2003 年完成了联合勘查，2004 年初动工。但直到目前，该项目因为缅甸资金缺乏、印缅方面尚未全线贯通。从 2007 年到 2010 年，湄公河—恒河合作框架下没有召开最高规格的部长会议。交通和教育合作项目也出现了不同程度的搁置，毒品交易和走私贸易猖獗、印度东北部分裂势力暴乱等问题一度搁置。教育和文化方面虽然也有一些合作，但主要是印度对这些国家的学生提供奖学金、开办语言培训中心和提供信息技术帮助。更多已经实施的合作项目是在双边协议下执行的，而非通过湄公河—恒河倡议这个多边合作框架。就目前看，湄公河—恒河组织尚未对区域经济发展发挥较大的推动性作用。

第五节　孟中印缅地区合作的进展及影响

一　孟中印缅地区合作的进展

孟中印缅四国山水相连，友好往来源远流长。四国幅员辽阔、人口众多，总面积达 1340 万平方公里，人口近 28 亿，占世界总人口 40%。四国物产丰富，资源能源富集，经济互补性强，合作潜力巨大。四国邻近地区是连接亚洲各次区域的重要枢纽，入有中、印、缅广袤腹地，出有加尔各答、吉大、仰光等著名港口，有连接南亚和东南亚的明显区位优势。

在云南学者和印度学者的共同推动下，早在 1999 年 8 月在昆明举行了由中国、印度、缅甸和孟加拉国四个国家学术界共同举办的首届"孟中印缅（BCIM）地区合作"（又称：中印缅孟地区经济合作与发展研讨会），宣告了四国合作启动。它为四国拓展开放空间，把几大市场紧密联系在一起，加快次区域经济发展，增强各国的经济实力，改变贫困落后的面貌，开创一种"南南合作"机制，形成良好的周边环境和国际环境，为本国、本地区的现代化建设服务。自 1999 年在昆明举办第一次会议后，已分别在中国昆明、印度新德里、孟加拉国达卡、缅甸仰光和内比都等地召开了 12 次会议。论坛得到了我国外交部、商务部的支持，也得了其他三国政府的支持，推动论坛从"二轨"上升到"一轨"。

2013 年中国总理李克强访问印度，双方签署的《中印联合声明》指出，鉴于 2013 年 2 月孟中印缅汽车拉力赛的成功举行，双方同意与其他各方协商，成立联合工作组，研究加强该地区互联互通，促进经贸合作和人文交流，并倡议建设孟中印缅经济走廊。2013 年 10 月印度总理辛格访问中国，双方已就孟中印缅经济走廊倡议分别成立工作组。2013 年 12 月孟中印缅经济走廊四方联合工作组第一次会议举行，就建设前景 "优先合作领域" 合作机制建设等问题进行了探讨。2014 年 12 月，在孟加拉国科克斯巴扎举行了经济走廊联合工作组第二次会议，四国进一步讨论了经济走廊建设的前景、优先次序和发展方向。这说明建设孟中印缅经济走廊在四方之间已形成共识，并正从共识走向实践。建设孟中印缅经济走廊不仅会对孟中印缅地区的互联互通、经济合作产生深远的影响，而且也会对中国与南亚国家的开放与合作实现共同发展产生重要影响。①

二 孟中印缅地区合作影响

中、印是最大的新兴经济体，缅、孟资源丰富，发展潜力可观。近年来，四国关系发展态势良好，经济联系日益增强，相互贸易投资不断增加，务实合作基础日益深厚，陆路、航空、港口与信息通信联系更加便利，人员交流日趋紧密。孟中印缅经济走廊建设具备了较为成熟的基础。这方面云南已经开展了大量的前期工作并取得了显著的成绩。

交通联系方面，云南充分利用自身特有的地缘条件及与邻邦之间的社会文化渊源，积极发挥了中国西南内陆地区沟通南亚、东南亚的桥头堡作用。云南与国内其他各省区间的公路、铁路和航线四通八达，与境外邻邦的交通优势日益明显。

相互投资方面，印度、缅甸、孟加拉国已成为亚投行首批创始成员国，印度还承办了亚投行第二次首席谈判代表会议。不仅中国对印度的投资大大增加，而且印度对中国也进行了大量投资，涉及软件、制药、高等教育、钢铁、化工、清洁能源等领域。其中，有 10 家印资银行在中国设立了 13 家分支机构。中印双边贸易额超过 700 亿美元。2014 年 9 月习近平主席访问印度时，双方还就建设工业园区、产业合作、人文交流等问题深入交换了意见。

人文与民间交流方面，孟中印缅四国不断开拓创新，大力开展多领域、多渠道、多层次的民间交流，加强文明交流互鉴，不仅使民间交流形式多

---

① 陈利君：《建设孟中印缅经济走廊的前景与对策》，《云南社会与科学》2014 年第 1 期。

样，覆盖面越来越广，有力地促进了四国人民的相互了解、理解、支持和帮助，成为推动共同发展的强大力量。2015 年 6 月云南民族大学还成立了中国第一所瑜伽学院，还成立南亚学院，培养印地语、孟加拉语专业学生。这些活动得到了孟印缅三国人民的普遍欢迎。

总体来说，孟中印缅四国都处在经济社会发展的关键时期。面对国际金融危机冲击和新一轮全球产业竞争加剧的形势，四国顺应时代要求，充分挖掘自身潜力，加强政策协调，妥善处理分歧，扩大相邻地区开放与合作，对彼此经济社会发展和缓解贫困都具有十分重要的意义。因此，四国积极改善基础设施，加强产能合作，促进贸易投资便利化，共同推进孟中印缅经济走廊建设，不仅可以实现优势互补、共同发展，而且可以为本地区共同繁荣发展和人民福祉做出积极贡献。

云南在孟中印缅经济走廊建设中具有不可替代的重要作用，并且具备了诸多的有利条件。云南已经顺利召开了首届中国—南亚博览会，云南作为中国面向东南亚、南亚甚至印度洋的地区枢纽的轮廓已经初步显现。2015 年 1 月在昆明举行的首届孟中印缅商务论坛上，来自四国政府、商协会、贸促机构、工商界、学术界人士，共同就进一步开展经贸投资和旅游等合作开展了深入讨论。中国贸促会还与孟、印、缅三国国家工商会签署合作协议，将孟中印缅商务理事会机制升级为国家级商会合作机制。2015 年中国举办了"印度旅游年"，2016 年印度也举办"中国旅游年"。中印双方签署了"中国国家旅游局与印度旅游部关于旅游合作的协议"；印度总理莫迪访华时提出将向中国游客发放电子签证。同年，中国与印度在昆明举行了经贸旅游合作论坛，云南省旅发委与印度西孟加拉国邦签署了旅游合作协议，共同构建"孟中印缅国际旅游合作圈"。同时，通过开通与孟印缅三国的直航、联合培养旅游人才、扩大旅游交流等措施，使相互旅游人数大大增加，有力地促进了四国人员往来和旅游业发展。

第六节　东南亚国家联盟

总体而言，东盟十国经济的发展，多半依靠的是各个国家内部自身的努力。东盟作为一个地区组织，实际能对各个国家的经济发展所发挥的影响力是比较有限的。在东盟成立初期，或许推动作用相对较大，但随着东盟一体化的推进及所遭遇的各种挑战，都在表明作为地区组织的东盟，其经济影响力尚未被充分发掘。在开始讨论东盟的发展对区域内国家的影响前，首先概述东盟的发展现状。

东南亚国家联盟，简称"东盟"，成员国有马来西亚、印度尼西亚、泰国、菲律宾、新加坡、文莱、越南、老挝、缅甸和柬埔寨。其前身是成立于1961 年的东南亚联盟。1967 年，印度尼西亚、泰国、新加坡、菲律宾四国外长和马来西亚副总理在泰国曼谷举行会议，发表了《东南亚国家联盟成立宣言》，即《曼谷宣言》，正式宣告东南亚国家联盟成立，成为东南亚地区以经济合作为基础的政治、经济、安全一体化合作组织，并建立起了系列合作机制。

东盟的主要机构有首脑会议、外长会议、常务委员会、经济部长会议、其他部长会议、秘书处、专门委员会以及民间和半官方机构。首脑会议是东盟最高决策机构，自 1995 年召开首次会议以来每年举行一次，已成为东盟国家商讨区域合作大计的最主要机制，主席由成员国轮流担任。东盟成员国领导人在峰会上决定有关东盟一体化的关键问题，决定发生紧急事态时东盟应采取的措施，任命东盟秘书长。东盟设立 4 个理事会，其中一个由外长组成，负责协调东盟重要事务，另外 3 个分别负责政治安全、经济一体化和社会文化事务；每个理事会各由一名副秘书长负责。

东盟有自己的组织宪章，即《东盟宪章》，是东盟成立 40 多年来第一份具有普遍法律意义的文件。它确立了东盟的目标、原则、地位和架构，同时赋予了东盟法人地位，对各成员国都具有约束力。2007 年出台的这份《东盟宪章》，推动东盟取得了良好发展，但是在距离东盟实现一体化方面仍然有很多问题。从数据上看，东盟共同体三大支柱（政治安全、经济、社会文化）的相关目标已经完成 90%。各方关注的重点是缔结和批准政府间协议、采纳工作计划、进行相关研究、成立委员会，等等。这些措施的效果与落实程度则没有得到太多关注。降低交易成本、增加东盟内部流动、加快东盟一体化进度和深度等工作则几乎没有展开。①

一　东盟对马来西亚经济发展的影响

东盟建成早期确对马来西亚经济发展发挥了作用。从一个依靠原材料出口生存的穷国，发展为今天发展迅速的新兴工业国家，马来西亚对此深有体会。东盟刚成立时因橡胶价格下跌使马来西亚等国陷入困境，东盟出面集体与日本谈判，与日本达成协议，才使马来西亚等东盟原材料生产国摆脱困境。马哈蒂尔曾说，"东盟已经成为我们与发达国家以及国际组织发展亲密

---

① 《外媒：学者称东盟一体化仍是幻想》，澳大利亚东亚论坛网站，2015 年 4 月 10 日；网易新闻转载，http://news. 163. com/15/0410/16/AMRSHFOI00014AEE. html。

合作关系的重要平台。东盟也因此在（东南亚各国）国家、地区以及国际事务中扮演了非常重要的角色。因而，有必要加强改进我们与第三国的合作方式。"[1] 而且作为目前东南亚地区发展层次较高的组织，随着大东盟的形成，东盟自由贸易区，包括现在建设中的东盟共同体，提升了东南亚地区对外界的吸引力，通过东盟这一区域组织与外部区域进行经贸往来，更加使马来西亚受益匪浅。[2] 从地区级角度讲，马来西亚将继续推动东盟作为一个地区国家集团的作用得到加强。这种推动包括支持在次区域基础上或东盟范围上的全方位功能性合作，支持东盟自由贸易条约的逐步履行，东盟投资区的实施。[3]

但由于东盟市场潜力尚未被发掘，不能完全满足马来西亚经济发展的需求。马来西亚的外贸进出口额一般占其 GDP 的 70%左右，而东盟市场狭小，各国之间互补性很差，竞争激烈。可以说，东盟各成员国在经济发展上取得很大成就，主要源于各成员国自身的努力，而东盟经济合作计划所起到的作用并不大。作为东盟成员国中经济发展水平较高的国家，马来西亚除了与新加坡经济联系较为紧密外，主要是与日本、欧美、中国台湾地区等经济往来频繁。今天看来，东盟自由贸易区单单就促进经济发展而言，目前对马来西亚影响并不大，因为东盟市场潜力的充分发挥尚待时日，马来西亚的产品仍多是外销欧美等区域外国家与地区。所以，虽然马来西亚积极参与东盟经济合作，但实际上在经济发展上不时有磕磕碰碰。[4]

二　东盟对印度尼西亚经济发展的影响

印尼认为在与其他国家共同促进东盟区域经济发展的同时，印尼也要面对其他东盟国家的商业竞争。东盟经济共同体将拓展东南亚地区的市场，使印度能与亚洲强国如中国和韩国竞争。一直以来，东南亚地区的贸易规模相对小，因为在这个地区的国家拥有的产品几乎相同，例如印尼盛产棕榈，马来西亚也一样，因此在东盟国家之间难以发展贸易。东南亚国家之间在工业、服务业和劳务方面开展竞争。印尼不担心在东盟经济共同体建成后，会

①　Murugesu Dathmannathan, Dalid Lazanls, Winds of Changes: The Mahartnr Inpout on Maluyias Foreign Dotoay, East view Droductons, SDN. BHD, 1984, p. 78.

②　迟惠生，《马来西亚对外政策与中马关系的发展》，载《驻华大使北京大学演讲集》，北京大学出版社 2002 年版，第 180 页。

③　孙英姣、孙启军：《马来西亚和东盟存在合作与分歧之原因探析》，《山东教育学院学报》2010 年第 3 期。

④　同上。

有大量外国商品和服务产品涌入，因为印尼的产品或商品在质量上有竞争力。而且印尼在制造业方面对比其他东盟国家，印尼人口众多，拥有很大的市场。只要能保障产品质量更好，生产速度更快，价格更便宜，印尼可以在竞争中胜出。如何改善生产制度和贸易制度，是印尼和东盟其他国家共同面对的挑战。

三　东盟对新加坡经济发展的影响

如前所述，东盟经济发展主要是内部各个国家自己努力发展自身经济才取得了今天的成绩，东盟作为地区组织并未对整个东南亚经济的发展发挥推动作用。新加坡作为东盟成员国中经济较为发达的国家，对东盟的依赖程度很小，东盟能对新加坡所产生的经济影响力也不大。但在东盟这个地区组织中，新加坡的经济合作态度可谓积极主动：一方面，新加坡非常推崇并相机大力推动东盟成员国间的自由贸易进程，因为这会扩大外部资源和市场的利用率，并从自身具有独特地缘优势的转口贸易和服务中获益；① 另一方面，新加坡是一个自由港，与世界其他国家和地区联系紧密，其贸易严重依赖地区外部，因此它不会成为东盟地区替代配置（无论是东盟工业规划还是关税同盟）的组成部分，因为新加坡要维持在世界市场上的竞争力，就不能脱离世界市场。② 除此之外，更多是从国际政治关系层面考虑，所以新加坡积极支持东盟一体化进程。

四　东盟对泰国经济发展的影响

东盟区域经济一体化，经历了从特惠贸易安排到自由贸易区、再向经济共同体迈进的发展过程。根据东盟经济共同体蓝图，东盟经济共同体将在2015 年全面建成。东盟经济共同体的建成，既给泰国经济发展带来新的机遇，也带来一系列的挑战。在东盟国家社会经济开始走向一体化的大背景下，近年来迅速增长的泰国汽车产业、医药业和零售业将会拥有更大的拓展空间：自 20 世纪 80 年代以来，泰国一直是东南亚地区最大的汽车生产与组装基地。③ 目前泰国已成为全球排名前十的汽车生产国。今后几年泰国的汽

---

① 韦民：《记新加坡与东盟关系——一个小国的地区战略实践》，《国际政治研究》，2008 年第3 期。

② Linda. Y. C. Lim, "The Foreign Polincy of Singapore, in Darid Wurfel and Bruce Burton", The Dolitical Econony of Foreign Policy in Southeast Asoa, Maxmillan Drersltd, 1990, p.134.

③ 《东盟一体化：泰国面临机遇和挑战》，新华网，2013 年 7 月 17 日，http://finance.99.com/a/20130717/007002.htm。

车生产组装数量仍将呈快速发展态势。最近几年泰国新出产的汽车明显过剩。东盟实现统一大市场将给泰国汽车行业打开新的销路。① 泰国多年来一直是东南亚地区的医药生产基地之一，医疗技术和医药水准相对发达，在东盟地区位居前列；东盟国家实现一体化后，泰国可在医疗与医药方面向其他国家提供更多的技术支持，曼谷也将有可能更多地发挥区域医疗中心的作用。可能与多年来一直实行市场经济体制有关。② 将于 2015 年形成的东盟经济共同体，对于泰国零售业经销商既是挑战也是商机。因为东盟国家赴泰旅游人数的增加，将刺激泰国零售业的增长。③

交通与能源合作是泰国今后在东盟地区可发挥更大作用的重要领域。泰国处在湄公河次区域的中间地带，在交通和水资源方面发挥着承上启下的作用。能源合作与能源安全问题是 2015 年后东盟国家需要面对的重大课题，在东盟地区特别是在中南半岛的东盟国家间铺设天然气管道也有可能提上日程，届时泰国将会在地区能源合作方面发挥更加重要的作用。④

五　东盟对缅甸经济发展的影响

缅甸加入东盟后，即确立了与东盟加强联系和合作、借东盟国家的投资和技术发展缅甸经济的外交策略。缅甸加入东盟以来，东盟对缅甸经济的发展确实起到了很重要的作用，主要表现在以下三个方面："其一，东盟成员国对缅甸的直接投资在缅甸吸引的外资中占据主导地位。缅甸军政府上台后，由于受到以美国为首的西方国家的经济制裁，西方的投资锐减，再加上缅甸自身力量比较薄弱，因此缺乏发展经济所需的资金，这是造成缅甸一直难以摆脱经济困境的一个重要原因。⑤ 东盟接纳缅甸后，各成员国就纷纷投资缅甸，一方面为本国商品开拓了新的市场和发展了本国的经济；另一方面缓解了缅甸缺乏资金、技术和设备的矛盾，增加了缅甸的税收和就业机会，并给缅甸公司带去了先进的企业管理经验，有力地促进了缅甸的经济发展。⑥ 东盟国家在缅甸的 10 大投资国中占有 4 席，其中新加坡居第一位、泰国居第三位、马来西亚居第四位、印度尼西亚居第七位，另外菲律宾也居

---

① 吴建友：《东盟一体化：泰国面临机遇和挑战》，《光明日报》，2013 年 7 月 17 日。
② 同上。
③ 《东盟经济共同体：泰国零售经营商的机遇与挑战》，商务部网站转载于南博网，2012 年 8 月 29 日，http://www.caexpo.com/news/into/toucs/2012/08/29/357488.html。
④ 吴建友：《东盟一体化：泰国面临机遇和挑战》，《光明日报》，2013 年 7 月 17 日。
⑤ 刘欣：《缅甸与东盟经济关系现状分析》，《东南亚纵横》，2005 年第 8 期。
⑥ 同上。

第十二位，东盟国家在缅甸投资的公司数量也占了外资公司的近一半。其二，东盟是缅甸最重要的贸易伙伴。缅甸自 1988 年实行市场经济以来，不断向外开放国内市场，努力发展对外贸易。1997 年加入东盟后，缅甸与东盟成员国的经贸往来日益频繁，东盟已经成为缅甸最重要的贸易伙伴。其三，东盟是缅甸重要的游客来源国。东盟国家近几年前往缅甸旅游的人数也在不断增加，为缅甸旅游业的发展做出了很大贡献。缅甸为了发展旅游业，已经与新加坡、泰国、柬埔寨和老挝签署了双边旅游合作协定，而且与东盟国家开通了仰光—曼谷、仰光—清迈、仰光—新加坡、仰光—吉隆坡、曼德勒—清迈、曼德勒—曼谷等多条国际航线。"①

第七节　区域合作组织及其对环印度洋地区中东国家经济发展的影响

环印度洋地区中东国家的区域经济合作最早起步于 20 世纪 40 年代阿拉伯联盟的成立，但由于国际国内政治矛盾、地区局势和整体经济发展差异，阿拉伯国家虽然进行过经济一体化和建立共同市场的长期努力，但收效甚微。直到 20 世纪 80 年代才进入实质性发展阶段，并于 20 世纪 90 年代从地区内的经济一体化走向跨地区的经济一体化。迄今为止，环印度洋地区中东国家区域经济合作初见成效，并逐步建立了较为完备的区域协调机制。目前，具有一定影响力的主要地区组织有海湾合作委员会和大阿拉伯自由贸易区，跨地区的经济组织有欧盟与地中海南岸国家签署的新地中海协定。

一　海湾阿拉伯合作委员会

成立及发展背景：海湾阿拉伯国家合作委员会，简称海湾合作委员会或海合会（GCC）。该组织成立于 1981 年 5 月，总部设在沙特阿拉伯首都利雅得，起初是以提高共同防御能力为目的而建立的，但建成后经济合作的内容逐步增加，已经由一个较为松散的地区组织提升为在政治、经济、安全和国防等领域关系更加紧密的合作组织。成员国包括阿联酋、阿曼、巴林、卡塔尔、科威特和沙特阿拉伯 6 国。2001 年 12 月，也门被批准加入海合会卫生、教育、劳工和社会事务部长理事会等机构，参与海合会的部分工作。2011 年 5 月，海合会吸纳摩洛哥和约旦，其中约旦成为完全正式成员。海合会的地域范围已从海湾地区延展到地中海东岸和北非地区，由次区域性组

---

① 刘欣：《缅甸与东盟经济关系现状分析》，《东南亚纵横》，2005 年第 8 期。

织扩展为区域性组织。在政治上，完善了六国政治协商机制，构建了区域合作框架，除每年年底举行峰会外，还定期召开六国外交、国防、内政、石油和财政等部长会议。在经济上，实施了统一发展战略，即建立海合会成员国之间的自由贸易区；成员国公民在区域内从事各种经济活动和职业，税收待遇平等；允许成员国银行在成员国之间按规定开设分支机构；运输工具获得国民待遇；通过了对成员国在计划、发展、人口、工业、石油和农业等方面制定带有普遍性的战略方针；建立多个海湾经济技术合作机构和海湾标准委员会；建立关税同盟并成立了"伊斯兰投资银行"；建立统一的反倾销、反补贴和保障措施的法律体系。此外，海合会在安全防务、统一电网和交通等方面也采取了一些整合措施。

制度安排：针对一体化进程中存在的需要广泛协商和沟通的问题，海合会成立以来，逐步建立了由国家元首和部门负责人/专家委员会、司法机构等不同层面的合作机构。具体包括以下几个方面。①最高理事会，该组织的最高权力机构。由成员国元首组成。主席由各国元首按国名阿文字母顺序轮流担任，任期一年。②部长理事会，由成员国外交大臣（部长）或代表他们的其他大臣组成。主席由各国外交大臣（部长）或其代表按国名阿文字母顺序轮流担任，任期一年。③总秘书处，由秘书长和负责政治、财经及军事事务的三名助理秘书长主持工作。秘书长由各国推荐人选，并按国名（阿文）字母顺序轮流担任并由最高理事会予以任命，任期三年。

执行情况：海合会每年11月或12月轮流在六国首都召开首脑会议。海合会首脑会议已先后发表了《科威特宣言》《阿布扎比宣言》《麦纳麦宣言》《多哈宣言》，并通过了《海合会与其他国家、地区集团和国际组织发展关系和进行谈判的长期战略》等一系列文件。此外，六国的外交、国防、内政、石油和财经等大臣（部长）还定期或根据需要召开会议，对政治、经济、军事、外交等方面的重大问题进行商讨，以协调立场，采取联合行动。海合会石油部长会议每年举行一届。

2005年12月，海合会成员国领导人在第26届首脑会议的闭幕宣言中强调，中东地区应成为无大规模杀伤性武器地区，敦促以色列加入《不扩散核武器条约》，其核设施应接受国际原子能机构的核查。峰会决定将原定于2005年底结束的关税联盟过渡期延长两年。2006年12月，第27届海湾国家合作委员会首脑会议在会议结束时发表的公报中表示，海合会国家将研发和平利用核能的技术，并将着手制订联合发展核能的计划。2007年12月，第28届海湾合作委员会首脑会议在会议结束时发表的声明中宣布成立海湾共同市场。2008年12月，第29届海湾合作委员会首脑会议发表声明和《马斯喀特宣言》，通过了货币联盟协议和货币委员会宪章，为建立海湾中央银行奠定了基础。2009 年 12 月，第 30 届海湾合作委员会首脑会议在科威特举行，会议发表声明支持沙特阿拉伯为维护国家安全和成员国为应对全球金融危机做出的努力。海合会国家领导人在会上通过了海湾共同防御协议，根据协议将组建一支联合部队，以加强军事合作和增加海合会集体防御能力。会议宣布，海湾货币联盟（未来发行海湾统一货币的海湾中央银行的前身）已进入实施阶段，这是海合会在经济一体化道路上迈出的重要一步。

2010 年 5 月 11 日，海合会首脑会议强调，其成员国安全和稳定是一条不可逾越的红线，不能侵犯。同年 12 月，第 31 届首脑会议在阿拉伯联合酋长国首都阿布扎比举行。海合会首脑们希望伊朗对国际社会为解决伊朗核问题所作的努力作出积极回应，强调要使中东地区成为没有大规模杀伤性武器的地区。2011 年 5 月，海合会首脑会议在沙特阿拉伯首都利雅得举行，成员国首脑就海湾地区和中东局势最新进展进行了磋商。2011 年 12 月召开的海合会首脑会议上，沙特阿拉伯国王阿卜杜拉建议将海合会由较为松散的地区组织提升为一个在政治、安全和国防等领域关系更加紧密的联合体。2012 年 3 月 4 日，海合会外长在沙特阿拉伯首都利雅得召开会议。会议结束后发表的声明要求伊朗不要干涉海合会成员国内政。声明说，海合会国家对伊朗持续干涉其成员国内政深表忧虑，希望伊朗不要以武力威胁手段而应通过和平与对话方式解决分歧，从而维护海湾地区的和平和稳定。声明还对伊朗的核计划表示忧虑，希望伊朗与国际原子能机构充分合作，以确保中东地区没有大规模杀伤性武器。

2012 年 3 月 16 日，海合会秘书长扎亚尼表示，海合会的所有 6 个成员国将关闭其驻叙利亚使馆，以抗议该国持续一年的暴力冲突。同年 5 月，海合会首脑会议在沙特阿拉伯首都利雅得召开。6 个成员国一致同意将就沙特阿拉伯提出的建立联合体的建议做进一步研究。沙特阿拉伯外交大臣费萨尔在会议结束后举行的新闻发布会上说，各成员国领导人同意成立一个专门委员会，负责向下一届首脑会议提交具体的实施方案。

海合会成立后在经济一体化方面取得了不小的进展和成就。海合会六国于 2003 年 1 月 1 日建立并启动关税同盟，到 2005 年底实现了真正意义上的同盟。

2002 年 12 月在多哈召开的第 23 次海合会首脑会议提出最迟于 2007 年完成实现共同市场的全部要求。除沙特阿拉伯外，海合会成员国公民均可凭本国身份证出入海合会国家。海合会还计划在未来统一六国公民的护照和身份证。2008 年正式启动了海湾共同市场。海合会在 1981 年成立之初就提出要统一海湾货币。1992 年，成员国央行行长确定要将海湾货币与一揽子货币挂钩，于 2002 年 6 月决定将成员国货币同美元挂钩并与美元确定固定汇率。2001 年底，六国财长会议决定在 2010 年实现成员国货币统一。2009 年沙特阿拉伯、科威特、卡塔尔和巴林批准了货币联盟协议，四国货币均直接与美元挂钩，为货币统一铺平了道路。2012 年，提出构建"海湾联盟"的问题，目的在于超越目前"海湾经济共同体"概念，将海合会打造成类似欧盟的一体化区域联盟。

经过多年努力，海合会一体化取得了一系列成果，主要包括：1983 年 3 月建立了海合会成员国之间的自由贸易区；成员国公民在区域内从事各种经济活动和职业，税收待遇平等；允许成员国银行在成员国之间按规定开设分支机构；运输工具获得国民待遇；通过了近 40 个文件，对成员国在计划、发展、人口、工业、石油和农业等方面制定了带有普遍性的战略方针；建立了多个海湾经济技术合作机构；2003 年 10 月在巴林成立了"伊斯兰投资银行"；2003 年 12 月，在科威特召开的海合会第 24 届首脑会议批准于 2004 年初建立六国统一的反倾销、反补贴和保障措施的法律体系，批准了在利雅得成立一个新的海湾标准委员会及委员会基本章程。此外，海合会在安全防务、统一电网和交通等方面也采取了一些整合措施。2013 年，海合会 GDP 总量为 1.64 万亿美元，进出口贸易总额 1.62 万亿美元，出口贸易总额 1.08 万亿美元，贸易顺差共计 5514 亿美元，其中沙特阿拉伯是该组织最大的经济体，其经济总量占海合会的 45.4%，在该组织占主导地位。阿联酋是海合会第二大经济体和第一大货物贸易国。

主要问题：迄今为止，海合会完善了各项法律政策和规章制度，这也为环印度洋地区中东阿拉伯国家融入世界贸易体系的发展提供了经验和支持。从该组织的发展来看，海湾合作委员会是中东区域组织发展较好的。这不仅由于该组织内成员国较少，便于协调。同时也与该组织内成员国政治、经济、文化相似性较高有关。尽管如此，区域内国家切实推进一体化还有较多制约。主要包括：

（1）经济结构特点导致成员国各方在推动一体化进程方面积极性差异较大。该组织国家主要是石油输出国，产出商品有着很大的相似性。出口商品主要有原油和化工产品、液化天然气、铁矿石等，这导致成员国经济和贸易结构的相似性，彼此间实际的贸易量并不大、互补性不强，相反成员国与组织以外国家间的贸易额却远远超过成员国间的贸易。各成员国的最大贸易伙伴基本都在组织之外，比如，沙特阿拉伯的石油和化工产品主要销往中国、日本、韩国和印度等国家，阿联酋的主要市场是日本、印度、伊朗、泰国，卡塔尔的液化天然气和化工产品大多销往日本、韩国、印度、新加坡和中国。

（2）工业发展水平有着较大差异。成员国间经济发展水平差异很大。在海合会各成员国中，石油产能差异很大。沙特阿拉伯石油工业发展相对成熟，日产原油能力可达 1250 万桶，石油生产能够对国际石油价格产生巨大冲击，但其他成员国尚不具备这样的实力。同时，除石油和化工产品外，成员国之间可贸易的商品非常稀缺，仅阿联酋还可出口干鱼和大枣，阿曼出口鱼类和纺织品。因此，即便关税同盟已经建立，但各成员国在相互间贸易以及组织外部贸易中获益的程度仍将会有很大差别，而这正是阻碍海合会一体化梦想成为现实的最大障碍。

二　大阿拉伯自由贸易区

成立及发展背景：大阿拉伯自由贸易区的思路和法律基础可追溯到阿盟宪章（1945 年成立）。该宪章宗旨之一是要实现阿盟成员国在经济、金融、贸易交换、海关、货币和农业、工业的紧密合作，还包括铁路、公路、民航、海运和邮电相互联网。1950 年 4 月 13 日阿盟第 12 届例会又通过了《阿盟成员国共同防御和经济合作条约》。1953 年 9 月 7 日阿盟理事会通过的《阿盟成员国贸易交换便利和转口贸易组织协定》是阿盟最初的多边贸易协定，其目标包括最优惠国待遇，附列成员国农牧业和自然资源产品互免关税，工业产品实行最低关税（25%）。1980 年 11 月在约旦首都安曼召开的第十一届阿拉伯国家首脑会议上通过了《民族经济行动宪章和阿拉伯经济行动共同战略》，规定商品、服务和具有阿拉伯性的生产要素交换优惠原则，但同时附加了各种限制条件，使之成为一纸空文。1981 年 1 月 27 日，在阿拉伯国家联盟的框架内，阿拉伯国家在突尼斯首都共同签署了旨在逐步开放阿拉伯国家之间的贸易往来，对成员国之间相互提供的与贸易有关的服务给予便利的协定。1993 年 12 月，第 58 届阿拉伯经济一体化理事会强调了建立阿拉伯国家自由贸易区的必要性。1995 年 9 月，埃及在阿盟经济社会理事会上提出建立阿拉伯自由贸易区（Arab Free Trade Agreement，AFTA）的建议，理事会授权组成了一个工作组，由埃及、摩洛哥、沙特阿拉伯、叙利亚和阿联酋的经济部长组成，负责研究制订促进阿拉伯国家间贸易关系的行动计划。自 1994 年始，中东国家曾连续 4 年举行中东北非首脑经济会议，共同商讨该地区的经济合作。1996 年 6 月 21—23 日，第 21 次首脑会议在埃及召开。这是自海湾战争以来，阿拉伯国家元首的首次聚会。会议重申致力于阿拉伯国家团结，提出建立阿拉伯自由贸易区、阿拉伯法庭及内部解决分歧机构，通过建立大阿拉伯自由贸易区代替名存实亡的阿拉伯共同市场，以重新启动阿拉伯贸易和经济一体化进程。1997 年 2 月阿盟经社理事会成员国达成了《发展和促进阿拉伯贸易往来协定》，并发表决议，同意建立阿拉伯自由贸易区，实施相互贸易便利化的计划，决定从 1998 年 1 月 1 日起 10 年内建立阿拉伯自由贸易区，每年以 10% 相同幅度逐年降低阿拉伯国家之间的关税。阿拉伯国家开始在经济一体化、关税同盟、阿拉伯自由贸易区等一系列发展问题上制订详细计划。1998 年 1 月 1 日，阿盟宣布阿拉伯自由贸易区开始启动，在 10 年内逐步实现阿拉伯内部农业、畜牧业、原材料、工业制成品贸易自由化——实现零关税。大阿拉伯自由贸易区于 2005 年 1 月 1 日正式生效，由叙利亚、沙特阿拉伯、阿联酋、埃及、巴林、伊拉克、约旦、科威特、黎巴嫩、利比亚、摩洛哥、阿曼、巴勒斯坦、卡塔尔、苏丹、突尼斯和也门 17 个阿拉伯国家参加。[①] 2009 年阿尔及利亚加入。迄今为止，大阿拉伯自由贸易区拥有 18 个成员国，是阿拉伯世界最大的经济一体化组织。

　　制度安排：大阿拉伯自由贸易区在阿盟的体制框架下运行。大阿拉伯自由贸易区成立以来，逐步建立了由国家元首、部长级（外长）理事会和经社专项部长理事会等不同层面的合作机构。具体包括以下几个方面。（1）首脑级理事会：最高权力机构。1964 年起开始举行首脑会议，商讨地区性重大问题。2000 年 10 月在开罗召开的第 11 次特别首脑会议决定每年定期举行首脑会议，由成员国轮流主持。（2）部长级（外长）理事会：由全体成员国外长组成，下设数个委员会，负责讨论、制定和监督执行有关的阿拉伯共同政策、制定阿盟各机构的内部条例并任命阿盟秘书长。每年 3 月和 9 月举行例会，也可以应两个以上成员国的要求随时召开特别会议或紧急会议。协商一致通过的决议对所有成员国均有约束力。唯有财政和管理问题，获 2/3 多数通过后即对全体成员有效。（3）专项部长理事会。随着阿拉伯国家相互关系的发展和合作领域的扩大，各专项领域的部长理事会相继建立并逐步取代了原外长理事会下设的有关委员会。到目前为止，共成立了 10 个专项部长理事会，由成员国相关部长组成，定期召开会议，负责制定有关领域的阿拉伯共同政策和加强成员国之间的有关协调与合作。它们分别是：新闻、内政、司法、住房、运输、卫生、社会事务、青年与体育、环境事务和通信部长理事会等。（4）联合防御理事会。根据"共同防御与经济

---

①　商务部官方网站，http://sy.mofcom.gov.cn/aarticle/ztdy/200504/20050400084579.html，2014/6/3。

合作条约"建立，由成员国外长和国防部长组成，其任务是统一各成员国的防务计划，为加强其军事力量而开展合作。（5）经社理事会。由成员国有关部长或其代表组成，致力于实现阿盟在经济和社会发展方面制定的目标，并有权建立或取消任何专项组织，负责监督其运作情况。目前其属下有17个专门组织和机构。（6）秘书处：它是阿盟的常设行政机构和理事会及各专项部长理事会的执行机构。设秘书长1人，由副秘书长和秘书长顾问组成的委员会协助其工作。大阿拉伯自由贸易区《实施纲领》规定，1981年《阿拉伯国家间方便和促进贸易交换协议》为大阿拉伯自由贸易区的法规准则。该协定是按关税联盟形式构建的，是《实施纲领》的法律基础。1981年《阿拉伯国家间方便和促进贸易交换协定》的16个签字国为大阿拉伯自由贸易区的创始成员国。新申请加入成员国都必须首先加入1981年《阿拉伯国家间方便和促进贸易交换协定》。

执行情况：阿拉伯国家联盟经社理事会1997年2月17日通过1317号决议，宣布从1998年1月1日开始的十年内建成大阿拉伯自由贸易区。到2000年1月1日，阿拉伯国家间的关税已下降30%。2002年2月召开的阿盟经社理事会第69次会议决定，于2005年1月1日放开阿拉伯国家之间的货物贸易，正式开始取消所有阿拉伯国家间的商品关税；2005年起终止成员国之间双边协议下的任何农业项目限制规定，100%放开农产品贸易；同时要求取消阿拉伯使馆和领馆对原产地证书、相关发票和单据的认证；反对例外条款。2003年阿盟经济委员会为使阿拉伯国家在处理阿拉伯共同事务时遵守P-AFTA的执行计划，设立了新机制。阿盟国家在各种会议上就P-AFTA协议的执行问题进行了多次商讨、经常发出呼吁、做出了很多决议以推动P-AFTAD的顺利实施。大阿拉伯自由贸易区成员国之间的贸易关税至2004年1月下调了80%；2005年1月1日起，成员国进出口贸易的关税完全取消。另外，约旦、黎巴嫩、摩洛哥、叙利亚已分别终止了在执行自由贸易区协定中的例外条款。

阿拉伯国家致力于实施大阿拉伯区域经济一体化的规划。原计划在2005—2008年三年间由自由贸易区阶段过渡到统一关税区阶段，并提出研究加快健全阿拉伯共同市场的各项因素。然而，2008年大阿拉伯自由贸易区并未进入统一关税阶段。2010年，大阿拉伯自由贸易区组织通知包括苏丹在内的各成员国，将零关税政策推迟至2012年实施，届时将成立关税同盟，但至今尚未成立。

主要问题：大阿拉伯自由贸易区的建立，消除了阿拉伯国家之间的商品关税，打破了阿拉伯国家间封闭、单一的经济结构，便利了各国间的进出口贸易，在一定程度上促进了阿拉伯国家贸易的发展。但是，也应该看到，大阿拉伯自由贸易区由于成员国数量众多，矛盾难以调和，一体化进展十分缓慢，至今不仅没有建成关税同盟，就连建立自由贸易区的最低目标也还没有完全实现。妨碍大阿拉伯自由贸易区建设的主要问题有：

（1）成员国数量多且关系复杂。由于阿拉伯国家间相互关系受政治影响很大，处于不稳定状态，相互间的利益纷争往往难以调和，这极大地拖累了一体化进程。而其中的次区域集团海湾合作理事会六国集团自由化进程明显快于整个大地区集团。

（2）成员国之间经济互补性低。许多成员国主要以石油、天然气及石化产品为主，工农业的产业结构雷同，缺乏经济互补性，因此相互间贸易和投资难以得到大规模发展，也就极大地降低了自贸区的贸易创造效应，自贸区仍然以集团外的贸易为主，集团内成员相互间的贸易仅增长了10%。

（3）非关税壁垒仍有待降低。大阿拉伯自由贸易区集团内的主要障碍还是非关税壁垒问题，其他还有争端解决机制问题、阿拉伯原产地口径问题等。按照阿盟经济社会理事会1995年提出的关于阿拉伯国家可先在双边基础上达成自由贸易协议，再逐步扩大到由多个国家参与的自由贸易区，最终实现所有阿拉伯国家参与的阿拉伯自由贸易区协议（AFTA）的总体框架，许多成员国注重与其他阿拉伯国家签订了一系列双边自由贸易协定，但达成多边贸易协定的国家很少。

三　新地中海联系协定

成立及背景：20世纪90年代，随着冷战后世界格局的变化和经济全球的发展，欧盟开始寻求与地中海南岸国家的共同合作与发展。1995年11月27日，欧盟15个成员国与地中海沿岸12个国家和地区（阿尔及利亚、埃及、约旦、以色列、摩洛哥、土耳其、黎巴嫩、叙利亚、巴勒斯坦、马耳他、塞浦路斯和突尼斯，利比亚从1999年起获得观察员资格）外长在巴塞罗那举行会议，共同探讨了环地中海战略合作计划，也被称为"巴塞罗那进程"。该进程包括政治与安全、经济与金融、社会与文化三方面，并确立了建立欧洲地中海自由贸易区的目标。会议通过的《巴塞罗那宣言》宣布，欧盟与地中海南岸国家间通过签署《欧洲地中海联系协议》，将建立"全面的伙伴关系"，以促进该地区的稳定和经济发展。

目标是在2010年建成欧盟与12个地中海国家间的自由贸易区，内容涉及实现工业品贸易自由化，农产品和服务贸易逐渐自由化，并将致力于消除技术贸易壁垒、统一植物和卫生标准、统一海关税则和程序、致力于农业现代化、保护环境、统一原产地规则、知识产权保护和竞争政策等。欧盟—地中海自由贸易区一旦建成，将涵盖近 30 个国家、7 亿消费者的欧洲—地中海自由贸易区。"巴塞罗那进程"还包括欧盟与地中海国家分别开展《欧盟—地中海联系协定》的谈判，以取代 20 世纪 70 年代签署的单向优惠的《合作协定》。欧盟还支持地中海国家之间的自由贸易安排。

制度安排：自成立之日起，新地中海协定是在欧盟框架下运行的。（1）理事会，包括欧洲理事会和欧洲联盟理事会。理事会主席由各成员国轮流担任，任期半年。1974 年 12 月欧共体首脑会议决定，自 1975 年起使首脑会议制度化，并正式称为欧洲理事会。1987 年 7 月生效的《欧洲单一文件》中规定，欧洲理事会由各成员国国家元首或政府首脑，以及欧洲共同体委员会主席组成，每年至少举行两次会议。欧洲理事会即欧共体成员国首脑会议，为欧共体内部建设和对外关系制定大政方针。欧洲联盟理事会原称部长理事会，是欧盟的决策机构，拥有欧盟的绝大部分立法权。由于 1991 年签署的《马斯特里赫特条约》明确规定了欧洲理事会在欧洲联盟中的中心地位，赋予了部长理事会以欧洲联盟范围内的政府间合作的职责，因此部长理事会自 1993 年 11 月 8 日起改称欧洲联盟理事会。欧洲联盟理事会分为总务理事会和专门理事会，前者由各国外长参加，后者由各国其他部长参加。通过欧盟与地中海国家的外长定期会晤，以及专业会议和谈判解决一体化进程中的主要问题。（2）欧盟委员会是常设执行机构。负责实施欧共体条约和欧洲联盟理事会作出的决定，向理事会和欧洲议会提出报告和建议，处理欧盟日常事务，代表欧共体进行对外联系和贸易等方面的谈判。委员会由 28 人组成，每个成员国各 1 人。主席由首脑会议任命，任期 2 年；委员由部长理事会任命，任期 4 年。此外，欧盟还设有欧洲议会、欧洲法院，欧共体还设有经济和社会委员会、欧洲煤钢共同体咨询委员会、欧洲投资银行等机构。

2003 年 12 月，欧盟成员国以及 12 个地中海南部沿岸国家外长会议在意大利那不勒斯举行，该会议的主要成果有：在政治领域，与会各国外长一致同意组建"欧盟—地中海议会"的决定。同意将这一咨询机构纳入欧盟—地中海国家合作进程的框架内。根据这一决定，欧盟与地中海南岸国家议会由 240 名议员组成，其中双方各占 50%，欧盟的 120 名议员中，75 名由各国议会任命，其余 45 名由欧洲议会任命。该议会至少一年召开一次会议，第一次会议于 2004 年 5 月之前在希腊召开。新组建的议会将取代自 1995 年以来保持的议员对话论坛，其主要职能是发挥协商作用；外长们支持欧盟与地中海国家之间发起在安全与防务领域内的对话，为将来建立更广泛的区域合作提供前提。在经济和金融领域，外长们同意在能源基础设施等领域开展对话，逐步建立地区经济对话机制，为此建议欧盟—地中海经济财政部长每两年举行一次会议。外长们强调，加快欧盟与地中海国家之间联系协定的批准程序，支持地中海沿岸国家进行经济改革，为未来建立地区性和次地区性一体化以及实现欧盟—地中海自由贸易区做准备。在文化和社会领域，会议决定建立"欧盟—地中海基金会"，以加强地区内文化、文明之间的对话，促进彼此间的相互理解。

执行情况：1995 年 3 月，欧洲委员会通过了建立欧洲与地中海国家伙伴关系的方案。方案确定欧盟先与地中海国家建立联系国伙伴关系，进而建立欧盟与地中海自由贸易区的原则。1995 年 11 月，欧盟与 12 个地中海国家外长举行的巴塞罗那会议形成宣言，标志着联系国协议谈判工作的正式启动，亦即巴塞罗那进程的正式开始。2002 年，欧盟与海湾合作理事会在中断了 10 多年之后，重新开始政治对话和经贸谈判，目标是建立关税同盟。为了推动"欧洲新地中海政策"的实施，欧盟设立了"欧洲对地中海发展援助"计划（MEDA），作为对这项合作的专门援助机构。该计划拨付的援助，以及欧洲发展银行提供的贷款，成为欧盟推动其"新地中海政策"的两个主要支柱。

2002 年，欧盟与约旦、黎巴嫩和埃及之间的联系协定生效以来，欧盟又与另外 11 个地中海国家签署了联系协定，其中，阿尔及利亚同欧盟的联系国协议于 2005 年 7 月 1 日正式实施。根据这些协定，欧盟与签约国之间按不对称时间表实现贸易自由化。欧盟市场对这些国家自协定生效起立即免关税、免配额开放，地中海国家则在 12 年内（埃及为 15 年）逐步实现工业品贸易自由化。协定还规定，对原材料、加工农产品和渔产品贸易逐步实现自由化。协定内容也涵盖服务贸易自由化、置业权、资本流动、公共采购、竞争政策、原产地规则、知识产权保护等。2004 年，阿加迪尔协定的签署（约旦、突尼斯、摩洛哥、埃及之间的自由贸易协定）被视为巴塞罗那进程的第一块基石。其后，基于巴塞罗那进程和欧洲睦邻政策（ENP），欧盟—地中海自由贸易区（EU-MED FTA，EMFTA），也被称为欧洲地中海自由贸易区，其框架已经非常清晰。

2005 年 11 月，欧盟与南地中海国家以"巴塞罗那进程"开启十周年为契机，以"重启巴塞罗那进程"为主题，召开了欧盟地中海国家首脑峰会，决心加快《欧洲地中海联系协议》的实施，力争在 2010 年建成欧盟地中海自由贸易区。2008 年 7 月 13 日，欧盟 27 个成员国和 16 个地中海南岸国家领导人在巴黎举行峰会，决定正式启动"巴塞罗那进程：地中海联盟"（下称"地中海联盟")计划。峰会发表的声明表示，要把地中海沿岸变为一个和平、民主、合作和繁荣的地区，并宣告地中海联盟正式成立并确定了第一阶段计划的 6 个重点合作领域，分别涉及地中海污染治理；沿海和陆地公路建设；民事保护；地中海太阳能计划；欧盟—地中海大学计划；地中海商业发展等议题。按此设想，地中海联盟将通过实施共同制订的一些区域性计划来发展地中海两岸关系，并且将为此增加欧盟对南地中海国家的援助。

地中海联盟是"巴塞罗那进程"的成果和最新进展，也是欧盟与地中海地区国家关系不断发展的延续。地中海联盟试图通过欧盟与地中海地区国家在政治、安全和经济社会发展领域的合作，以期在推动可持续发展、促进地区安全、加强能源合作、解决移民问题、打击恐怖主义，以及实现不同文明间的对话等方面起积极作用。2011 年 3 月，法国新任外交部部长在就职讲话中为法国今后一段时期的外交方向定下基调，将重建地中海联盟、强化欧洲共同安全政策、加强与新兴国家伙伴关系和促进非洲发展作为法国外交的主要目标。但至今毫无进展。

组织发展潜力及主要问题：新地中海协定涉及欧盟、欧洲自由贸易联盟、欧盟关税同盟与第三国（土耳其、安道尔、圣马力诺）欧盟候选国，以及所有欧洲睦邻政策的合作伙伴，最初的目的是在每一个合作伙伴和其他国家之间的自由贸易协定基础上，形成自由贸易区形成，这在一定程度上促进了南地中海国家的经济发展。但是，新地中海协定启动以来进展缓慢，加之地中海联盟的成立，取代了新地中海协定，巴塞罗那进程已经陷入僵局。就其原因，主要有以下两点。

（1）欧盟国家政治上所有成员国均为民主国家，经济上为世界上第一大经济实体，工业技术先进经济发展程度高。而地中海南岸国家，政治上多为威权政治国家，民主化程度较低，许多国家尚未建立完整工业体系，地中海两岸国家具有巨大经济差异和制度差异降低了区域一体化成效。

（2）地中海周边政治、安全局势的复杂性，尤其是中东和平进程影响了各项工作的正常进展，阻碍了地区经济发展。同时，部分国家市场经济法律法规尚不健全，吸引外资能力较低，贸易活动缺乏透明度。因此，自由贸易区的建立仍有很长的路要走。

第八节　东非共同体及南部非洲共同体状况及影响

东非共同体和南部非洲共同体是非洲一体化组织中成立较早的两个区域组织。近年来这两个区域组织整体发展较快，已经逐步建立了较为完备的区域协调机制。但是，由于区域组织内成员国众多、经济结构的同一性特点显著等问题，就统一市场而言，还有着较长的路走。此外，区域内存在的民族问题也直接影响着一体化组织的发展。同南部非洲发展共同体相比，由于东非共同体成员国较少，且有着较为相似的语言文化，因此区域组织内共同市场的建设进步较大。这是东非共同体近年来经济保持整体高速增长的重要原因。从长远来看，通过市场手段积极参与该地区的一体化建设，既符合该地区国家的发展需求，也有助于培养和扩大投资企业在该地区未来的市场参与。

一　东非共同体

成立及发展背景：东非共同体（简称"东共体"）最早成立于1967年，成员有坦桑尼亚、肯尼亚和乌干达三国，后因成员国间政治分歧和经济摩擦于1977年解体。1993年11月，坦、肯、乌三国开始恢复合作；1996年3月14日，三国成立东非合作体秘书处。1999年11月30日，三国签署《东非共同体条约》，决定恢复成立东非共同体。2001年1月15日，三国在坦桑尼亚阿鲁沙举行东非共同体正式成立仪式。2001年11月，东非议会和东非法院成立。2004年，三国签订条约，成立关税同盟，于2005年1月生效。2007年6月，东共体在乌干达召开特别首脑会议，吸纳卢旺达、布隆迪为其成员，成员国增至5个。2009年11月20日，东共体五国共同签署了《东非共同体共同市场协议》。2010年7月1日，东共体正式启动该协议。

制度安排：针对一体化进程中存在的需要广泛协商和沟通的问题，东非共同体成立以来，逐步建立了由国家元首和部门负责人/专家委员会、司法机构等不同层面的合作机构。具体包括以下几个方面。①首脑会议：由成员国国家元首或政府首脑组成，每年至少举行一次会议。应成员国要求并经成员国一致通过可举行特别会议。主席由成员国轮流担任，任期一年。②部长委员会：由成员国负责地区合作或指派的其他部长组成，是共同体政策机构。其职能是在协商一致的原则下，负责为共同体有效与协调运行及发展制定政策；向东非议会提交法案；向首脑会议提交年度报告；建立处理不同事务的部门委员会等。每年举行两次会议，应成员国或委员会主席要求可举行特别会议。部长委员会主席由成员国轮流担任，任期一年。③协调委员会：由成员国负责地区合作事务或指定政府部门的常秘组成，负责向部长委员会提交工作报告和建议、执行部长委员会决定。一般每年举行两次会议，应委员会主席要求可举行特别会议。主席由成员国轮流担任。④部门委员会：负责向协调委员会提出项目实施计划，确定不同部门的优先发展项目并监督其实施。⑤东非法院：系共同体司法机构。职责是确保条约得到履行，负责相关条约的解释，并向首脑会议、部长委员会、成员国和共同体秘书处等提供法律咨询。每个成员国可提名 2 名法官，由首脑会议批准任命。院长和副院长须来自不同成员国，院长由成员国法官轮流担任。⑥东非议会：系共同体立法机构。每年至少举行一次会议。议长由成员国议员轮流担任。议员任期 5 年，现有议员 52 人。⑦秘书处：是共同体常设机构，负责处理日常事务。设秘书长、副秘书长、法律顾问等。秘书长和副秘书长由首脑会议任命，由成员国轮流担任，任期 5 年。

执行情况：2004 年 11 月，东共体召开第六届首脑会议，坦、肯、乌三国总统签署了"加快东共体一体化进程时间表"，提出 2010 年 1 月前成立"东非联邦"。2006 年 4 月，东共体召开第七届首脑会议决定 2010 年 1 月建立东非共同市场，审议了"东非联邦快车道计划"执行情况报告，讨论了布隆迪、卢旺达两国申请加入东共体的问题，制定了《东非共同体第三个发展战略（2006—2010）》。2007 年 6 月，东共体召开了第五届特别首脑会议，峰会正式吸纳卢旺达、布隆迪为东共体成员；并计划于 2009 年就建立"东非联邦"举行全民公决，于 2010 年成立东非共同市场。2009 年 4 月 29 日，东共体在阿鲁沙召开第十届首脑会议，坦、肯、乌、卢、布五国元首发表联合声明，表示将于 2009 年 11 月签署建立共同市场的条约，争取在 2010 年初正式启动共同市场。2009 年 11 月 20 日，东共体在阿鲁沙召开第 11 届首脑会议，5 国首脑共同签署了《东非共同体共同市场议定书》，议定书经成员国批准后于 2010 年 7 月生效。2011 年 11 月，东共体在布隆迪召开第 13 届东共体首脑会议和首届坦噶尼喀湖盆地发展国际会议，审议通过了东共体未来五年发展战略等文件。2012 年 11 月，东共体在肯尼亚召开第 14 届东共体首脑会议，会议主题为推动基础设施发展与融资，促进地区一体化建设。2013 年 11 月，东共体在乌干达召开第 15 届东共体首脑会议，五国元首共同签署了《东非共同体货币联盟协议》。根据协议，东共体成员国将出让金融和汇率政策给地区央行，授权地区央行监测和制定成员国宏观金融政策。该协议规定，成员国加入货币联盟必须实现既定的宏观经济条件，并在加入货币联盟的至少前三年持续保持通货膨胀率不能超过 5%，财政赤字不能超过国内生产总值 6%，国内生产总值税负率最低为 25%。此外，成员国还要满足经济融合条件。

组织发展潜力及主要问题：从非洲区域组织来看，东非共同体是非洲区域组织发展较好的。这不仅由于该组织内成员国较少，便于协调。同时也与该组织内成员国政治、经济、文化相似性有关。尽管如此，区域内国家切实推进一体化还有较多制约。主要包括：

（1）经济结构特点导致成员国各方在推动一体化进程方面积极性差异较大。该地区国家主要是农业国，产出商品有着很大的相似性。这导致成员国经济和贸易结构的相似性，彼此间实际的贸易量并不大、互补性不强，相反成员国与共同体以外国家间的贸易额却远远超过成员国间的贸易。比如：农业在东共体各成员国经济中都占有很大比重，因此农产品自然成为各成员国对外出口的主要商品，而农业商品的需求主要来自东共体以外。各成员国的最大贸易伙伴基本都在东共体之外，比如，坦桑尼亚的农产品和矿石主要销往中国、印度和南非等国家，卢旺达农产品的主要市场是德国和美国，乌干达的农产品大多销往欧盟国家、阿联酋和南非，而布隆迪的主要市场则为德国、巴基斯坦、瑞典和比利时。

（2）工业发展水平有着较大差异。1977 年，东非共同体曾因成员国间的政治分歧等原因而解体。然而，导致当年东共体解体的各成员国间经济发展水平悬殊的问题至今仍然存在。在东非共同体各成员国中，肯尼亚的工业发展相对成熟，具备生产在共同市场上流通的工业产品的能力，但其他成员国尚不具备这样的实力。因此，即便共同市场在现有条件下得以建立，各成员国在相互间贸易中获益的程度仍将会有很大差别，而这正是阻碍东非一体化梦想成为现实的最大障碍。

社会经济发展水平差异导致一体化受益不同。如肯尼亚是该地区较为发达的国家，就业机会较多。因此，其他国家劳动力更倾向流入肯尼亚就业。这直接冲击到肯尼亚本地就业和生活。

二　南部非洲发展共同体

成立及发展背景：其前身是 1980 年成立的南部非洲发展协调会议。1992 年 8 月 17 日，南部非洲发展协调会议成员国首脑在纳米比亚首都温得和克举行会议，签署了有关建立南部非洲发展共同体（简称"南共体"）的条约、宣言和议定书，决定朝着地区经济一体化方向前进。成员国包括南非、安哥拉、博茨瓦纳、津巴布韦、莱索托、马拉维、莫桑比克、纳米比亚、斯威士兰、坦桑尼亚、赞比亚、毛里求斯、刚果（金）、塞舌尔、马达加斯加 15 国。南共体在平等、互利和均衡的基础上建立开放型经济，打破关税壁垒，促进相互贸易和投资，实行人员、货物和劳务的自由往来，逐步统一关税和货币，最终实现地区经济一体化。主要目标有以下几点：①实现发展和经济增长，减轻贫困，提高南部非洲人民的生活水平和质量，通过区域一体化支持贫困人口；②发展共同的政治价值观、体系和机构；③促进并维护和平与安全；④基于联合自立和成员国的相互依托，促进自身的可持续发展；⑤实现国家和地区在发展战略和规划上的互补；⑥促进及优化生产力及本地区资源的利用；⑦实现对自然资源的可持续利用以及有效的保护环境；⑧巩固本地区人民长久以来在历史、社会和文化上的密切联系。

制度安排：①首脑会议：最高决策机构，每年举行一次会议，地点不固定。主席、副主席经选举产生并由成员国首脑轮流担任，任期一年。②部长理事会：由各成员国经济计划或财政部长组成，对首脑会议负责。其主要职责是监督共同体运行及政策和计划的实施。每年至少举行一次会议。部长理事会主席和副主席分别由共同体主席国和副主席国任命。③部门技术委员会：对理事会负责，与常设秘书处密切配合。其主要职责是指导、协调专门技术部门的合作和一体化政策及计划。④官员常设委员会：由各成员国经济计划或财政部常秘或同级别官员组成，是理事会技术咨询机构，每年至少举行一次会议，其主席和副主席由理事会主席国和副主席国任命。⑤常设秘书处：主要执行机构，负责实施首脑会议和部长理事会的决议及共同体的计划，协调成员国政策和战略。执行秘书对部长理事会负责，由首脑会议根据理事会推荐任命，任期四年。⑥政治、防务和安全机构：1996年6月成立，直接对首脑会议负责，主席国由各成员国轮流担任。主要职责为促进各成员国之间的政治合作，发展地区集体防务能力，处理和预防地区冲突，调解地区争端，推动各成员国在利益相关的领域制定共同的外交政策。⑦法庭：确保遵守和正确解释条约及其辅助文件的条款，向首脑会议和理事会提供咨询意见。

执行情况：作为非洲具有活力的次区域组织，近年来南共体积极调解刚果（金）冲突和莱索托、津巴布韦及马达加斯加国内危机，促进成员国的团结与合作；制定地区自主维和机制和成员国民主选举原则与指南，推进地区和平和民主建设。南共体为维护南部非洲的和平稳定发挥了重要作用，受到国际社会普遍关注。

2011年6月，为期两天的马达加斯加问题特别会议在南共体秘书处召开，会议就尽快制定最终解决马达加斯加问题的路线图交换了意见。南共体马达加斯加问题协调人——莫桑比克前总统希萨诺、南共体时任政治、防务和安全机构主席——赞比亚总统班达及马达加斯加过渡期总统拉乔利纳和前总统拉瓦卢马纳纳、拉齐拉卡等出席了会议。同月，南共体在南非约翰内斯堡召开特别峰会，主要讨论津巴布韦问题和马达加斯加问题。会议发表公报称，全面政治协议和公平自由的大选是解决津巴布韦问题的唯一出路，同时要求马达加斯加最高过渡委员会允许包括拉瓦卢马纳纳在内的流亡政治家回国。8月，南共体第31届首脑会议在安哥拉首都罗安达举行，安哥拉接任轮值主席国，通过了《南共体第三十一届首脑会议公报》。

2012年8月，南共体第32届首脑会议在莫桑比克首都马普托举行，莫桑比克接任主席国，确定下届首脑会议在马拉维举行。12月，南共体在坦桑尼亚首都达累斯萨拉姆举行政治、防务和安全特别峰会，讨论刚果（金）冲突、津巴布韦问题和马达加斯加政治危机。

2013年8月，南共体第33届首脑会议在马拉维首都利隆圭举行，马拉维接任主席国，确定下届首脑会议在津巴布韦举行。会议就地区形势、减贫和粮食安全等问题交换了意见，一致认可津巴布韦大选结果，并呼吁西方国家全面解除对津制裁。

2014年8月，南共体第34届首脑会议在津巴布韦维多利亚瀑布城举行，津巴布韦接任主席国，确定下届首脑会议在博茨瓦纳举行。会议重点就南共体发展战略、工业化和一体化进程以及地区和平与安全等议题交换了意见。

组织发展潜力及主要问题如下。

（1）国家众多，市场广阔，但一体化协调难度较大。正如东共体，南共体也面临着同样的问题。更为突出的是，由于南共体成员国众多，因此在推进一体化进程中要解决的问题难以短期取得突破性进展。

（2）区域内非经济问题的解决分散了成员国关于促进一体化进程的精力。南共体的火车头国家是南非，但南非在自身社会经济发展中也存在较多的问题。另外，由于国家众多，而移民、地区安全等问题也是该组织不得不解决的问题。

第 四 章

中国与环印度洋各区域经济关系分析

　　中国与环印度洋各区域发展经济关系、开展经济合作历史悠久，尤其是通过陆上丝绸之路和海上丝绸之路相连的东南亚、南亚、中东、非洲地区，这些地区与中国在经济结构上有互补性，经济发展水平上有一定差距、经济发展的阶段存在梯度，除大洋洲的少数发达国家外，其余各地区各国都把经济发展、摆脱贫困作为经济社会发展的优先战略，因而与中国的经济合作关系越来越密切。随着中国"一带一路"战略的实施，环印度洋地区将成为中国经济合作的重要地区。

第一节　中国与环印度洋南亚地区经济关系分析

　　环印度洋地区的南亚板块自然资源和劳动力资源丰富，经济增长潜力与市场潜力有较大的优势，也存在贫困、经济结构不尽合理等潜在威胁，成为该地区比较复杂而又重要的一个地区。而在该地区南亚五国中，印度、孟加拉国、巴基斯坦直接关乎我国"中巴经济走廊建设"与"孟中印缅经济走廊"建设，岛国斯里兰卡与马尔代夫逐步成为中国旅游的首选之地，中国与南亚地区的经济关系发展更为密切，贸易规模逐步扩大，投资额度逐年增加。

一　双边贸易合作

　　贸易关系是中国与环印度洋地区经济关系的主要内容，贸易合作也是重要经贸合作领域。现阶段，我国已经成为印度第一大进口国，第三大出口国；巴基斯坦第二大出口国，第一大进口国；斯里兰卡第二大进口国家，第十五大出口国；孟加拉国第一大进口国。中国与南亚五国的贸易总额 2015年已达 1100 美元。①

---

　　①　中华人民共和国商务部亚洲司数据库，http：//yzs.mofcom.gov.cn/date/date.html，经整理。

（一）中印双边货物贸易

中国与印度是亚洲两大发展中大国，1950 年 4 月 1 日正式建交以来，中印两国经贸合作逐步开展起来，伴随着习近平总书记的出访印度、莫迪的友好访华以及中国"一带一路"的战略推动，中国逐步成为印度第一大进口国、第三大出口国，而印度也成为我国第七大出口国，合作的领域涉及贸易、投资、金融以及援助等，中印的经济合作关系越来越密切。

表 4-1　　　　　中国与印度贸易额、贸易平衡及贸易依存　　（单位：亿美元，%）

年份	双边贸易					印度逆差	
	总额	占中国贸易比重	占印度贸易比重	中国出口	中国进口	金额	占比
2000	2207	0.47	2.37	1449	758	691	8.96
2001	2725	0.53	2.92	1809	916	893	13.08
2002	4323	0.70	3.95	2603	1720	883	10.49
2003	6448	0.76	4.77	3738	2710	1028	7.94
2004	10252	0.89	5.85	6073	4178	1895	7.75
2005	16399	1.15	6.89	9926	6473	3453	8.31
2006	23723	1.35	7.98	15813	7910	7903	14.10
2007	34887	1.60	8.97	24692	10195	14497	17.84
2008	39940	1.56	8.70	30276	9664	20612	19.86
2009	38995	1.77	9.22	28840	10155	18685	20.21
2010	58852	1.98	10.26	41333	17519	23814	18.62
2011	74412	2.04	9.64	55299	19113	36186	22.90
2012	67311	1.74	8.55	52407 (47677)	14904 (18795)	37503	19.42
2013	65945	1.59	8.45	51389 (48432)	14557 (16970)	36832	23.75

资料来源：根据《亚洲开发银行》印度国别数据整理。

如表 4-1 所示，从印度 2000 年之后的贸易合作数据，可以看出中印的贸易合作呈现以下几个特点。

首先，双边商品贸易额逐步增大，贸易合作越来密切。2000 年，两国的双边贸易只有 22.07 亿美元，到 2013 年，增加到 659.4 亿美元，增长了将近 30 倍。2014 年，印度对中国双边货物贸易额继续扩大，为 716.0 亿美元，同比增长 8.6%。其中，印度对中国出口 133.2 亿美元，下降 8.3%，占印度出口总额的 4.2%，下降 0.4 个百分点；印度自中国进口 582.8 亿美元，增长 13.3%，占印度进口总额的 12.7%，增长 1.7 个百分点。

其次，印度对华贸易逆差现象比较严峻。在中印贸易合作逐步密切的同时，印度对华逆差也逐步扩大，中国逐步成为印度贸易逆差最大来源国之一，虽然印度和我国的统计口径有一定的差别，印度统计口径会部分夸大中国对印出口，减少中国从印进口，从而夸大对我国的逆差，但是不难看出，印度对华逆差在印度总体逆差的规模还是比较严峻的，这也正是中印继续开展贸易合作亟待解决的问题之一。

另外，中印贸易的依存度也是不对称的。从数据表中可以直接看出，中印双边贸易在印度对外贸易的比重远远大于在中国对外贸易的比重，也就是说明中印两国的贸易地位是不对称的。中国对印度依赖程度是比较低的，而印度对中国的进口产品以及出口市场依赖度比较大，中国成为印度第一大进口国，第三大出口国，而印度只是中国的第七大出口国，在中国的进口市场中，印度甚至没有进到中国的前十名。

表 4-2　　　　　　　　　　2014 年印度对中国出口主要商品构成　　（单位：百万美元，%）

海关分类	HS 编码	商品类别	出口额	上年同期	同比	占比
类	章	总值	13319	14517	-8.3	4.2
第 11 类	50—63	纺织品及原料	3103	4380	-29.1	23.3
第 5 类	25—27	矿产品	2943	3016	-2.4	22.1
第 15 类	72—83	贱金属及制品	2440	2214	10.2	18.3
第 6 类	28—38	化工产品	1503	1379	9.0	11.3
第 16 类	84—85	机电产品	835	733	13.8	6.3
第 7 类	39—40	塑料、橡胶	435	634	-31.5	3.3
第 17 类	86—89	运输设备	430	354	21.5	3.2
第 2 类	06—14	植物产品	287	368	-21.9	2.2
第 3 类	15	动植物油脂	279	325	-14.0	2.1
第 12 类	64—67	鞋靴、伞等轻工产品	179	211	-14.9	1.4
第 8 类	41—43	皮革制品；箱包	179	131	36.3	1.4
第 1 类	01—05	活动物；动物产品	175	244	-28.3	1.3

续表

海关分类	HS 编码	商品类别	2014 年	上年同期	同比	占比
第 14 类	71	贵金属及制品	159	110	44.9	1.2
第 18 类	90—92	光学、钟表、医疗设备	115	153	-24.4	0.9
第 13 类	68—70	陶瓷；玻璃	105	100	4.6	0.8
		其他	151	165	-8.5	1.1

资料来源：中华人民共和国商务部《国别报告》。

从中印的商品结构来看，棉花、铜及制品、矿物燃料、有机化学品、矿砂、建筑材料是印度对中国出口的主要产品。2014 年印度对中国棉花出口28.0 亿美元，占印度对中国出口总额的 21.0%；铜及制品、矿物燃料、有机化学、矿砂和建筑材料对中国的出口额分别为 21.0 亿美元、15.0 亿美元、9.7 亿美元、8.0 亿美元、6.4 亿美元，增减幅依次为-32.7%、28.8%、103.5%、6.8%、-50.7%和-1.8%，分别占印度对中国出口总额的 15.5%、11.3%、7.3%、6.0%和 4.8%。印度其他对华出口商品还有动植物油、塑料制品、机械设备、树胶和钢铁制品等。总体来看，由于两国既有互补性也有要素禀赋相似导致的重叠性，印度对中国出口主要为初级产品、劳动密集型产品和原料性商品和半成品。

表 4-3　　　　　　　　**2014 年印度自中国进口主要商品构成**　　（单位：百万美元,%）

海关分类	HS 编码	商品类别	2014 年	上年同期	同比	占比
类	章	总值	58278	51456	13.3	12.7
第 16 类	84—85	机电产品	25755	24081	7.0	44.2
第 6 类	28—38	化工产品	11452	9547	20.0	19.7
第 15 类	72—83	贱金属及制品	5385	3778	42.5	9.2
第 11 类	50—63	纺织品及原料	2527	2433	3.8	4.3
第 17 类	86—89	运输设备	2466	1840	34.0	4.2
第 7 类	39—40	塑料、橡胶	1986	1480	34.2	3.4
第 22 类	98	仿古制品	1659	2370	-30.0	2.9
第 18 类	90—92	光学、钟表、医疗设备	1291	1134	13.8	2.2
第 20 类	94—96	家具、玩具、杂项制品	1267	1167	8.6	2.2
第 14 类	71	贵金属及制品	1261	865	45.8	2.2
第 5 类	25—27	矿产品	1016	771	31.8	1.7
第 13 类	68—70	陶瓷；玻璃	996	891	11.8	1.7

续表

海关分类	HS 编码	商品类别	2014 年	上年同期	同比	占比
第 10 类	47—49	纤维素浆；纸张	419	361	16.0	0.7
第 12 类	64—67	鞋靴、伞等轻工产品	301	298	1.0	0.5
第 8 类	41—43	皮革制品；箱包	265	234	13.4	0.5
		其他	233	206	13.1	0.4

资料来源：中华人民共和国商务部《国别报告》。

印度自中国进口的商品主要有机电产品、机械设备、有机化学品、肥料、钢材、塑料制品。2014 年，印度进口的上述六大类商品合计 387.0 亿美元，占自中国进口总额的 66.4%。除上述产品外，印度自中国进口的其他主要商品还有珠宝及贵金属制品、船舶、光学仪器制品、家具、纺织品等。印度自中国进口主要是一些工业制成品和劳动密集型产品。中国以出口人力资本密集型产品为主，印度仍以出口自然资源密集型产品为主，中国的贸易结构明显优于印度。

中国在印度出口贸易中仅次于美国、阿联酋和中国香港居第四位，但在其进口贸易中为印度第一大进口来源地。在印度的十大类进口商品中，中国生产的纺织品、机电产品、家具、金属制品、光学仪器和陶瓷等在印度进口的同类商品中占有较明显的优势地位；但中国生产的运输设备、化工品、贵金属制品、钢材等方面仍面临着来自美国、欧洲各国和日本等发达国家的竞争。

（二）中巴双边货物贸易

中国与巴基斯坦一直都是友好邻国与邦交，素有"巴铁"之称，两国的政治互信同样加速了两国经济的合作，中巴经济走廊建设继续深入推进，中巴双边贸易与投资以及基础设施建设合作稳步发展。中国成为巴基斯坦第二大出口国，第一大进口国，双边关系日益密切。

表 4-4　　　　　　中国与巴基斯坦贸易额、贸易平衡及贸易依存（单位：亿美元,%）

年份	双边贸易					巴基斯坦逆差	
	总额	占中国贸易比重	占巴贸易比重	中国出口	中国进口	金额	占比
2000	11.6	0.16	4.0	6.7	4.9	1.8	16.3
2001	14.0	0.15	4.0	8.2	5.8	2.4	20.5
2002	18.0	0.15	4.4	12.4	5.6	6.8	34.2
2003	24.3	0.14	4.9	18.5	5.7	12.8	62.3
2004	30.6	0.16	5.8	24.6	6.0	18.6	26.8

续表

年份	双边贸易					巴基斯坦逆差	
	总额	占中国贸易比重	占巴贸易比重	中国出口	中国进口	金额	占比
2005	42.6	0.20	6.7	34.3	8.3	26.0	20.4
2006	52.5	0.32	11.0	42.4	10.1	32.3	21.2
2007	65.4	0.34	12.5	54.3	11.1	43.2	25.4
2008	69.8	0.29	11.0	59.8	10.1	49.7	22.9
2009	67.8	0.22	9.7	55.2	12.6	42.6	19.8
2010	86.7	0.31	14.1	69.4	17.3	52.1	27.1
2011	105.6	0.31	14.6	84.4	21.2	63.2	29.0
2012	124.1	0.34	16.9	92.8	31.3	61.5	27.9
2013	142.2	0.36	18.7	110.2	32.0	78.2	33.7
2014	160.1			132.48	27.58	104.9	

资料来源：商务部亚洲司国别信息，占比数据根据亚洲开发银行国别数据计算整理得到。

中国与巴基斯坦双边贸易额逐步扩大。据中国海关统计，2014 年中巴双边贸易额 160.1 亿美元，同比增长 12.6%；其中我出口 132.5 亿美元，同比增长 20.2%，进口 27.6 亿美元，同比减少 13.8%。

同样，和巴基斯坦合作也有贸易逆差的问题，巴对华逆差也呈现出逐步扩大的趋势，中国成为巴基斯坦贸易逆差的主要来源国之一。据亚洲开发银行数据计算显示，2013 年，中国导致的巴方逆差在巴方总贸易逆差的占比达到 33.7%，这是一个很严峻的、亟待解决的问题，如此高的贸易逆差对于继续中巴经济合作是一个很大的阻碍因素。

另外，由于中国与巴基斯坦经济结构要素禀赋、比较优势等方面具有优势，巴方对我国具有一定的依赖性，中巴贸易额在中国国际市场的总贸易额的比重占不到 1%，也就是说中巴贸易只是中国对外贸易很小的一部分，相反，中巴贸易在巴方总贸易的比重较大，而且近几年呈现扩大趋势，2013 年中巴贸易占到 18.7%，巴方主要依赖我国的工业制成品进口，并且我国也是巴方主要初级品与原料半成品的出口市场。

中巴贸易具有一定的互补性，合作潜力较大。近年来，双边贸易增速保持在 10% 以上。中国对巴基斯坦出口商品日趋多样化，机电所占比重逐年增加，但中国自巴基斯坦进口种类变化不大，仍停留在传统型产品。中国对巴出口主要为：机械设备、钢铁及其制品、化学品、电子电器、计算机与通信产品、肥料、农产品等，其中机械设备所占比重近 40%；巴对华主要出口商品为：棉纱、棉布、大米、矿石、皮革等，其中，棉纱线所占比重超过一半。

（三）中斯双边货物贸易

中国与斯里兰卡是友好之国。1957年2月7日建交，经贸合作逐步开展。我国是斯里兰卡第二大进口国家，第十五大出口国，这样的贸易格局导致我国成为斯里兰卡的第二大贸易逆差来源国，印度是其第一大贸易逆差来源国。

表4-5　　　　　　中国与斯里兰卡贸易额、贸易平衡及贸易依存情况

（单位：亿美元，%）

年份	双边贸易					斯里兰卡逆差	
	总额	占中国贸易比重	占斯贸易比重	中国出口	中国进口	金额	占比
2000	4.58	0.10	3.77	4.45	0.13	4.32	35.1
2001	3.97	0.08	3.84	3.87	0.10	3.77	37.4
2002	3.51	0.06	3.26	3.37	0.14	3.23	24.0
2003	5.24	0.06	4.44	5.04	0.20	4.84	31.5
2004	7.18	0.06	5.22	6.95	0.23	6.76	30.1
2005	9.76	0.07	6.41	9.40	0.37	9.03	36.4
2006	11.41	0.06	6.67	11.06	0.35	10.72	31.8
2007	14.02	0.07	7.34	13.54	0.48	13.06	44.3
2008	16.83	0.07	7.38	16.23	0.59	15.64	32.0
2009	16.40	0.07	9.08	15.69	0.70	14.99	70.2
2010	20.90	0.07	9.41	12.40	0.90	11.50	33.3
2011	31.40	0.09	9.80	30.00	1.50	28.50	30.7
2012	31.60	0.08	11.56	30.00	1.60	28.40	39.6
2013	36.20	0.09	11.35	34.40	1.80	32.60	29.6

资料来源：商务部亚洲司国别信息、商务部国别贸易报告（10），占比数据来源于亚洲开发银行国别数据计算整理。

从2000年到2013年，我国与斯里兰卡的贸易合作规模逐步扩大，双边贸易增长将近9倍，但是贸易地位却是不对称的。中斯双边贸易在中国总外贸的比重不足0.1%，最高为0.1%，虽然这一现象客观地跟我国外贸基数庞大有关，但是在中国前十名的贸易伙伴中，斯里兰卡无论在进口还是出口方面都不在其中，相反，我国却是斯里兰卡的第二大贸易国，斯里兰卡尤其

依赖我国出口，导致中斯双边贸易在斯里兰卡外贸的比重要相对较高，而且呈现出逐年增长的趋势。2013 年中斯双边贸易占斯的比重达到 11.35%。2014 年，斯里兰卡对中国双边货物贸易额为 36.2 亿美元，增长 17.5%。其中，斯里兰卡对中国出口 1.7 亿美元，增长 42.9%，占斯里兰卡出口总额的 1.6%，增长 0.4 个百分点；斯里兰卡自中国进口 34.5 亿美元，增长 16.6%，占斯里兰卡进口总额的 17.9%，增长 0.9 个百分点。斯里兰卡对中国的贸易逆差为 32.8 亿美元，增长 15.5%。

另外，服务贸易相对于货物贸易发展不足。2014 年，中斯双边贸易总额（包括服务贸易）为 40.4 亿美元，服务贸易只有 4.4 亿美元，占比很低。另外我国也是斯里兰卡逆差主要来源国之一，由我国导致的逆差在斯里兰卡总逆差规模的比重较高，占到 30% 甚至高达 40% 以上，这和两国经济结构有密切联系。

表 4-6　　　　斯里兰卡对中国出口主要商品构成　（单位：百万美元,%）

海关分类	HS 编码	商品类别	2014 年	上年同期	同比	占比
类	章	总值	17350	12140	42.9	100.0
第 11 类	50—63	纺织品及原料	7442	4846	53.6	42.9
第 2 类	06—14	植物产品	2770	2506	10.5	16.0
第 12 类	64—67	鞋靴、伞等轻工产品	1996	365	447.8	11.5
第 7 类	39—40	塑料、橡胶	1923	1791	7.4	11.1
第 5 类	25—27	矿产品	1020	525	94.2	5.9
第 14 类	71	贵金属及制品	398	219	90.7	2.3
第 6 类	28—38	化工产品	397	301	33.8	2.3
第 1 类	1—5	活动物；动物产品	283	217	30.1	1.6
第 16 类	84—85	机电产品	266	201	32.6	1.5
第 10 类	47—49	纤维素浆；纸张	180	138	31.0	1.0
第 4 类	16—24	食品、饮料、烟草	178	761	-76.6	1.0
第 18 类	90—92	光学、钟表、医疗设备	120	112	6.6	0.7
第 9 类	44—46	木及制品	107	8	1324.7	0.6
第 17 类	86—89	运输设备	69	27	161.6	0.4
第 20 类	94—96	家具、玩具、杂项制品	75	35	62.6	0.3
		其他	126	88	38.5	0.7

资料来源：商务部国别数据。

斯里兰卡对中国出口最多的商品为植物纤维及制品、茶叶、非针织和非

钩编服装、鞋类制品、橡胶及制品；上述五大类商品的出口额依次为 3475
万美元、2701 万美元、非针织及非钩编服装与鞋类制品的出口额同为 1950
万美元、1808 万美元，合占斯里兰卡对中国出口总额的 68.5%。斯里兰卡
其他对华出口商品还有烟草、塑料制品、机电产品和水产品等。

表 4-7　　　　　　　　　斯里兰卡自中国进口主要商品构成　（单位：百万美元,%）

海关分类	HS 编码	商品类别	2014 年	上年同期	同比	占比
类	章	总值	3451	2960	16.6	100.0
第 16 类	84—85	机电产品	897	953	−5.9	26.0
第 11 类	50—63	纺织品及原料	842	714	18.0	24.4
第 15 类	72—83	贱金属及制品	335	305	9.9	9.7
第 6 类	28—38	化工产品	299	227	31.7	8.7
第 5 类	25—27	矿产品	275	29	848.3	8.0
第 17 类	86—89	运输设备	268	217	23.5	7.8
第 7 类	39—40	塑料、橡胶	128	108	19.1	3.7
第 20 类	94—96	家具、玩具、杂项制品	76	116	−34.5	2.2
第 10 类	47—49	纤维素浆；纸张	67	44	53.1	2.0
第 13 类	68—70	陶瓷；玻璃	61	60	2.5	1.8
第 2 类	06—14	植物产品	58	53	8.7	1.7
第 4 类	16—24	食品、饮料、烟草	45	42	7.9	1.3
第 18 类	90—92	光学、钟表、医疗设备	37	34	8.8	1.1
第 12 类	64—67	鞋靴、伞等轻工产品	16	14	12.8	0.5
第 9 类	44—46	木及制品	16	17	−9.1	0.5
		其他	31	27	14.8	0.9

资料来源：商务部国别数据。

斯里兰卡自中国进口的商品品类繁多，主要有机械设备、机电产品、矿
物燃料、针织产品和棉花。2014 年，斯里兰卡进口的上述五类商品合计
16.0 亿美元，占斯里兰卡自中国进口总额的 46.5%。除上述产品外，斯里
兰卡自中国进口的其他主要商品还有交通工具、肥料、塑料制品、家具、新
鲜蔬菜、鞋类制品和光学仪器等。

在斯里兰卡的十大类进口商品中，中国出口的机电产品、纺织品、家
具、鞋类制品和陶瓷器皿处于较明显的优势地位；但中国出口的运输设备、
化工品、光学仪器和金属制品等仍面临着来自印度、日本和欧美等发达国家
的竞争。

（四）中孟双边货物贸易

孟加拉国是南亚经济最具活力和潜力的国家之一，经济保持稳定增长，1975 年 10 月 4 日正式与我国建交，自此两国展开友好经贸往来。

表 4-8　　　　　　　中国与孟加拉国贸易额、贸易平衡及贸易依存情况

（单位：百万美元，%）

年份	双边贸易					孟加拉逆差	
	贸易总额	占中国贸易比重	占孟贸易比重	从中国进口	出口中国	金额	占比
2000	918.4	0.19	6.29	667.5	250.9	416.6	12.2
2001	974.5	0.19	6.61	772.4	202.1	570.3	17.4
2002	1100.7	0.18	8.28	910.3	190.4	719.9	29.9
2003	1368.0	0.16	8.52	1090.8	277.2	813.6	22.6
2004	1966.3	0.17	10.25	1445.7	520.6	925.1	23.1
2005	2482.0	0.17	11.11	1870.4	611.6	1258.8	23.5
2006	3182.4	0.18	11.47	2332.2	850.2	1482.0	33.3
2007	3459.2	0.16	11.10	2771.6	687.6	2084.0	36.0
2008	4684.9	0.18	12.50	3511.4	1173.5	2337.9	22.9
2009	4582.5	0.21	12.65	3524.2	1058.3	2465.9	33.0
2010	7054.5	0.24	15.92	4681.4	2373.1	2308.3	20.4
2011	8256.8	0.23	13.93	6575.2	1681.6	4893.6	37.4
2012	8451.8	0.22	14.98	6092.1	2359.7	3732.4	31.3
2013	10307.4	0.25	15.93	8050.6	2256.8	5793.8	48.1

资料来源：孟进口数据以及双边数据来源《亚洲开发银行》孟国别数据，出口以及各占比数据根据亚行国别数据计算得到。

我国是孟加拉国第一大进口国，双边贸易从 2000 年到 2013 年增加了 10 倍之多，到 2014 年，中孟双边贸易额 125.47 亿美元，同比增长 21.7%，其中我国对孟出口 117.85 亿美元，同比增长 21.4%，自孟进口 7.62 亿美元，同比增长 26.6%。和其他南亚国家一样，孟加拉国在我国的外贸中占比不大，只有 0.2%左右的水平，也没有进入中国前十位贸易伙伴排名中，这和中国庞大的经济基数以及外贸基数有关；相反，孟加拉国是亚洲落后国家，依赖中国的进口，双边贸易在孟外贸比重较高，2013 年达到 15.93%，其中进口占比达到 22%。

由于孟加拉国对我国进口商品有高度的依赖，而我国又不是其出口的主

要市场之一，最终导致孟中极为夸张的贸易逆差，尽管两国存在统计口径等方面的误差，但是孟中逆差规模仍然不容乐观，尤其近几年，几乎高达40%左右，严重影响两国贸易的长期合作。

据中国海关统计，中国对孟加拉国主要出口商品包括：棉花、锅炉、机械器具及零件，电机、电气、音像设备及其零附件，化学纤维短纤，肥料，车辆及其零附件，钢铁制品；中国自孟加拉国进口包括：针织与非针织服装以及其他纺织品，矿砂、矿渣及矿灰，塑料及其制品，光学照相、医疗设备及其零附件。

（五）中国与马尔代夫双边货物贸易

中国与马尔代夫经贸往来源远流长，早在明朝年间，郑和率领商船队两度抵达马尔代夫，马尔代夫博物馆陈列着当地出土的中国瓷器和钱币，记载了历史上中马友好经贸往来。1972 年 10 月 14 日中马正式建交，建立两国友好合作关系。中国一度成为赴马旅游人数最多国家之一，2013 年，中国游客占到了马尔代夫全部游客的 30%。

我国与马尔代夫贸易基本上为我国对马尔代夫出口，进口很少。从2000 年到 2013 年，双边贸易虽然有所增加，从 136 万美元增加到 9783 万美元，增长将近 71 倍，但在我国总国际市场的外贸占比几乎微乎其微。据中方统计，2014 年，双边贸易额 1.04 亿美元，同比增长 6.7%，其中，我对马出口 1.036 亿美元，同比增长 6.9%，自马进口 38 万美元，同比下降20.7%。马尔代夫与我国的经贸合作关系密切度不是很大，中国是其第五大进口来源国，前四位进口来源国分别为新加坡、阿联酋、印度和马来西亚，其主要的出口市场为泰国、法国、英国、斯里兰卡等，中国不在前十范围之内，由于小国经济规模有限，出口规模也很小。

中国对马尔代夫出口商品主要包括：机械器具及其零件，电机、电气、音像设备，针织或钩编的服装及衣着附件，玻璃及其制品、皮革制品、旅行包，光学、照相、医疗等设备，家具、寝具、灯具；中国自马尔代夫进口主要包括：针织或钩编的服装，盐、硫黄、石料，非针织或非钩编服装，其他纺织制品、旧纺织品，车辆及其附件，艺术品、收藏品及古物，铜及其制品、钢铁、羊毛等动物毛。

二　直接投资与工程承包

1. 中国与印度的投资与工程承包

印度自 2006 年到 2011 年连续 6 年成为中国海外最大的工程承包市场，2013 年中国企业在印度新承包工程合同约为 22.69 亿美元，完成营业额

52.82 亿美元，当年派出各类劳务人员 1677 人，年末在印劳务人员 3037人。截至 2013 年底，中国对印度工程承包合同累计达到 624 亿美元，营业额达到 388 亿美元。上海电气、东方电气、哈电、山东电建、中兴、华为等企业在电信、电力、公路、铁路、桥梁等基础设施领域承揽了大量工程项目。2014 年，我国在印新签工程承包合同额 15.67 亿美元，同比下降30.9%；完成营业额 25.36 亿美元，同比下降 52.0%。

　　据中国商务部统计，2013 年中国吸收印度直接投资 0.27 亿美元，截至2013 年末，中国吸收印度直接投资累计为 5.13 亿美元，当年中国对印度直接投资流量为 1.49 亿美元，截至 2013 年末，中国对印度的直接投资存量为24.47 亿美元。目前，中国的华为技术有限公司、比亚迪股份有限公司、特变电工、上海日立电器有限公司、中兴通信有限公司、三一重工、广西柳工机械股份有限公司、海尔集团等在印度投资较大。投资的领域包括电信、电力设备、家用电器、钢铁、机械设备、工程机械等领域。2014 年，我国对印非金融类直接投资流量 2.43 亿美元，同比增加 12.5%。截至 2014 年底，我国在印直接投资存量 29.7 亿美元。2014 年，印度在华投资新设企业 86家，同比增长 30.3%，外资实际到位金额 5075 万美元，同比增长 87.6%。截至 2014 年底，印累计来华直接投资项目 952 个，实际投资 5.64 亿美元。总体而言，中国对印度投资规模仍比较小，缺乏集约式投资，投资模式和领域单一，与两国经济规模与经贸合作水平不相称，提升空间较大。

　　2. 中国与巴基斯坦的投资和工程承包

　　巴基斯坦是中国对外承包工程的重点市场之一。越来越多的中国企业进入到巴基斯坦，积极参与巴基斯坦通信、油气勘探、电力、水利、交通、机场、港口、房建、资源开发等领域的项目设施。2007 年之后，中国对巴投资出现量的飞跃。2007 年，中国移动以 4.6 亿美元收购巴基斯坦 Paktel 移动通信公司 88.88% 的股份，之后又全资收购并斥资数亿美元改扩建网络设施。2011 年，东方集团控股的香港上市公司联合能源集团收购 BP 巴基斯坦公司全部资产。2014 年 1—12 月中方对巴基斯坦非金融类直接投资金额为10.09 亿美元，同比增长 739.4%。2014 年 12 月底存量为 32.41 亿美元。2014 年 1—12 月，巴基斯坦对华直接投资项目 66 个，同比增长 112.9%，实际资金 2323 万美元，同比增长 28.7%。截至 2014 年 12 月底，巴基斯坦累计对华直接投资项目 444 个，金额 1.2 亿美元，我国对巴基斯坦各类投资存量 60.8 亿美元，其中直接投资 33.5 亿美元（占 55.1%），通过第三地转移投资和境外融资等方式实现的再投资 27.3 亿美元（占 44.9%）。目前中国企业在巴基斯坦投资项目包括：中国移动通信公司、联合能源巴基斯坦分公司、中巴联合投资公司、海尔鲁巴经济区、普拉姆轻骑摩托车公司、新疆外运巴中苏斯特口岸有限公司等。

从工程承包情况看，2014 年 1—12 月我国企业在巴基斯坦新签合同额 255013 万美元，同比下降 53.3%，营业额 42.46 亿美元，同比增长 14.7%。截至 2014 年 12 月底，我国企业累计在巴签订承包工程合同额 332.69 亿美元，营业额 279.16 亿美元。截至 2014 年 12 月底，我国在巴各类劳务人员 7959 人。中国企业在巴基斯坦已经完成的重要基础设施项目有：中巴友谊中心、曼格拉大坝加高项目等。在建的重要项目包括：尼勒姆杰勒水电站项目、喀喇昆仑公路升级改造项目、伊斯兰堡新机场航站楼项目、卡西姆联合循环站、古社联合循环站、真纳水电站、南迪普联合循环电站、M-4 高速公路项目、卡拉奇港防波堤项目。

巴基斯坦是中国重要的援助对象国。自 1956 年以来，中国向巴基斯坦提供了力所能及的经济技术援助，主要包括无偿援助、无息贷款和优惠贷款。重大援助项目包括：喀喇昆仑公路、塔克西拉重型机械厂、真纳体育场、瓜达尔港、巴中友谊中心等。

3. 中国与斯里兰卡的投资与工程承包

2013 年，斯里兰卡实际利用外资 13 亿美元，中国占据第二位，占比 12%，同年，中国对斯里兰卡直接投资流量 7177 万美元，截至 2013 年末，中国对斯里兰卡直接投资存量 2.93 亿美元，斯里兰卡对我国投资累计 1891 万美元。2014 年，我国对斯里兰卡非金融类直接投资流量 7539 万美元，同比减少 52.4%。截至 2014 年底，我国在斯里兰卡非金融类直接投资存量达 4.16 亿美元，成为斯里兰卡近年主要外资来源国之一。中资企业对斯里兰卡投资取得跨越式发展，签署多个大型投资项目，民营企业对斯里兰卡投资主要涉及酒店、旅游、农产品加工、渔业、家具制造、纺织、生物质发电、自行车、仓储物流等领域。

2014 年，我国企业在斯里兰卡新签承包工程合同额 28 亿美元，同比增长 32.4%；完成营业额 21.9 亿美元，同比增长 4.8%。截至 2014 年底，我国企业在斯里兰卡累计签订工程承包合同额 139.6 亿美元，完成营业额 98.7 亿美元。大型工程项目有中国冶金科工集团有限公司承建斯里兰卡 OCH 项目、中国机械设备工程有限公司承建斯里兰卡南部高速公路项目、中国建筑总公司承建汉班托塔国际枢纽建设工程等。

4. 中国与孟加拉国的投资和工程承包

中国对孟加拉国的投资领域集中在服装、纺织、陶瓷、医疗、养殖、印刷、家具、轻工等，主要是服装及与服装相关的机械设备领域。截至 2013

年末，中国对孟加拉国的投资存量为 1.59 亿美元。截至 2014 年底，我国在孟加拉国累计签署工程承包合同额 139.36 亿美元，累计完成营业额 114.2 亿美元。其中，2014 年，我国在孟加拉新签承包工程合同额 38.1 亿美元，同比增长 206.8%，完成营业额 17.79 亿美元，同比增长 102.8%。

5. 中国在马尔代夫投资和工程承包

由于马尔代夫整体市场规模小而分散，对零售业、渔业等有门槛限制，所以中国企业在马尔代夫直接投资较少，2013 年，中国对马尔代夫直接投资流量 155 万美元，到 2013 年末，我国对马尔代夫的投资存量为 165 万美元，投资领域集中在渔业。据商务部统计，截至 2014 年底，我国对马非金融类直接投资存量为 72 万美元。

截至 2014 年底，我国在马累计签署工程承包合同额 4.46 亿美元，完成营业额 2.7 亿美元，主要为住房项目。其中，2014 年，我国在马签署工程承包合同额 6825 万美元，完成营业额 6866 万美元，同比分别增长 2.56 倍和 2.51 倍。总之，中马经贸合作尚处于起步阶段，但两国合作会继续推进，中国元素将更多进入到马尔代夫。

三 中国与环印度洋南亚国家经济关系的发展趋势

(一) 中国与印度经济关系发展趋势

中国与印度是亚洲两个发展中大国，自 21 世纪以来两国领导人积极推进两国关系的发展，经济关系不断深入，尤其是两国新一届领导人重视从战略和全局的角度看待中印关系。随着两国领导人的密切互访，以及中国"一带一路"战略的推动，在和平共处五项原则、相互尊重和照顾彼此关切和愿望的基础上，双方关系的发展将进一步向着夯实面向和平与繁荣的战略合作伙伴关系前行。

继续拓展经贸合作关系。一是采取积极步骤，促进双边贸易再平衡，解决影响两国贸易可持续发展的贸易结构不平衡问题。这些措施包括进一步加强药品监管（含注册）合作，加快对中印互输农产品的检验检疫磋商，加强印度 IT 企业与中国企业的联系，促进旅游、电影、医疗保健、IT 和物流等服务产业贸易。双方签署了《经贸合作五年发展规划》，为全面深化和平衡中印经济关系制定了路线图。二是加强投资往来、继续推动铁路合作等基础设施大型工程项目合作。中国将在印度古吉拉特邦和马哈拉施特拉邦建立两个工业园区，中国争取在未来五年内向印度工业和基础设施发展项目投资 200 亿美元。印度同时也会逐步放开本国投资市场，欢迎中方企业参与印度制造业和基础设施项目，共同打造生产和供应链，发展基础更为广泛、可持续的经济伙伴关系。中印双方已经签署了铁路合作备忘录和行动计划，中国对印度的铁路建设技术的输出也开始实施。

加强两国旅游和文化产业合作交流。通过举办"旅游年"开展一系列推广活动，促进双向游客往来，加强民间纽带；并同时继续开展青年互访，继续加强两国博物馆和其他文化机构的交流；成立文化部部级磋商机制，加速推进中印经典及当代作品互译工程；同时在电影、广播和电视领域加强交流合作；互相支持中国的印地语教学和印度的汉语教学，促进语言的互通性。

（二）中国与巴基斯坦经济关系发展趋势

中巴关系素有"巴铁"之称，中国与巴基斯坦是全天候的战略伙伴关系，上到政府阶层、下到民众以及社会各界人士都有着独一无二的中巴友谊与兄弟感情。中国与巴基斯坦的经济关系将持续深入发展，努力实现政治关系更加牢固、经济纽带更加紧密、安全合作更加深化、人文联系更加通畅，致力于打造"中巴命运共同体"。

在经济关系方面，双方合作将更加紧密。一是积极推动中巴经济走廊建设。中巴经济走廊远景规划联合合作委员会已经启动，综合规划、交通基础设施和能源联合工作组已成功举行首轮会议。双方都在积极推进喀喇昆仑公路、加达尼和塔尔能源项目、瓜达尔港口运营、卡拉奇—拉合尔高速公路等项目。双方成功举行了中巴经济走廊远景规划联合合作委员会第二次会议。双方认为，中巴经济走廊建设契合两国发展战略，有助于两国发展经济、改善民生及促进本地区的共同发展与繁荣。2015年4月20日，中巴两国签订了51项协议，内容涵盖道路交通、金融服务，能源电力、港口机场建设、生物技术、信息通信、海洋科学、教育等领域，价值460亿美元，重点投向中巴经济走廊。二是产业合作方面，巴基斯坦能源短缺是制约其社会经济发展首要严重问题之一，未来，中国将继续鼓励和支持中国国有企业和民营企业寻找巴基斯坦传统能源和新能源领域的投资机会，同时对其引进先进技术以及人才，共同开发利用新能源，解决资源问题。另外，两国还将继续加强在农业、卫生、教育和公共交通等领域的合作，加快落实建立中巴农业示范园。三是推动两国人民的互动往来与合作，将经济关系扩展至范围更加广阔的民众阶层，深入两国人民的文化交流。

（三）中国与孟加拉国经济关系发展趋势

中国与孟加拉国有着历史悠久的传统友谊，经贸合作是中孟更加紧密的全面合作伙伴关系的重要组成部分。两国在平等互利的基础上，将进一步加强两国贸易、投资、金融、农业、科技创新、卫生、教育、交通、基础设施建设等领域合作。一是进一步采取具体措施扩大双边贸易，加强经济合作，增加投资，以减少日益扩大的双边贸易不平衡。二是继续推动大型工程项目发展。中方鼓励和支持中国企业赴孟开展互利投资，参与孟加拉国通信、能源、交通、基础设施建设和产业发展。三是中国积极与孟加拉国国内供应链及其相关服务、产业，以及制造业和服务业展开合作，建立相关园区，同时，加强在区域合作中的沟通与协调。孟加拉国将积极参与中国—南亚博览会，继续在包括南亚区域合作联盟框架内推动中国发展南亚等区域合作组织的经济关系。四是积极推动孟中印缅经济走廊建设，并实现两国交通的互联互通，为中孟深化互利合作和实现可持续发展提供重要平台。

（四）中国与斯里兰卡经济关系发展趋势

我国与斯里兰卡的经济合作关系随着双方领导人的密切互访将加快推动。一是积极推进双边贸易合作，推动中斯自贸区的谈判进程。两国成立贸易工作组和经济工作组，研究加快推进贸易便利化和投融资合作具体措施，推动两国贸易均衡发展，逐步缩减贸易逆差。同时，在《亚太贸易协定》框架下加强合作的基础上，启动中斯自贸区谈判进程，加强两国海关合作以便利贸易往来。二是中国将继续深入与斯里兰卡的基础设施的发展与合作，特别是港口航空、能源发展、道路和高速公路、灌溉等领域，进一步推动双边互利投资合作。三是中国将继续推动有实力的中国企业赴斯投资，鼓励双方私营企业加强投资合作，重点推动旅游、基础设施建设、轻工业、食品加工和包装、农业、出口导向企业领域合作。加强旅游业全方位合作，积极推动两国的旅游服务出口业务的发展，为两国旅游机构、旅游从业者加强交流创造条件。四是进一步加强海洋领域的全面合作，推进海洋观测、生态保护、海洋与海岸带资源管理等海洋领域的合作，并加强海上安保、打击海盗、海上搜救、航行安全合作。

（五）中国与马尔代夫经济关系发展趋势

中国希望马尔代夫积极参与中方提出的构建21世纪"海上丝绸之路"倡议，在加强海洋事务、海洋经济、海洋安全等领域展开全方位的合作。为加强两国经济关系，两国将规划各领域务实合作，促进两国经贸关系可持续发展。一是我国将继续承担大国责任，为马尔代夫经济发展提供无私帮助，鼓励有实力的中国企业赴马投资兴业。二是推动两国旅游合作的发展，增进两国人民相互了解。《魅力马尔代夫》在华的播出，吸引了更多中国游客赴马旅游，我国将继续鼓励中国公民赴马尔代夫旅游，并鼓励中资企业到马尔代夫投资旅游业。三是继续采取积极措施，进一步促进两国防务、科技、文化、教育、人力资源培训和卫生等领域的交流合作。

第二节　中国与环印度洋地区东南亚国家经济关系分析

近年来，中国与环印度洋地区东南亚国家经济关系保持良好发展态势。中国成为马来西亚最大贸易伙伴，马来西亚是中国在东盟的第一大贸易伙伴。但双边投资中不平衡的局面需要得到改善。中国与印尼经济关系在双方复交后保持平稳发展，但是中国对印尼投资额一直未取得较大突破，与中国在全球的经济地位不相符。中国与新加坡双方都采取积极措施发展经济关系，但是由于经济机构和发展水平上存在的差异，造成双边经济关系发展出现不协调成分。中国与泰国双边贸易额不断增长，规模也在逐步扩大，但也存在泰国贸易逆差大，贸易集合度不高等问题。中国与缅甸双边贸易额与投资额在 2012 年以前持续增长，但依旧存在贸易总量较小且增势乏力、贸易商品种类单一且层次低下、贸易结构严重失衡的问题。

一　货物贸易状况及特点

（一）贸易额增加

随着中国经济的迅猛发展，中国与环印度洋地区东南亚国家的贸易额也呈增长态势。2013 年，中国与马来西亚进出口贸易总额达到 1060.8 亿美元，同比增长 11.9%，其中，中国向马来西亚出口额为 459.3 亿美元，同比增长 25.8%，中国自马来西亚进口额为 601.4 亿美元，同比增长 3.1%。[①]中国与马来西亚贸易额首次突破 1000 亿美元大关，创下历史新高。马来西亚成为除日本、韩国之外第三个与中国贸易额超过 1000 亿美元的亚洲国家，继续成为中国在东盟的第一大贸易伙伴，同时，中国是马来西亚最大的贸易伙伴，中马贸易额占中国与东盟贸易额的近 1/4。[②]

据新加坡国际企业发展局统计，2013 年新加坡与中国双边贸易额为920.6 亿美元，增长 10.7%。其中，新加坡对中国出口 483.7 亿美元，增长 10.0%；自中国进口 436.9 亿美元，增长 11.4%。新方贸易顺差 46.7亿美元，下降 1.9%。中国为新加坡第二大出口市场和第一大进口来源地。[③]

---

① 中国商务部网站，http：//my.mofcom.gov.cn/article/sqfb/201401/20140100472858.shtml。
② 《中国马来西亚贸易额首次突破 1000 亿美元》，中国行业研究网，2014 年 2 月 14 日，ht-tp：//www.chinairn/news/20140214/11462334.html。
③ 《2013 年新加坡货物贸易及中新双边贸易概况》，商务部国别数据库，http：//countryreport.mofcom.gov.cn/record/view.asp?news_id=38226。

　　自 1990 年两国恢复外交关系以来，中国与印尼的经贸关系发展驶入快车道，中国已成为印尼最大的贸易伙伴，印尼也是中国在东盟的主要贸易伙伴之一。根据印度尼西亚 Badan Pusat Statistic（BPS）2013 年的数据显示，2001—2008 年，中印尼双边贸易额年均增速超过 20%，双方领导人定下 2010 年贸易额突破 300 亿美元的宏伟目标，而 2008 年两国贸易额就已经达到 315.20 亿美元，提前 2 年实现。[①] 2009 年受国际金融危机冲击影响，双边贸易额有所下滑，但是排除金融危机的负面影响后，迅速回升。武政文在《深化战略合作期的中国与印尼经贸问题及对策》一文中的数据显示，2010—2012 年，双边贸易额分别达到 361.16 亿美元、491.53 亿美元和 510.45 亿美元，继续保持高速增长。截至 2012 年底，印尼对华的贸易额已大大超过其对美国和日本的贸易额，中国已成为继美日之后的印尼主要贸易伙伴。

　　据海关统计，2011 年泰国与中国的双边货物进出口额达到 577.9 亿美元，增长 25.7%；泰国对中国出口 271.3 亿美元，增长 26.4%，占泰国出口总额的 12%，提高 1 个百分点；泰国自中国进口 306.6 亿美元，增长 25%，占泰国进口总额的 13.4%，提高 0.1 个百分点。泰方贸易逆差 35.2 亿美元，增长 15.6%。[②] 中国仅次于日本是泰国的第二大贸易伙伴，中国为泰国第一大出口市场和第二大进口来源地。

　　据亚洲开发银行（ADB）统计数据显示，25 年来，中缅双边贸易合作取得了引人瞩目的成效，双边贸易发展呈快速递增趋势。1988 年，中缅双边贸易金额仅 951 万美元，其中，缅甸对中国出口 181 万美元，缅甸自中国进口 770 万美元，缅甸逆差达 589 万美元。[③] 1988 年，西方国际社会对缅甸实施严厉制裁，导致其对外贸易大幅萎缩，但中缅两国继续保持友好关系。1989—1991 年，中缅双边贸易飙升，增长率分别为 699.47%、124.91% 和 129.29%。1992—1995 年，双边贸易跌宕起伏。1996—1999 年，双边贸易小幅下降。[④] 自 2000 年以来，双边贸易连续 13 年高速增长，但各年份波幅较大，缺乏平稳性。

---

　　① 黄日涵、梅超：《"一带一路"投资政治风险研究之印度尼西亚》，中国网，2015 年 7 月 15 日，http://opinion.china.com.cn/opinion_64_124624.html.
　　② 杨力刚：《中泰贸易的现状及发展前景分析》，《现代商业》2012 年第 12 期。
　　③ 郑国富：《中缅双边经贸合作发展的历史、现状与挑战》，《对外经贸实务》2014 年第 1 期。
　　④ 同上。

（二）贸易中存在的问题

中国与环印度洋地区东南亚国家的双边贸易中普遍存在几个问题。第一个问题是中国容易处在逆差地位。但这个情况随着中国与这些国家贸易规模的扩大而有所缓解。比如，自 2000 年后，在中马双边贸易中，中国贸易逆差持续扩大，2000 年为 29.15 亿美元，2006 年增至 100.38 亿美元，到 2010 年高达 266.04 亿美元，10 年间，中方的贸易逆差扩大了近 10 倍之多。[①] 2011 年，中马双边贸易中，马来西亚方面的顺差更是超过 300 亿美元。随着中马双边贸易量的不断增大，收入效应越来越有利于马来西亚。此外，长期以来，中国主要自泰国进口农产品、矿产品等初级产品，对泰国出口制造业产品，双方以产业间贸易合作为主，这种建立在传统比较优势基础上的贸易合作模式导致双边贸易格局严重失衡，使泰国在双边贸易合作中长期处于逆差地位。尤其近年来泰国逆差金额呈逐年扩大趋势，来自中国的贸易逆差超过 100 亿美元以上；2013 年，泰国来自中国的贸易逆差占其外贸逆差总额的 47.29%。[②] 泰国作为发展中国家，扩大出口创汇仍是其增加国际收支的重要来源，而长期巨额贸易逆差势必加剧其外汇收支失衡，使双边贸易可持续性与互惠性遭受诸多负面冲击，不利于中泰双边贸易合作的长远、健康发展。2014 年中国对缅甸出口 62.425 亿美元，增长率为 17.15%，自缅甸进口 11.812 亿美元，增长率为-22.54%，缅甸逆差达 50.613 亿美元，中国成为其外贸逆差第一大来源，占其全球贸易逆差总额的 58.94%。[③] 1988—2012 年期间，缅甸在中缅双边贸易合作中一直处于逆差地位。尤其近年来，其逆差金额迅猛上升，过去 25 年，缅甸自中国贸易逆差金额累计达 252.7142 亿美元。[④]

第二个问题是贸易结合度不平衡。比如，2013 年，中国首次成为泰国第一大外贸合作伙伴，但从双边贸易结合度数值及其变化趋势分析，中泰两国在对方对外贸易中的地位相对较为悬殊，集中表现为泰国对中国贸易关系存在单一性依赖，且呈不断强化趋势，而泰国在中国外贸所占地位却一直相对靠后。[⑤]

①　中国新闻网，http：//www.chinanews.com/cj/2011/06-29/3143396.shtml。

②　郑国富：《中国与泰国双边贸易合作发展的状况、问题与对策》，《经济论坛》2014 年第 9 期。

③　《2015 年 9 月中国与缅甸双边贸易额环比增长 4.4%》，2015 年 11 月 5 日，南博网转引海关统计数据，http：//customs.caexpo.com/data/country/2015/11/05/3653603.html。

④　郑国富：《中缅双边经贸合作发展的历史、现状与挑战》，《对外经贸实务》2014 年第 1 期。

⑤　郑国富：《中国与泰国双边贸易合作发展的状况、问题与对策》，《经济论坛》2014 年第 9 期。

　　第三个问题是贸易总量较小且增势乏力。这个问题集中体现在中缅贸易中。25 年来，中缅双边贸易合作取得了显著成效，尤其是近年来，双边贸易发展相当迅猛，但其总体水平与两国甚密的政治关系却显得十分滞后和极不匹配；2012 年中缅双边贸易额仅 74 多亿美元。① 中缅双边贸易合作发展总体水平低下，一方面因缅甸经济发展落后，导致其进口乏力；另一方面，其国内第二产业发展滞缓，导致其出口不足。②

　　（三）贸易结构的特点

　　中国与环印度洋地区东南亚国家的贸易结构存在三种情况，其一是与部分国家能够形成产品结构互补，如与马来西亚和印尼能够形成互补性。目前，中国出口到马来西亚的产品有，电子电器产品、机械器具及零件、光学医疗设备及零件、家具产品等；中国从马来西亚进口的产品有：电子电器产品、矿物燃料及矿物油产品、动植物油脂、机械器具及零件、橡胶及制品等。③ 后金融危机时期双方金融结算成本增加。中国海关统计数据显示，2012 年中国与马来西亚贸易额为 948 亿美元，创历史新高。④ 马来西亚连续5 年成为中国在东盟的第一大贸易伙伴，中国也是马来西亚最大的贸易伙伴。印尼对中国的出口产品仍以资源型为主，主要出口产品为原油、胶合板、木材及其制品、纸浆、橡胶、化工原料，中国对印尼的出口产品以工业制成品的半成品为主，主要产品为化工原料、机电设备、烟草以及一些农产品（大米、小麦），双方贸易存在一定的互补性。⑤

　　其二是另一部分国家则无法形成互补。比如，新加坡在劳动密集型制造业方面与中国存在竞争关系。这种竞争集中体现在国际出口市场的争夺上。因为中国与东盟各成员均无一例外地高度依赖美国、欧盟以及日本等世界发达经济体的市场，因此可以看出双方均不是对方最重要的贸易伙伴，美国、欧盟和日本才是双方最大的共同市场，这意味着在给双方带来利益的同时也埋下了隐忧。⑥ 由于政治性外部收益的存在，双方贸易增加的激励减少，为双方经济合作的长远发展留下后患。长期以来，缅甸对中国出口商品以原材

---

　　① 郑国富：《中缅双边经贸合作发展的历史、现状与挑战》，《对外经贸实务》2014 年第 1 期。

　　② 荀力达：《新时期中缅经济关系发展研究》，《时代金融》2016 年第 10 期。

　　③ 中国商务部网站，http://my.mofcom.gov.cn/article/zxhz/hzjj/201303/20130300062984.shtml。

　　④ 《专访中国驻马来西亚大使：中马创造了经贸关系奇迹》，中国经济周刊，转引自新华网，2013 年 10 月 15 日，http://news.xinhuanet.com/fortune/2013-10/15/c-125537056.htm。

　　⑤ 《聚焦，中国与印度尼西亚经贸发展》，中国经济网，2013 年 10 月，http://intl.ce.cn/Zhecanti/2013/jjyn/index.shtml.

　　⑥ 《中国—新加坡经济合作发展的亮点、问题及对策》，百度文库，2013 年 5 月 28 日。

料和初级产品为主，自中国进口商品以制造业产品为主。据联合国商品贸易统计数据库（UNComtrade）资料显示：2010—2012 年，中国对缅甸出口贸易商品层次呈小幅上升趋势，初级产品所占比例分别为 18.15%、15.34%和 14.79%，制造业产品所占比例分别为 81.85%、84.66%和 85.21%；中国自缅甸进口商品层次波幅较大，初级产品所占比例分别为 81.28%、51.53%和 70.14%，制造业产品所占比例分别为 18.72%、48.47%和 29.86%。[①] 缅甸对中国出口以初级产品、自然资源类商品为主，而自中国进口则以制造业产品为主，双边贸易主要体现为产业间贸易合作，其主要源于两国经济差异和缅甸经济状况。目前，缅甸第二产业发展滞后，制造业产品种类较少且缺乏竞争力，出口能力极为有限，而国内丰富的资源自然成为其扩大出口贸易的主要商品；贸易商品种类单一和层次低下大大制约了双边贸易潜力的有效发挥。[②]

其三是存在互补—竞争性。这个方面的突出代表是泰国。塑料橡胶、机电产品是泰国对中国出口的主要商品。中国从泰国进口的主要商品前十位依次是：橡胶、自动数据处理器及零部件、精炼燃料、聚乙烯、聚丙烯等初级原料、化学制品、电子集成电路、原油、橡胶制品、木薯制品、木材和木制品。表明泰国的出口优势在橡胶石油化工、计算机及电子类、木薯、木材等农林产品。

从中国向泰国出口的主要商品构成来看，前十位依次是：计算机及配件、电动机械及配件、家用电器、机械及零配件、钢铁及制品、化学制品、肥料及杀虫剂、其他金属矿产及废碎料、织物、其他机械成品。机电产品占据泰国自中国进口总额的半壁江山，2011 年进口 157.5 亿美元，增长 22.9%，占泰国自中国进口总额的 51.4%。贱金属及制品、化工产品及纺织品与原料分居自中国进口的第二、第三和第四大类商品，2011 年进口额分别为 39.5 亿美元、30 亿美元和 15.4 亿美元，增长 38.9%、31.4%和 15.8%，合计占泰国自中国进口总额的 27.7%。[③] 中国的基础工业产业、劳动密集型产业仍具有比较优势，如中国的机电产品具有明显的比较优势。由于泰国产业结构布局的关系，中国在该类产品上还将保持优势。[④] 中国对泰出口家用电器表现优秀，该类产品原来源国为日本、美国和欧洲，表明中国

①　郑国富：《中缅双边经贸合作发展的历史、现状与挑战》，《对外经贸实务》2014 年第 1 期。
②　同上。
③　陈庶平：《中泰贸易的主要进出口商品构成》，《经济研究导刊》2010 年第 14 期。
④　宋阳君：《CAFTA 背景下泰国—中国货物贸易发展研究》，文西大学硕士学位论文，2015年。

的家用电器由于质量的提高，在泰国等东盟地区获得良好市场反应。

中泰贸易互补—竞争型还表现在农产品贸易方面。中国和泰国都是传统的农业国，在农业生产方面各有优势和劣势，既有互补也存在竞争关系。中泰两国都种植的农产品在两国之间的贸易中表现出竞争的关系，泰国的农业深加工程度比较高，农产品的质量受所处的地域影响，品质也比较高。① 泰国对中国出口的商品集中度高。泰国对中国的出口集中在天然橡胶，其他产品的比例都很小，说明了一些互补性大于竞争性的产品成为泰国进军中国市场的主力。

二　工程承包现状及特点

东盟国家为实现经济发展目标，正加大基础设施项目建设，这给中国工程承包企业带来了许多新商机。在电力、路桥、电信、铁路、机场建设等项目工程承包方面，中国企业具有成本、技术优势。2012 年，中国在东盟十国工程承包签署合同额 228.3 亿美元，增长 6.4%；完成营业额 192.9 亿美元，增长 16.3%；截至 2012 年底，中国在东盟工程承包签署合同额达 1478.7 亿美元，完成营业额 970.7 亿美元；2012 年，中国在东盟十国工程承包，按完成营业额排名是：印尼、越南、新加坡、马来西亚、缅甸、老挝、柬埔寨、菲律宾、泰国、文莱。② 也就是说，环印度洋地区的东南亚国家都是中国工程承包的主要国家。

（一）现状

近几年来，中马两国政治互信不断加强，经济合作趋向深入，在大项目上的合作成为两国关系进一步发展的内在要求。同时，随着中国改革开放步伐的加快，中国公司无论在技术水平还是在"走出去"的经验上都获得了极大提高，在某些领域甚至接近或达到世界先进水平。在以上两方面因素推动下，中资公司在马来西亚的工程承包市场也开始取得一些进展，打破了长期以来马来西亚工程承包市场几乎被欧美和日韩垄断的局面。中国水利水电建设集团公司（中水电）、中国机械设备进出口总公司（CMEC）、中国铁路工程总公司（中铁工）等一批中国公司已进入马来西亚工程承包市场，获得了一些较大工程项目并在当地产生了一定的影响。③

---

① 杨力刚：《中泰贸易的现状及发展前景分析》，《现代商业》，2012 年 4 月。

② 《东盟成中国重要国外工程承包市场》，中国新闻网，2013 年 5 月 27 日，http://www.chinanews.com/cj/2013/05-27/4858989.shtml。

③ 《承包工程市场国别报告（马来西亚）》，商务部合作司，中国服务贸易网，2009 年 3 月，http://tradeinservices.mofcom.gov.cn/c/2009-03-10/69189.shtml。

　　新加坡作为中国最大的海外劳务市场和第二大工程承包市场，中国公司在新加坡承包工程和劳务合作项目将不断扩大，中国外派海外劳务人员的数量也将日益增加。截至 2003 年经中国相关部门批准或备案，在新加坡设立的中资机构 181 家，中方协议投资 8034 万美元。①

　　2001 年我国承包工程企业在印尼新签合同额为 1.6 亿美元，完成合同额仅为 0.27 亿美元，2006 年这两个数据已达到 15.5 亿美元和 7.1 亿美元，增长速度迅猛。② 但在印尼巨大的承包工程市场上，我国企业仅占有 2.6% 的市场份额。从市场份额上来看，我国企业在印尼市场仍处于起步阶段。从行业分布看，我国公司在印尼的承包工程分布在交通、电力、化工、水利、通信、冶金、矿山开采等各个领域，其中电力工业、石油化工和电子通信居主导地位；在 2006 年完成合同额中，石油化工、电子通信和电力工业分别占有 34%、19% 和 17%，合计共占全部完成额的 70%；从新签合同额中，电力工业、石油化工和电子通信三个行业分别为 47%、18% 和 13%，占全部新签合同额的 78%。③ 其中电力工业的地位有了大幅度的提升。

　　泰国是中国企业在海外的传统工程承包市场之一。尽管由于近两年来泰国政局不稳使泰国承包工程市场处于萧条期，但随着泰国政局于 2008 年底大选后有望趋于平稳，2008 年以后的未来五年是中国企业在泰国工程承包业务发展的有利时机。④

　　近年来，缅甸正大力推行的经济开放带来了许多商机，中缅经贸合作快速发展，合作领域从原来单纯的贸易和经援扩展到工程承包、投资和多边合作。⑤

　　(二) 特点

　　中国在东南亚国家工程承包的主要特点有三高，一是中国派出的劳务人员素质开始提高，人员配置从建筑工程劳务人员开始向多元化拓展。二是承包工程项目的档次有所提高，已经开始承揽东南亚国家的技术密集型项目。

---

　　① 徐小恒：《中国对外直接投资的问题与研究》，《中国知网优秀硕士学位论文库》，2005 年 7 月。

　　② BMI, *Indonesia Economic Report*, 2006, p. 4.

　　③ 《承包工程市场国别报告——印度尼西亚》，中华人民共和国商务部合作司，2009 年 3 月 10 日，转引自中国服务贸易指南网，http：//tradeinservices. mofcom. gov. cn/c/2009-03-10/69189. shtml。

　　④ 《泰国工程承包市场掀新一轮增长》，金羊网，2008 年 2 月 5 日，http：//www. ycub. com/myjjb/2008-02/05/content_ 1783969. htm。

　　⑤ 周殿宾：《缅甸工程承包风险分析与防范》，《国际经济合作》2014 年第 3 期。

承包工程涉及设计、咨询、建设、冶金、水利和码头等。三是中国企业的国际竞争力得到提高。比如,以中国化学工程总公司等为代表的一些行业内龙头企业公司具备了承揽 EPC、BOT 项目的能力,企业核心竞争力明显提高。由中国化学工程总公司和中国成达工程公司以 BOT 方式兴建,总投资 1 亿美元的印尼巨港电站于 2004 年 8 月并网发电成功,充分说明我国企业海外竞争力得到了提高。

三 直接投资的现状及特点

我国对东南亚投资的现状与特点主要有几个方面。首先,对外投资稳中求进,规模不断扩大;其次,从行业分布而言,涉及多个方面,从商务服务业、批发零售、制造业到交通运输仓储业。

中国与马来西亚的双边投资一直以来存在着"马方热,中方冷"的不平衡投资局面。特别是中国加入世界贸易组织以来,马来西亚多数商家在对华投资热潮中有很高的积极性。随着中国加入世界贸易组织后投资环境的日益改善,马来西亚投资商争相来华投资。与此形成鲜明对比的是中方投资马来西亚的数额大大小于马来西亚投资中国的数额。中国驻马来西亚大使馆经济商务参赞处提供的数字表明,截至 2012 年底,马来西亚对华投资共 5253 个项目,总金额达 63.27 亿美元,而中国投资马来西亚历年累计投资总额不足 10 亿美元。① 马来西亚中华总商会副总会长林锦胜指出,虽然最近 5 年马中贸易屡创新高,但中资企业对在马来西亚投资却似乎抱着"热忱不足、冷淡有余"的态度。② 林锦胜认为,马中两国的经济交往不应该只局限于贸易能量,而忽略了双边投资对接。③

从双方相互投资方面看,双边投资不断增长。印尼对中国的直接投资始于 1984 年。1985—1991 年期间,印尼对中国的直接投资逐渐扩大,1992 年以后,印尼对中国的直接投资有较快的增长。中国批准的印尼来华投资项目日益增加的同时,中国不断加强对印尼基础建设的投资。

印尼是中国在东盟投资最多的国家之一,赴印尼寻求投资机会的中国企业数量不断增多,涉及领域日益广泛,大型投资项目不断涌现,充分显示了中国与印尼经贸合作的勃勃生机。中国政府鼓励企业加大对印尼基础设施投资力度,并促进有关银行为印尼基础设施建设提供融资支持。目前,中国银

---

① 中国新闻网,http://www.chinanews.com/cj/2011/06-29/3143396.shtml。

② 南博网,http//malaysia.caexpo.com/scfx_ mlxy/tzhj_ mlxy/2012/01/05/3550019.html。

③ 陈慧:《中国与马来西亚经济关系探析》,《东南亚纵横》2014 年第 8 期。

行和中国工商银行在印尼设有分行，中国国家开发银行和中国进出口银行等也积极申请在印尼设立分支机构，积极为印尼基础设施建设提供所需资金。2011年中国对印尼投资额为10亿美元，2012年中国对印尼直接投资达到20.2亿美元。① 根据印尼方面的统计，"2005—2009年间，中国对印尼投资5.68亿美元，在大东盟国家中位居第三位。截至2010年末，1000多家中资企业在印尼的总投资额达到60亿美元，投资领域主要在基础设施建设和能源方面。"② 1000家中资企业的大规模投资，不仅拉动了印尼的经济增长步伐，同时还为印尼创造了3万个工作机会，解决了大批劳动力的就业问题。印尼连续3年成为中国在全球前十大、东南亚第一大工程承包市场。但相对中国对外直接投资总额来说还比较小。而印尼作为每年6500亿美元、并预计5年内增长至1万亿美元的经济体，期待在2015年前，吸引300亿—400亿美元的国外投资。③ 印尼积极鼓励中国投资者在印尼保有一定规模的投资。

投资企业的规模也从原来的中小型企业向包括上市公司在内的大型企业发展。由于中新两国政府和工商界都有强烈的合作愿望，随着中国的对外开放的扩大和投资环境的进一步改善，新加坡继续扩大对中国的投资，投资地域也逐步由东南沿海向中西部和东北地区延伸，已先后多次有新加坡财团到西部地区考察。例如在港口方面，中国放宽了外资对集装箱码头设施及营运公司的持股比率，允许外资拥有多数股权。它将吸引新加坡港务集团加速进军中国集装箱码头业务。目前该港务集团已在大连、福州和广州合资经营码头。中国企业赴新加坡建立独资、合资的机构不断增加。越来越多的中国电机、轻工、机械、成套设备和家用商品的生产企业把新加坡发展为出口中转站，进军新加坡市场。众多的中资企业来到新加坡，并以此为基地拓展东南亚和南亚地区的市场。目前，新加坡已成为我国第四大对外投资目的地和中国在东盟地区最大的投资目的地。新加坡的中资企业总体实力强、信誉好，业务发展迅速，成绩斐然。④

20世纪90年代中期，中国企业才陆续进入缅甸市场开展投资活动，但投资项目数量较少，合同金额较低，没有形成规模。据缅甸投资委员会

---

① 陈德铭：《中国—东盟自贸区明显促进中国和印尼贸易》中国新闻网，2010年4月2日，腾讯网转载，http://news.qq.com.la/20100402/001877.htm。

② 《印尼媒体：中国为印尼经济建设做出五大贡献》，《国际日报》，新浪网转型，2011年5月26日，http://finance.sina.com.cn/20110526/00599898953.shtml。

③ 吴杨、郑娜：《中国印尼享受互利共赢》，《人民日报·海外版》2011年3月21日第2版。

④ 陶杰：《中资企业"唱响"新加坡》，中国经济网，2011年12月6日。

（MIC）统计数据显示：1988—2001 年，中国对缅甸投资金额累计只有 0.67 亿美元，所占比例仅为 0.94%，在缅甸吸引外资中排名第 13 位，相对靠后。[①] 近年来，中国对缅甸投资迅猛增长、持续飙升。1988—2012 年，中国大陆成为缅甸吸引外资第一大来源，投资项目数为 41 个，投资金额为 141.679 亿美元，所占比例达 34.15%，远高于排名第二位的泰国；中国香港排名第三位，投资项目数为 43 个，投资金额为 63.744 亿美元；中国澳门排名第 27 位，投资项目数为 2 个，投资金额为 0.044 亿美元。中国（大陆与港澳地区）合计投资项目数为 8 个，投资金额为 205.467 亿美元，所占比例达 49.52%，几乎占缅甸吸引外资的"半壁江山"。[②] 但自 2013 年 1 月至 2014 年 12 月间，中国对缅投资排在第 7 位，仅有 3.2597 亿美元，占缅甸所接受所有投资的 3.87%。中国对缅甸投资主要集中在电力、矿产、天然气与石油资源开发及基础设施建设等，对制造业、服务业领域的投资严重不足。中缅投资合作代表性项目有：中缅油气管道（25.4 亿美元）、莱比塘铜矿（10.65 亿美元）和密松水电站项目（36 亿美元）等。投资领域集中且各年份波幅较大。1988—2012 年，中国成为缅甸吸引外资的第一大来源，中国对缅甸投资领域主要集中在电力和资源开发等，其中，电力领域投资几乎占据了中国对缅甸所有投资。另外，中国对缅甸投资波幅较大，严重缺乏稳定性，2010 年，中国对缅甸投资金额为 43.5 亿美元，2011 年，急剧增至 82.7 亿美元，2012 年，骤然下降至 4.07 亿美元。[③]

中国对缅投资特点可概括为投资主体单一民间合作不足。中国对缅甸投资主体主要是国有企业，与缅甸投资合作对象也主要集中在官方或军方企业，两国民间合作进展十分欠缺和滞后。如莱比塘铜矿合作项目，双方投资均为军方背景企业。中国对缅甸投资合作长期执行"上层路线"，缺乏顾及当地居民的需求，从而导致中资企业及项目在当前缅甸民主化浪潮下所面临风险迅速集聚。积极转变传统投资模式，着力发展民间交流与合作才是未来中缅双边经贸合作的主要方向。

四 金融合作的现状和特点

中国与东南亚国家间所开展的金融合作，集中在本币互换、人民币与当地货币交易以及两国银行间合作几方面。

---

① 郑国富《中缅双边经贸合作发展的历史、现状与挑战》，《对外经贸实务》2014 年第 1 期。
② 同上。
③ 任琳、牛恒：《"一带一路"投资政治风险研究之缅甸》，中国网，2015 年 3 月 18 日，http://opinion.china.com.cn/cpinion_28_124628.html。

中国与马来西亚金融合作目前已经深入了双边的外汇和债券市场，马来西亚一直走在人民币国际化的最前线。中马金融合作在东盟区域内具有示范效应，提升人民币在国际上的信任度，推进人民币国际化进程，进一步在东南亚地区推广人民币。2010 年 8 月，中国银行间外汇市场推出人民币对马来西亚林吉特交易，马来西亚货币林吉特是第一个在中国银行间外汇市场交易的新兴市场货币。这对于人民币国际化、完成人民币汇率形成机制具有重要作用。① 中国与印度尼西亚，2013 年已经与印尼银行签署了双边本币互换规模为 1000 亿元人民币 1175 万亿印尼卢比的协议，旨在加强双边金融合作，便利两国经贸往来，维护金融稳定。② 随着中国的银行、证券、保险业逐步开放，外国金融机构将踊跃进入中国境内设立分支机构，这也将为新加坡的银行金融机构提供发展空间和市场。③ 中国与新加坡的金融合作，也走在中国与东南亚国家金融合作的最前端，新加坡的发展银行、大华银行、华侨银行、吉宝银行等多家银行，已在中国设立了分行或代办处。中国银行在新加坡已有长期开发业务的历史。中国工商银行、建设银行、农业银行，也在新加坡开设了分支机构。中国国际信托公司已在新加坡发行国债。中国和泰国之间的金融合作，主要在商业银行间开展。比如中国银行（泰国）股份有限公司的设立就是中泰间商业银行合作的典型案例。不少中国股份制银行与泰国本地开泰、盘谷、汇商等银行进行业务合作，在机构设置、业务拓展、代理行关系建设等方面进行互利互惠。④

第三节　中国与环印度洋地区中东国家经济关系分析

中国与环印度洋地区中东国家经济关系持续快速发展。随着中国经济的快速发展增加了对能源的需求，而环印度洋地区中东国家经济以能源为支柱产业的特点决定了其经济发展需要稳定的能源市场。能源合作成为双方经济合作的核心，体现在双边贸易、工程承包、投资和金融合作等方面。能源关系的发展推动了贸易、工程承包、投资和金融合作的发展，使双方经济合作规模不断扩大。中国与环印度洋地区中东国家经济合作的持续发展，推动了

① 《中国与马来西亚金融合作研究》，《青年科学》2014 年第 3 期。
② 《中国与印尼签署 1000 亿元货币互换协议》，第一财经日报，2013 年 10 月 8 日，http：//finance. sina. com. cn/money/forex. 20131008/111916920240. shtm。
③ 《中国的区域经济发展战略以中国—新加坡自由贸易为例》，豆丁网，2016 年 3 月 9 日。
④ 《中泰金融合作趋密切"金融互通"顺利推进》，中新社，2015 年 7 月 16 日，参考消息网转载，http：//www. caokaoxiaoxi. com/finanle/20150716/854395. shtml。

中国企业走出去，促进了中国与环印度洋地区中东国家的产能合作和发展。

一　货物贸易状况及特点

（一）贸易额增加

随着中国对外贸易的不断发展，尤其是石油进口的增加，中国与环印度洋地区中东国家的双边贸易也随之迅速发展，环印度洋地区中东国家已成为中国"充分利用国内国外两个市场、两种资源"和实施"市场多元化"战略的重点地区。中国与环印度洋地区中东国家贸易机制不断完善，推动了双边贸易的发展，双边贸易呈继续增强的趋势。

表 4-9　　　中国与环印度洋地区中东国家进出口贸易总额　　（单位：亿美元）

年份\国别	2005	2006	2007	2008	2009	2010	2011	2012	2013
伊朗	100.8	144.5	205.9	277.6	212.2	293.9	451.0	364.7	394.3
伊拉克	8.2	11.4	14.5	26.5	51.5	98.6	142.7	175.7	248.8
科威特	16.5	27.9	36.3	67.9	50.4	85.6	113.0	125.6	122.6
阿曼	43.3	64.7	727.0	124.2	61.6	107.2	158.8	187.9	229.4
沙特阿拉伯	160.7	201.4	253.7	418.5	325.5	431.9	643.2	733.1	721.9
也门	32.1	30.3	27.1	43.9	24.1	40.0	42.4	55.6	52.0
阿联酋	107.8	142.0	200.4	282.6	212.3	256.9	351.2	404.2	462.4
总额	469.4	622.2	1464.9	1241.2	937.6	1314.1	1902.1	2046.8	2231.4
贸易盈余	-197.2	-238.0	-166.6	-288.7	-121.0	-308.3	-613.0	-639.4	-635.3
中国进出口总额	14219.1	17604.4	21765.7	25632.6	22075.4	29739.9	36418.6	38671.2	41589.9

资料来源：中华人民共和国国家统计局网站，2015 年 8 月 15 日。

2005—2013 年，中国与环印度洋地区中东国家双边贸易额从 496.4 亿美元上升到 2231.4 亿美元。中国对环印度洋地区中东国家的商品出口额从 176.3 亿美元上升到 798 亿美元，进口额从 373.5 亿美元上升到 1433.3 亿美元。其中，与中国贸易额较大的环印度洋地区中东国家有沙特阿拉伯、伊朗和阿曼，2013 年贸易额分别达到 3889.9 亿美元、2444.9 亿美元和 1704.1 亿美元[①]。

---

　　①　根据中华人民共和国国家统计局编、中国统计出版社出版的《中国统计年鉴》2005—2013 年数据整理。

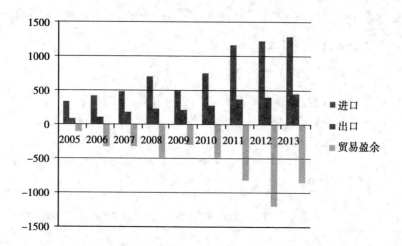

图 4-1　中国与环印度洋地区中东国家贸易状况①

中国与环印度洋地区中东国家贸易额的增长，主要是中国进口的石油及石化等产品的比重较大且持续增加。2005 年中国从环印度洋地区中东国家进口石油占中国石油进口总量的 47.2%，2012 年这个比例上升到了 49.4%。②

表 4-10　　　2005—2012 年中国从环印度洋地区中东国家原油进口数量

（单位：万吨）

年份 国别	2005	2010	2011	2012
沙特阿拉伯	2217.89	4463.00	5027.24	5390.06
伊朗	1427.28	2131.95	2775.66	2200.96
阿曼	1083.46	1586.83	1815.42	1957.38
伊拉克	117.04	1123.83	1377.36	1568.47
科威特	164.57	983.39	954.34	1049.19
阿联酋	256.77	528.51	673.52	874.37
也门	697.85	402.11	309.80	358.45

①　根据中华人民共和国国家统计局编、中国统计出版社出版的《中国统计年鉴》2005—2013 年数据整理。

②　根据中华人民共和国海关总署编、中国海关出版社出版的《中国海关统计年鉴》数据计算。

续表

年份 国别	2005	2010	2011	2012
七国进口总量	5999.19	11219.61	12933.34	13398.87
中国进口总量	12708.32	23931.14	25254.92	27109.12

资料来源：中华人民共和国海关总署：《中国海关统计年鉴》（中国海关出版社）相关年份。

（二）贸易逆差的变化

2005—2013年，中国对环印度洋地区中东国家贸易一直处于逆差状态，贸易逆差主要因为石油价格的变化。环印度洋地区中东国家是中国能源的主要进口来源地，由于石油进口的持续增加，中国对其贸易依赖性较强，随着石油价格的升高，中国与其的贸易逆差也随之加大。所以，贸易逆差状态与石油价格密切相关。2008年金融危机以前，世界石油价格上升，中国从这些国家的进口贸易额增长较大。金融危机后，特别是2009年，随着世界经济增长减缓及石油供应的不断增加，石油价格大幅度下跌，中国对环印度洋地区中东国家的贸易逆差下降，并达到这一期间的最低值。但是，受地缘政治变化的影响，2012年石油价格再次飙升，对中国与环印度洋地区中东国家贸易产生影响，中国与其贸易逆差迅速升高。2005—2013年间，中国对环印度洋地区中东国家贸易整体上逆差最小的是2009年，为121亿美元；逆差最大的是2012年，为639.4亿美元[①]。随着2013年以来世界经济增长乏力，国际石油市场供应充沛、需求不足，加上受到美国页岩油等非常规石油勘探开发进展的推动，国际石油价格迅速下跌，中国与环印度洋地区中东国家贸易逆差呈下降趋。

表4-11　　　　　中国与环印度洋地区中东国家出口贸易额　　（单位：亿美元）

年份 国别	2005	2006	2007	2008	2009	2010	2011	2012	2013
伊朗	33	44.9	72.8	81.6	79.2	110.9	147.6	115.9	140.4
伊拉克	4.1	4.9	6.9	12.7	18.4	35.9	38.2	49.1	68.9
科威特	6.3	8.6	13.4	17.5	15.4	18.5	21.3	20.9	26.8
阿曼	1.9	3.4	5.5	7.9	7.5	9.4	9.9	18.1	19.0
沙特阿拉伯	38.2	50.6	78.1	108.2	89.8	103.7	148.5	184.5	187.4
也门	5.5	8.0	9.6	11.8	11.7	12.2	11.0	19.6	21.4

————————

① 根据中华人民共和国国家统计局2005—2013年"国家数据"计算，2015年8月15日。

续表

年份 国别	2005	2006	2007	2008	2009	2010	2011	2012	2013
总额	176.3	234.4	356.5	476.1	408.3	503.0	644.6	703.8	798.0
中国进出口总额	7619.5	9689.8	2204.6	14306.9	12016.1	15777.5	18983.8	20487.1	22090.0

资料来源：中华人民共和国国家统计局网站，2015 年 8 月 15 日。

表 4-12　　　　　　　中国与环印度洋地区中东国家进口贸易额　　　（单位：亿美元）

年份 国别	2005	2006	2007	2008	2009	2010	2011	2012	2013
伊朗	67.9	99.6	133.1	195.9	133.0	183.0	303.4	248.7	253.9
伊拉克	41.3	65.3	76.6	13.8	33.1	62.8	104.4	126.6	179.8
科威特	10.2	19.2	23.0	50.4	35.0	67.1	91.8	104.7	95.9
阿曼	41.4	61.3	67.2	116.3	54.1	97.8	148.8	170.1	210.4
沙特阿拉伯	165.1	176.7	175.6	310.2	235.7	328.3	494.7	548.6	534.5
也门	26.8	22.3	17.5	32.1	12.4	27.8	31.4	36.0	30.6
总额	373.5	472.4	523.1	764.8	529.3	811.3	1257.6	1343.2	1433.3
中国进出口总额	6599.5	7914.6	9561.2	11325.7	10059.2	13962.4	17434.8	18184.1	19499.9

资料来源：中华人民共和国国家统计局网站，2015 年 8 月 15 日。

（三）贸易结构的特点

随着中国与环印度洋地区中东国家贸易额的增加，双方贸易结构不断升级，特别是 20 世纪 90 年代以后，以石油换工业制成品的贸易结构逐渐形成。中国与环印度洋地区中东国家的贸易结构是以中国进口其石油为核心，石油及相关产品的进口额占总进口额的 50% 以上，出口的产品多为工业制成品和传统加工制成品，如机电类产品及服装鞋帽、箱包等，以制成品换取石油。

从中国与环印度洋地区中东国家货物贸易的商品结构来看，2005—2013 年，石油一直是中国对其进口贸易的重要商品，除石油外，石化产品也是中国对其货物贸易的重要进口商品。从中国对环印度洋地区中东国家出口来看，2005—2013 年，机电和纺织服装是中国对其出口的主要商品，其中，机电产品由于保持较快的增长速度，已成为中国对其最为重要的出口商品，该类商品出口额在中国对其货物出口额中所占比例不断上升，而纺织服装类商品出口贸易额的增长速度要明显慢于其他各类商品，该类商品出口额在中国对其货物出口额中所占比例下降。2005—2013 年，中国对环印度洋地区中东国家出口钢铁、交通运输工具、家具及其零部件的贸易额也都保持快速增长，三类商品出口额在中国对其货物出口额中所占比重也有了大幅上升。近年来，中国对其机电产品发展虽然比较迅速，但是出口的机电产品中，除通信设备以外，投资类商品较少，主要出口产品多是家电、办公用品等附加值低的消费类商品。值得注意的是，2014年以来，随着双边贸易总量的持续增长，贸易不平衡有所减弱，能源贸易仍然在中国与环印度洋地区中东国家间贸易中扮演重要角色，但相比而言中国对其出口的多元化程度更高。

二　工程承包现状及特点

（一）工程承包额增加

环印度洋地区中东国家中的一些国家是中国对外承包工程的重要市场。中国企业在环印度洋地区中东国家的主要市场集中在沙特阿拉伯和伊拉克，2013 年分别占中国在环印度洋地区中东国家承包工程营业总额的45.8% 和 26.3%[1]。环印度洋地区中东国家已成为中国海外工程承包业新的增长点。由于石油价格高涨，该地区经济繁荣，当地建筑市场需求强劲，中国对环印度洋地区中东国家工程承包业务稳步发展，工程承包额不断增加。

2005 年以前，中国对环印度洋地区中东国家承包工程量较小，近年来迅速增加。2005 年中国与环印度洋地区中东国家工程承包完成营业额 41.08亿美元，到 2013 年，承包工程完成营业额达 141.81 亿美元。在 2013 年中国对外工程承包营业总额中，环印度洋地区中东国家列亚洲之后，位居第二，上升势头明显。工程承包营业额年平均增长率为 39.8%[2]，比同期世界225 强在中东工程承包营业额的年平均增长速度快 1 倍以上[3]。其中，完成营业额超过 10 亿美元的国家有沙特阿拉伯、伊拉克、伊朗、阿联酋、科威特。在中国对外承包工程完成营业额前 20 名的国家（地区）排行榜中，沙特阿拉伯位居第三，占总额的 4.2%；伊朗位居第 12 位，占总额的 2.1%；阿联酋位居第 16 位，占总额的 1.9%；伊拉克挤进第 19 位，占总额的 1.7%[4]。

---

① 根据中华人民共和国国家统计局编、中国统计出版社出版的《中国统计年鉴》2005—2013 年数据计算。

② 同上。

③ 《工程新闻记录》2009 年 8 月，转引自《国际经济合作》2009 年 10 月号，第 17 页。

④ 金锐：《2012 西亚国家的工程承包》，《中东发展报告》（2012—2013 年），社会科学文献出版社 2013 年版，第 334 页。

表 4-13　　　　中国对环印度洋地区中东国家对外承包工程完成营业额

(单位：亿美元)

年份 国别	2005	2006	2007	2008	2009	2010	2011	2012	2013
伊朗	6.41	7.49	10.41	11.14	21.04	18.61	21.58	14.94	21.81
伊拉克	0.11	0.51	0.98	0.96	3.53	6.72	17.73	17.01	33.81
科威特	1.59	0.99	0.87	1.13	2.10	4.08	6.59	7.22	10.49
阿曼	0.86	1.09	1.07	1.64	2.71	4.56	5.89	2.97	2.42
沙特阿拉伯	3.20	10.21	12.76	24.54	35.92	32.27	43.58	46.22	58.84
也门	0.88	1.66	2.39	4.38	4.60	3.73	3.02	0.66	1.05
阿联酋	28.03	88.91	14.02	21.09	35.41	29.71	19.48	15.43	13.39
总额	41.08	110.86	42.50	64.88	105.31	98.74	117.77	104.45	141.81
亚洲总额	93.18	137.72	203.53	289.03	398.11	426.58	510.22	542.93	643.98
中国总额	217.63	299.93	406.63	566.12	777.06	921.70	1034.24	1165.97	1371.73

资料来源：中华人民共和国国家统计局网站，2015 年 8 月 15 日。

(二) 工程承包人员数量上升

环印度洋地区中东国家已成中国海外工程承包主要市场，工程承包人员增加。2010—2013 年，中国在环印度洋地区中东国家从事建筑工程承包人员数量同期从 3.22 万人增加到 4.09 万人，环印度洋地区中东国家在中国对外工程承包在外员工总数中的比重从 13.2%上升到 15.1%。

表 4-14　　　　2011—2013 中国在环印度洋地区中东国家工程承包总人数　　(单位：人)

年份 国别	2011	2012	2013
伊朗	1632	1498	1016
伊拉克	4777	9060	9826
科威特	3151	1503	3254
阿曼	907	328	368
沙特阿拉伯	16792	19100	19648
也门	580	187	784
阿联酋	4377	4360	5972
七国总人数	32216	36036	40868
中国外派总人数	243159	233365	270934

资料来源：中华人民共和国国家统计局网站，2015 年 8 月 15 日。

(三) 环印度洋地区中东国家成为中国企业获取大型项目的主要来源

随着中国企业在工程施工能力和配套能力，以及在一些领域的设计能力的快速提高，使中国企业承揽大型项目的能力不断提高。随着中铁集团在沙特阿拉伯获得的麦加轻轨项目，中铁十八局中标的沙特阿拉伯南北铁路项目部分工程，环印度洋地区中东国家已经成为中国公司获取大型建筑工程承包项目的主要市场。2014 年 11 月，中国铁建沙特阿拉伯公司赢得沙特阿拉伯内政部签署的安全总部第五期工程第 1、3、5 号承包合同，合同总金额19.79 亿美元，创中国铁建海外房建项目单次签约最大合同额纪录①。其他一些燃气、灌溉、电气化等大型项目也先后在伊朗德黑兰、伊拉克等国获得。

（四）中国企业的承包工程项目结构不断取得新突破

中国企业承包的工程行业从早期主要集中在劳动密集型的土建项目，以及主要分包工程，逐渐发展到石化、水利电力等基础设施等基本密集程度较高的项目，并且越来越多地成为项目总承包商。近年来中国企业在环印度洋地区中东国家，特别是在沙特阿拉伯的铁路建设、水泥生产线等方面首次获得大项目，取得突破性进展。如 2007 年中国企业与沙特阿拉伯签订 30 个包括码头、桥梁、铁路、水坝、能源、供应等项目；与伊朗签订 13 个包括交通、水利、市政设施、商业建筑和民用住宅等项目；与阿曼签订 8 个包括桥梁和电信、渔业的项目；与科威特签订 6 个包括中国港湾工程有限责任公司承揽的公路桥梁软基项目；与伊拉克签订 3 个主要涉及油田的项目等②。

三　直接投资的现状及特点

（一）投资数额增加

随着石油价格的提高，大量的石油美元推动了环印度洋地区中东国家经济的高速发展，在此基础上，这些国家不断完善基础设施，制定更加宽松的政策，外国直接投资（FDI）的流入和流出都保持快速的增长，为中国与海合会的相互投资增加了机会。中国对环印度洋地区中东国家投资逐年增加。

2004—2007 年，中国对环印度洋地区中东国家投资存量高速增长，中国在阿曼和沙特阿拉伯的存量额年均增速分别高达 1449% 和 478.2%。2007—2012 年，中国在科威特、伊拉克和伊朗的投资存量增速相对较快，

---

① 金锐：《2014 西亚国家的工程承包》，《中东发展报告》（2014—2015 年），社会科学文献出版社 2013 年版，第 263 页。

② 金锐：《西亚非洲建筑市场》，《中东非洲发展报告》（2007—2008 年），社会科学文献出版社 2013 年版，第 250 页。

分别达到 176.8%、102% 和 76.1%①。2013 年，中国对伊朗、沙特阿拉伯和阿联酋的投资存量位居西亚各国前列，分别达 28.5 亿美元、17.5 亿美元和15.1 亿美元，中国对也门的投资流量也由 2011 年的负投资转为 3.3 亿美元。

表 4-15　　　　　　　2012 年和 2013 年中国对环印度洋地区中东国家
投资流量和存量及年增长率　　　（单位：万美元，%）

国别	存量		年增速	流量		年增速
	2012 年	2013 年	2013 年	2012 年	2013 年	2013 年
伊朗	207046	285120	37.7	70214	74527	6.1
沙特阿拉伯	120586	174706	44.9	15367	47882	211.6
阿联酋	133678	151457	13.3	10511	29458	180.3
也门	22130	54911	148.1	1407	33125	2254.3
伊拉克	75432	31706	-58.0	14840	2002	-86.5
阿曼	3335	17473	423.9	337	-74	-122.0
科威特	8284	8939	7.9	-1188	-59	-95.0
西亚	660832	837979	26.8	133221	220094	65.2

资料来源：中国商务部：《2013 年度中国对外直接投资统计公报》，中国统计出版社 2014 年版。

（二）投资地域集中

中国对环印度洋地区中东国家的投资主要集中在伊朗、沙特阿拉伯、阿联酋。2013 年，中国对伊朗、沙特阿拉伯和阿联酋的直接投资流量分别为7.45 亿美元、4.79 亿美元和 2.95 亿美元，分别占中国对西亚投资总流量的33.9%、21.8%、13.4%；以上三个国家的直接投资流量占中国对西亚总的直接投资流量的 69%。中国对环印度洋地区中东国家的投资主要集中在能源、石化、炼油、矿业及钢铁、建材、建筑机械、电信、客车、食品、塑料等行业。其中，主要的和较大的投资都与能源业相关。

环印度洋地区中东国家对中国的直接投资也主要集中在阿联酋、沙特阿拉伯和伊朗等国。其对中国的投资总额 2005—2010 年间，除 2009 年受金融危机影响有所下降外均持续增加，2011—2013 年较之前则呈下降趋势。

① 周密：《2013 年西亚国家的对外直接投资》，《中东发展报告》（2013—2014 年），社会科学文献出版社 2013 年版，第 270 页。

表 4-16　　　　　　　　　环印度洋地区中东国家对中国投资总额　　　　（单位：万美元）

年份 国别	2005	2006	2007	2008	2009	2010	2011	2012	2013
伊朗	420	640	745	2702	1912	1786	787	410	325
伊拉克	311	150	27	224	140	212	99	93	101
科威特	45	10	29	63	54	47	25		69
阿曼			52			5			
沙特阿拉伯	937	816	12265	27524	11365	48397	2394	4987	5851
也门	70	149	151	484	442	2079	888	287	90
阿联酋	9023	14022	10080	9381	10273	11003	7140	12963	4381
六国总额	10986	15787	23349	40378	24186	61743	12332	19117	10902
外商投资 中国总额	6032459	6302153	7476889	9239544	9003300	10573524	11601100	11171614	11758260

资料来源：中华人民共和国国家统计局网站，2015 年 8 月 15 日。

（三）投资领域扩大

中国与环印度洋地区中东国家的投资合作领域逐渐扩大。21 世纪之前，中国对海合会国家的投资起步晚，规模较小，投资的区域比较集中，主要设立了一些加工厂，如塑料厂、编织厂、皮革厂等。2001 年以后，随着中国"走出去"战略的贯彻和实施，中国企业在环印度洋地区中东国家的投资区域逐渐拓展，规模也逐渐扩大，涉及的行业布局也趋向合理。尽管项目的布局和规模不尽相同，但从经营情况来看，这些项目普遍取得了较好的经济效益。独资、合资企业逐渐增多，规模也有所扩大。

特别是在石油领域的投资合作走向深层次，进一步扩大了中国与环印度洋地区中东国家之间的油气合作规模。在寻求优势互补互利共赢的合作上取得了突破。中国在沙特阿拉伯、伊拉克、伊朗和阿曼的投资，主要集中在油气方面，如中国在沙特阿拉伯系列油气开发项目上的投资；中石化集团参股沙特阿拉伯阿美石油公司在沙特阿拉伯延布的红海炼厂项目；中资企业在伊拉克北部库尔德斯坦地区及南部地区的投资；在阿曼和也门油气业的投资等。

如海尔集团公司在伊朗伊斯法罕工业园合资成立伊朗海尔公司；中资企业在也门对餐饮、建筑工程和旅游服务的投资等。

（四）投资方式

环印度洋地区中东国家对中国的投资通过主权财富基金和合资的方式进行。如沙特阿拉伯王国控股公司（The Kingdom Holding Company）、沙特阿拉伯阿齐齐亚商业投资集团（Al Azizia Commercial Investment Co）联合其他数家投资公司共同购买中国银行20亿美元的股份。2003年中国化工进出口总公司收购了挪威的阿特兰蒂斯公司，从而获得了在阿联酋、阿曼的石油天然气勘探开发区块的权益，进一步扩大了中国与环印度洋地区中东国家之间的油气合作规模。2007年，中国铝业股份有限公司与马来西亚和沙特阿拉伯公司达成协议，采用中国的技术和设备，在沙特阿拉伯吉赞经济城建设年产100万吨电解铝厂，项目投资30亿美元，中方占股40%。

四　金融合作的现状和特点

中国与环印度洋地区中东国家的金融合作始于20世纪80年代，开始以合办投资公司的形式进入中国市场，但双方金融合作较少。随着中国经济的快速发展和金融体系的对外开放，环印度洋地区中东国家金融机构开始涉足中国金融市场，以签署合作协议、贷款、融资、参股、成立投资公司及开办银行等形式开展与中国的合作。

2005年1月1日，沙特阿拉伯SAMBA金融集团推出中国吉祥基金（IZDIHAR），以吸引沙特阿拉伯投资者将部分资金投放中国证券市场，开创了在沙特阿拉伯投资基金领域的先河。该基金以美元为单位。目的是用于投资中国A股市场及其他从中国（包括香港）经济发展中获利的公司，目标是获取资本金的增长。这一项目满足了沙特阿拉伯投资者扩大投资领域的愿望，也反映了沙特阿拉伯投资者普遍看好中国经济的高速发展前景[1]。

2010年3月，阿曼第一大银行马斯喀特银行与中国银行建立了良好的合作，共同开设了马斯喀特银行"中国业务柜台"。"中国业务柜台"是中国银行利用代理行资源扩大服务网络的一种创新模式，在中国银行没有经营型机构的地区派驻营销人员在代理行工作，贴身服务"走出去"中资企业[2]。

2013年初，中国银行中东（迪拜）有限公司成立，这是一家以美元为本币的离岸银行。

2013年12月25日，沙特阿拉伯国家商业银行宣布其上海代表处成立，这是阿拉伯地区银行在中国开设的首家代表机构[3]。作为沙特阿拉伯国内最大的银行，沙特阿拉伯国家商业银行2013年全年盈利20亿美元，目前银行

---

① http://jedda. mofcom. gov. cn/aarticle/jmxw/200505/20050500102810. html/2015/08/11.
② http://www. mofcom. gov. cn/article/i/jyjl/k/201304/20130400077175. shtml/2015/07/20.
③ http://www. tbankw. com/yinxingshequ/waiziyinxing/2013-12-25/130073. html/2015/07/18.

的总资产规模在 1000 亿美元，2012 年的盈利增长 7.3%。沙特阿拉伯国家商业银行与中国很多金融机构都有合作，同时其在沙特阿拉伯本国的机构也帮助了很多中国企业做当地业务。

2014 年 9 月 24 日，中国工商银行科威特分行在科威特城正式对外营业。中国工商银行科威特分行是科威特政府批准设立的第一家中资银行，它的正式开业结束了科威特没有中资银行的历史。同时这也是中国工商银行在中东地区设立的第 4 家分行①。

2014 年 10 月 27 日，继中国银行迪拜代表处、中国银行中东（迪拜）有限公司后，中国银行在阿联酋阿布扎比设立第三家分支机构。中国银行阿布扎比分行持阿联酋中央银行颁发的批发银行牌照，是一家可以从事本地货币业务的在岸银行。主要业务范围为公司存款、国际结算及贸易融资、批发贷款及金融市场等业务。中国银行阿布扎比分行的成立，有效地弥补了中国银行在本地货币业务市场中的空白，对中国银行在阿联酋以及中东地区的业务拓展及影响力产生积极的推动作用。

2015 年 6 月 3 日，中国工商银行利雅得分行在沙特阿拉伯王国首都利雅得正式开业，成为沙特阿拉伯境内第一家中资银行，之前，中国工商银行在科威特也已开设了分行。

中国与环印度洋地区中东国家金融合作正在逐渐展开，中资银行在该地区国家开展业务主要是为中国企业"走出去"服务，促进中国与这些国家的产能合作和发展。

第四节　中国与环印度洋地区非洲国家经济关系分析

近年来中国同环印度洋地区非洲国家经贸发展较为迅速。一方面，贸易规模持续扩大；另一方面，中国对该地区国家的投资充满活力。在经贸关系增长的同时，持续深化合作也面临着较为突出的问题，集中表现为贸易结构不合理、投资行业较为集中等。整体上，中国对非资源国家的贸易处于顺差，而对资源型国家的贸易处于逆差。非洲国家对华进口商品呈多元化趋势，而中国进口商品仍集中在资源和原材料等领域。投资领域，中国对非投资主要集中在资源开发及两优贷款下的基础设施建设等领域，而对于非洲较为关注的加工制造业等领域投入明显不足。

---

① http：//news.xinhuanet.com/overseas/2014-09/25/c_ 1112625745.htm/2015/07/18.

一　货物服务贸易及特点

（1）商品贸易规模持续多年快速增长。环印度洋非洲国家同中国的贸易如同中国同整个非洲大陆的贸易一样，近年来保持了持续高速的增长。一方面，贸易量的持续高速增长同基数有关。整个非洲大陆 54 个国家，长期以来同中国的贸易额较小。而中国工业制成品的出口，极大地带动了同非洲国家的贸易。由于具有突出的价格优势，中国商品在消费力很低的非洲大陆具有较强的竞争力。另一方面，多数国家工业化水平处于工业化前期，生产能力较弱。因此，国家出口主要依赖原材料。这可以为中国提供大量的原材料。

表 4-17　　　　　　　　近年来中国同该地区主要国家贸易情况　　　（单位：亿美元,%）

2008 年	进出口额	中国出口额	中国进口额	进出口占比	出口占比	进口占比
南非	178.24	85.93	92.31	26.9	15.7	39.5
苏丹	81.78	18.49	63.29	43.3	20.3	51.7
尼日利亚	72.66	67.57	5.09	67.7	78	-5.2
埃及	62.39	58.11	4.28	33.5	31.1	78.6
肯尼亚	12.51	12.16	0.35	30.4	30.6	23.5
2009 年	进出口额	中国出口额	中国进口额	进出口占比	出口占比	进口占比
南非	160.59	73.66	86.93	-10	-14.5	-5.9
苏丹	63.9	17.05	46.85	-22.1	-9	-25.9
埃及	58.6	51.07	7.53	-7	-13.1	75.4
肯尼亚	13.07	12.77	0.3	1.8	2.3	-14.6
坦桑尼亚	11.1	9.14	1.96	2.6	-3.8	48.9
2010 年	进出口额	中国出口额	中国进口额	进出口占比	出口占比	进口占比
南非	256.49	108.03	148.46	59.53	46.66	70.41
苏丹	86.31	19.53	66.78	35.11	14.49	42.62
埃及	69.6	60.42	9.18	19.07	18.29	24.5
肯尼亚	18.25	17.86	0.39	39.76	39.94	32.37
坦桑尼亚	16.53	12.52	4.01	48.88	36.94	104.51
2011 年	进出口额	中国出口额	中国进口额	进出口占比	出口占比	进口占比
南非	454.28	133.63	320.65	76.7	23.7	115.2
苏丹	115.34	19.95	95.39	33.7	2.3	42.9

续表

2011 年	进出口额	中国出口额	中国进口额	进出口占比	出口占比	进口占比
埃及	88.01	72.83	15.18	26.5	20.6	65.4
肯尼亚	24.29	23.69	0.6	33	32.6	52.4
坦桑尼亚	21.5	16.62	4.88	29.5	32.6	20
2012 年	进出口额	中国出口额	中国进口额	进出口占比	出口占比	进口占比
苏丹	42.2	-63.28	21.8	9.53	20.4	-78.53
南非	599.5	31.95	153.3	14.7	446.2	39.14
肯尼亚	28.4	16.73	27.9	17.72	0.5	-19.43
坦桑尼亚	24.7	15.97	20.9	25.87	3.8	-18.95
2013 年	进出口额	中国出口额	中国进口额	进出口占比	出口占比	进口占比
苏丹	44.94	20.3	23.98	10	21.01	35.1
南非	651.5	8.7	168.3	9.8	483.2	8.2
埃及	102.1	6.94	83.53	1.56	18.57	40.46
肯尼亚	32.7	15.1	32.2	15.5	0.5285	1.1
坦桑尼亚	36.91	49.48	31.39	50.2	5.52	45.51
2014 年	进出口额	中国出口额	中国进口额	进出口占比	出口占比	进口占比
苏丹	34.64	-23	19.29	-19.6	15.35	-26.9
南非	603.16	-7.4	157.04	-6.7	446.12	-7.7
埃及	116.21	13.8	104.61	25.1	11.6	-37.4
肯尼亚	50.08	53.1	49.3	53.2	0.77	45.8
坦桑尼亚	43.26	17.2	38.9	23.9	4.36	-21

资料来源：中国商务部，2005—2014 年 "中国与西亚非洲国家贸易统计"。

（2）贸易结构单一。在资源出口国，如南非、苏丹等国同中国的贸易规模较大，且出口国长期保持顺差态势。相比来说，肯尼亚、坦桑尼亚等缺少矿产资源出口的国家，同中国的贸易虽然保持较快增长，但规模仍较小，且对中国的进口需求较大，处于贸易逆差状态。近年来中国对苏丹出口商品主要类别包括机械及零配件、钢铁制品、电机/电气/音像设备及配件、纺织/服装、光学/照相/医疗器械等。进口商品多为原材料产品。从苏丹进口商品包括石油及制品、木浆纤维、可可及制品、油籽/动植物油等。

到 2013 年，苏丹是中国在非洲的第 9 大贸易国，中国是苏丹的第一大贸易伙伴。2013 年中苏贸易总额 45.7 亿美元，同比增加 20.47%。其中中国出口 24 亿美元，同比增长 10.1%；从苏丹进口 21.7 亿美元，同比增长

35.1%。中国是南非第一大贸易伙伴，2013 年中南贸易总额达 651.5 亿美元。

二　相互投资的数量和结构变化趋势

中国对该地区重点 5 国近年来的投资流量呈大幅上升趋势。2005 年中国对埃及、肯尼亚、南非、苏丹、坦桑尼亚的投资总额约为 1.55 亿美元。到 2013 年中国对 5 国的投资额上升到 4.56 亿美元。但是，由于中国对非投资总量的提升幅度较大，对这 5 国的投资量占比却又大幅下降。2005 年对该 5 国投资总量占对非投资总量的比重高达 39.6%，但到 2013 年中国对这 5 国的投资总量比重下降到了 13.5%。其间，中国对非投资量由 2005 年的 3.9 亿美元增加到 2013 年的 33.7 亿美元。

从投资存量来看，中国对该地区 5 国的投资存量近年来都保持了持续增加趋势。但国别间差异较大。其中对埃及投资存量由 2005 年的 3980 万美元稳步增加到 2013 年的 5.1 亿美元，肯尼亚则由 5825 万美元增加到 6.4 亿美元，南非由 1.1 亿美元增加到 44 亿美元，苏丹由 3.5 亿美元增加到 15.1 亿美元，坦桑尼亚由 6202 万美元增加到 7.2 亿美元。可见南非仍然是该地区最重要的中国投资国。截至 2013 年，中国对南非投资存量达到 44 亿美元，占对非投资总存量的比重约为 16.8%。除南非外，苏丹是该 5 国中吸引中国直接投资的第二大国。截至 2013 年，中国在苏丹的投资存量为 15.1 亿美元，占中国对非投资总量的比重约为 5.8%。相比，其他三国吸引中国投资则规模较小。

表 4-18　　　　　2005—2013 年中国对非洲国家直接投资流量　　（单位：万美元）

年份	非洲总量	埃及	肯尼亚	南非	苏丹	坦桑尼亚
2005	39168	1331	205	4747	9113	96
2006	51986	885	18	4074	5079	1254
2007	157431	2498	890	45441	6540	-382
2008	549055	1457	2323	480786	-6314	1822
2009	143887	13386	2812	4159	1930	2158
2010	211199	5165	10122	41117	3096	2572
2011	317314	6645	6817	-1417	91186	5312
2012	251666	11941	7873	-81491	-169	11970
2013	337064	2322	23054	-8919	14091	15064

资料来源：中国商务部、中国国家统计局、中国外汇管理局，《2013 年度中国对外直接投资统计公报》，中国统计出版社 2014 年版。

表 4-19　　　　　　　2005—2013 年中国对非洲国家直接投资存量　　　（单位：万美元）

年份	非洲总量	埃及	肯尼亚	南非	苏丹	坦桑尼亚
2005	159525	3980	5825	11228	35153	6202
2006	255682	10043	4623	16762	49713	11193
2007	446183	13161	5513	70237	57485	11092
2008	780383	13135	7836	304862	52825	19022
2009	933227	28507	12036	230686	56389	28179
2010	1304212	33672	22158	415298	61336	30751
2011	1624432	40317	30883	405973	152564	40707
2012	2172971	45919	40273	477507	123660	54080
2013	2618577	51113	63590	440040	150704	71646

资料来源：中国商务部、中国国家统计局、中国外汇管理局，《2013 年度中国对外直接投资统计公报》，中国统计出版社 2014 年版。

资源行业的投资仍是中国投资重点。如中国对苏丹的投资主要是石油开发及基础设施建设。1996 年中石油通过苏丹石油的国际招标获得了苏丹南部盆地的几个区块的石油勘探权。随后，中石油与苏丹及马来西亚、加拿大石油公司组建了石油公司对苏丹进行石油开发。中石油、中石化还投资了苏丹的喀土穆炼油厂。在南非，中国的主要投资项目包括中钢集团的铬矿项目、金川集团的铂矿项目、酒钢集团铬矿项目、海信集团家电项目、一汽非投汽车组装项目等。

在融资带动的基础设施建设项下的工程承包。凭借劳动力和技术优势，这是中国企业走进非洲的重要途径。在苏丹，中国企业的承包市场份额占有率达到 50% 以上。截至 2013 年底，累计签订合同金额接近 300 亿美元，完成合同额 200 多亿美元，1 亿美元以上合同超过 20 个。承建的重要工程项目包括麦罗维大坝、罗塞雷斯大坝加高工程等。中资企业以融资方式参与苏丹港口、公路、桥梁、电力、水利等领域实施大型成套项目建设较多。如中国机械进出口集团有限公司承建苏丹青尼罗河输变电项目、中国石油集团长城钻探有限公司承建苏丹钻井修井泥浆服务项目等。

中国投资呈多元化趋势。在工程承包带动下，中国在各国的投资在呈多元化趋势发展。一方面，围绕建立的工业园区积极转出中国的轻工业产能。南非的约翰内斯堡及各省的工业园中，中国投资项目涉及纺织服装、家电、机械制造、食品、建材、通信、农业、房地产等领域。另一方面，中国工程承包领域也由传统的道路、房建等项目扩展到电力改造、咨询设计、城市排水、石油管道和机场建设等领域扩展。

　　除个别国家外，非洲国家对中国的投资规模和领域仍较小。基于多数非洲国家资金短缺及缺少具有竞争力的跨国公司，对华投资规模及涵盖范围较小。其中南非是对华投资较为突出的国家。南非对华投资项目主要涉及矿业、化工、饮料等领域。截至 2011 年，南非对华投资总额约 6.3 亿美元，主要企业包括南非啤酒公司、MIH 媒体集团等，重要品牌包括雪花啤酒、腾讯等。

　　中国对非洲国家间的金融类直接投资较小。一方面，非洲国家的金融市场长期以来的投资方主要是西方国家的金融机构。中国对非洲国家在金融领域类的主要投资包括收购南非标准银行的案例。2008 年 3 月，中国工商银行出资 366.7 亿兰特（约 54.6 亿美元）收购南非最大的标准银行 20% 的股份。这是迄今为止中国对非洲的最大金融类投资项目。另一方面，非洲国家对华金融类投资较少。

表 4-20　　　　　2013 年中国对非洲地区直接投资流量行业构成（单位：万美元,%）

行业	流量	比重
建筑业	123940	36.8
采矿业	83176	24.7
制造业	50944	15.1
科研和技术服务业	44844	13.3
农、林、牧、渔业	16726	5
文化体育和娱乐业	15230	4.5
批发零售业	9509	2.8
租赁和商务服务业	6810	2
房地产业	3284	1
电力、热力、燃气及水生产和供应业	2076	0.6
交通运输、仓储和邮政业	625	0.2
水利、环境和公共设施管理业	200	
卫生和社会工作	119	
信息传输、软件和信息技术服务业	55	0.1
居民服务、修理和其他服务业	44	
住宿和餐饮业	41	
金融业	-20559	-6.1
合计	337604	100.0

　　资料来源：中国商务部、中国国家统计局、中国外汇管理局，《2013 年度中国对外直接投资统计公报》，中国统计出版社 2014 年版。

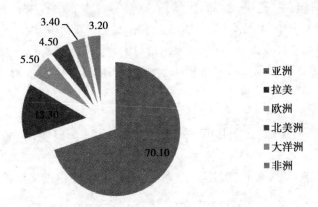

3.40　3.20
4.50
5.50
13.30
70.10

亚洲
拉美
欧洲
北美洲
大洋洲
非洲

图 4-2　2013 年中国对外直接投资流量地区分布（%）

资料来源：中国商务部、中国国家统计局、中国外汇管理局，《2013 年度中国对外直接投资统计公报》，中国统计出版社 2014 年。

2013 年末，中国对外直接投资存量 6604.8 亿美元，其中在非洲地区的投资存量 261.9 亿美元，占对外投资总存量的比重约为 4%，主要分布在南非、赞比亚、尼日利亚、安哥拉、津巴布韦、苏丹、阿尔及利亚、刚果（金）、毛里求斯、加纳、埃塞俄比亚、坦桑尼亚、刚果（布）、肯尼亚等国家。

虽然中国在非洲投资存量较低，但是投资覆盖率排名却是仅次于亚洲的第二位，在 52 个非洲国家进行了投资，投资覆盖率达到 86.7%。中国在非洲的投资企业近 3000 家，占中国在境外设立企业总数的比重约为 11.6%，企业主要分布在尼日利亚、赞比亚、南非、埃塞俄比亚、加纳、坦桑尼亚、肯尼亚、苏丹、安哥拉、埃及等国。

同具体国家的贸易投资发展较快。2011 年和 2012 年，中国连续两年成为肯尼亚最大的外国直接投资来源地。截至 2013 年底，中国对肯尼亚协议投资额 5.37 亿美元。中肯双边贸易快速发展，2000—2013 年，贸易额从 1.37 亿美元增加到 32.7 亿美元，增长 22.9 倍。2013 年，中国成为肯尼亚第二大贸易伙伴和进口来源国。

在坦桑尼亚投资的中国企业超过 300 家，其中国有企业近 50 家，主要从事工程承包和大型投资及优惠性贷款项目。中方投资项目主要包括剑麻农场、现代农业产业园、煤铁电一体化项目、巴加莫约港综合项目、天然气电站、Songea 水电站等项目，预计投资总额超过 150 亿美元。

2013 年中国和南非贸易总额 651.5 亿美元，同比增长 8.7%，其中中国从南非进口 483.2 亿美元，同比增长 8.2%，对南非出口 168.3 亿美元，同比增长 9.8%。中国是南非第一大进口和出口国。南非是中国第 20 大贸易伙伴，第 12 大进口来源地和第 27 大出口目的地。南非是中国企业对非洲投资第一大目的地。截至 2013 年年末，中国对南非直接投资存量达 44.0 亿美元。

第五节　环印度洋地区大洋洲经济关系分析

中国同澳大利亚于 1972 年 12 月 21 日建交，一直以来两国双边关系发展良好，中澳双边经济关系保持了持续、稳定的发展。1978 年，澳给予中国普惠制待遇。1986 年，双方成立了部长级经济联委会，下设 10 个联合工作小组。2000 年 5 月，两国正式签署关于中国加入世界贸易组织的双边协议。2005 年 5 月，中澳启动首轮自贸协定谈判。2014 年 11 月，中国国家主席习近平访问澳大利亚期间与澳总理阿博特共同宣布实质性结束中澳自由贸易协定谈判。

一　直接投资①

中澳两国经贸关系良好，产业结构高度互补，互为重要的贸易和投资合作伙伴。自 2008 年以来，中国企业对澳投资迅速增长，投资领域日益多元化，涉及能源、矿产、农业、航空、制造业、铁路、医药、金融和旅游等。根据中国商务部统计，澳大利亚已经成为除中国香港外中国企业最大的海外投资目的地。根据中国商务部统计，2013 年，中国企业对澳非金融类直接投资 39.41 亿美元，比上年增长 82.6%；截至 2013 年底，中国企业累计对澳非金融类直接投资存量 170.04 亿美元。

根据澳大利亚外国投资审查委员会统计，2008—2009 财年澳联邦政府批准中国投资申请金额 266 亿澳元，为当年澳第二大外资来源地；2009—2010 财年批准中国投资申请金额 163 亿澳元，为当年澳第三大外资来源地；2010—2011 财年批准中国投资申请金额 150 亿澳元，中国继续保持澳第三大外资来源地地位。但从澳接收外国直接投资的存量看，截至 2011 年底，中国对澳直接投资存量为 139 亿美元，所占比例仅为 2.4%。根据毕马威会计师事务所（KPMG）和悉尼大学联合发布的最新报告《解密中国对澳大利

---

① 《澳大利亚投资环境和中国企业对澳投资简况》，http://www.chinairn.com/news/20131210/114708882.html。

亚的投资（2014 年 3 月最新版）》（*Demystifying Chinese Investment in Australia*）显示，中国在澳大利亚的直接投资从 2012 年的 101.05 亿美元下降至 2013 年的 91.15 亿美元，反映了在采矿业和能源行业投资的下降趋势。随着亚洲不断加强在全球金融体系中的统治地位，中国在澳大利亚的直接投资到 2030 年将增加至 2000 亿美元，澳大利亚将更有希望成为一个地区金融中心。

近年来，中国企业在澳投资主要集中在能源资源领域。但随着中澳经贸合作的深入发展，中国企业对澳投资领域日益拓宽，投资主体更加多元。以 2010 年、2011 财年为例，澳大利亚外国投资审查委员会共批准了 5033 起中国企业的投资申请，申请投资总额约 150 亿澳元。其中，矿产资源勘探开发类投资申请 98 亿澳元，占中国企业投资申请总额 65%；房地产类投资申请 41 亿澳元，占 27%；金融保险类投资申请 6 亿澳元，制造业类投资申请 4 亿澳元，资源加工类投资申请 1 亿澳元。中企在澳服务业、农业和畜牧业等领域的投资也在逐步增加。根据澳大利亚统计局数据，截至 2012 年底，中国累计对澳投资存量为 229.47 亿澳元。[①] 据澳大利亚外资审查委员会的报告，2012—2013 财年，澳大利亚批准中国投资项目 6102 项，总投资 158 亿澳元，占澳大利亚批准外资总额的 11.6%。其中 82.73 亿澳元流向矿产勘探开发，59.32 亿澳元流向房地产。中国是除美国、瑞士以外，澳大利亚第三大外资来源国。

据中国商务部统计，2013 年澳大利亚在华投资项目 225 个，实际使用外资金额 3.32 亿美元；截至 2013 年 12 月底，澳大利亚累计在华设立外商投资企业 10363 家，累计实际对华投资 75.1 亿美元。澳大利亚公司在中国的投资涉及建筑、物流配送、高附加值制造、环境管理、食品加工、信息技术、电信、广告和设计等领域。除此之外，澳大利亚公司的投资也进入一些重要的服务领域，其中包括法律、银行、保险、教育、旅游等。[②]

二　货物贸易[③]

分国别（地区）看，2013 年澳大利亚对中国、日本、韩国和印度的出口额分别占澳出口总额的 36.0%、18.0%、7.3% 和 3.6%，为 909.9 亿美

---

① 中华人民共和国驻悉尼总领事馆经济商务室：《中国对澳投资简况》，http：//sydneg. mofcom. gov. cn/article/ztdy/201404/20140400559142. shtml.

② 商务部：《对外投资合作国别（地区）指南——澳大利亚 2014 年版本》，第 23—24 页。

③ 《2013 年澳大利亚货物贸易及中澳双边贸易概况》，http：//countryreport. mofcom. gov. cn/record/view. asp? news_ id=37966。

元、454.6 亿美元、185.3 亿美元和 92.2 亿美元。其中，对中国出口增长 20.5%，对日本、韩国和印度出口分别下降 8.1%、9.7% 和 27.1%，对上述四国出口占澳大利亚出口总额的 64.9%；自中国、美国、日本和新加坡的进口额分别占澳进口总额的 19.5%、10.2%、7.9% 和 5.4%，为 454.5 亿美元、238.1 亿美元、182.7 亿美元和 126.0 亿美元，分别下降 1.3%、17.3%、7.4% 和 16.1%。澳大利亚前五大顺差来源地依次是中国、日本、韩国、印度和中国台湾，顺差额分别为 455.4 亿美元、271.9 亿美元、87.2 亿美元、69.1 亿美元和 31.4 亿美元；逆差主要来自美国、德国和新加坡，分别为 149.0 亿美元、91.7 亿美元和 71.8 亿美元，分别减少 21.9%、4.1% 和 6.6%。

分商品看，矿产品、贵金属及制品和植物产品是澳主要出口商品，2013 年出口额分别占澳大利亚出口总额的 57.8%、6.4% 和 5.5%，为 1462.9 亿美元、161.4 亿美元和 140.1 亿美元，其中，贵金属及制品和植物产品分别减少 10.8% 和 0.9%，矿产品增长 0.6%。机电产品、矿产品和运输设备是澳大利亚进口的前三大类商品，2013 年合计进口 1303.0 亿美元，占澳大利亚进口总额的 56.0%。澳进出口均出现减速，其中进口减少幅度大于出口。

中澳贸易最早可以追溯至 19 世纪末期。建交以来，两国经济交流与合作不断加强。近年来，中澳两国经贸合作往来密切，互动频繁。2003 年，两国签署了中澳经济合作框架协议，推动双边矿业、农业、服务业、投资、知识产权保护等 16 个领域合作。2012 年，澳大利亚是中国第八大贸易伙伴、第九大出口市场和第七大进口来源地。中国连续 4 年成为澳大利亚第一大贸易伙伴、第一大进口来源、第一大出口市场。据澳大利亚统计局统计，2013 年，中澳双边货物进出口额为 1364.4 亿美元，增长 12.3%。其中，澳大利亚对中国出口 909.9 亿美元，增长 20.5%，占澳大利亚出口总额的 36.0%，提高 6.5 个百分点；澳大利亚自中国进口 454.5 亿美元，下降 1.3%，占澳大利亚进口总额的 19.5%，增长 1.2 个百分点。澳方贸易顺差 455.4 亿美元。中国是澳贸易顺差的第一大来源。据中方统计，2014 年中澳双边贸易额 1369 亿美元，同比增长 0.3%。目前，澳是中国第八大贸易伙伴、第九大出口市场和第七大进口来源地。

矿产品一直是澳大利亚对中国出口的主力产品，2013 年出口额为 658.7 亿美元，增长 22.0%，占澳对中国出口总额的 72.4%。贵金属及制品是澳对中国出口的第二大类商品，出口额 78.3 亿美元，增长 37.2%，占澳对中国出口总额的 8.6%。纺织品及原料是澳对中国出口的第三大类商品，出口额 35.5 亿美元，下降 6.6%，占澳对中国出口总额的 3.9%。此外，贱金属及制品成为澳对中国出口的第四大类产品，增长 39.3%，占其对中国出口总额的 3.4%。

澳大利亚自中国进口的主要商品为机电产品、纺织品和家具、玩具、杂项制品，2013 年合计进口 283.9 亿美元。除上述产品外，纺织品及原料、塑料、橡胶、运输设备等也为澳大利亚自中国进口的主要大类商品（HS 类）。

三　服务贸易

据澳大利亚外交贸易部统计，自 1995 年至 2004 年，澳大利亚对中国的服务出口持续快速增长，从 3.85 亿澳元增长到 13 亿澳元，增长了 237.7%。2004—2005 年度，中国是澳大利亚的第六大服务贸易出口市场，澳大利亚对中国的服务出口值 23.11 亿澳元，占澳大利亚服务出口市场份额的 6.3%；同年，中国是澳大利亚第八大服务贸易进口来源地，从中国进口的服务值 12.18 亿澳元；占澳大利亚服务进口总额的 3.2%。中方服务贸易逆差 10.93 亿澳元。由于双边的统计数据缺失，尚不能反映中澳服务贸易的部门结构。2011 年 4 月，澳大利亚总理吉拉德访华期间，中国商务部与澳外交贸易部签署了《关于建立服务贸易促进论坛的谅解备忘录》。根据该备忘录，双方每年轮流举办中澳服务贸易促进论坛，搭建中澳服务贸易领域的交流合作平台。2012 年 5 月 29 日，中国商务部与澳大利亚外交贸易部在首届中国（北京）国际服务贸易交易会期间举办了首届中国—澳大利亚服务贸易促进论坛。中国服务贸易协会会长、中远集团董事长魏家福与澳大利亚贸易委员会首席执行官彼得·格睿联合担任论坛主席。来自中澳两国政府和企业界的 15 位代表就金融、建筑、法律以及统计与能力建设等领域开展了讨论。2013 年 4 月 8 日澳大利亚总理吉拉德宣布，澳大利亚已与中国达成货币直接兑换协议，自 4 月 10 日起人民币与澳元可在银行间外汇市场直接兑换交易，澳元成为继美元、日元后第三个与人民币直接兑换的西方国家主权货币。澳大利亚四大银行中有西太银行（Westpac）和澳新银行（ANZ）两家获准开展上述服务。2013 年澳大利亚服务贸易总额达 1248 亿澳元，较 2012 年同比增长 9.1%。这是自 2007 年以来澳服务贸易增速最快的一年。其中，服务出口增加 7.6%，达 551 亿澳元，服务进口上升 10.4%，达 697 亿澳元。报告显示，中国继续保持澳最大服务出口市场地位，2013 年澳对华服务出口总值高达 69 亿澳元，同比增长 9.4%。

四 承包劳务

为缓解本国劳动力供应不足的状况，近两年，澳大幅增加输入外劳的数量，放宽 457（即临时商务长期停留）签证审批手续。据澳移民部统计，2005—2006 财年共引进 39530 名外籍技术工人，主要来自英国。其次是印度、美国、日本和南非，中国排名第六。[①] 据中国商务部统计，2013 年中国企业在澳大利亚新签承包工程合同 68 份，新签合同额 9.90 亿美元，完成营业额 12.50 亿美元；当年派出各类劳务人员 84 人，年末在澳大利亚劳务人员 1452 人。新签大型工程承包项目包括华为技术有限公司承建澳大利亚电信、中海油田服务股份有限公司承建澳大利亚海上钻井作业项目等。[②]

[①] 商务部美大司：《对澳大利亚劳务输出业务应注意的问题》，http://jiangsu. mofcom. gov. cn/aarticle/sjdixiansw/200703/20070304428426. html。

[②] 商务部：《对外投资合作国别（地区）指南——澳大利亚 2014 年版本》，第 24 页。

第 五 章

中国在印度洋的利益及其与环印度洋各区域经济合作潜力分析

改革开放的 30 年，也是中国在印度洋地区的利益不断扩展的 30 年。印度洋地区与中国的经济发展、国家安全以及作为发展中大国的国际责任息息相关。中国与环印度洋各区域发展经济关系、开展经济合作的历史悠久，尤其是通过陆上丝绸之路和海上丝绸之路相连的东南亚、南亚、中东、非洲地区，这些地区与中国在经济结构上有互补性，经济发展水平上有差距、经济发展的阶段上存在梯度，除大洋洲少数发达国家外，其余各地区各国都把经济发展、摆脱贫困作为经济社会发展的优先战略，因而与中国的经济合作存在较大潜力。

第一节　中国在印度洋地区的战略利益

在 21 世纪，印度洋对于中国具有特别的意义，不仅是因为这一地区事关中国的能源安全和发展利益，而且关乎中国的外交布局和海洋强国地位建设，是中国走出太平洋，寻求对外战略空间拓展的一个十分重要的方向。具体而言，中国在印度洋的利益主要包含以下几个方面。

一　发展利益

这里主要涉及与印度洋地区的贸易、投资、工程承包、资源能源进口等。印度洋地区有着丰富的战略资源，有着众多日益兴起的新兴市场，对中国的经济可持续发展至关重要。众所周知，印度洋地区不仅是中国对外贸易和投资的新兴地区，也是中国资源能源进口的主要地区，尤其是石油进口。中国原油进口的一半以上来自于印度洋地区，其中 50% 来自中东。鉴于中国对能源的需求不断增长的预期，中国对印度洋及海湾的依赖程度也将越来越大。近年来，中国积极参与印度洋海底资源的勘探。中国大洋协会在西南印度洋国际海底区域获得了 1 万平方公里具有专属勘探权的多金属硫化物资源矿区，并在未来开发该资源时享有优先开采权。这是自国际海底管理局 2010 年 5 月 7 日通过《"区域"内多金属硫化物探矿和勘探规章》后接受和核准的第一份矿区申请。申请区位于西南印度洋中脊，限定在长度 990 公里、宽度 290 公里的长方形范围内。2015 年 1 月，我国第一艘深水油气田钻井平台"海洋石油 981"号奔赴印度洋，首次进入印度洋进行石油勘探作业，这是中国走向印度洋以及建设海洋强国的重要里程碑。

二　安全利益

主要涉及海上贸易通道安全、能源资源供应安全、海外人员与机构的安全。中国 80%的原油进口运输都要经过马六甲海峡，这是一个实际上由美国海军掌控的咽喉。这种过分依赖和严重受制于美国保护的尴尬局面被称为中国的"马六甲困境"。"马六甲困境"将是中国长期面临的难以破解的海外安全难题，严重制约中国的贸易安全和能源安全。1993 年 7 月 23 日，美国以获得可靠情报为由，指控中国"银河号"货轮向伊朗运输制造化学武器原料，并派出两艘军舰和五架直升机，非法扣留质押"银河号"长达三周之久。"银河号事件"凸显了中国在印度洋的尴尬地位。中东地区持续的冲突与动荡，恐怖主义的肆虐，难以根绝的海盗威胁，严重威胁中国海上运输安全，尤其是能源供应安全。不稳定动荡弧的长期存在，也对中国在该地区的海外利益维护提出新课题和新挑战。中国在印度洋地区面临的安全威胁来源也是多元的，既有国家层次的，也有非国家层次的，如恐怖主义、海盗等，既有传统的，也有非传统的。2015 版的中国国防白皮书指出："随着国家利益不断拓展，国际和地区局势动荡、恐怖主义、海盗活动、重大自然灾害和疾病疫情等都可能对国家安全构成威胁，海外能源资源、战略通道安全以及海外机构、人员和资产安全等海外利益安全问题凸显。"这一问题在印度洋地区表现尤为突出。

三　外交利益

主要包含几个层次：（1）作为全球性大国，中国在印度洋地区的和平与发展中应该扮演重要角色。对于像中国这样的大国，在印度洋没有自己的力量存在既不符合国家战略利益考量，也不符合中国的大国身份。（2）印度洋关乎中国的大国地位。作为全球性大国，中国必须走出太平洋，打通印度洋，只有这样中国才能有自由呼吸的广阔空间，才能在世界舞台上有更大的作为。罗伯特·卡普兰提出，中国能否在世界第三大水域印度洋立足，将决定它成为全球军事大国还是局限于太平洋的区域大国。卡普兰指出，如果中国只主导东亚，即像南海和东海这样的边缘海，中国将成为一个地区超级大国，而如果中国一旦在印度洋上开始驻扎海军，中国将成为一个超级大国。（3）关于中国发展的外部战略环境。印度洋地区国家皆为发展中国家，一直是中国外交所依赖的重要对象。尤其是在美国实施"亚太再平衡"战略的背景下，中国在太平洋不断受到战略挤压。在此背景下，中方在坚持以太平洋为战略核心，同时另辟蹊径，从海上打破美国的围堵，西进印度洋，也是对美战略围堵与包围的战略反击路径之一。

四　打造海洋强国的需要

"中国进入印度洋"应该成为中国海洋发展战略的重要组成部分。印度洋的安全与稳定对中国的战略、经济利益意义重大，是中国走向海洋、发展海洋战略的重要通道，是中国的"海上生命线"。21世纪是海洋世纪，全球围绕海洋争夺日趋激烈，中国的可持续发展越来越离不开海洋的支撑。当前，我国经济已发展成为高度依赖海洋的外向型经济，对海洋资源、空间的依赖程度大幅提高，在管辖海域外的海洋权益也需要不断加以维护和拓展。这些都需要通过建设海洋强国加以保障。海洋经济已成为拉动我国国民经济发展的有力引擎。实施海洋开发战略是中国发展的客观需求。党的十八大报告提出，"提高海洋资源开发能力，发展海洋经济，保护海洋生态环境，坚决维护国家海洋权益，建设海洋强国"，并提出"要高度关注海洋、太空、网络空间安全"。2013年7月，国家主席习近平指出，21世纪人类进入了大规模开发利用海洋的时期。海洋在国家经济发展格局和对外开放中的作用更加重要，在维护国家主权、安全、发展利益中的地位更加突出，在国家生态文明建设中的角色更加显著，在国际政治、经济、军事、科技竞争中的战略地位也明显上升。中国既是陆地大国，也是海洋大国，拥有广泛的海洋战略利益。我们要坚持陆海统筹，坚持走依海富国、以海强国、人海和谐、合作共赢的发展道路，通过和平、发展、合作、共赢方式，扎实推进海洋强国建设。实施海洋强国这一重大部署，对推动经济持续健康发展，对维护国家主权、安全、发展利益，对实现全面建成小康社会目标、进而实现中华民族伟大复兴都具有重大而深远的意义。要进一步关心海洋、认识海洋、经略海洋，推动我国海洋强国建设不断取得新成就。

第二节　中国与环印度洋南亚地区经济合作潜力分析

中国与环印度洋南亚地区国家同属发展中国家，但是中国工业化程度较高，经济发展水平较高，具有技术、资金与人力资本优势。环印度洋南亚地区资源丰富、劳动力资源充足且廉价，由于经济增长速度较快，收入处于上升期，市场潜力较大。因此我国与该地区经济合作潜力巨大，可以在贸易、投资、工程承包、基础设施建设、产业等领域展开合作，同时，在教育与人文交流、医疗卫生等领域开展合作，也是持续推进经济合作、与这一地区民心沟通的重要方面。

一 贸易合作仍具有很大潜力

我国与环印度洋地区南亚国家贸易往来密切，我国已经成为印度第一大进口国，第三大出口国；巴基斯坦第二大出口国，第一大进口国；斯里兰卡第二大进口国家，第十五大出口国；孟加拉国第一大进口国。未来合作潜力依旧巨大，这是由于环印度洋南亚国家的经济结构、贸易结构具有一定同质性，而它们都与我国的经济结构与贸易结构具有互补性，经济合作潜力巨大。而且中国具有较为完善的工业体系，产品种类丰富且价格低廉，成为该地区主要的工业制成品以及生活必需品的进口地，近年中国与该地区的贸易规模将继续扩大，贸易方式将更加多样化，互补性贸易潜力较大。

（一）商品贸易

中国与环印度洋地区南亚国家传统贸易主要集中在商品贸易领域。中国与该地区的双边贸易往来规模逐步扩大，从 2000 年到 2013 年增长非常明显，贸易总额增长将近 20 倍，未来将继续扩大，该地区对我国进口依赖程度较大，未来双边贸易规模将会继续扩大。

中国与该地区贸易结构存在互补性，贸易合作具有潜力。印度自中国进口的主要是工业制成品和劳动密集型产品。中国以出口人力资本密集型产品为主，印度仍以出口自然资源密集型产品为主，在印度的十大类进口商品中，中国生产的纺织品、机电产品、家具、金属制品、光学仪器和陶瓷等在印度进口的同类商品中占有较明显的优势地位，是两国商品贸易的合作潜力所在。巴基斯坦主要依赖我国的工业制成品进口，并且我国也是巴方主要初级品与原料半成品的出口市场，两国贸易的互补性很大。斯里兰卡的十大类进口商品中，中国出口的机电产品、纺织品、家具、鞋类制品和陶瓷器皿处于较明显的优势地位。中国对孟加拉国主要出口商品包括：棉花，锅炉、机械器具及零件，电机、电气、音像设备及其零附件，化学纤维短纤，肥料、车辆及其零附件，钢铁制品；中国自孟加拉国进口包括：针织与非针织服装以及其他纺织品，矿砂、矿渣及矿灰，塑料及其制品，光学照相、医疗设备及其零附件。我国与马尔代夫贸易基本上为我国对马尔代夫出口，进口很

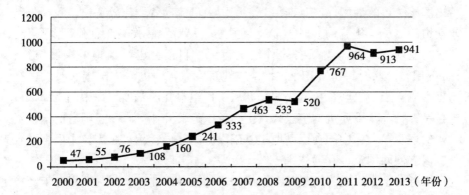

图 5-1　中国与环印度洋南亚国家双边贸易总额增长趋势（亿美元）

说明：由于马达代夫与中国贸易总额很小，与其他国家相比可以忽略，故中国与该地区双边贸易总额中只有印度、巴基斯坦、斯里兰卡与孟加拉国。

资料来源：根据《亚洲开发银行》各国别数据计算汇总整理所得。

少，未来我国对马尔代夫的进口主要可以利用其丰富的海产品来展开。

（二）服务贸易

服务贸易是未来中国与这一地区合作的重要领域，这是因为该地区的五个国家中服务业发展较为快速，在国民经济的比重较高，对经济的贡献很大，具有比较完备的服务业体系，因此我国与该地区的服务贸易具有很大潜力。可以开辟医疗康体服务、旅游服务、金融服务、咨询服务、中介服务等领域的合作。

在中印服务贸易中，中国在运输和旅游服务领域具有比较优势，印度在软件、医疗服务、酒店服务、计算机与信息服务这样的新兴产业表现出比较优势，因此两国双边贸易在上述服务贸易领域具有很好的合作前景。印度服务业 2013—2014 财年增长 6.8%，占 GDP 的 57%。其中，酒店服务业、金融类服务业、社会服务业以及建筑业分别增长 4.5%、10.9%、5.6%、1.6%，占 GDP 比重分别为 24%、18.5%、14.5%、7.8%，因而印度服务业市场发展前景比较看好。印度软件出口和服务外包发展迅速，形成了班加罗尔、金奈、海德拉巴、孟买、普纳和德里等一批著名的软件服务业基地城市，塔塔咨询、威普罗公司和印孚瑟斯公司成为全球著名的软件服务外包企业。除此之外，印度的旅游业发展迅速，提供两千多万个岗位。入境旅游人数近年来逐年递增，旅游收入不断增加，主要旅游点有阿格拉、德里、斋浦尔、昌迪加尔、那烂陀、迈索尔、果阿、海德拉巴、特里凡特琅等。

巴基斯坦与我国政治互信较强，2003 年巴基斯坦正式成为中国公民自费出国旅游目的地国。巴基斯坦对于跨国人员流动管制比较宽松，我国与巴基斯坦的人员互相流动，对于推动两国服务贸易发展具有激励作用。另外，我国与巴基斯坦的金融服务合作潜力巨大，目前，巴基斯坦的国民银行、Habib 银行、联合银行（UBL）已经在北京设立代表处。中国国家开发银行与巴方成立了中巴联合投资公司，并派工作组常驻巴基斯坦。中国工商银行卡拉奇分行及其下属机构也正式在伊斯兰堡运营开业。未来，随着两国投资规模的逐步扩大，中国在巴基斯坦基础设施的建设，越来越需要中巴金融合作，以方便两国资金互通往来。

服务业已发展成为斯里兰卡国民经济的主导产业，并成为斯里兰卡经济增长的主要驱动力，特别是信息、通信业异军突起，发展势头迅猛，增势强劲。2013 年服务业产值占 GDP 的比重为 58.1%，增长 6.4%，贸易、银行保险、房地产、运输和通信等产业增长较快。旅游业是斯里兰卡经济的重要组成部分。游客主要来自欧洲、印度、东南亚等国家和地区，近年来中国游客大量增加。2003—2005 年，斯里兰卡连续三年到访外国游客数量突破 50万人。2013 年入境人数为 127.5 万人次，同比增长 26.7%，旅游业收入17.15 亿美元，同比增长 65.2%。近年来，斯里兰卡政府利用国民识字率高、劳动技能训练有素的相对优势，正在努力把本国经济打造成服务业导向型经济。为此，我国与斯里兰卡在服务贸易尤其是旅游业领域合作潜力巨大。

马尔代夫的服务业是拉动经济的主要因素，服务业对经济的贡献率高达80%。典型的服务业是旅游业，19 世纪 70 年代马尔代夫开始大力发展旅游业，发展十分迅速，现已成为第一大经济支柱，旅游收入对 GDP 的贡献率多年保持在 30%左右，是马尔代夫主要外汇收入来源。现有 97 个旅游岛，2.5 万张床位，入住率达 70.4%，人均在马停留时间 6.7 天。截至 2013 年年底，旅游度假岛 103 个，2013 年度赴马游客人数 112.5 万人次，旅游业产值 61.39 亿卢菲比，占 GDP 的比重 27.9%，为马尔代夫提供 77%的外汇收入。中国一度成为赴马旅游人数的最多国家之一，2013 年，中国游客占到了马尔代夫全部游客的 30%。

二　对外开放政策有利于直接投资与工程承包合作

环印度洋地区南亚国家的竞争优势在于经济增长前景良好、市场潜力巨大、地理位置优越，以及普遍资源丰富且开发程度不足等。近年来南亚国家积极推动对外开放，调整国家战略，逐步放开外资进入的领域。如印度的FDI 政策逐步放宽，2014—2015 年度，印度在国防安全工业部门，允许高达

49%的 FDI 投资通过政府途径流入，绝大多数部门都开始实行自动投资渠道，FDI 进入几乎达到了 100%允许的程度，如建筑业、医疗手术行业以及铁路基础设施维护行业开放度都达到 100%。涉及最小化利用土地等国际直接投资项目将更加自由化。目前，中国对印度投资规模仍比较小，缺乏集约式投资，投资模式和领域单一，与两国经济规模与经贸合作水平不相称，提升空间较大。巴基斯坦是中国对外承包工程的重点市场之一。越来越多的中国企业进入巴基斯坦，积极参与巴基斯坦通信、油气勘探、电力、水利、交通、机场、港口、房建、资源开发等领域的项目设施。马尔代夫除了渔业等水产品领域禁止外资进入，零售业必须与当地共同投资之外，旅游、基础设施、新能源以及金融等领域都对外资开放。斯里兰卡在南亚国家中率先实行经济自由化政策。1978 年，开始实行经济开放政策，大力吸引外资，推进私有化，逐步形成市场经济格局。斯里兰卡结束内战后，亚洲国家和地区成为其主要的外资来源地，2013 年，斯里兰卡实际利用外资 13 亿美元，中国占据第二位。中资企业对斯里兰卡投资取得跨越式发展，签署多个大型投资项目，中国占斯里兰卡外资总额的 24%，中国香港占 12%[①]。民营企业对斯里兰卡投资主要涉及酒店、旅游、农产品加工、渔业、家具制造、纺织、生物质发电、自行车、仓储物流等领域。孟加拉国成为南亚地区第二大外资国，仅次于印度，巴基斯坦位列第三。

综上分析，环印度洋南亚国家由于对外开放政策趋向放宽，投资环境逐步趋好，已经成为吸引外资的重要市场，与中国的合作潜力巨大。

三　基础设施建设合作潜力大

南亚地区各国普遍存在基础设施落后，严重制约经济发展的问题。环印度洋的南亚国家经济发展已经进入中高速增长阶段，交通、通信、能源、城市基础设施亟须提升改善，合作空间广阔。

（一）铁路合作潜力

环印度洋南亚国家铁路覆盖率不是很高，铁路建设市场潜力很大。印度铁路总长 6.46 万公里，全世界排名第四，承担全国 40%的货运量和 20%的客运量，但更新换代比较滞后，往往年代较为久远，而且由于人口众多，使火车较为拥挤；巴基斯坦铁路全长 7791 公里，由于体制、资金和管理等原因长期停滞，铁路设施和机车均比较老旧，铁路布局失衡，南北向线路为主，东西线发展不足；火车是斯里兰卡主要的交通工具，铁路货运发展缓

---

① 中华人民共和国商务部：http://www.mofcom.gov.cn/。

慢，仅占全国货物运输量的 1%；孟加拉国铁路总长 2835 公里，宽轨铁路 660 公里，双轨铁路 345 公里。马尔代夫没有铁路。南亚地区普遍铁路设备老旧，运载力不够。因此我国要很好地实施"一带一路"战略，需要实现与南亚国家交通互联互通，铁路合作前景巨大。

（二）公路合作潜力

环印度洋南亚国家的公路发展受经济实力影响，发展比较滞后，印公路度总长约 469 万公里，但是由于公路普遍狭窄，交通秩序混乱，运输效率低下。巴基斯坦基础设施建设总体上比较滞后，是制约经济发展的主要因素之一。巴基斯坦国内客货运输以公路为主，公路是其主要的交通命脉，截至 2013 年底，公路通车总里程 26.38 万公里，公路密度为每平方公里有 0.23 公里公路，远低于南亚其他国家水平，其中印度公路密度为每平方公里有 1 公里公路，孟加拉国每平方公里有 1.7 公里公路，斯里兰卡为每平方公里有 1.5 公里公路。马尔代夫陆上交通仅限于首都马累，汽车、自行车为主要陆上交通工具。因此，南亚各国在公路建设方面有较大需求。

（三）海运、空运合作潜力

环印度洋南亚国家基本都是临海国家，海岸线很长，海洋运输合作潜力很大，而且也是中国进入印度洋的首选之地，因此加快与该地区的海运合作，构建海上交通线对于我国"海上丝绸之路"的开展意义重大。印度拥有 7517 公里的海岸线，对外贸易总量的 95% 和总价值的 68% 都是通过海运实现的。马尔代夫主要交通工具为船舶，全国共有各类船只 10647 只，随着旅游业的快速发展，马尔代夫民航业取得较大发展。斯里兰卡政府积极采取措施发展航空运输业，已经将航线增加到 54 条，连接全球 28 个国家和地区。孟加拉国航空公司现有飞机 13 架，国内航线 7 条，国际航线 29 条，现有 2 个海港，国内河总长 24000 公里，适合航行的内河长 5968 公里[①]。

总体而言，环印度洋南亚国家属于较为不发达地区，经济总体发展不足以及其他因素制约，发展速度较为缓慢，基础设施缺乏，资源丰富且开发程度不够，国内资金调动不足。该地区各国都注重在交通建设上投入，也相应取得一些成果，但是，基础设施建设与经济社会发展的需要相比，差距较大。随着这一地区各国的不断开放，中国的"一带一路"将与该地区在共建、共享的基础上，推动海陆空运输设备的完善与运输能力的提升。

---

① 中华人民共和国商务部国别数据。

四 电力通信、电力供给与能源开发利用合作潜力

从南亚地区能源的利用与供给上看，要远远低于中等收入国家水平和世界一般水平，南亚地区的电力产量是比较低的，很多地方的电力供应不足，尤其在巴基斯坦和孟加拉国最为严重，夏季用电高峰期时，城市每日停电时间可达 12 小时，农村每日停电时间可达 16 小时，巴基斯坦共有大中型电厂 37 座，对风能、太阳能、生物能等可再生能源的利用尚未形成规模，巴基斯坦电网建设落后，输电损耗大，输电和窃电损失占总电量的 25%；孟加拉国供水供电不足，常常出现断水断电等情况，只有 50% 的人口能够获得电力供应；印度的通电率由 2001 年的 56% 增加到 2011 年的 67%，但农村家庭仍有 45% 用不上电，城市供电不稳定，电力燃料供应不足，上网电价低，电网输送损耗大，电力供应不足仍是长期制约印度经济发展的瓶颈之一。

环印度洋南亚国家电信通信的普及率较低，近年，印度电信服务行业发展迅速，手机银行与农村短信息等服务已经兴起，未来市场扩张空间仍然巨大，尤其是 3G 服务和农村地区移动服务领域。巴基斯坦 2000 年开始对外开放电信行业，大量外资涌入，推动行业高速发展，电信覆盖率达到 77%，高于本地区其他国家，其中斯里兰卡为 55%，印度为 37%，2014 年 4 月，3G、4G 牌照在巴基斯坦正式拍卖。但是受经济发展水平、人口密度、地质状况等因素影响，北部高海拔地区、部落和偏远农村的通信网络建设相对落后，近年来，巴基斯坦互联网和邮政服务发展迅速，互联网的普及率由 2003 年的 1.34% 提高至 2013 年的 16%。孟加拉国全国主要城市都已经联入电网，但在农村仍有大部分地区没有联网，输电网络建设不足。

表 5-1   南亚地区能源使用情况对比

电力与能源使用项目	低收入水平国家	南亚地区	世界水平	中等收入国家水平
电力产量（十亿千瓦/小时）	209.7	1216	22158	9779
能源使用（人均每公斤石油消耗）	360	555	1890	1281

资料来源：根据世界银行 *World Development Indicators* 2015。

总体而言，南亚国家由于技术落后，在能源的使用上并不具备优势，能源使用水平不及世界一般水平的三分之一，也达不到中等收入国家水平的一般水平，所以，南亚地区的能源开发市场潜力巨大，需要外国资金与技术引进提升能源的使用率。

五　产业互补性合作潜力大

孟加拉国、斯里兰卡以及印度的产业结构极其相似，农业、工业、服务业对经济的贡献率依次增加，服务业是拉动经济发展的主要动力，服务业对经济的贡献率都超过50%，工业对经济的贡献在30%左右，农业相对较小，在15%左右（详见图5-2）。

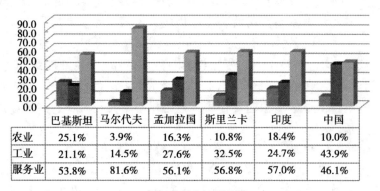

	巴基斯坦	马尔代夫	孟加拉国	斯里兰卡	印度	中国
农业	25.1%	3.9%	16.3%	10.8%	18.4%	10.0%
工业	21.1%	14.5%	27.6%	32.5%	24.7%	43.9%
服务业	53.8%	81.6%	56.1%	56.8%	57.0%	46.1%

■农业　■工业　■服务业

图5-2　2013年中国与环印度洋南亚国家产业结构

资料来源：亚洲开发银行 *Key Indicators for Asia and the Pacific* 2014。

印度拥有世界1/10的可耕地面积，耕地面积约1.8亿公顷，是世界上最大的粮食生产国之一。工业体系比较完善，主要包括纺织、食品、化工、制药、钢铁、水泥、采矿和机械，近年来，汽车、电子产品制造、航空航天等新型工业发展迅速，能源供应不足制约了工业的发展。印度汽车零配件、医药、钢铁、化工等产业水平较高，竞争力较强。服务业实现较快发展，占国民经济比重较高，连锁经营和现代物流配送方式还有待发展。印度纺织业在国民经济中占有极其重要的地位，纺织业对印度GDP的贡献达到4%。印度的医药业规模在全球范围内排第二位，生物医药是印度制药业的领头羊，较大规模的研发型生物制药企业270家。

斯里兰卡经济近十年来保持中速增长。2005—2008年，斯里兰卡国民经济增长率连续四年达到或超过6%，为独立以来的首次。2008年以来，受国际金融危机影响，外汇储备大量减少，茶叶、橡胶等主要出口商品收入和外国短期投资下降。国内军事冲突结束后，政府采取了一系列积极应对措施。国际货币基金组织向其提供26亿美元临时信贷安排。近年来宏观经济逐步回暖，呈现出良好发展势头，2011年经济增长率为8%，2012年经济增长率为 6.4%，2013 年经济增长率达到 7.3%，人均国内生产总值为 3280 美元。斯里兰卡经济以种植园经济为主，可耕地面积 400 万公顷，已利用 200 万公顷。主要作物为茶叶、橡胶、椰子等。2013 年农业产值占 GDP 的 10.8%，增长 4.7%。工业基础薄弱，以农产品和服装加工业为主。资金与技术密集型工业尚未形成，几乎无重工业。工业主要有纺织、服装、皮革、食品、饮料、烟草、造纸、木材、化工、石油加工、橡胶、塑料和金属加工及机器装配等工业，大多集中于科伦坡地区。2013 年工业产值占 GDP 的 31.1%，增长 9.9%。纺织服装业是斯里兰卡国民经济的支柱产业和最重要的工业行业，也是斯里兰卡的第一大出口创汇行业。另外，斯里兰卡宝石及加工也是世界闻名的产业。

孟加拉国是最不发达国家之一，经济发展水平较低，国民经济主要依靠农业。政府主张实行市场经济，推行私有化政策，改善投资环境，大力吸引外国投资，积极创建出口加工区，优先发展农业。2013—2014 财年[①]国内生产总值为 1755 亿美元，人均国内生产总值为 1190 美元。纺织服装业是孟加拉国的支柱产业，服装出口额占到总出口额的 80% 之多，黄麻及其制品是孟加拉国第二大出口商品，2012—2013 年度占到总出口额的 4.9%，皮革及皮革制品是孟加拉国的传统优势行业，年平均皮革产量约为 1.5 亿平方英尺，约占世界总产量的 2%—3%，2012—2013 年度，孟加拉国出口皮革及皮革制品 539.9 亿塔卡，占孟加拉国总出口额的 3.4%。轻工业是孟加拉国的引资的重点行业，孟加拉国有 4000 多家小型轻工企业，年产值约为 1.2 亿美元。

巴基斯坦不同于其他环印度洋南亚国家，其农业占 GDP 的比重微高于工业，服务业在 GDP 的比重也高达 50%。巴基斯坦经济以农业为主，农业产值占国内生产总值 21%。2013—2014 财年，巴农业增长率为 2.1%。主要农产品有小麦、大米、棉花、甘蔗等。全国可耕地面积 5768 万公顷，其中实际耕作面积 2168 万公顷。农业人口约占全国人口的 66.5%。纺织业、皮革业、水泥业、制糖业、化肥业是巴基斯坦的重点与特色产业。2013—2014 财年[②]国内生产总值 2250 亿美元（世界银行数据），同比增长 4.14%，人均国内生产总值 1299 美元。最大的工业部门是棉纺织业，其他还有毛纺织、制糖、造纸、烟草、制革、机器制造、化肥、水泥、电力、天然气、石油等。

马尔代夫旅游业、船运业和渔业是经济发展的三大支柱。农耕面积少，土地贫瘠，农业较落后，椰子生产在农业中占重要地位，约有 100 万棵椰子

---

① 孟加拉国 2013—2014 财年为 2013 年 7 月 1 日至 2014 年 6 月 30 日。

② 巴基斯坦财年始于 7 月 1 日，截至翌年 6 月 30 日。

树，其他农作物有小米、玉米、香蕉和木薯。2004年海啸摧毁马尔代夫大量可耕地。2013年农业产值为 3.68 亿拉菲亚，约占 GDP1.7%。蔬菜和家禽养殖业随着旅游业的扩大开始发展。马尔代夫实行小规模开放型经济政策。以旅游业带动的服务业是拉动经济的主要因素，服务业对经济的贡献率高达 80%。渔业是马尔代夫吸收就业的主要渠道。渔业资源丰富，盛产金枪鱼、鲣鱼、鲛鱼、龙虾、海参、石斑鱼、鲨鱼、海龟和玳瑁等。鱼类主要出口中国香港、日本、斯里兰卡、新加坡和中国台湾。2013年渔业产值为 3.25 亿拉菲亚，占 GDP 1.5%。渔业是马尔代夫传统的商品出口产业，水产品出口前五名的国家依次是泰国、法国、意大利、英国、斯里兰卡。近年，受渔业发展政策的和捕捞能力的限制，马尔代夫的渔业发展缓慢，占 GDP 的比例逐年下降。马尔代夫制造业仅有小型船舶修造，及海鱼和水果加工、编织、服装加工等手工业。

中国的工业与服务业相辅相成，成为拉动经济的两大支柱，工业的发展是衡量一个国家城市化、工业化进程的重要指标，也是一个国家长久发展的主要动力，服务业是吸纳劳动力最大的部门。2013年度，中国的服务业与工业对经济的贡献率分别达到 46.1% 与 43.9%，都接近一半的水平，农业占比逐步缩减。

综上所述，中国与环印度洋南亚国家产业具有很大互补性，中国的工业体系比较完善，在制造业方面中国具有比较优势，可以与环印度洋南亚国家实现工业互补性合作。在海洋渔业开发、医药、纺织、皮革、服装、农产品加工等制造业，以及 IT、金融、旅游等服务业，都是实现产业互补性合作的重要领域。

六　医疗、卫生以及环境合作

南亚地区整体基础设施建设不足，先进的环境卫生设施尤其缺乏，由于国家内地区之间发展水平、贫富差距很大，先进卫生医疗设备的覆盖面不广，很多落后偏远地区无法享用先进的卫生设施，这也是南亚国家死亡率比较高的原因之一。南亚地区由于经济条件和其他客观条件所限，海陆受保护的面积在总领土的比重在世界属于低等水平，受保护面积远远不到世界一般水平。

表 5-2　　　　　　　　　　　南亚地区环境情况对比　　　　　　　　（单位:%）

环境卫生及环境保护项目	低收入水平国家	南亚地区	世界水平	中等收入水平国家
森林砍伐率（2000—2010）	0.61	-0.29	0.11	0.13

续表

环境卫生及环境保护项目	低收入水平国家	南亚地区	世界水平	中等收入水平国家
城市人口增长率	3.90	2.60	2.10	2.40
有机会利用先进环境卫生设施（总人口占比）	37	40	64	60
有机会享受先进水资源（总人口占比）	69	91	89	90
海陆受保护面积占总领土比重	13.50	5.90	14	14.40

资料来源：根据世界银行 *world development indicators* 2015 整理。

该地区洁净饮水以及用水问题和环境卫生问题也不容乐观，先进的卫生设施覆盖不足，在医疗卫生中的资金投入不足。2011 年，印度全国医疗卫生总支出占 GDP 的比重为 3.9%，按照购买力平价计算，人均医疗健康支出 146 美元。而且由于印度等南亚国家人口密度大，本身医疗设备不足，分摊到每个人的人均医疗设施更是不足，印度 2006—2012 年间，平均每万人只拥有医疗床位 7 张，巴基斯坦医疗设备是大城市分布比较多，救治条件比较好，但是在农村、边远地区医疗卫生条件相对较差。2011 年人均医疗健康支出为 83 美元，2006—2012 年间，平均每万人拥有医院床位 6 张，医疗设施远远不能满足国内需求。孟加拉国国立医院医疗条件差，只能治疗一般常见病，私立医院虽然条件好，但是费用高，医疗卫生不能惠及普通人民大众，人均医疗健康支出仅为 67 美元，属南亚最低水平。因此，针对印度、孟加拉国和巴基斯坦，该领域是我国资金进入的广阔市场，同时也是我国医疗设备出口的广阔之地。除此之外，我国与之在饮用水过滤清洁、先进卫生设施建设上具有很大合作潜力。斯里兰卡是南亚国家中卫生事业比较发达的国家，在全国具有比较完善的卫生保健网，在政府医院就医实行免费医疗已有 50 多年的历史，医疗设施比较完备，平均每万人拥有 36 张床位。斯里兰卡在治疗蛇咬伤、骨折以及风湿病等方面有独到之处，可以与我国开展合作与交流。马尔代夫的医疗能力很差，尤其缺乏高水平医生，多数环礁行政区需赴首都马累就医，甚至赴海外就医，医生基本从印度、巴基斯坦、斯里兰卡等国引进，因此我国与马尔代夫的医疗合作潜力在于输入高水平的医生以及先进医疗能力输入等。

第三节 中国与环印度洋地区东南亚国家经济合作潜力分析

中国与环印度洋地区东南亚国家在双边贸易、直接投资、农林渔业、能源等方面都有着巨大的经济合作潜力。具体而言，以下几个产业中都有经济合作潜力。双边贸易、直接投资以及金融合作方面的状况与前景在第四章中已经详细讨论，故本章着重讨论中国与环印度洋地区东南亚国家在其他门类的经济合作潜力。

一　农林渔业合作

中国与环印度洋地区东南亚国家，可以深化农业、渔业合作，继续加强在天然橡胶种植和加工、农业机械贸易、渔业捕捞、深水养殖等领域合作。突出表现在中缅农业合作方面。从 2010 年以来，中缅边境地方政府按照"政府主导、企业先行、群众参与"的模式，不断加强双方在农业上的合作，得到了中缅边境群众的认可。第一是建立中缅跨境农业合作制度。通过双边农业部门定期或不定期举办联席会议，不断加大与缅方在西瓜、玉米、甘蔗、优质稻、柠檬、蔬菜等作物上的全方位合作，并就缅方提出的"开展农业科技培训指导、建立农产品质量安全检测体系和农产品统一采购"等问题进行沟通协调。第二是多措并举推进跨境农业合作。一是鼓励企业"走出去"开展农业合作。截至 2014 年 6 月，缅北西瓜年种植面积为 20 万亩，其中：中国水果商和农民种植的面积约为 13 万—14 万亩，缅甸农民种植的面积为 6 万—7 万亩，直接为缅北农民带来收益 4.9 亿元；[①] 二是借助民间力量，积极开展跨境农业合作。瑞丽的大部分少数民族走出国门到缅甸木姐、南坎等地种植蔬菜近 1 万亩，极大地丰富了中缅边境地区"菜篮子"工程。三是由中缅友好协会牵头，以云南省农业科学院为科技支撑，在缅甸贵概县实施 1000 亩柠檬标准化核心示范基地建设项目，并积极筹备成立中缅现代化农业合作示范区缅甸合资公司，为缅甸特色产业发展找到了一条新路子。四是在巩固已有的传统跨境农业合作模式上，进一步扩大双方在有机粮食、有机蔬菜、有机水果、农业机械化作业和水产养殖上的跨境合作，并在中缅边境建立 250 亩中缅跨境合作农业高产示范区，跨境农业合作的广度和深度不断扩大。通过这些项目的合作推广，不仅带动了境外农民生产发展的积极性，取得了良好的经济效益，同时，增进了中缅睦邻友好关系，为边疆和谐稳定发挥了积极的促进作用。

此外，中国已经发展成为泰国农业界高度重视的国际伙伴，并继续在农产品贸易和现代化农业项目方面开展合作。如 2017 年 1 月泰国商业部、出口米商会在中国新设立了泰国香米（中国）进口俱乐部。2016 年 12 月，中

---

① 《瑞丽：中缅跨境农业合作最活跃的区域》，瑞丽网，2013 年 8 月 23 日。

国铁建（东南亚）有限公司与泰国"双赢地产开发公司"签订了泰国生态农业工厂项目施工总承包合同。该项目建成后将成为东南亚最大的生态农业工程项目。未来中泰农业合作前景广阔。

同时，中国与印尼在农业方面的合作也引人注目。随着2013年中印尼两国关系提升为全面战略伙伴关系，两国建立了农业联委会机制，就农产品贸易、农业投资等方面开展深入合作。如2014年1—10月间，印尼棕榈油出口量已达1753万吨，中国是印尼棕榈油出口的第二大对象国。[①]

在渔业合作方面，中国与印尼有广阔的合作前景。目前，中国国家海洋局和印尼海洋与渔业部共同签署了《中印尼海洋领域合作谅解备忘录》，成立了《中国—印尼海洋与气候联合研究中心》在海洋资源开发方面展开合作。

马来西亚渔业资源丰富，年可持续捕量为119万吨。[②] 目前马来西亚只有100艘深海作业船只。中国企业拥有成熟的渔业生产技术和较强的生产力，双方合作得到两国政府的支持，合作前景十分看好。

二　服务业

服务业是环印度洋地区东南亚国家经济的重要组成部分，服务业产能占到多个国家国内生产总值的一半以上。中国—东盟致力于打造自由贸易区升级版，服务业将迎来更大的发展机遇，这也将有利于中国与该区域内多个国家在各个领域的合作。因为中国东盟自贸区协议主要分为三个部分，货物贸易协议已经有效实施，服务贸易协议和投资协议尚待进一步落实，中国与该区域内多个国家也许可以加快这一进程。在服务贸易协议签订后，中国东盟之间服务贸易发展得很快，中国与马来西亚以及印尼两国或能相互开放更多的领域，巩固和加深承诺，这一点在落实投资协议上也是一样的。如果我们能够升级服务贸易协议和投资协议，必将促进中马、中国与印尼之间的服务贸易、货物贸易和投资。

新加坡拥有全球最繁忙的集装箱码头、服务最优质的机场，航空、海运、陆路物流及仓储业发达，是亚洲物流网的中心之一。2014年2月，包括中银集团投资有限公司在内的三家国有企业组成的投资者向新加坡普洛斯

---

① 《2015年印尼棕榈油出口前景》，中华人民共和国商务部，2014年12月12日，http://www.mofcom.gov.cn/article/i/jyj/j/201412/20141200833601.shtml。

② 《中马远洋渔业合作前景广阔》，中国甜糯玉米网，http://corn.vegnet.com.cn/Field/Detcal/232231. 2017年3月10日联网查询。

公司投资 25.1 亿美元，押注国内仓储需求增加的前景。① 包括中银集团投资有限公司和私募股权投资公司厚基金在内的这组投资者将向普洛斯中国投入 23.5 亿美元，获得后者 34% 的权益，同时向在新加坡上市的普洛斯公司投资 1.63 亿美元。② 此次中国国企对新加坡公司的投资，有助于满足中国近年来增加的仓储需求。

此外，旅游业是新加坡外汇主要来源之一。新加坡环境优美、文化多样，旅游资源丰富，吸引了年均千万计的外国游客。旅游业市场巨大、产值高，是吸引外资的重要领域。作为深受中国游客喜爱的旅行目的地，新加坡近年来持续升级旅游资源，不断推出崭新的旅行体验，吸引广大中国游客前往。自 2011 年底启动"从心发现"主题整合营销活动以来，新加坡旅游局借助全媒体整合传播平台，向中国游客全面深入地介绍当地人文旅游资源与旅游景点，吸引了众多消费者参与其中，获得市场的广泛好评与合作伙伴的支持。为实现以消费者为中心的增长目标，新加坡旅游局还密切联系航空、旅行社、酒店等旅游业上下游企业，通过资源共享、产品开拓、行业展会等形式，为中新旅游业者发掘新商机，实现了双赢价值增长。③ 随着中国市场的不断增长和游客需求的不断升级，新加坡旅游局将与中新两国旅游业者采取更紧密的合作模式，共同进行产品与线路的设计、推广和服务，为中国游客提供更加优质的旅行体验。

在中缅旅游合作方面，云南德宏州充分利用边境区位优势积极与缅甸开展精品旅游线路，发展边境旅游业。德宏旅游业协会与缅甸缅中旅游合作发展监理会签署中缅边境跨境旅游友好合作协议，新增五条边境跨境旅游线路，分别是中国畹町（甲口岸）—缅甸九谷—缅甸 105 码—缅甸木姐—中国瑞丽姐告（乙口岸）；中国畹町（甲口岸）—缅甸九谷—缅甸 105 码—缅甸木姐—缅甸南坎—中国瑞丽弄岛（乙口岸）；中国瑞丽姐告（甲口岸）—缅甸木姐—缅甸南坎—中国瑞丽弄岛（乙口岸）；中国瑞丽姐告—缅甸木姐—缅甸南坎—中国瑞丽姐告；中国瑞丽姐告—缅甸木姐—中国瑞丽姐告。滇缅之间的《旅游友好合作交流会》会晤机制等从五方面强化旅游区域合作，进一步深化了中缅双方的旅游区域合作，促进了中缅双方旅游产业的共

---

① 《中银集团等三国企向新加坡仓储巨头投资 25 亿美元》，2014 年 2 月 20 日，中国—东盟博览会官网，http：www.caexpo.ovg/html/2014/zimaoqudongtai_ 0220/202914.html。

② 《中银集团第三国企业向新加坡仓储巨头投资 25 亿美元》，中国新闻网，2014 年 2 月 19 日，http：//finance.co.cn/roumg/201402/19/t20140219_ 2331522.html。

③ 《新加坡积极拓展中国旅行市场，推出崭新旅行体验》，中青在线，2012 年 11 月 20 日，http：//aews.cyol.com/content_ 7381447.htm。

赢发展。2013 年国家主席习近平会见缅甸总统吴登盛，会谈后两国元首共同出席两国政府经济技术合作协定等双边合作文件签字仪式，这个协议对于以后在旅游方面的签证手续、打击非法导游方面都有着巨大的积极推动作用。中缅旅游合作前景利好。

三　能源合作

深化双方能源投资合作，是促进投资与贸易、生产与销售相结合的有效途径，能够使合作取得更好的实际效果。中国在能源工程建设、运行管理、设备制造以及技术、资金等方面具备较强的市场竞争力，在这个区域内，中国与印尼、新加坡以及缅甸在能源业方面的合作潜力巨大。

印尼在能源资源开发利用和市场拓展方面具有较大的空间。我国相关部门可鼓励有实力的企业到印尼参与能源项目投资建设，支持企业创新投资合作方式，支持签订长期供货合同，扩大能源贸易规模，并提供必要的政策优惠。同时积极鼓励和欢迎印尼能源企业来华开展能源业务。要开拓合作领域，在继续加强和巩固现有合作领域的基础上，双方可进一步拓展新的合作领域，包括：加大资源勘探开发合作力度，延伸能源开发下游的产业链条，发展风能、生物质能等可再生能源，推进能源清洁利用，加强技术交流和人才培训等。还可共同开展第三国能源勘探开发以及我国南海海上油气开发等合作。双方在其他资源开发利用方面的合作，也有待开拓。

新加坡是世界第三大炼油中心和石油贸易枢纽之一，也是亚洲石油贸易定价中心，汇集了壳牌、美孚等知名化学公司及中石油、中石化等石化企业。石油石化产业是一个高度全球化的产业，新加坡以其良好的投资环境和地域优势，已成为国际石油巨头发展润滑油业务的聚集地。一直以来，润滑油品牌是跨国能源公司在市场上的形象代表。近年来，中国石化坚持实施资源、市场、一体化、国际化、差异化以及绿色低碳战略，致力于建设国际一流的能源化工公司；在加大海外能源开发的同时，也着手对炼化业务进行海外布局；目前，中石化已开展与新加坡在此方面的合作。[1] 中石化新加坡润滑油脂工厂的落成，将有利于发挥润滑油业务在国际市场开发中的品牌效应，扩大中国石化在海外市场的知名度和影响力。[2]

长期以来，缅甸与中国的能源合作态势平稳良好。根据中国外交部的数

---

[1] 《中国石化长城润滑油国际化提速》，中国石化网，2013 年 7 月。

[2] 《中国石化在新加坡的全面发展战略研究》，中国石化网，2013 年 7 月 17 日，http://www.sinopeeqroup.com/qroup/xwzx/mtbd/20130717/news_ 20130717_ 384600000000. shtml.

据，截至 2010 年 7 月 31 日，各国对缅甸矿产、油气和电力领域的投资总额为 271.84993 亿美元，其中中国对缅甸电力领域投资 53.1163 亿美元，石油天然气领域投资 49.53709 亿美元，矿业领域投资 18.77388 亿美元，三项总额达 117.42727 亿美元，占中国对缅甸全部投资总额 318.95 亿美元的比例为 95.3%，中国对上述三项领域的投资占各国同行业投资总额比例为 43.2%。[①] 1999 年中马两国签署的《关于未来双边合作框架的联合声明》中承诺加大能源合作。

2016 年 11 月习近平总书记会见马来西亚总理纳吉布时，表示中马之间需加强能源项目方面的合作。未来中马能源合作可以从参与天然气管道运输设施建设、参与液化天然气分销、参与联营设厂生产石油方面展开合作。

四 制造业

印尼制造业需要中国投资。加大对印尼工业领域投资，帮助印尼提高工业化水平，不仅有利于我国加快调整经济结构和转变经济发展方式，还有利于消除部分印尼企业对自贸区的顾虑，确保中国—东盟自贸区的顺利实施。从长远看，增长迅速、潜力巨大的印尼消费市场值得高度重视，加大对印尼工业领域投资，有利于中国企业在国际市场竞争中赢得主动权。促进双边贸易持续增长。中国与印尼两国在产业和产品结构上互补性非常强，表现在进出口结构上，机电产品在中国对印尼的出口中占有重要地位，而中国从印尼进口的主要是初级产品。中方应继续鼓励企业扩大进口印尼有优势的食品、机械电子、天然橡胶、棕榈油、热带水果、矿产和轻工产品，改善贸易结构。

五 基础设施领域

加强基础设施领域合作，推动重大合作项目进展，中方鼓励金融机构为项目建设提供融资支持和便利。随着越来越多的中国企业赴海外投资，印尼成为一个重要的投资目的地。印尼近年加大经济重建力度，重点在扩大基础设施建设，要求中国加大对印尼的投资。中国企业加强对印尼的基础设施投资有许多优势：承揽和实施型项目的能力强；企业业务领域广，在各类房建、交通运输、水利电力、通信等方面具有一定优势；中国政府支持企业对外投资。基于上述优势，中方可在基础设施建设领域加大与印尼的合作力度，鼓励企业加大投资力度，鼓励金融机构提供更多的金融支持，更加有力

---

① 戚凯：《变革背景下的中缅能源合作》，《中国能源报》第二版，2012 年 7 月 9 日。

地推动重大合作项目取得进展。

近年来，新加坡推出轨道交通建设计划，在地铁网络扩展、高速公路系统建设等方面加大建设力度。此外，港口、机场等基础设施的整修、重建、搬迁等也提上议事日程，前景广阔。目前新中两国企业间在全球范围内已有100多个合作项目，预计未来中国与新加坡在基础设施建设领域将有更多成功的合作。亚洲基础设施建设将促进中国—东盟自贸区的升级，区域内经济合作伙伴关系、亚太自由贸易区和大湄公河次区域经济合作（GMS）的发展及"一带一路"战略的实施。要将巨大的基础设施建设需求转换为实际的可操作项目，首先要有新的融资方式和新的项目构建、合作模式；其次通过更加公开、透明的措施，创造有利的环境来吸引投资；再次为有合作潜力的伙伴提供更多交流和合作的平台。[①] 新加坡致力于发展成为区域内基础设施建设中心。为此，新加坡在未来将规划和启动更多合作项目，包括与地区机构组织共建平台，为企业提供动力参与合作项目等。未来，新加坡国际企业发展局将与包括中国贸促会在内的中方机构加强合作，探讨、交流基础设施建设方面的实践和经验。

在基础设施方面，泰国既连接陆上东盟，也连接海上东盟，是有着6亿多人口东盟大市场的天然交会点，区位优势得天独厚，公路、铁路、航空、港口、通信、电力等基础设施较为完善，在推动21世纪"海上丝路"建设方面具有巨大潜力。泰国正在大力发展基础设施建设，完善国内铁路、公路网络，新建扩建港口，增开航班，不断提升自身作为本地区互联互通枢纽的地位。加强基础设施互联互通正是"一带一路"建设的优先领域。中泰加强这一领域的合作，不仅能使泰国成为更加重要的地区交通枢纽，还能为促进地区互联互通和泛亚铁路网建设发挥更好的综合示范效应。

六　环保与生物产业

中国与东盟国家在医药领域优势互补，近年来双边经贸合作取得很大进展。2014年东盟成为仅次于美国的第二大中国医药出口市场。中国与印尼，全面加强两国在环保领域的合作，加强双方在10+1、10+3、WTO、APEC、G20等国际和区域框架下的经贸合作，推动中国与印尼经济关系的深化发展。印尼是世界上热带雨林面积最大的国家之一，联合国指定印尼为世界减排领导国之一。中国与印尼是两个发展中大国，在世界减排中责任重大，可以加强合作，发挥各自的优势。

---

① 《亚洲—新加坡基础设施圆桌论坛在新加坡举行》，新华网，2015年4月16日。

　　中国与新加坡在生物制药业方面有较大合作潜力。新加坡近年重点培育的战略性新兴产业，享受政府优惠政策，吸引了世界顶尖的生物制药公司前来投资。新加坡是全世界医药行业巨头（包括拜耳、葛兰素史克、诺华和罗氏公司）的大中华区总部，也为当地提供了 37735 个就业机会（2012 年统计）；三大风投资本累计 1770 万美元，跃居第六；累计专利数量 3068 件位居第六，研发支出 769.87 亿美元，居第七。尽管相当大的支出用于 30 多个科研机构、科技部（A∗STAR 计划）和卫生部等公共研究机构，但其中也有超过 15 亿美元用于生物医学研究。① 新加坡近年来积极发展生物医学，在过去的五年里，政府下属的经济发展局资助了 300 多人出国到顶尖的生物制品公司进行培训。新加坡是 2014 年 11 月在北京成立的国际药品监管机构联盟的 3 个管理委员会核心成员国之一。中国与新加坡未来在药品开发与监管方面有广阔合作空间。马来西亚政府鼓励临床试验和新药开发，从事生物医药、营养品、微生物药品和益生菌的企业可享受优惠的投资政策，吸引中国企业来到马来西亚生产清真医药产品。目前吉林省与宁夏自治区均与马来西亚开展了生物医药方面的合作。生物医药将推动中国相关产商开拓马来西亚市场，逐步辐射东南亚市场。

第四节　中国与环印度洋地区中东国家经济合作潜力分析

　　发展与环印度洋地区中东国家的贸易与经济发展对中国具有重要的经济和政治意义。中国与环印度洋地区中东国家的贸易以能源为核心，且具有较强的互补性，双边贸易是互利共赢的，因此双边贸易有较大的发展空间；继续拓展与环印度洋地区中东国家在工程承包市场的合作有利于带动投资和出口并促进产能的转移。实行承包企业与金融企业紧密合作，形成承包工程与投资相互促进，对中国企业"走出去"具有重要的现实意义，也具有发展的前景。因此，中国与环印度洋地区中东国家经济关系的未来具有较大的发展潜力。

一　能源联系继续加强使双边贸易关系发展具有较大潜力

　　环印度洋地区中东国家都是产油国，随着中国经济的持续发展，对能

---

　　① 《GEN：亚洲八大生物医药产业群中国》，制药机械行业网，2014 年 4 月 2 日，http：//www.pharmjx.com/neus/37232.html。

源的需求持续增加，需要稳定的能源供应。长期以来，中国能源进口主要来源于中东地区，环印度洋地区中东国家是中国主要的石油进口来源地，而且这种趋势在可预见的未来难以改变。而中国也是环印度洋地区中东国家石油出口的重要市场，这些国家经济的发展需要稳定的石油出口市场及制成品进口。因此，双边在能源供求上相互依赖，双边贸易的互补性较强。中国与环印度洋地区中东国家以能源为核心的贸易发展有巨大的潜力。

中国与环印度洋地区中东国家经济合作随着能源贸易的增加迅速发展，能源贸易促进了双边战略合作伙伴关系的发展。中国依赖环印度洋地区中东国家石油供应主要是由于该地区石油储量、产量及产能都优于世界其他地区，而且未来仍将是中国石油主要的供应来源。2012 年中国从环印度洋地区中东国家进口的原油为 1.34 亿吨，占中国进口总量的 49.4%。其次，中国进口环印度洋地区国家石油条件有利。中国与环印度洋地区中东国家大都保持着良好的政治关系，并有着良好发展前景的经济贸易基础。

（一）中国经济增长对能源进口依赖增强且国际能源进口国地位上升

随着中国经济的快速增长，从 20 世纪 90 年代初以来，中国石油消费需求迅速上升，国内供求缺口扩大。陆上石油是中国石油工业的主体，占全国原油总产量的 90%。东部地区原油产量占全国的 75%[1]，但是东部地区的油田由于相继进入开发后期，产量增长停滞。20 世纪 90 年代以来陆上原油产量的增加主要来自西部地区。但是由于西部地区地质条件复杂，生产成本高于国内国际水平，不利于开发，难于形成一定规模的生产能力。而海洋石油开发是高科技、高投入、高风险的特殊产业。中国东海和南海部分海域的油气资源前景可观，但与相邻国家间的领土主权存在争议，在短期内尚难以实现从这些海域开发石油资源。

中国 1996 年成为原油净进口国，原油净进口量总体呈上升趋势。2014 年石油净进口已达 3.08 亿吨，同比增长 5.7%。石油消费量达 5.18 亿吨，同比增长 3.7%，石油对外依存度达 59.5%[2]。由于中国国内石油生产能力相对有限，增产幅度远低于需求增加的幅度，由此带来的石油需求缺口导致中国的石油进口量逐年增大，对石油进口的依赖加强，促使中国的国际能源

---

① http：//www.cnpc.com.cn/CNPC/ywycp/yqsyyw/yqsyall/6bca68c9 - 763d - 4c5c - b7fb - 8e6ddd40f4b5.htm；http：//www.jdzj.com/tech/200905/20090529231058_ 41801.html，2011-08-09.

② 钱兴坤、姜学峰主编：《2014 年国内外油气行业发展报告》，石油工业出版社 2015 年版，第 13 页。

进口国的地位上升。

（二）环印度洋地区中东国家在国际能源供应格局中地位上升

环印度洋地区中东国家是世界最大石油产地和供应地。世界上储量 50 亿桶级的超大型油田中，60%位于该地区。环印度洋地区中东国家不仅石油储量丰富、产量高、油质好，而且易于开采，开采成本较低。另外，环印度洋地区中东各国的大部分油田都分布在海湾沿岸的海边或陆地，原油运输方便。截至 2010 年，全世界消费的石油 50%以上来自中东，其中绝大部分来自该地区。

环印度洋地区中东国家是全球石油市场的重心，且这种重要性日益明显。2014 年，在世界石油产量排前十名的国家中，环印度洋地区中东国家占 5 个，即沙特阿拉伯、阿联酋、伊朗、伊拉克和科威特，分别居世界第二、第五、第六、第七和第八位，占世界总产量的 12.9%、4%、4%、3.8%和 3.6%[①]。环印度洋地区中东国家拥有世界前八大天然气资源国家中的 3 个：伊朗、沙特阿拉伯和阿联酋。

美国于 2001 年发布的"新能源计划"曾指出，全球经济仍将继续依赖于海湾国家，沙特阿拉伯仍将是世界石油市场稳定供应的关键。随着全球经济的复苏，全球对石油供应的需求将继续增加，海湾地区产油国尤其是环印度洋地区中东国家在国际石油和天然气供应格局中的能源出口国地位将继续上升。

（三）中国与环印度洋地区中东国家分别需要加强能源进口和出口安全

对中国来说，经济的发展需要石油供应的安全。首先是要保证获取石油的容易性，其次是提高获取石油的可能性。最为方便快捷的是依靠国内供应，但随着经济的增长和能源结构优化，中国将不断扩大对石油的需求。中国是发展中国家，也是人口大国，人均石油资源占有量偏少。到 2014 年底，全球的探明石油储量为 2398 亿吨，中国为 25 亿吨，仅占世界的 1.04%；世界石油储采比为 52.5 年，而中国仅为 11.9 年[②]。中国在经济发展的进程中，高能耗产业在产业结构中占据重要地位。同时，随着城市化进程的发展和人民生活水平的提高，更多的居民将成为现代能源的消费者，这些因素都将对石油能源的需求产生强大的动力。另外，传统能源结构是构成中国环境污染的重要因素，特别是煤炭使用已经成为污染中国空气污染的主要原因。因此，优化能源结构也促进了对石油天然气能源的需求。而稳定的能源进口来

---

① *BP Statistical Review of World Energy*, June 2015, p. 8.

② Ibid., p. 6.

源是经济安全的重要保证之一。

对环印度洋地区中东国家来说，国家财政收入主要来自石油出口收入，因此，其经济的稳定和发展需要有稳定的石油出口市场保证。而且由于近年来"低碳经济"概念流行，西方国家不断加大力度开发清洁能源和替代能源，以减少对石油等不可再生资源的消耗和依赖。这对于高度依赖出口石油的环印度洋地区中东国家的石油出口市场面临危机。在此背景下，环印度洋地区中东国家更迫切寻求稳定的能源合作伙伴，与中国发展长期石油天然气贸易，既可以确保未来能源出口市场的稳定，也是其保证经济安全的重要途径。基于此互利共赢的前提，双方能源贸易关系趋于加强。

中国对环印度洋地区中东国家出口的增长低于进口的增长，机电产品、纺织服装仍然是主要出口商品。2010—2015 年，环印度洋地区中东国家对投资类商品的需求增速下降，受此影响，中国对其机电产品出口贸易的发展也将放缓，但是，中国机电产品由于低价优质的优势，仍可能保持较快增长速度。而中国生产的家具类商品具有质量和价格上的竞争优势，有可能在对其出口贸易中数量有所增加。

（四）扩大货物出口推动贸易关系的可持续发展

近年来，中国与环印度洋地区中东国家贸易规模持续扩大，但贸易逆差突出，扩大货物贸易的出口有助于减小贸易逆差，促进双边贸易关系的可持续发展。

中国与环印度洋地区中东国家贸易处于逆差状态，一方面，由于中国出口的主要商品如家用电器、纺织品、家具、食品等属于附加值低的商品，而且需求量与能源相比较低；另一方面，为扩大出口份额降低成本的同时，有的商品质量不高，从而影响到该类商品在环印度洋地区中东国家的声誉及出口规模。

因此，继续扩大此类传统产品的出口，注意出口产品的质量，提高出口产品的附加值，如促进大型机电产品及成套设备的出口水平和规模等是扩大货物贸易的关键。同时，积极推动与海合会的自由贸易谈判，实现该区域的贸易自由化，也有助于中国与其贸易关系的可持续发展。

促进中国与中东国家贸易发展，应特别关注应对以下方面的问题。第一，市场信息不灵。海合会国家虽然奉行贸易自由的政策，但对很多进口商品设定了严格的技术和质量标准。我国出口企业虽然具备较强生产能力，但因为不了解这些技术和质量标准，使产品难以符合海合会国家的要求。在海合会以外的国家，算术平均关税的壁垒程度比较高。海合会国家进口商品都需通过本国代理人或代理公司进行销售，但其境内代理公司众多，资信和能力又是千差万别，而我国很多出口企业对海合会国家的代理制及代理公司的资质都缺乏必要的了解，一些出口企业因为选择了错误的代理公司而使其产品难以在海合会国家打开销路。最后，中东国家的绝大多数消费者都是穆斯林，而我国出口企业因为缺乏对伊斯兰文化的了解，不能抓住海合会市场的节假日商机，推出符合当地民众消费需求的季节性商品。第二，部分产品质量差。中东国家的商人在价格上喜欢斤斤计较，不肯轻易降价，并且进口商之间也会互通信息，牢固控制市场价格。而我国出口企业在与海合会进口商进行谈判时，片面追求订单数量，常常为了一个海外订单互相压价，而出口企业在接受低价的同时，为了保证一定的利润率，只能降低出口产品的成本，这就造成我国对中东国家出口部分商品质量较差，进而影响到该类商品的市场声誉和出口规模。第三，自主品牌比较少。我国对中东国家出口贸易量虽大，但我国自有品牌还是很少见。以家电产品为例，我国企业出口大多以贴牌形式出现，这些产品均采用日韩品牌，由我国企业制造生产。此外，我国一些有实力的企业，如海尔、格力、美的等虽然产品质量也不输于来自欧美、日韩的同类产品，价格上更是具有竞争优势，但却因为缺乏对销售渠道和产品宣传的重视，在中东市场的知名度和影响力都很小。第四，高附加值产品占比小。近些年，国际油价的上涨给海合会带来巨额的石油财富。中东国家加大了对交通、通信、工业和其他市政等基础设施改造和建设的力度。在海合会进口贸易中，炼化设备、动力设备、通信设备、铁路及桥梁建设机械、港口机械等机械设备以及交通运输工具等资本类商品占有很高的份额，并且增长速度也快于消费类商品。资本类商品附加值较高、产品销售利润大，我国企业也能生产。但我国对海合会国家出口的该类商品规模和数额都很有限。我国对中东国家的货物出口仍未摆脱消费类电子商品和纺织服装等低附加值产品为主的局面。

二　发展工程承包促进贸易的发展

发展工程承包，以建筑工程承包带动机电产品和成套设备出口，既可以提高出口商品的附加值，同时也可以推动中国企业走出去，进一步扩大产能合作。

（一）发展工程承包要关注项目和市场

发展与环印度洋地区中东国家的工程承包要关注相关项目和市场的走向。从环印度洋地区中东国家计划和研究中的项目资源看，新项目大有潜力，资金配套优厚，其中绝大部分是房地产和基础设施项目。这些项目是环印度洋地区中东国家建筑工程承包市场今后几年的巨大潜力。房地产项目数量多是因为该地区人口增长、城市现代化及服务业发展带来的刚性需求，将在市场中占据主导地位。但房地产投机会受到抑制，政府支持的基础设施建设项目比重可能趋于相对上升。另外，值得注意的是，随着发展观念转变和对本国资源优势的新认识，环印度洋地区中东国家正在探索新能源经济发展道路。2009 年阿布扎比与韩国公司签署了建造核电站的合同，科威特和阿曼都计划在 2010—2011 年发包一批太阳能发电或太阳能海水淡化的项目。新能源为建筑工程承包开辟了新领域。

在金融危机的冲击下，环印度洋地区中东国家的海外资产缩水，加上低油价对其财政能力的削弱，融资能力下降。这种变化正在导致政府控制基础设施项目的局面逐渐解体，而私人资本获得参与基础设施建设机会，PPP 方式值得注意。一些相关的法律和规章障碍将逐渐修正和废除。所谓 PPP 融资方式，即政府和私人合伙融资方式（Public-Private Partnership，PPP）。阿布扎比已经开始以这种资助建设艾因大学新校区、巴黎第一大学新址和扎耶德大学项目。要求承包商垫付最初的投资，政府从一开始就在项目中持股，然后在 25—30 年的项目使用期内陆续支付其投资。阿联酋的一些高速公路项目也开始采用这种方式招标。科威特政府 2010 年 1 月批准了 1020 亿美元的公路、地铁和港口开发项目，此外还计划上马一批住房、运输和教育项目。为了实现 PPP 融资形式，科威特将修改不允许私人拥有基础设施的法律，然后组建公私合营的公司来实施这些项目。预计 PPP 方式的使用未来 5 年在海合会国家还有扩大之势。

环印度洋地区中东国家在策划和研究阶段的项目中，92%都集中在阿联酋，主要集中在迪拜酋长国，阿布扎比也占了一些项目。在沙特阿拉伯的项目也有较大潜力。沙特阿拉伯现有发电厂 17%已经超过 25 年厂龄，须在未来 10 年中更新；而其发电能力需求预计将从 2008 年的 3.8 万兆瓦增加到 2025 年的 6 万兆瓦。电厂建设项目潜力大。沙特阿拉伯的人口增长也使该国的住房和城市建设具有很强的刚性需求。沙特阿拉伯也是工业建设项目资源潜力最大的国家。因此，阿联酋和沙特阿拉伯未来仍是环印度洋地区中东国家建筑工程承包的主要市场，正受到国际工程承包公司的密切跟踪，也值得中国企业关注。

（二）发展工程承包的机遇与挑战

石油消费国对石油需求的增长将加快环印度洋地区中东国家石油贸易的扩大，而相关领域如石油石化行业的投资将进一步增加，与此配套的工程承包的需求也将不断增加。对中国来说，工业化的高速发展，经济整体实力日趋提升，中国现已有 170 多种商品生产量居全球第一，生产全球 40%的手机、40%的电脑、45%的彩电，中国已经成为一个工业制成品出口大国，工业制成品的质量和价格竞争力逐渐提高，这能够更好地满足环印度洋地区中东国家对机电产品等以及大型成套设备的需求。同时，中国对外承包工程企业的能力也在不断增强，尤其是工程施工和配套能力较为突出，有能力且已经承揽大型及特大型项目。因此，在中国与环印度洋地区中东国家发展工程承包，以工程承包带动机电产品出口，促进贸易发展有较大的潜力。

推动中国企业在中东国家开展工程承包，应特别关注应对以下一些问题。

第一，总承包能力仍然偏弱。许多企业仍然在从事分包项目和低端项目，项目的总体设计和设备供应能力以及技术标准方面还处在弱势。第二，企业融资能力不如大型外国企业。外国公司往往组建金融企业、设备供应商和承包公司等联合组成的国际财团，形成强大的市场竞争力，而我国承包公司单打独斗的情况还比较普遍，我国企业多是整体国内建制。第三，社会责任意识不强。外国企业对环保、劳动力本地化等方面比较重视。我国企业对现代企业社会责任意识还不够明确。第四，比较缺乏复合型人才。特别是缺乏既懂外语、又懂技术的人才。第五，相互之间竞争比较严重，缺乏协调管理。

三　扩大对外投资

加强对环印度洋地区中东国家的投资，扩大投资规模，推动投资与工程承包的相互促进。积极寻找在该地区的投资机会，推动中国与环印度洋地区中东国家投资合作。

（一）互利共赢的投资合作基础

中国对环印度洋地区中东国家的投资发展方向基于双方互利共赢的合作基础，因此具有投资合作的潜力。

第一，中国与海合会国家在经济上有着较强的互补性。环印度洋地区中东国家是石油和天然气生产国，是中国重要的能源供应地。而这些国家的市场调节相对宽松，市场需求旺盛，各国政府对外资流入的鼓励政策和措施也在不断完善，有利于中国企业进入该地区的市场。第二，中国消费品在环印度洋地区中东国家有需求。环印度洋地区中东国家经济的支柱产业集中在石油和天然气以及石化产业，相比其他地区而言，对进口商品的依赖较强，中国日用消费品和耐用消费品产品及制造加工业可以通过投资合作进入这些国家。第三，环印度洋地区中东国家鼓励外国直接投资，其经济实施经济多元化政策，设立外商投资促进机构，鼓励外商投资建设基础设施项目和工业项目，有利于中国企业以设备、技术投资该地区。在以上互利共赢的合作基础上，未来中国对环印度洋地区中东国家的投资发展方向首先可以将资源开发领域的传统投资合作作为投资的重点，因为在相当长的时期内，中国经济还需要环印度洋地区中东国家的资源支持。双方的投资合作的模式也应该有新的发展，由简单的直接开发资源向能源资源的深加工和综合利用发展。发展石油业下游领域如石化行业的合作，以此促进中国企业"走出去"战略的实施。伊朗天然气产业的开发合作也是未来一个重要的投资方向。

（二）扩大投资的机遇与挑战

从全球对环印度洋地区中东国家直接投资的发展情况看，FDI 的流入呈增加的趋势。随着环印度洋地区中东国家对外国直接投资的鼓励政策的不断实施和对外开放力度的加大，其投资市场将会不断扩大。中国对海合会的直接投资虽然也呈增加的趋势，但是占中国对外直接投资的比重较小，与世界上其他国家对海合会的投资相比所占份额也较小。中国应该关注和重视对海合会的直接投资，为中国经济发展寻求新的更具发展潜力的投资市场。

在金融业、交通通信业及工程承包行业，近年来在阿联酋的外国直接投资出现了从石油、化工和天然气行业向金融、工程承包和交通通信业转移的趋势。并购是外国在阿联酋直接投资的主要方式之一。

在服务业，除了传统的工程承包和海洋运输外，环印度洋地区中东国家的物流、批发零售、保险等领域的市场增长空间巨大，而且环印度洋地区中东国家消费能力较高，对各类现代服务业的需求不断增加。阿联酋加强在制造业和服务业鼓励投资的政策，其不动产行业的投资需求增加。

重视与沙特阿拉伯的战略合作伙伴关系，继续扩大与沙特阿拉伯的投资合作，是扩大与环印度洋地区中东国家合作的重要部分。

从中国与环印度洋地区中东国家经济关系的发展来看，如中国与沙特阿拉伯的战略合作伙伴关系的确立，对双方经济的发展起到了积极的作用，尤其是能源合作方面。如何巩固和发展中沙战略合作伙伴关系，开拓能源合作以外的其他行业的合作值得重视。从直接投资看，中国对沙特阿拉伯的直接投资虽然逐年增加，并且在中国对环印度洋地区国家的投资中占第二位，但是占中国对外总投资的比重较小，2007 年仅占 0.45%。大有潜力可挖。特别是随着沙特阿拉伯加入 WTO 之后，其服务业 FDI 将更加开放。另外，沙特阿拉伯正在采取措施，促进外国投资进入油气下游产业。这些都是中国与其合作的抓手。从海合会进口石油是中国石油供应的一个重要方面，但是，如果投资当地石化行业，也是保证中国能源安全的一种方式。但是，应当注意到，由于高油价为沙特阿拉伯带来的高收益使沙特阿拉伯经济近年来处于快速发展的增长期，沙特阿拉伯政府提出一系列发展国民经济的战略性投资项目，其主要特点就是投资额巨大且时间跨度较长，这对于中国企业的投资资金链的运作是个巨大的考验，因此应谨慎应对。另外，在投资区域的选择上，沙特阿拉伯政府为发展多元化的民族工业，开辟了以阿卜杜拉国王经济城为代表的六个经济城作为沙特阿拉伯经济的未来发展战略。这也是沙特阿拉伯向东看的一种变化。借鉴中国对外开放政策，政府为经济城中的外国投资商提供包括税收、能源利用在内的一系列优厚待遇，尤其是沙特阿拉伯政府推进的吉赞经济城可以对其进行考察。这些都值得关注。

此外，关注环印度洋地区中东国家海外投资的新动向，发挥中国农业技术优势，尝试在中国与环印度洋地区中东国家以外的第三方进行农业等领域的投资合作新模式，也是扩大投资的一个新机遇。

中资企业到中东国家，需要特别关注解决以下一些问题。第一，有些国家的安全环境恶化。伊拉克的安全环境自 2003 年伊拉克战争结束以来没有明显好转；也门胡塞部落武装从 2015 年起推翻政府，使国家陷入内战状态。第二，有些国家基础设施状况不佳。特别是也门、埃及等国的基础设施不足问题比较突出。第三，一些国家推行劳动力本地化政策，对于外资企业雇用本地人的数量或比例有严格的限制，这种情况在中东国家普遍存在。第四，办事效率低是中东国家的普遍现象。有些国家的政策不稳定。埃及在 2011 年爆发政治动乱以来，两度更迭政权，旧的投资法规已不适用，新的投资法规还没有制定出来。第五，该地区一些国家对外国资本投资有一定的限制，在一些领域，虽然允许成立外国独资公司，但实际操作会遇到很多障碍。

四 开展金融合作

与环印度洋地区中东国家开展金融合作为中国企业走出提供金融服务之路对发展中国与环印度洋地区中东国家经济关系具有重要的意义。

中国与环印度洋地区中东国家间的金融合作甚少，刚进入起步阶段，正逐步展开。但是，双边金融合作有互利共赢的基础，具有可开发的潜力。在当今全球经济增长减缓、能源需求减弱、石油价格持续下跌以及中东的地缘政治环境处于变动的情况下，中国与环印度洋地区中东国家通过区域内金融合作实现互联互通，共同规避国际金融风险的需求突出。中国与环印度洋地区中东国家加强优势互补的金融合作对双方经济发展都极为有利，有着广阔的合作空间。中国巨大的市场、多样化的融资渠道及在基础设施建设领域强大的技术资本，这些对于双边金融合作都是有利的条件。在融资方面，由中国倡议成立的亚洲基础设施投资银行有可能成为区域内金融互联互通和基础设施建设领域的重要融资平台。亚投行 22 个创始成员国中，环印度洋地区中东国家就包括沙特阿拉伯、阿曼、阿联酋、科威特等 4 国。中国与环印度洋地区中东国家的金融合作可通过亚投行推动多种融资方式，多渠道融资。同时，加强对伊斯兰融资方式的研究，探索利用伊斯兰融资的形式，以支持穆斯林聚居地区的发展，为西部大开发提供战略服务。利用已经在环印度洋地区中东国家设立的中资银行为中国企业在该地区发展提供金融服务，并积极探索和开拓中国金融企业在环印度洋地区中东国家新的业务机会。探索中国企业在环印度洋地区中东国家股票市场上市的可行性。

2015 年 6 月 15 日，沙特阿拉伯证券交易所正式对外国投资者开放，这是沙特阿拉伯历史上的首次，也是阿拉伯世界的最大股市首次对外开放。沙特阿拉伯股市虽然对外资开放，但仍有许多限制，包括规定注册海外投资机构的资金规模必须在 50 亿美元以上等，并要求具备最少 5 年的投资经验，以及外资机构在每家上市公司的合计持股不得超过 20%、外国投资在沙特阿拉伯股市的总和不能超过 10% 等。但这对于中国与环印度洋地区中东国家的金融合作也仍然是一个新的机遇与挑战。

在金融合作领域还可以考虑适度引进"石油美元"，发展以项目获取石油美元和以技术换取石油美元，并将石油美元用于国内经济建设中。利用石油美元投资，开展第三方合作，促进中国石油工业下游产业的发展。

中国与环印度洋地区中东国家政府间经贸交流和高层互访增加，也推动了双方经济合作在继续快速、全面、深入的发展。尤其是 2009 年中阿经贸合作论坛和中国与海合会自贸协定谈判平台的建立，从政府层面和制度化方面推动了双边在贸易、工程承包、投资和金融业的合作。因此，中国与环印度洋地区中东国家经济关系的未来具有较大的发展空间。

第五节 中国与环印度洋地区非洲国家经济合作潜力分析

整体上，环印度洋非洲国家是非洲地区处于经济较有活力的地区。该地区不断开放的市场、日益改善的投资条件、新兴资源国的兴起、连接东方的地缘优势、潜在的市场增长潜力等都备受国际关注。由此也成为西方跨国公司的热点投资地区。积极参与该地区国家的经济合作，对于中国产能转出和未来布局全球产业具有非常重要的意义。但是，基于本地区国家自身产业特点及发展条件的限制，对该地区投资又面临着较多的挑战，这既包括各国的经济自由化程度，还包括各国的市场化、工业化、基础设施等水平差异。因此，积极参加环印度洋地区非洲国家经济合作应该针对不同国家的市场条件确立定制化解决方案。

一　投资性驱动作为该地区国家经济发展战略将为开展中非合作提供长久动力

作为资金短缺、技术积累不够、处于工业化前期的东非地区，通过外资来推动经济增长将是该地区国家未来发展的关键。20世纪90年代以来，非洲国家纷纷将自由化、私有化作为促进市场经济发展的动力。也由此带动了企业的改制。相应地，很多国家修改了投资法，包括允许外资企业参股经营当地的国营企业、矿业资源开发等。这也将为中国企业提供很好的合作平台。

二　非洲国家针对自身工业化条件将设立工业园区作为吸引外资的重要手段值得关注

由于很多国家产业链较不完整，极大地增加了引进产能的生产成本。为此，通过工业园区促进对外产能合作成为近年来该地区国家积极引资的重要手段。目前，设立工业园的国家包括埃及、南非等国。而中国目前就在肯尼亚设立工业园积极同当地政府接洽。这对于中国与该地区国家开展经济合作、产能转出是利好。但是，也应该看到，与东南亚等地区相比，该地区仍然是市场条件较差的国家。这体现在劳动力技术较低以及当地工业化生产的劳工管理问题等。

三　各国优势特点突出，具体合作应优势对接

整体上，环印度洋区域内5个大国（埃及、苏丹、肯尼亚、坦桑尼亚、南非）都属于区域内大国，无论从经济实力还是人口、次地区和非洲地区甚至全球来看，都是较有影响力的大国。因此，开展这些国家的经济合作对于向周边地区扩大合作辐射范围都有重要的意义。除此以外，个别国家的优势也非常突出。

南非是非洲经济总量长期位列第一的国家。尽管2013年以来尼日利亚规模超过南非，但南非在整体市场环境、技术水平、产业优势、融资条件等各方面都有着突出的优势。

埃及虽然政局经历动荡，但由于该国区位优势显著，在塞西总统恢复经济、稳定民心的过程中，提出了通过再建苏伊士运河及建立新都等大型项目，打造该国成为连接欧亚大陆的新的制造业中心和物流中心。这将产生大

量的合作项目。

坦桑尼亚、肯尼亚作为东共体的火车头成员国，在促进地区发展方面发挥着积极作用。并且在区域辐射条件方面有着较好的区位优势。特别是在农业领域，包括养殖、畜牧业加工、有机食品生产、食品加工、现代奶业等应该成为投资的重要关注点。该领域既是工业化起步的基础产业，也是布局非洲未来发展的重要领域。以肯德基为例，肯德基在南非周边的一些国家早在20世纪70年代已进入。但是，肯德基仅仅在2009年末才进一步扩大业务到撒哈拉以南非洲的北部地区，并且在尼日利亚开了第一家分店。目前，肯德基已经在安哥拉、尼日利亚、纳米比亚、博茨瓦纳、莫桑比克、莱索托、马拉维、斯威士兰、加纳、肯尼亚、赞比亚、坦桑尼亚、乌干达等国开设业务。

很显然，环印度洋东非地区的投资环境也存在较多的制约因素。这主要集中体现在以下几个方面。

（一）局势动荡是影响投资的重要因素

动荡仍是直接影响经济增长的最主要因素。埃及受动荡影响，经济增长率严重下滑。2008—2013年年均增幅-5.45%，2011年动荡当年增长率为-53.8%。相比，尽管苏丹因南苏丹独立及国内反政府武装活跃等因素影响，但苏丹强有力的中央政府的存在，直接降低了负面影响。2008—2013年年均增幅为3.45%。此外，在东北非地区，由于穆斯林极端组织的存在，给当地的投资环境带来了严重的影响。如由于索马里青年党针对肯尼亚的恐怖袭击不断，直接威胁到了中国在当地的投资。在南非，不仅存在较高的暴力犯罪率，2015年发生的多次排外事件也严重恶化了该国的投资环境。

（二）贸易合作应重视可持续发展

中非之间的贸易逆差问题比较突出。不同于十多年前中国企业进入非洲的情况是，单纯地依靠原材料贸易，东非地区国家同中国存在的贸易逆差将使同该地区国家的贸易关系不可持续。因此，通过投资增加当地的产品附加值是解决未来同该地区国家经贸合作的重点。一方面，中国政府积极鼓励产能转出，并通过中非合作论坛为中非产业合作做好了铺垫。另一方面，该地区国家都重视同中国的合作，希望能通过产业合作增加产品的附加值，进而弥补贸易逆差、实现贸易可持续。要提高中国与非洲国家贸易的可持续性，还应注意解决以下具体问题。一是中国与非洲的贸易便利化程度总体上还比较低。除了中国出于对非洲援助考虑对一些非洲原产地的工业制成品实行零关税进口待遇之外，双方之间还没有任何自由贸易安排。二是双方的贸易摩擦增多。特别是中国的一些低端工业制成品的对非洲出口，冲击了当地弱小的民族工业，引起非洲国家不满。三是由于双方的原因，一些在中国制造的劣质产品流入非洲市场，严重损害了中国产品在非洲的声誉。四是要注意解决与建筑工程承包相关的一些问题。例如，中资企业在非洲的建筑工程项目较小、档次也较低。中资企业所分包项目的土建工程比较多，承担的 EPC 总包项目比较少，因此项目的规模总体上比较小。这种状况一方面制约了建筑工程规模的升级发展，另一方面也是造成中资建筑工程企业低端无序竞争的原因所在。又如，非洲国家方面对劳动力本地化的呼声越来越高。非洲国家的劳动力就业问题比较普遍，随着人口增长显得越来越严重，因此对于外资企业解决本地人就业的期望越来越高。而非洲劳动力通常技术素质较差，工作效率较低，中资建筑工程承包企业为了按时保质完成工程项目，往往喜欢使用技术水平和工作效率较高的中国员工。某些国际和非洲舆论所谓的"中国在非洲抢夺非洲人的就业机会"，其实主要就是指中资建筑工程公司雇用中国工人比例较高这种现象，应当引起中国方面的重视。

（三）产能对接与合作仍有较大差距

环印度洋东非地区国家的区位优势显著是突出的。随着该地区一些国家近年来成为新兴资源生产国，如莫桑比克大型油气田的发现，使该地区成为继西非地区之后的第二个油气资源开发热点地区，西方跨国公司纷纷进驻。但是，除资源开发外，要实现产能的输出与对接，仍面临着非洲普遍面临的情况，如市场不成熟，政策波动性大，产业链不完善导致标准生产原料配送得不到保障，技术劳动力短缺等问题。因此，对该地区的投资，即使是食品行业，都需要考虑好至少 3—5 年的盈利周期，这包括生产设施建设、市场开拓、产业链培育等。

中国对非洲的直接投资起步较晚，仍然存在一些需要解决的问题。一是政府对于投资非洲还没有总体战略规划和地区国别战略规划，因而对于对非投资缺乏指导的依据。随着中国大规模开展国际产能合作，缺乏规划的问题显得日益突出。二是法律金融保障机制还不健全。特别是中国政府与不少非洲国家还没有签订投资保护和避免双重征税协定。对于在非洲这样的高风险地区投资，中国现有的以中信保为代表的海外投资保险机制覆盖面还比较窄。三是企业融资比较困难。中国对非投资企业以私营中小企业为主，而在现有体制下，这类企业从中非发展基金、政策性银行和商业银行融资均比较困难，无法满足这些金融机构在企业规模、盈利、利率等方面的要求。四是企业缺乏国际化经营的经验，特别是缺乏懂经营、懂非洲、懂外语的复合型人才。五是部分企业的社会责任意识还比较淡漠。有的企业不注意遵守当地劳工法规或破坏当地环境，引起纠纷；有的企业虽然做了不少"好事"，但不善于对外宣传，没有占领道义制高点。

四 发展规划存在较多的不确定性

一方面，多党选举政治的需要。近年来中国在非洲投资大型项目面临的一个共同投资风险是，执政党下台后，原有的项目协议得不到有效执行甚至搁置，直接导致企业前期投资陷入困境。因此，当前各国制定的长期规划并不能作为投资的简单依据。另一方面，外向型经济特征明显，因此，政策执行效果受到多种因素制约。比如，从当前来看，制定的发展规划是在前些年国际大宗商品繁荣及新兴市场国家不断扩大对非资源投资的基础上制定的。但随着目前国际经济形势的疲软，以及中国等新兴市场国家逐步进入调整增长方式的背景下，面临着新的发展不确定性。而近年石油、矿产等大宗商品价格的下滑，将直接影响外部投资及对当地经济发展的贡献。

五 宏观经济风险

由于该地区国家产业结构外向型特点显著，因此宏观经济受国际经济形势影响较大。如矿业大宗商品、黄金价格的波动直接影响南非的出口收入，进而影响到财政预算及政府投资。由此也会影响到汇率结算等问题。

六 非市场风险因素值得关注

整体上，中国企业"走出去"面临着的一个共性问题是对当地法律法规的了解不够。由于体制差异，"走出去"企业应该对此有充分的了解。如南非劳动力法规严格，工会势力较强，合法罢工时有发生。基础设施增长较慢，存在电力短缺、铁路运力不足等问题。

第六节 中国与环印度洋地区大洋洲国家经济合作潜力分析

中国与澳大利亚两国经贸发展较快，特别是 2000 年以来，随着两国友好关系的进一步加强，人员往来急剧增加，经贸关系持续发展。2014 年 11 月 17 日，中国国家主席习近平和澳大利亚总理托尼·阿博特共同宣布"实质性结束中澳自贸协定谈判"。2015 年，中国和澳大利亚将签署《中澳自贸区协定》，未来五年，澳大利亚给予中国的部分货物进口零关税，两国给予对方最惠国待遇。澳大利亚乳制品、牛肉、海鲜、羊毛等制品和煤、铜、镍等矿产将以低价格大举销售到中国，同时，中国的机电产品、工业制成品等也以零关税销售到澳大利亚。随着中澳自由贸易协定的签订，两国经济合作与发展进入了新的阶段。

一 合作优势

（一）两国经济互补性较强

澳大利亚是资源丰富的发达国家，中国是正在发展的制造业大国，两国具有广阔的合作空间。澳大利亚资源、能源丰富，并且在环保、绿色发展、节能减排等方面具有技术优势，能为中国经济持续发展提供支持。澳大利亚是中国主要的大宗商品进口国，是中国铁矿石主要进口来源国。澳大利亚向中国出口的小麦、糖、铝、有色金属等传统初级产品在中国有很大市场；而中国向澳大利亚出口的纺织服装、鞋、玩具等产品价廉物美，深受澳大利亚消费者的青睐，已成为澳大利亚进口的重要组成部分。

澳大利亚是世界上重要的农产品生产国和出口国，不仅羊毛产量世界领先，而且还是谷物、乳制品、肉类、糖和水果的重要供应国。中国是全球最大的羊毛购买国，澳大利亚是全球最大的羊毛供应国。澳大利亚地广人稀，永久性牧场占国土面积的54%，土地价格低廉，适合我国企业投资种植和养殖业。目前已有5家中资公司投资养殖和种植业，在农业开发方面进行了可喜的尝试。应鼓励更多中国企业到澳大利亚投资，进行农业资源的开发。[1]

（二）两国服务贸易发展潜力巨大

澳大利亚不仅是农业和矿业大国，也是服务贸易大国。服务业产值占其GDP的70%，服务业就业人口占总就业人口的75%，可以说澳大利亚是一个以服务业为主导型的经济体。中国实施改革开放政策二十多年来，服务贸易以年均16%的速度增长。2013年我国服务进出口保持世界第三，进口跃居第二。虽然中国已经进入世界服务贸易大国的行列，但是与经济规模和实际需要相比，特别是与货物贸易相比，中国的服务贸易发展还很滞后。所以，在中国与澳大利亚的服务贸易中，中方多年来一直是逆差。几年来，中澳两国在服务领域（如银行、保险、教育、旅游业方面）已经开展了广泛的合作，随着两国经济的发展和需求的增加，今后的合作空间将更加广阔。

（三）中澳FTA为双方经贸合作创造更广阔前景

根据中澳FTA谈判结果，在货物贸易领域，澳大利亚对中国所有产品

---

① 吴崇伯：《中国与澳大利亚经济关系的最新发展与未来走向探讨》，《江南社会学院学报》2013年第1期。

关税最终均降为零，中国对澳大利亚绝大多数产品关税最终降为零；在服务领域，彼此向对方做出涵盖众多部门、高质量的开放承诺。作为澳最大的服务贸易出口市场，中国给予澳大利亚服务业最佳市场准入条件。澳洲企业有望在中国获准兴建独资私立医院和养老院等机构，在上海自贸区投资法律服务、金融服务、电信服务等企业也将更为便利；在投资领域，双方在协定生效日起相互给予最惠国待遇，同时大幅降低企业投资审查门槛，增加企业投资的市场准入机会、可预见性和透明度。中国私营企业在澳非敏感领域投资免审门槛将由 2.48 亿澳元提升至 10.78 亿澳元。中澳自贸区建立之后，随着关税的降低，中国消费者将以更低的价格享受到更多来自澳大利亚的产品。

（四）金融合作进一步深入

就在中澳政府间完成自贸协定谈判的同时，中国人民银行与澳大利亚储备银行也签署了在澳大利亚建立人民币清算安排的合作备忘录，并同意将人民币合格境外机构投资者（RQFII）试点地区扩大到澳大利亚，初期投资额度为 500 亿元人民币。随后中国银行悉尼分行被授权担任悉尼人民币业务清算行。悉尼也成为继卢森堡、伦敦、法兰克福、新加坡等城市之后又一个离岸人民币全球交易中心，在为中澳双方企业减少开支、降低外汇风险的同时，人民币国际化进程也继续向前迈进。[①]

二　问题与挑战

（一）中澳贸易结构、投资领域、参与主体较为单一

目前中国对澳大利亚进口和投资主要集中在矿产资源领域，而铁矿石近年价格变动巨大，并且受开征碳税等因素影响，中国在澳大利亚的投资风险增加。2012 年 3 月，澳大利亚参议院最终通过《矿产资源租赁税》。根据该法案，澳大利亚联邦政府将向年利润超过 7500 万澳元的煤矿和铁矿企业征收矿产资源租赁税，税率为利润的 30%。该税法的实施，给我国企业赴澳投资于矿业带来前所未有的压力，大大增加投资成本。并且中国赴澳投资大多为国有企业，民营资本参与不足。对于中国国有企业的投资，澳大利亚在野党和其他社会团体都较为担忧，担心会导致澳大利亚对矿产资源控制权的丧失，进而威胁到澳大利亚的经济安全和国家安全。以往中国在中东以及非洲的投资，国有资本投资一旦遭遇风险大多由政府买

---

　　① 《中国与澳大利亚贸易合作前景广阔》，http：//finance. chinairn. com//News/2015/01/16/172107818. html。

单以承担损失。尽管澳大利亚政治稳定、社会发展基础较好，但是不能忽略对风险的防范。

（二）中国企业在澳面临越来越多的反倾销诉讼

澳大利亚针对中国产品的反倾销案件自中国加入 WTO 以来，呈陡然增长态势，且发起反倾销调查门槛越来越低，几乎是打 WTO 规定的擦边球。澳大利亚数次修改反倾销法律制度的目的就是想利用反倾销形成贸易保护，使其国内企业更容易地获得反倾销税，使其国内产业积极地利用反倾销手段对付进口竞争。对中国企业来讲，现在涉案企业应诉难度加大。因为澳大利亚将会很快初裁，征收初步反倾销税。应诉企业准备答卷、提交合格答卷的时间也会紧迫。

（三）中国企业遇到不公正待遇，成为中国企业成功投资澳大利亚的重要障碍

随着中国企业对澳投资逐步增加，中国企业在澳往往遭遇各种或软或硬的不公正待遇，它们成为中国企业成功投资澳大利亚的重要障碍。其原因在于，部分澳大利亚人对中国投资存在偏见和不必要的担心。对此，澳大利亚资源、能源部长兼旅游部长马丁·弗格森表示，应理性对待中国投资，让中国享受与其他海外投资同样的待遇。弗格森在 2012 年 9 月 25 日举行的"2012 悉尼中国商业论坛"上说，澳中经贸关系从来没有像今天这么密切，这种紧密关系对两国是双赢的，他呼吁澳不同政党和有关各方放下分歧，欢迎来自中国的投资。他认为，中国由于自身发展的需要，正在合理地扩大对外投资，这类投资有益于澳大利亚经济，可以帮助澳大利亚保持世界重要投资目的国地位。中国投资应享受同日本、韩国、欧美等其他海外投资一样的待遇。①

（四）澳大利亚老龄化挑战经济发展前景

2015 年《代际报告》（*The Intergenerational Report*）预计在未来 40 年里，澳大利亚的国内生产总值（GDP）增长率将下降到 2.8%，而过去 40 年 GDP 的平均增长率是 3.1%。老龄化使参与工作的劳动力人数下跌。2055 年，65 岁以上的老年人数量将翻番。② 老龄化将带给澳大利亚沉重的经济负担，中国企业也将面临赴澳投资劳动力稀缺、劳动力成本高等现实问题，对劳动密集型的投资企业来讲更为不利，中企赴澳投资要慎重考

---

① 张小军、岳冉冉：《澳高官呼吁理性对待中国投资》，http：//news. xinhuanet. com/world/ 2012-09/25/c_ 113198327. htm。

② 《老龄化挑战澳大利亚经济前景》，http：//www. yicai. com/news/2015/03/4582807. html。

虑该问题。

（五）中澳自由贸易区建成后对中国制造的冲击

澳大利亚农产品、食品、乳制品、药品、化妆品等在中国具有广泛的消费人群。澳大利亚向中国出口免关税后不可避免地将对中国品牌和中国制造造成冲击。中国企业需要及时提升自身竞争能力，调整产品结构。抓住时机，与澳方进行联合研发、联合生产。

第 六 章

中国与环印度洋各区域发展经济关系
的战略环境分析

在人类历史长河中，印度洋一直扮演着重要角色，不过其地位与作用时有起伏变化。在古代，印度洋及其周边地区是人类繁衍生息的最重要区域，也是古代世界文明的主要发源地，诞生了四大古代文明（印度文明、巴比伦文明、埃及文明和波斯文明），是世界主要宗教的诞生地和主要传播地（佛教、印度教、伊斯兰教、基督教、犹太教）。进入近代以来，随着印度洋航线的开辟和葡萄牙航海家瓦斯科·达·伽马（约1460—1524年）发现印度，印度洋开始日益进入全球视野。不过，囿于工业文明的发展规模和全球贸易的拓展范围，直到20世纪末，太平洋和大西洋一直是人类活动的两大中心，而夹于这两大洋之间的印度洋不太为外界所重视。进入21世纪后，由于其特殊地理位置、丰富的资源、多样的文化、复杂多样的矛盾与冲突、良好的经济发展前景，印度洋地区（IOR）引起国际社会的广泛关注，其地缘战略地位不断提升。

第一节　印度洋战略地位不断提升，日益成为 21 世纪的全球中心

一　印度洋：走向"21 世纪世界舞台的中心"

印度洋一词来源于西欧。印度洋在古代被称为"厄立特里亚海"，最早见于古希腊地理学家希罗多德（公元前484—前425年）所著《历史》一书及其编绘的世界地图中。"厄里特里亚"希腊文原意为红色，"厄立特里亚海"意为红海。"印度洋"一词相对出现得较晚。公元1世纪后期的罗马地理学家彭波尼乌斯·梅拉可能是最早使用此名的人。公元10世纪，阿拉伯人伊本·豪卡勒编绘的世界地图上也使用了这个名字。近代正式使用印度洋一名则是在1515年左右，中欧地图学家舍纳尔在其编绘的地图上把这片大

洋标注为"东方的印度洋"。1497 年，葡萄牙航海家达·伽马东航寻找印度，便把沿途所经过的洋面统称为印度洋。1570 年，奥尔太利乌斯编绘的世界地图集中，把"东方的印度洋"一名去掉"东方的"，简化为"印度洋"。这个名称逐渐被人们接受，成为通用的称呼。

印度洋是世界第三大洋，处于亚洲、大洋洲、非洲和南极洲的包围之中。总面积 7492 万平方公里，约占世界海洋总面积的 21%。海洋平均深度 3854 米，最大深度为阿米兰特海沟，达 9074 米。南北最长处 10460 公里，东西最宽处 9655 公里。印度洋西南以通过南非厄加勒斯特的经线同大西洋分界，东南以通过塔斯马尼亚岛东南角至南极大陆的经线与太平洋联结。印度洋的轮廓北部为陆地封闭，南面则以南纬 60 度为界，与南冰洋相连。

印度洋的主要属海和海湾有红海、阿拉伯海、亚丁湾、波斯湾、阿曼湾、孟加拉湾、安达曼海、阿拉弗拉海、帝汶海、卡奔塔利亚湾、大澳大利亚湾、莫桑比克海峡等。

主要海峡与枢纽有马六甲海峡、柔佛海峡、巽他海峡、龙目海峡、巴斯海峡、望加锡海峡、保克海峡、八度海峡、九度海峡、十度海峡、霍尔木兹海峡、曼德海峡、苏伊士运河、莫桑比克海峡、赤道海峡。

印度洋上有很多岛屿，其中大部分是大陆岛，如马达加斯加岛、斯里兰卡岛、安达曼群岛、尼科巴群岛、明打威群岛等。留尼汪岛、科摩罗群岛、阿姆斯特丹岛、克罗泽群岛、凯尔盖朗群岛为火山岛。拉克沙群岛、马尔代夫群岛、查戈斯群岛，以及爪哇西南的圣诞岛、科科斯群岛都是珊瑚岛，马达加斯加岛是南回归线穿过最大的珊瑚岛。

印度洋地区共有 37 个国家。印度洋北部为缅甸、孟加拉国、印度、巴基斯坦、伊朗、伊拉克、以色列、约旦和阿拉伯半岛 7 国（巴林、科威特、卡塔尔、沙特阿拉伯、阿联酋、阿曼、也门）；西部为非洲，包括埃及、苏丹、厄立特尼亚、索马里、吉布提、肯尼亚、坦桑尼亚、莫桑比克、斯威士兰、南非等国；东部为澳大利亚、印度尼西亚、马来西亚、泰国、东帝汶和新加坡；南为南极洲；中部为英属印度洋领地。印度洋上的主要岛国有：斯里兰卡、马尔代夫、巴林、马达加斯加、毛里求斯、科摩罗、塞舌尔。英国、法国在印度洋中拥有属地，因此也算是印度洋国家。

由于历史上的殖民因素，英国和法国至今在印度洋仍保留有属地。其中，英国的属地最多。英属印度洋领地（BIOT）是英国的海外领地，包括 2300 多个大小不一的热带岛屿，总土地面积约 60 平方公里。整个领地大约位于马尔代夫以南、非洲东岸与印度尼西亚之间的中途，南纬 6 度，东经 71 度 30 分位置的海面上。群岛最南端也是最大的岛屿——迪戈加西亚岛

（Diego Garcia）占据了整个印度洋正中心的战略位置，英国与美国在该岛上合作共建一个军事基地。法属印度洋诸岛包含印度洋中 6 组岛礁，分别为盖瑟礁、印度礁、欧罗巴岛、格洛里厄斯群岛（光荣群岛）、新胡安岛、特罗姆兰岛（特罗姆林岛）。总面积 38.6 平方公里，无常住居民。行政上属于法属南半球和南极领地第 5 区。6 个岛礁均与周边国家存在主权争议。马达加斯加声称拥有印度礁、欧罗巴岛、新胡安岛、格洛里厄斯群岛、盖瑟礁的主权，塞舌尔声称拥有格洛里厄斯群岛、特罗姆兰岛的主权，科摩罗声称拥有格洛里厄斯群岛、盖瑟礁的主权，而毛里求斯声称拥有特罗姆兰岛的主权。

印度洋地区是典型的多元文化交汇之地。该地区不仅有着多元的种族、民族、部族，也有着多元的语言、宗教及教派。这里是伊斯兰教、印度教、佛教、犹太教和非洲原始宗教的核心区，也有着重要的儒教、基督教文化。

印度洋关乎陆权，更关乎海权，被视为当代海权的中心。长期以来，大西洋和太平洋一直被视为世界海权的中心，这是由国际地缘政治格局和世界力量对比所决定的。冷战结束后，随着国际政治和权力格局的变化，印度洋逐步成为"海权"中心。多方面因素推动了印度洋海权中心地位的确立。(1) 冷战结束，苏联解体，美苏结束以欧亚为中心的长期性对抗，使其他地区得以发挥更大作用，受到更多重视。(2) 冷战后，长期遭压制的民族、宗教冲突集中爆发，恐怖主义和极端主义在印度洋北岸泛滥成灾并成为全球重大威胁，沿印度洋周边日益形成一个不稳定弧线地带。(3) 印度洋沿岸国家的经济发展日益突出，一大批印度洋地区新兴国家在经济上不断崛起。(4) 亚洲的崛起，亚太与印度洋的联系日益密切，亚太与欧洲的交往更加依赖印度洋航线，"印度洋—太平洋"（"印太"）概念随之形成。(5) 全球化与全球贸易的大发展，全球性联系加强，尤其是亚洲与中东、南亚、欧洲、非洲的贸易急剧发展，使印度洋的联系通道作用得到极大发挥。(6) 印度洋地区集中了一大批新兴市场国家和富有发展潜力的国家，成为当前及未来一段时期世界经济发展的亮点之一，印度洋国家在政治和经济上苏醒是历史的必然。(7) 海洋在未来国际竞争中地位日益突出。21 世纪被视为海洋世纪。印度洋成为大国间资源和空间争夺的新舞台。

对于印度洋的战略重要性，自 20 世纪以来有很多战略家给予高度评价。其中著名的海权论者阿尔弗雷德·塞耶·马汉（1840—1914）的观点最为人熟知，他首次明确提出"海权"的概念，并成功发展出一套完整的海权理论。1890 年出版的《海权论》（《海权对历史的影响》），是马汉海权理论的代表作。美国、日本、德国与苏联等国都先后将其作为制定国家发展战略的方向指导。马汉的海权论基本观点是：海上力量对一个国家的发展、繁荣和安全至关重要。如果一个国家的力量能够控制公海，它就能控制世界的财富，而控制了世界的财富也就控制了世界。富有进取性的国家必须依靠海洋获得海外的原料、市场和基地。一个国家想成为世界强国，必须能在海洋上自由行动，并在必要时阻止海上自由竞争。一支强大的海军是一个国家强大的必不可少的和最为重要的力量。马汉提出，"谁控制了印度洋，谁就控制了亚洲。印度洋是 4 个大洋的关键。21 世纪将在印度洋上决定世界的命运"。对印度洋航线以及印度洋沿岸的印度和埃及两个国家的战略地位，马汉给予高度评价。"海上掌握海权的关键在于控制海上交通线。而决定欧洲和美国命运的海上交通线，最重要的是两条。一是从欧洲经苏伊士的航线；另一是从美国穿越太平洋的航线。由此出发连接经太平洋和大西洋的最短距离的海上岛屿和海峡，便是美英海军必须控制的海权地区所在。"被誉为"全球百名思想家"之一的美国著名国际安全专家、新美国安全中心（CNAS）高级研究员罗伯特·卡普兰 2009 年在美《外交事务》杂志上发表《21 世纪的中心舞台——印度洋的权力游戏》一文指出，从地缘战略角度讲，印度洋将成为 21 世纪人类面临挑战的中心舞台，"一份印度洋地图就能勾勒出 21 世纪大国政治的轮廓"。他预测，如果资源需求量庞大的印度和中国正式打响关于印度洋制海权的争夺战，那么印度洋的战略重要性会进一步增强。[1] 2010 年卡普兰又推出《季风》（《季风：印度洋与美国权力的未来》）一书，再次强调了印度洋的重要性："大印度洋——西起非洲好望角，途经阿拉伯半岛、伊朗高原和印度次大陆，一路向东延伸至印度尼西亚——可能构成对新世纪来说具有象征意义的世界格局图景。"[2] 他指出，当下的外交决策者们纷纷将视线对准冷战后纷繁变幻的世界，伊拉克、阿富汗战场的角力令人目不暇接，但他们更应该将注意力从北边广袤的大陆转向南方的海洋。从人口统计学和国际战略上看，印度洋地区将成为 21 世纪世界权力角逐的中心。卡普兰指出，"整个印度洋板块，从印度尼西亚到非洲之角这一片拥有数十亿人口地区更需重视。翻开地图，在印度洋遥远的西边，无政府状态下的索马里盛产令印度洋航线船只恐惧的海盗；东边，印度尼西亚的民主进程或许能让其成为全球穆斯林世界的明星；而其附近的马六甲海峡更是担当了世界近一半的海上贸易量。这里产出的油气资源提供了全

---

① "Center Stage for the 21st Century: Power Plays in the Indian Ocean", *Foreign Affairs*, March/April, 2009.

② 罗伯特·D. 卡普兰：《季风：印度洋与美国权力的未来》，吴兆礼、毛悦译，社会科学文献出版社 2013 年版，第 1 页。

世界 70% 交通工具的能源需求；这里将是美国、印度和中国博弈的新热点"。① 美国夏威夷亚太安全中心的国际安全专家唐纳达·L. 柏林也认为，"印度洋地区已成为 21 世纪的战略心脏地带，抢去了欧洲和东北亚在 20 世纪里一直牢牢占据的地位……印度洋地区的发展有助于一个较少西方为中心的、多极化的世界的出现"。

二　印度洋的战略重要性日益凸显

之所以说印度洋是 21 世纪的世界舞台中心，主要是由全球力量格局的变化以及印度洋所处战略位置和资源禀赋所决定的，凸显了印度洋战略地位在飞速上升。具体而言，这种战略重要性主要体现在以下几个方面。

第一，特殊的地理位置赋予特殊的地缘战略地位。在四大洋中，北冰洋距离大陆核心地带十分遥远，而太平洋和大西洋则像直通地球南北两极的海洋大道，唯有印度洋三面被陆地环抱。目前，印度洋周边地区共有 37 个国家。该地区的人口数量约占世界人口总量的 1/3，战略价值不言而喻。从陆上俯视印度洋边缘，其东、西、南三面海岸陡峭平直，只有北部与南亚和中东陆地相接的海岸线绵延曲折，因而形成了多个重要的边缘海和海湾。其中，西北部为红海，北部是阿拉伯海，东北部则是安达曼海。而主要的海湾则包括了西北部的亚丁湾、波斯湾以及东北部的孟加拉湾。目前，这些边缘海和海湾已经成为陆地国家伸展其海上力量的重要前沿，也是海权大国入侵大陆的最佳跳板。出入印度洋的海上石油航道和海峡之所以成为世界大国关注和争夺的焦点，既取决于地理位置的因素，也是来自于陆权国与海权国的地缘利益之争。纵观印度洋北部，从红海经过阿拉伯半岛、波斯湾、伊朗高原、南亚次大陆、中南半岛和马来半岛直到马六甲海峡形成一条弧形地带，这条弧形战略地带是连接大陆腹地与印度洋之间的唯一纽带。谁控制弧形地带，不仅意味控制印度洋的海上通道，同时还标志着打开了通往欧亚大陆内陆的大门。19 世纪的英国就是通过印度洋的海上航线在印度建立东印度公司，进而控制了整个南亚次大陆。

第二，沟通两洋四洲的全球战略通道和航运。印度洋的地理位置非常重要，是沟通亚洲、非洲、欧洲和大洋洲的交通要道。航线主要由亚、欧航线和南亚、东南亚、南非、大洋洲之间的航线。从印度洋往西北通过曼德海峡、红海、苏伊士运河、地中海和直布罗陀海峡到达西欧；向西南经好望角进入大西洋，通向欧美沿海各地；向东北经马六甲海峡和龙目海峡进入太平

洋。印度洋特殊的战略地位还体现在其掌握着多个关键性的海峡。英国海军将领曾将多佛尔海峡、直布罗陀海峡、苏伊士运河、马六甲海峡和好望角比喻为"锁住世界的 5 把钥匙"。在这 5 把钥匙中印度洋就控制了 3 把。东部的马六甲海峡是东亚各国通往中东航线的死穴,最窄处仅有 37 公里,极易被控制。西北部的苏伊士运河是中东通往地中海的咽喉。好望角则是巨型轮船从美洲通往中东、远东以及大洋洲的重要通道。除此之外,由于波斯湾地区出口石油总量的 90% 要从霍尔木兹海峡运出,而曼德海峡是连接欧、亚、非三大洲海上交通要道,从而也使这两个海峡的战略地位悄然上升。此外,印度洋中还分布着南北走向的三串岛链:西部的索科拉岛、马达加斯加岛、塞舌尔群岛;中部的拉克代夫群岛、马尔代夫、斯里兰卡和东部群岛的安达曼群岛、尼科巴群岛、苏门答腊岛。由于这些岛屿十分接近大陆架,其军事安全主要依赖于陆上大国和海权强国的支援和保护。因此,大多数具有战略价值的岛屿已被改造成重要的军港和空军基地。

据统计,印度洋拥有世界 1/6 的货物吞吐量和近 1/10 的货物周转量。印度洋每年承担着世界 50% 的集装箱货物及 70% 的石油产品运输,经印度洋运送的石油超过世界海上石油运输量的一半。由于中东地区盛产的石油通过印度洋航线源源不断向外输出,因而印度洋航线在世界上占有极其重要的地位。印度洋上运输石油的航线有两条:一条是出波斯湾向西,绕过南非的好望角或者通过红海、苏伊士运河,到欧洲和美国。这是世界上最重要的石油运输线。一条是出波斯湾向东,穿过马六甲海峡或龙目海峡到日本和东亚其他国家。霍尔木兹海峡在印度洋航线上占有重要地位,波斯湾地区出口石油总量 90% 从此海峡运出,每天通过海峡的石油达 1600 万桶,因而霍尔木兹海峡被称为"石油海峡"。苏伊士运河经马六甲海峡的航线,是印度洋东西间一条最重要的航道,运输量巨大,它将西欧、地中海沿岸各国的经济与远东及北美洲西海岸各国的经济紧密地联系起来。从西方进入印度洋有两条重要的海上航线,分别是"苏伊士航线"和"好望角航线"。苏伊士航线从西欧、北美经苏伊士运河进入印度洋波斯湾地区,是连接西欧到印度洋能源区的最近通道。自 1869 年苏伊士运河建成以来,从欧洲和北美进入印度洋的航路缩短了 1000 多海里。好望角航线是非洲大陆南端进出印度洋的海上命脉,特别是对于美洲国家运送石油等战略物资来说,好望角航线可谓首选。从东方进入印度洋最为重要的航线当数马六甲航线,它是太平洋和印度洋之间最便捷的海上航线。日本 90% 和中国 80% 的石油运输需要从这一航线通过。如果细分,可分为六条重要航线:(1)海湾—欧洲、北美东海岸港口航线。该航线的超级油轮都经莫桑比克海峡、好望角绕行。由于苏伊士运河的不断开拓,通过运河的油轮日益增多,目前25万吨级满载轮已能安全通过。(2)远东—苏伊士运河航线。该航线多半仅为通过,联结远东与欧洲、地中海两大贸易区各港,航船密度大,尤以集装箱船运输繁忙。(3)海湾—远东各国港口航线。该航线东行都以石油为主,特别是往日本、韩国的石油运输,西行以工业品、食品为多。(4)南非—远东航线。该航线巴西、南非的矿产输往日本、韩国和中国,也把工业品回流。(5)澳大利亚—苏伊士运河、海湾航线。该航线把澳大利亚、新西兰与西欧联结在一起,也把海湾的石油与澳新的农牧产品进行交换。(6)南非—澳新航线。该南印度洋横向航线在印度洋中航船最少。

印度洋也分布着重要的空中航线和海底电缆。南非、埃塞俄比亚、开罗、迪拜、卡塔尔、德黑兰、伊斯兰堡、新德里、新加坡、吉隆坡均是重要的空中枢纽。印度洋的海底电缆多分布在北部,重要的线路有亚丁—孟买—马德拉斯—新加坡线;亚丁—科伦坡线;东非沿岸线。塞舌尔群岛的马埃岛、毛里求斯岛和科科斯群岛是主要的海底电缆枢纽站。

第三,丰富的资源能源。印度洋以及沿岸国家拥有重要的自然资源。印度洋洋底有丰富的矿物资源:大陆棚(波斯湾、红海、巴斯海峡、西澳大利亚等海区)的石油和天然气;澳大利亚西北部的金红石和锆石;印度海滩的独居石;厄加勒斯海岸的金刚石和磷灰结核;红海海底的铁、铜、锰等金属矿藏;洋底的锰结核。除了石油之外,印度洋地区分别拥有战略原材料和天然气的全球储量的65%和31%。

印度洋矿产资源以石油和天然气为主,主要分布在波斯湾,拥有世界石油储量的60%,天然气储量的26%,此外澳大利亚附近的大陆架、孟加拉湾、红海、阿拉伯海、非洲东部海域及马达加斯加岛附近,都发现有石油和天然气。波斯湾的石油储量和产量都占世界首位。印度洋地区是世界最大的海洋石油产区,约占全球石油总产量的1/3。因此,波斯湾地区丰富的油气资源被视为许多发达国家和发展中国家经济和军事发展的"血液",而印度洋所控制的海上航线则成为输送石油通往东、西方世界的"能源动脉"。一定程度上,印度洋在全球地缘战略中的重要位置,很大程度上有赖于其在确保全球能源方面的重要性,而这一重要性在短期内不会改变。

印度洋的生物资源主要有各种鱼类、软体动物和海兽。印度洋中年捕鱼量约有500万吨,比太平洋、大西洋少得多。印度洋中以印度半岛沿海捕鱼量最大,主要捕捞鱼类有:鲭鱼、沙丁鱼和比目鱼,非洲南岸还有金枪鱼、飞鱼及海龟等。在近南极大陆的海域里,还有鲤鲸、青鲸和丰瓦洛鲸。此外,在波斯湾的巴林群岛、阿拉伯海、斯里兰卡和澳大利亚沿海还盛产珍珠。

第四，海洋世纪凸显印度洋的重要性。21世纪被称为海洋世纪。海洋、外太空、极地和网络空间已称为当代大国战略竞争的"高边疆"领域。随着海洋重要性的进一步凸显，世界各国围绕海洋权益的争夺也愈加激烈，并在过去争夺军事目标、战略要地和海峡通道为主的基础上增加了争夺经济利益、海洋资源等内容。在这种背景下，作为世界第三大洋的印度洋以其优越的地理位置、丰富的自然资源、关键的海上交通线正逐渐成为新的世界地缘政治中心和主要大国竞相争夺的又一重要区域。为了确保在印度洋的战略利益，这些大国纷纷制定或调整印度洋政策。

第二节　中国与印度洋展开历史性再接触，积极扮演新角色

中国与印度洋地区的交往历史悠久，可追溯到汉代。而郑和多次下西洋可谓中国首次大规模与印度洋接触。自那以后尤其是明代"海禁"后，中国与印度洋的交往呈大幅下降趋势。20世纪70年代，中国重新打开国门，对外实行改革开放政策，积极实施"走出去"战略，再度开启大规模与印度洋接触的大门。尤其是进入21世纪后，中国与印度洋接触与交往更是达到了前所未有的历史最高点，中国开始在印度洋扮演全新的角色，并日益引起国际社会的普遍关注。

一　印度洋对中国的战略价值日益增大

改革开放的30年，也是中国在印度洋地区的利益不断扩展的30年。印度洋地区与中国的经济发展、国家安全以及作为发展中大国的国际责任日益息息相关。在21世纪，印度洋对于中国具有特别的意义，不仅是因为这一地区事关中国的能源安全和发展利益，而且关乎中国的外交布局和海洋强国地位建设，是中国走出太平洋，寻求对外战略空间拓展的一个十分重要的方向。具体而言，中国在印度洋的利益主要包含以下几个方面。

第一，发展利益。这里主要涉及与印度洋地区的贸易、投资、工程承包、资源能源进口等。印度洋地区有着丰富的战略资源，有着众多日益兴起的新兴市场，对中国的经济可持续发展至关重要。众所周知，印度洋地区不仅是中国对外贸易和投资的新兴地区，也是中国资源能源进口的主要地区，尤其是石油进口。中国原油进口的一半以上来自于印度洋地区，其中50%来自于中东。鉴于中国对能源需求不断增长的预期，中国对印度洋

及海湾的依赖程度也将越来越大。近年来，中国积极参与印度洋海底资源的勘探。中国大洋协会在西南印度洋国际海底区域获得了 1 万平方公里具有专属勘探权的多金属硫化物资源矿区，并在未来开发该资源时享有优先开采权。这是自国际海底管理局 2010 年 5 月 7 日通过《"区域"内多金属硫化物探矿和勘探规章》后接受和核准的第一份矿区申请。申请区位于西南印度洋中脊，限定在长度 990 公里、宽度 290 公里的长方形范围内。2015 年 1 月，我国第一艘深水油气田钻井平台"海洋石油 981"号奔赴印度洋，首次进入印度洋进行石油勘探作业，这是中国走向印度洋以及建设海洋强国的重要里程碑。

第二，安全利益。主要涉及海上贸易通道安全、能源资源供应安全、海外人员与机构的安全。中国 80% 的原油进口运输都要经过马六甲海峡，这是一个实际上由美国海军掌控的咽喉。这种过分依赖和严重受制于美国的保护尴尬局面被称为中国的"马六甲困境"。"马六甲困境"将是中国长期面临的难以破解的海外安全难题，严重制约中国的贸易安全和能源安全。1993 年 7 月 23 日，美国以获得可靠情报为由，指控中国"银河号"货轮向伊朗运输制造化学武器原料，并派出两艘军舰和五架直升机，非法扣留质押"银河号"长达三周之久。"银河号事件"凸显了中国在印度洋无力保护自己的尴尬地位。中东地区持续的冲突与动荡，恐怖主义的肆虐，难以根绝的海盗威胁，严重威胁中国海上运输安全，尤其是能源供应安全。不稳定动荡弧的长期存在，也对中国在该地区的海外利益维护提出新课题和新挑战。中国在印度洋地区面临的安全威胁来源也是多元的，既有国家层次的，也有非国家层次的，如恐怖主义、海盗等，既有传统的，也有非传统的。2015 年版的中国国防白皮书指出："随着国家利益不断拓展，国际和地区局势动荡、恐怖主义、海盗活动、重大自然灾害和疾病疫情等都可能对国家安全构成威胁，海外能源资源、战略通道安全以及海外机构、人员和资产安全等海外利益安全问题凸显。"这一问题在印度洋地区表现尤为突出。

第三，外交利益。主要包含几个层次：（1）作为全球性大国，中国在印度洋地区的和平与发展中应该扮演重要角色。对于像中国这样的大国，在印度洋没有自己的力量存在既不符合国家战略利益考量，也不符合中国的大国身份。（2）印度洋关乎中国的大国地位。作为全球性大国，中国必须走出太平洋，打通印度洋，只有这样中国才能有自由呼吸的广阔空间，才能在世界舞台上有更大的作为。罗伯特·卡普兰提出，中国能否在世界第三大水域印度洋立足，将决定它成为全球军事大国还是局限于太平洋的区域大国。卡普兰指出，如果中国只主导东亚，即像南海和东海这样的边缘海，中国将成为一个地区超级大国，而如果中国一旦在印度洋上开始驻扎海军，中国将成为一个超级大国。[①]（3）关于中国发展的外部战略环境。印度洋地区国家皆为发展中国家，一直是中国外交所依赖的重要对象。尤其是在美国实施"亚太再平衡战略"的背景下，中国在太平洋不断受到战略挤压。在此背景下，中方在坚持以太平洋为战略核心，同时另辟蹊径，从海上打破美国的围堵，西进印度洋，也是对美战略围堵与包围的战略反击路径之一。

第四，打造海洋强国的需要。"中国进入印度洋"应该成为中国海洋发展战略的重要组成部分。印度洋的安全与稳定对中国的战略、经济利益的意义重大，是中国走向海洋、发展海洋战略的重要通道，成为中国的"海上生命线"。21世纪是海洋世纪，全球围绕海洋争夺日趋激烈，中国的可持续发展越来越离不开海洋的支撑。当前，我国经济已发展成为高度依赖海洋的外向型经济，对海洋资源、空间的依赖程度大幅提高，在管辖海域外的海洋权益也需要不断加以维护和拓展。这些都需要通过建设海洋强国加以保障。海洋经济已成为拉动我国国民经济发展的有力引擎。实施海洋开发战略是中国发展的客观需求。党的十八大报告提出"提高海洋资源开发能力，发展海洋经济，保护海洋生态环境，坚决维护国家海洋权益，建设海洋强国"，并提出"要高度关注海洋、太空、网络空间安全"[②]。2013年7月，国家主席习近平指出，21世纪人类进入了大规模开发利用海洋的时期。海洋在国家经济发展格局和对外开放中的作用更加重要，在维护国家主权、安全、发展利益中的地位更加突出，在国家生态文明建设中的角色更加显著，在国际政治、经济、军事、科技竞争中的战略地位也明显上升。中国既是陆地大国，也是海洋大国，拥有广泛的海洋战略利益。我们要坚持陆海统筹，坚持走依海富国、以海强国、人海和谐、合作共赢的发展道路，通过和平、发展、合作、共赢方式，扎实推进海洋强国建设。实施海洋强国这一重大部署，对推动经济持续健康发展，对维护国家主权、安全、发展利益，对实现全面建成小康社会目标、进而实现中华民族伟大复兴都具有重大而深远的意义。要进一步关心海洋、认识海洋、经略海洋，推动我国海洋强国建设不断取得新成就。[③]

---

① 戴维·皮林：《缅甸将成中国"西海岸"》，《金融时报》2013年2月1日。

② 胡锦涛：《坚定不移沿着中国特色社会主义道路前进为全面建成小康社会而奋斗——在中国共产党第十八次全国代表大会上的报告》，2012年11月8日。

③ 《习近平：进一步关心海洋认识海洋经略海洋推动海洋强国建设不断取得新成就》，新华网北京2013年7月31日电。

二　中国与印度洋地区合作交流日益扩大

改革开放以来，中国与印度洋地区各国均保持了良好的合作关系，与印度洋地区国家政治、军事、安全、贸易、投资、科技、教育、文化、卫生等方面的交流全面展开，各方面合作以及人员来往规模都达到了历史最高水平。与此同时，中国在印度洋地区的和平与发展问题上日益发挥重要作用，成为"和谐印度洋"建设的积极倡导者和践行者。

政治上，中国与大多数印度洋地区国家皆为发展中国家，在诸多国际和地区问题上具有共同和相似的看法，并开展了积极磋商与有效合作。这些领域包括联合国改革、发展问题、人权问题、民主问题、反对新老殖民主义、反对霸权主义、反恐、海盗、海洋权益、气候变化、地区冲突解决、地区热点问题等。

中国积极参与了环印联盟的合作。2000 年 1 月 23 日，中国成为环印度洋联盟对话伙伴国。2001 年 4 月，外交部部长助理张业遂率团参加了在阿曼召开的联盟第三届部长理事会会议。此后，我驻斯里兰卡大使孙国祥、前亚太经合组织高官王嵎生、前驻肯尼亚大使安永玉、驻伊朗大使刘振堂、驻伊朗大使解晓岩、驻也门大使罗小光、外交部大使舒展、参赞杜小丛、非洲司司长卢沙野等分别出席了其他历届部长理事会会议。2014 年 10 月，外交部副部长张明率团出席了在澳大利亚珀斯举行的环印联盟第十四届部长理事会会议。这也是我国首次派遣副部级代表团与会。多年来，中国与环印联盟及其成员国之间交往频繁，同联盟成员国的双边贸易额增长迅速。随着了解与沟通的深入，中国与环印联盟的合作领域不断扩大。其中，中国积极与环印联盟开展打击海盗的合作，为印度洋地区的航行安全做出了重要贡献；同时中国也与环印联盟在海水淡化、废水处理等领域探讨合作。中国希望与环印度洋地区国家、环印联盟加强沟通与协调，这符合中国自身的利益。另外，环印联盟成员国也有意愿与中国开展合作，双方今后在经贸、安全等领域合作的空间很大。环印联盟秘书长巴基拉特表示，中国与环印联盟的合作长期稳定、领域广泛，比如中国护航舰赴亚丁湾打击海盗等，无论是在经济领域还是安全领域，中方都给予了联盟诸多支持。① 中国作为对话伙伴国，在该联盟发挥了独特的作用。中国遵循"和平共处、平等互利与协商一致"等原则，促进该地区和成员国经济持续增长和平衡发展，推动区域内贸易和投资自由化，促进地区经贸往来和科技交流，扩大人力资源开发、基础设施

---

① 廖政军：《环印度洋地区合作联盟聚焦海事安全》，《人民日报》2012 年 11 月 3 日。

建设等方面的合作，加强成员国在国际经济事务中的协调。整个印度洋经济圈或将以中国的增长模式为借鉴和激励，克服多样性带来的风险。2014 年10 月，中国国家海洋局下属天津海水淡化与综合利用研究所同环印联盟科技转移中心签署了关于在天津建立海水淡化协调中心的合作谅解备忘录，这也是该组织与其成员国和对话伙伴国达成的首个务实合作协议。

印度洋地区国家是中国对外贸易的主要伙伴。中国与印度洋地区国家双边贸易已超出 1 万亿美元。其中 2013 年，中国与环印联盟的 20 个成员国贸易额就达到 7261.56 亿美元，占我国对外贸易总额的 17.45%。此外，与其他印度洋地区国家的贸易也很频繁。2014 年，中国印度洋地区其他主要国家的双边贸易情况是：中国与缅甸 249.7 亿美元、中国与孟加拉国 125.47亿美元、中国与巴基斯坦 150 亿美元、中国与伊朗 518.51 亿美元、中国与伊拉克 285 亿美元、中国与沙特阿拉伯 691 亿美元、中国与卡塔尔 105.8 亿美元、中国与科威特 134 亿美元、中国与巴林 14.2 亿美元、中国与约旦36.28 亿美元、中国与埃及 116.2 亿美元。目前，中国与新加坡、印度尼西亚、马来西亚、泰国、阿曼、阿联酋、澳大利亚、南非 8 个联盟成员国正在商谈自贸区，其中与东盟（含新加坡、印度尼西亚、马来西亚、泰国）自贸区已于 2010 年 1 月全面建成。中国还与海湾合作委员会启动了自贸区谈判。

中国从印度洋地区国家资源能源进口也占有重要地位。其中原油进口占中国原油进口的一半以上。2014 年，中国原油进口来源情况：沙特阿拉伯占 16%、阿曼 10%、伊朗 9%、伊拉克 9%、阿联酋 4%、科威特 3%，六国累计达 51%。另外，中国从卡塔尔进口原油 36 万吨。2012 年，中国天然气进口来源国前五名分别为：土库曼斯坦、卡塔尔、澳大利亚、印尼和马来西亚，占整个天然气进口的 93.5%。液化天然气（LNG）进口来源前五名皆为印度洋地区国家：卡塔尔 67.9 亿立方米，占 16.4%；澳大利亚 48.4 亿立方米，占 11.7%；印度尼西亚 33 亿立方米，占 8%；马来西亚 25.2 亿立方米，占 6.1%；也门 8.1 亿立方米，占 2%。从五国 LNG 累计进口比例高达44.2%。前十位中还有埃及、阿曼两国，分别排名第 8、第 10 名，分别为 4亿立方米，占 1%、0.9 亿立方米，占 0.2%。7 国累计占 45.4%。

印度洋地区的铁矿砂、铬矿石、宝石及贵金属、氧化铝、铜矿、煤炭也在中国的矿产品进口中占有重要地位。以铁矿石为例，中国从澳大利亚、印尼的铁矿石进口数量巨大。2014 年，中国从澳大利亚进口的铁矿石数量同比增长 31.6%，至 5.484 亿吨，占总进口量的 58.8%，2013 年为 50.9%。

印度洋地区也是中国对外工程承包与劳务输出的核心地区。

　　在印度洋地区安全问题上，中国也日益扮演重要角色，积极维护地区的和平与稳定。2012 年 12 月 13 日，中国人民解放军海军东海舰队司令员苏支前海军中将在斯里兰卡南部海滨城市加勒表示，印度洋的和平与稳定关系着世界的和平与稳定，印度洋的航行自由与安全对世界经济恢复发展具有十分重要的作用，中国海军将积极维护印度洋和平与稳定。近年来，中国军队积极开展与印度洋地区国家的双边与多边军事与安全交流与合作，举行联合军事演习，参与重大国际维护行动。以护航为核心，中国军队维和和索马里护航上发挥了突出作用，赢得了国际社会的普遍赞誉。鉴于索马里海盗活动日益猖獗并对亚丁湾、红海和阿拉伯海航线安全构成严重威胁，自 2008 年 12 月起，中国海军开始在索马里和亚丁湾开展护航行动。截至 2015 年 7 月，中国海军已向该地区海域派出共计 20 批护航编队，执行护航行动。近七年来，中国海军护航编队为中国及其他国家和地区航经亚丁湾、索马里海域的船舶和人员保驾护航，为世界粮食计划署等国际组织运送人道主义物资船舶的安全、国际反海盗行动提供了强有力的保障。中国护航舰队进入印度洋参与护航行动，对中国军队以及中国外交都具有历史性意义。2014 年 1 月 20 日，由南海舰队两栖船坞登陆舰长白山舰，导弹驱逐舰海口舰、武汉舰等 3 艘舰艇组成，编队分两个兵力群，赴南海、西太平洋和东印度洋海域，进行指挥所、支援作战、机动作战、政治工作等科目的训练，这是中国海军首次前往东印度洋海域进行战斗值班巡逻，具有重要的历史意义。中国海军前出印度洋是中国国家海洋战略和国防战略的重要转折点。中国海军前出印度洋表明中国有能力支持中国海军的全球行动，也有能力用军事力量和前沿部署等手段保护中国的战略利益。最近，中方宣布中国正在吉布提建立军事基地。这不仅是中国在印度洋地区的第一个军事基地，也是中国在海外的第一个军事基地，具有历史性意义。对此，《美国海军学会会刊》发表题为《毛泽东的"积极防御"正转向进攻》文章，称中国正在印度洋逐步形成海军势力的雏形。自明朝以来，中国首次能够在印度洋进行积极的军事部署。中国正以一种现代中国史上前所未有的进攻姿态踏入这片归属未明的领域。①

　　值得指出的是，2015 年中国政府发布的国防白皮书《中国的军事战略》反映了中国的最新海洋军事对外战略。白皮书指出，中国军队坚持共同安全、综合安全、合作安全、可持续安全的安全观，广泛参与地区和国际安全事务，加大参与国际维和、国际人道主义救援等行动的力度，在力所能及范

---

① 《美刊：解放军在印度洋"转守为攻"》，新华网，2011 年 4 月 20 日。

围内承担更多国际责任和义务，提供更多公共安全产品，为维护世界和平、促进共同发展作出更大贡献。白皮书指出，海洋关系国家长治久安和可持续发展。必须突破重陆轻海的传统思维，高度重视经略海洋、维护海权。维护战略通道和海外利益安全，参与海洋国际合作，为建设海洋强国提供战略支撑。要适应国家战略利益发展的新要求，积极参与国际海上安全对话与合作，坚持合作应对海上传统安全威胁和非传统安全威胁。要履行国际责任和义务，加强海外利益攸关区国际安全合作，维护海外利益安全。根据需要继续开展亚丁湾等海域的护航行动，加强与多国护航力量交流合作，共同维护国际海上通道安全。白皮书提出，维护海外利益安全、参加地区和国际安全合作，维护地区和世界和平，是中国军队主要担负的战略任务。白皮书提出，中国海军要按照近海防御、远海护卫的战略要求，逐步实现近海防御型向近海防御与远海护卫型结合转变；海军部队组织和实施常态化战备巡逻，在相关海域保持军事存在。[①]

三 印度洋："21 世纪海上丝绸之路"的关键节点

2013 年 9 月和 10 月，中国国家主席习近平在出访中亚和东南亚国家期间，先后提出共建"丝绸之路经济带"和"21 世纪海上丝绸之路"的重大倡议，得到国际社会高度关注。毫无疑问，印度洋地区在"一路一带"大战略构想中具有无可替代的重要地位。习近平指出，中国政府提出建设"丝绸之路经济带"和"21 世纪海上丝绸之路"战略倡议，这是站在陆海统筹战略高度构建的宏伟开放格局。依照《愿景与行动》规划，未来印度洋地区将成为"21 世纪海上丝绸之路"建设的重点，沿线各国将以政策沟通、设施联通、贸易畅通、资金融通、民心相通为主要内容和重点领域加强合作。依照规划，21 世纪海上丝绸之路重点方向是从中国沿海港口过南海到印度洋，延伸至欧洲。根据"一带一路"走向，陆上依托国际大通道，以沿线中心城市为支撑，以重点经贸产业园区为合作平台，共同打造新亚欧大陆桥、中蒙俄、中国—中亚—西亚、中国—中南半岛等国际经济合作走廊；海上以重点港口为节点，共同建设通畅安全高效的运输大通道。中巴、孟中印缅两个经济走廊与推进"一带一路"建设关联紧密，要进一步推动合作，取得更大进展。《愿景与行动》还提出，我国西南地区要发挥广西与东盟国家陆海相邻的独特优势，加快北部湾经济区和珠江—西江经济带开放

① 中华人民共和国国务院新闻办公室：《中国的军事战略》（2015 年 5 月），新华网，北京 2015 年 5 月 26 日电。

发展，构建面向东盟区域的国际通道，打造西南、中南地区开放发展新的战略支点，形成 21 世纪海上丝绸之路与丝绸之路经济带有机衔接的重要门户。要发挥云南区位优势，推进与周边国家的国际运输通道建设，打造大湄公河次区域经济合作新高地，建设成为面向南亚、东南亚的辐射中心。

第三节　世界其他大国围绕印度洋激烈角逐，地缘政治竞争不断升温

一　印度洋战略竞争演变新态势、新特点

长期以来，印度洋一直为外人所主导。自 15 世纪欧洲人开始进入印度洋后，印度洋的霸主几经易手。最早是葡萄牙人。直到 17 世纪中期，印度洋基本是葡萄牙人的天下。随后是荷兰人。荷兰东印度公司势力强大，控制了欧洲与东方经印度洋的贸易往来。到 19 世纪初，英国又成为印度洋的霸主。进入 20 世纪，尤其是第二次世界大战后，英国逐步淡出，美国和苏联激烈争锋印度洋。冷战结束后，苏联解体，俄罗斯退出印度洋。

当前印度洋的战略竞争呈现新态势与新特点。第一，美国在印度洋地区安全中依然居于主导地位，是印度洋安全的主要提供者。其地位，没有其他国家能与之相匹敌。美国在印度洋保持强大的军事存在，扼守印度洋关键枢纽和主要航线。不过，随着美国日益走向衰落，以及充当世界警察的意愿和能力下降，美国在印度洋的角色也出现新的变化，希望在不危及美核心利益的前提下与其他大国共同分担责任。这在地区反恐、打击海盗上表现最为明显。第二，中国成为印度洋的新角色，在该地区的影响和作用不断增大，引人注目。一些国家对中国进入印度洋地区高度关注，试图合作遏制中国在印度洋地区发挥重要作用。美国、日本和印度大肆渲染中国的所谓"珍珠链战略"。第三，美国、印度、中国、欧盟、俄罗斯五大国是当前印度洋地缘政治争夺的主要旗手。罗伯特·卡普兰担忧，中印两个大国在追求大国地位的过程中，将不可避免地把战略重心从大陆转向海洋，进而势必对美国的海洋霸权和利益产生不利影响，威胁美在印度洋的主导地位。第四，地区外大国长期占据主导地位，印度洋地区国家在该地区一直处于依附或次要地位，印度洋安全主要依赖外部保护。在这一弧形战略地带里，至今没有一个占据主导地位的世界性大国。相反，连年的冲突与战争使该地区部分国家处于无政府的动荡状态，从而导致恐怖主义、暴力冲突、海盗活动猖獗。因此，各国不得不投入军事力量维护海上航线的畅通。不过，自冷战以后，尤其是进

入 21 世纪以来，该地区国家在印度洋地区的和平与发展问题上开始扮演日益重要的角色。其中，以印度洋为私家领地的印度的作用最为突出。第五，世界力量对比的转换，印度洋地区所具有的战略通道、巨大的发展潜力、不断激化的动荡局势，致使印度洋在全球战略格局中的地位不断上升。

二 大国对印度洋地区争夺加剧，纷纷加大战略投入

美国。美国政府认为，美国在印度洋地区拥有广泛而重要的利益，对维护美国的全球霸权地位至关重要。美国在 2007 年发布的《21 世纪海权合作战略》指出："可靠的作战力量将会继续在西太平洋和印度洋地区存在以保护我们的重大利益，遵守我们对盟国和伙伴国作出的维护地区安全的承诺，制止和劝阻潜在的敌人和可能的竞争者……决不允许我们的海上力量不能自由行动，也不允许敌人企图通过封锁重要的通信和海上商业线路来截断全球供应链。"① 根据该战略，美国对海军和海军陆战队的任务集中区域进行了重新定位，从传统的大西洋和太平洋调整为太平洋和印度洋，并强调将会在太平洋和印度洋部署充足的军事力量以威慑或击退任何敌对国家。2010 年发布的《四年防务评估报告》《国家安全战略》都将印度洋上升到美国战略计划的优先位置。在《四年防务评估报告》中，美国表示将优先确保大中东和南亚地区的稳定以及美国在这两个地区的利益，而这两个地区都紧邻印度洋。报告指出："在维护印度洋整体稳定方面，美国有重大利益，而印度洋地区在全球经济中将发挥越来越重要的作用。印度洋为全球商业兴盛、国际能源安全和地区稳定提供了必不可少的海上通道……对包括美国在印度洋的国家利益、目标、形势进行评估将能为未来的国防计划提供有益指导。"2012 年 1 月发布的《维持美国的全球领导地位：21 世纪国防优先任务》，再次强调了印度洋的重要性："美国的经济和安全利益与西太平洋和东亚到印度洋以及南亚一带的发展息息相关，这既给美国带来了日益严重的挑战，也带来了大量机会。"② 美国在印度洋地区处于无与伦比的优势地位，不过也面临一系列挑战，其中两方面最为突出。一方面，美国实力衰退，其维持霸主地位的能力、资源、精力和意愿均呈颓势，难以单独应对地区挑战；另

---

① United States Navy, United States Marine Corps and United States Coast Guard, A Cooperative Strategy for 21st Century Seapower, October 2007, pp. 9—12. 转引自时宏远《美国的印度洋政策及对中国的影响》,《国际问题研究》2012 年第 4 期。

② American Department of Defense, Sustaining U. S. Global Leadership: Priorities for 21st Century Defense, January 2012, p. 2. 转引自时宏远《美国的印度洋政策及对中国的影响》,《国际问题研究》2012 年第 4 期。

一方面，来自中国、印度、俄罗斯等国的日益激烈的竞争。印度是美国在印度洋主导地位的主要挑战者，两国是竞争与合作的关系。中国则是印度洋的后来者，也被美国视为挑战者和竞争者。苏联和俄罗斯则长期是美国在该地区的战略竞争者，虽然其实力与地位在后冷战时代急剧下降，但一直力图重返印度洋。

为确保美国在印度洋的优势和主导地位，美国的印度洋战略主要有几个方面的内容与特征。（1）积极塑造印度的地区和全球性领导角色；（2）大力发展与东南亚、南亚、中东和非洲重要国家的友好关系；（3）竭力控制中东的石油，确保中东石油向世界安全而稳定的流动；（4）保持在印度洋地区的军事存在，巩固和强化迪戈加西亚军事基地的作用；（5）领导或参加应对非传统安全威胁的双边或多边行动；（6）确保印度洋作为国际商业通道的安全畅通。（7）借助盟友分担责任。从以前的"控制战略"转型为"联盟优先战略"（coalition builder supreme），美国在保持自身作为印度洋地区最为强大的海上力量的同时，同所有希望与其合作的国家共同应对来自印度洋地区的威胁和挑战，从而管理好印度洋事务。① 美国前国防部长盖茨在任时将印度称为是一个可以信赖的战略伙伴，在印度洋及印度洋以外地区是一个"安全的净提供者"；② （8）积极打造"印度洋—太平洋战略"（简称"印太战略"）。2010 年，美国国务卿希拉里在夏威夷发表关于亚洲政策的讲话，首次提及"印太"概念。2011 年 11 月希拉里在《美国的太平洋世纪》演讲中再次提到"印太"概念，强调了"印太"地区的战略重要性，表示要将太平洋伙伴关系升级为印太伙伴关系。③ 这一概念的提出，一方面是将太平洋与印度洋连在一起，突出该地区对全球贸易与商业的重要性，另一方面该概念暗含着美联合印度针对中国的意味，将印度拉入遏制中国的包围圈，并扩大到印度洋。

印度。印度位于印度洋核心位置，三面环海，扼守着印度洋航线的枢纽，战略位置十分重要。印度在印度洋有重要政治、经济和安全利益。印度外贸总量的约 95%和外贸总额的 70%通过海上运输实现，其中超过 97%都

---

① 宋德星、白俊：《"21 世纪之洋"——地缘战略视角下的印度洋》，《南亚研究》2009 年第3 期。

② Saroj Bishoyi，"Defence Diplomacy in US-India Strategic Relationship"，*Journal of Defence Studies*，Vol. 5，No. 1，January 2011，p. 77. 转引自时宏远《美国的印度洋政策及对中国的影响》，《国际问题研究》2012 年第 4 期。

③ Hilary Clinton，"America's Pacific Century"，Foreign Policy，October 11，2011，http：//foreignpolicy. com/2011/10/11/americas-pacific-century/.

须经由印度洋。印度石油进口的 70% 依赖海运。350 万印度劳工在海湾国家工作。在印度洋海底拥有 15 万平方公里的矿藏专属开采权。"控制印度洋"是印度孜孜以求的梦想。首任印度驻华大使，又是印度现代海权理论的奠基人的 K. M. 潘尼迦（K. M. Panikkar）在其著作《印度和印度洋——略论海权对印度历史的影响》中提出，"印度的安危系于印度洋，民族的利益在于印度洋，未来的伟大也靠印度洋"。① 潘尼迦用大量的历史事实对麦金德及其之后的地缘政治理论中的欧洲中心和忽视印度洋的倾向予以批评，强调"印度来日的伟大，在于海洋"。2007 年出台的《自由使用海洋：印度海上军事战略》中，印度提出了新时期的"印度之洋"海洋安全战略，也就是以强大、平衡的海军为基础，通过积极的政治、外交和军事手段，主动塑造印度洋地区的环境。除了加强海军力量建设之外，很重要的一点就是印度洋沿岸国家和域外大国构筑伙伴关系网，以获取更多的战略空间和"战略自由"，积极地为印度自己创造一个安全缓冲垫。

　　印度的印度洋战略主要内容是：（1）阻止大国染指印度洋，建立印度在印度洋的独家主导地位，限制并排斥外部大国在印度洋的军事存在。印度主张所有外部势力退出印度洋，将印度洋真正变成"印度之洋"，甚至"印度湖"。印度对美国驻扎在印度洋的第五舰队颇为戒备，对美国占据扼守着从马六甲海峡横越印度洋到非洲的海上运输线的迪戈加西亚岛，更是表示强烈反对。（2）把印度洋作为军事扩展的重点，提出要建立强大的远洋舰队，形成对印度洋的实际控制，将印度洋划分为"完全控制区""中等控制区"和"软控制区"三个战略区域。（3）确立对印度洋沿岸国家的海上优势。（4）谋求控制进出印度洋各个咽喉要地。印度海军谋求控制从苏伊士运河到霍尔木兹海峡再到马六甲海峡等印度洋水域咽喉要道的能力。（5）通过打击索马里海盗，树立印度洋海上强国的形象。印度加强在亚丁湾的海军力量。（6）利用大国矛盾，分而治之，对"区外大国"采取既遏制又利用的灵活策略，拓展自身的战略空间。② 近年来，印度与美国、日本加强了在印度洋的合作，开展海上及陆地联合军事演习，美国和印度举行一年一度的传统双边军演。同时印度也表示愿意加强与中国在印度洋的合作。

　　俄罗斯。早在沙俄时期，俄罗斯就希望南下印度洋，并设计了三条路线：一条是从黑海经土耳其的博斯普鲁斯海峡到地中海（再经苏伊士地峡进入红海）；第二条是从南高加索经伊朗到波斯湾；第三条是从中亚经阿富

---

① 宋立炜、孙晔飞：《印度洋会成为"印度之洋"吗》，《中国青年报》2011 年 6 月 3 日。
② 宋德星、白俊：《新时期印度海洋安全战略探析》，《世界经济与政治论坛》2011 年第 4 期。

汗到阿拉伯海。冷战时期，苏联在印度洋部署军舰，建立海军印度洋分舰队，并与印度洋沿岸一些国家如印度、也门、厄立特里亚等国建立战略关系，开展广泛的政治、军事和经济合作。20 世纪 70 年代，苏联在亚非两大洲建立了自己的海军基地。1979 年，苏联与越南签署使用越南金兰湾军港协议，使苏联接近马六甲海峡。同年，苏联入侵阿富汗，企图借助阿富汗，南下波斯湾及印度洋，打通印度洋的出海口。在印度洋范围内，苏联海军是唯一可以向美国海军发起挑战的力量。冷战结束后，俄罗斯退出印度洋。不过，无论是当年的苏联还是现在的俄罗斯，无不渴望在印度洋拓展自己的影响力。如今，俄国内谈及印度洋的声音越来越高，自由民主党领导人日里诺夫斯基曾扬言"要在印度洋洗俄军的马靴"。2008 年 10 月，也门总统萨利赫访俄，与俄罗斯领导讨论了俄海军利用也门港口以及俄海军舰艇常驻也门索科特拉群岛的可行性。索科特拉岛地处印度洋阿拉伯海，是连接东西方的海上交通咽喉，早在 20 世纪七八十年代苏联海军曾在这里驻扎。苏联海军第 8 战役大队在索科特拉上投资建设了一座物资技术保障站，为过往这里的海军舰艇提供补给与维修服务，索科特拉岛也一度成为冷战时期苏联设在中东的一个重要海军基地。俄海军现在考虑重返也门，表明俄罗斯将恢复在印度洋的军事存在。2013 年，俄海军司令维克托奇尔科夫海军上将表示，不排除将建立地中海舰队的经验应用到其他地区。必要时海军司令部将向政府和总统建议在太平洋和印度洋建立常态战役兵团。但在实力今非昔比的情况下，俄现阶段只能通过进一步加强与印度等地区伙伴关系，维持对印度洋的基本影响力。普京上台后，为了改变由于苏联解体而导致海上力量实力下滑的现实，实施了一系列提振的措施，强化在全球海洋的话语权和存在力。他强调："如果放弃海军建设，俄将在国际舞台上失去发言权。我们要充分认识到海军在国防系统中的重要作用，使海军彻底结束并摆脱目前的不幸局面。"[1] 2000 年 4 月，俄罗斯公布了《俄罗斯联邦海军战略（草案）》，提出了海军要面向世界大洋的宏伟战略构想。2000 年与 2001 年，俄罗斯又先后颁布了《2010 年前俄联邦海上军事活动的政策原则》《2020 年前海洋学说》等文件，确立了普京时代的海洋安全战略的总体思路。2014 年底俄政府海洋委员会通过了新版海洋学说，并提交俄总统批准。2015 年 7 月，普京总统批准了新版俄罗斯海洋学说。新版海洋学说是俄未来开展海洋活动的基础性文件。新版海洋学说涵盖四大职能和六大地区发展方向，四大职能分别为海军活动、海上交通、海洋科学和资源开采；六大地区发展方向为大西

---

① 严伟江：《俄海军掀起演习风暴》，《中国国防报》2003 年 6 月 10 日。

洋、北极、太平洋、印度洋、里海和南极，其中俄海军发展的重点放在大西洋和北极方向。新版海洋学说首次明确提出将中国、印度两国作为重要合作伙伴。新版海洋学说中有关印度洋条款规定在该地区的重要发展方向是与印度发展友好关系。① 根据规划，2015 年，俄印两国在印度洋举行 "Indra Navy-2015" 联合军演。

　　日本。日本在印度洋主要利益有：（1）能源安全。日本能源进口主要来自中东，原油进口有 80% 以上都需经过 "海湾—马六甲海峡—南海" 航线。日本首相安倍晋三声称中东关乎日本的生死。（2）通道安全。作为贸易大国，日本每年还有超过 2000 亿美元的出口货物需通过印度洋到达中东和欧洲。日本一直将印度洋海上交通线视作 "生命线"，对马六甲海峡、霍尔木兹海峡、曼德海峡、苏伊士运河等关键枢纽的安全极为关注。（3）农业安全。日本将印度洋及非洲作为其海外农业、渔业发展的重要方向。（4）牵制、遏制中国在印度洋的作用。在印度洋政策上，日本的主要做法是：第一，以贸易、援助开道，大力发展与印度洋地区国家的关系。2004 年印度洋海啸爆发后，日本成为援助款最多的国家，达 5 亿美元，占总额的 25%；第二，重点强化与印度洋战略交通线相关国家的关系。日本提供经济与技术资源，帮助提高相关国家的海上保安能力，同时强化海上联动机制。2013 年 9 月，日本外务省召集印度洋与太平洋沿岸的 13 国负责人首次举办了以 "如何确保海上交通安全" 为主题的国际研讨会，这是日本首次举办涉及 "海上交通安全" 的大型国际研讨会。出席此次 "海上交通安全" 国际研讨会共有 13 个国家，包括吉布提、也门、孟加拉国、斯里兰卡、肯尼亚、印尼、马来西亚、缅甸、菲律宾、泰国、越南以及汤加与巴布亚新几内亚。第三，借助与支持美国，利用美国提供的保护伞，搭美国的安全便车。安倍晋三在美国一家保守智库发表讲演时表示，日美要共建 "印度洋太平洋世纪"，"今后，日本要与美国一起，建立印度洋与太平洋世纪"。第四，推销 "价值观外交"，视印度为日本 "多边战略外交" 的重要支柱之一，加强与印度的关系以及在印度洋的合作。日本加强了与印度的军事合作，日政府计划通过 ODA 资金援助的方式，向印度提供海上自卫队使用的 US-2 水上飞机，以强化印度海军在印度洋的巡逻和救难工作。从 2012 年开始印度和日本进行双边军演。2014 年 1 月，两国的海岸警卫队在阿拉伯海进行了联合演习。日本期望能够通过与印度的安保合作，强化自己在印度洋的军事存在，牵制中国在印度洋的军事发展战略。第五，以 "积极的和平主义"

───────────

① 《俄罗斯出台新版海洋学说》，《人民日报》2015 年 7 月 28 日。

和"国际贡献"为名，行建设军事大国之实，积极向印度洋出兵，并在吉布提建立日本海外第一个军事基地。第二次世界大战后相当长时期，受宪法制约，日本的军事力量无法涉足印度洋。"9·11"恐怖事件后，小泉政府借机出台了《恐怖对策特别措施法》，一举突破制约日本发挥军事作用的限制，大幅扩展了自卫队的活动范围，该法正式授权日本自卫队向印度洋派遣军舰，协助和支持美国对阿富汗实施的军事打击。事后，日本就派遣了由3艘主力护卫舰和2艘补给舰组成的舰队前往印度洋进行以海上加油为主的支持行动，开创自卫队战后首次前往海外从事战时行动的先例。2003年伊拉克战争爆发后，日本政府又借口为美提供后勤补给服务，派遣最新型"宙斯盾"级驱逐舰到印度洋，成为日本战后首次向海外战斗区域派遣自卫队，标志着日本战后防卫政策的重大转折。2015年日本海上自卫队参加美国和印度在印度洋孟加拉湾举行的"马拉巴尔联合军事演习"。这也是日本海上自卫队自2007年以来相隔8年再次参加"马拉巴尔"演习，也是日本海上自卫队出动战舰数和反潜机规模最大的一次。2007年9月，日本、澳大利亚、新加坡参加了在孟加拉湾举行的"马拉巴尔"军演。安倍政府竭力修宪以行使集体自卫权时，除考虑到应对针对日本盟国武力攻击的情况外，还将涵盖保护通向中东能源航线等"对日本安全有重大影响的事态"，其中假设会出现某些突发事件，如霍尔木兹海峡遭封锁等。认为日本行使集体自卫权的地理范围应该涵盖从印度洋到西太平洋海域的海上关键交通航线，而不应该局限在"日本周边"这个小小的范围内·

此外，澳大利亚、英国、法国、南非、伊朗等国也在积极加大对印度洋的投入，进一步加剧了该地区的战略竞争态势。比如，法国最大的海外军事基地位于吉布提，监视着从波斯湾到欧洲的最重要航路。2009年，法国在阿联酋新建的军事基地投入使用，控制着红海和波斯湾。法国还在印度洋马约特岛和留尼汪岛建有军事基地。法属印度洋南部的凯尔盖朗群岛，处于非洲、南极洲以及澳大利亚的十字路口处。法国在当地建立基地，监视整个印度洋。大国在印度洋地区的竞争，对该地区来说既是好事，带来了更多的贸易与发展机会，地区国家接受的援助大幅增加，但也使地区爆发冲突的风险大大增加。

第四节　印度洋安全面临严峻挑战，印度洋和平区任重道远

总体上，当前印度洋是安全的，印度洋航线较为安全，不存在重大安全

威胁。虽然前几年索马里地区海盗问题比较严峻，但近年来形势已大为好转。但是，印度洋沿岸地区面临不小的安全挑战。与大西洋、太平洋相比，为周边不稳定弧所环绕的印度洋地区可谓最为动荡，传统与非传统安全交织，地区危机不断，各种冲突频繁发生。

一　印度洋面临多重安全困境，多重安全危机集中爆发

当前，印度洋地区面临的安全挑战呈现多元化趋势。具体表现在以下几个方面：第一，大国在印度洋地区的战略竞争加剧，既带来了发展的机遇，也带来了冲突的风险。第二，美国长期提供的印度洋安全这一公共安全产品，面临出现安全真空的威胁。美方充当世界警察的实力与意愿下降。第三，印度洋地区国家多处于战略不稳定弧线上，冲突频仍，长期动荡不宁。这条弧线从东南亚、南亚，经中亚、中东一直延伸到东非，沿途多个国家如阿富汗、巴基斯坦、伊拉克、巴林、也门、索马里、埃及等国均面临各种安全威胁，一些国家长期处于内战和暴力冲突之中，被西方命名为所谓的"失败国家"。在 2010 年美国《外交政策》杂志所列的 25 个"失败国家"中，印度洋地区就占了 9 个，其中索马里位居"失败国家"第一位。[①] 根据2014 年度全球和平指数报告，在 162 个国家和地区中，最不安全的 20 个国家得分排名依次为：叙利亚、阿富汗、南苏丹、伊拉克、索马里、苏丹、中非、刚果（民主）、巴基斯坦、朝鲜、俄罗斯、尼日利亚、哥伦比亚、以色列、津巴布韦、也门、黎巴嫩、圭亚那、埃及、印度。[②] 从中可以看出，印度洋地区国家占有相当的比重。第四，传统与非传统安全交织，非传统安全威胁日益突出。长期以来，印度洋地区就是冲突与战争的高发区。自第二次世界大战结束以来，在南亚就爆发了多次战争与冲突（1947 年印巴分裂后印巴之间就爆发了三次大规模战争、斯里兰卡长期内战）。在中东，围绕巴以问题，爆发了五次中东战争。伊拉克与伊朗之间爆发了长达八年之久的两伊战争（1980—1988 年）。美国与伊拉克之间爆发了两次伊拉克战争。也门多次爆发内战，并引发地区性战争。索马里自冷战后一直陷于动荡之中。南非自 20 世纪 90 年代结束种族隔离政策后才恢复了稳定。据统计，印度洋地区 19% 的国家都存在着不同程度的武装冲突，31% 的国家遭到过恐怖主义威胁，33% 的国家遭到过海盗威胁，39% 的国家存在着不同程度的政治风险，53% 的国家长期与其邻国有海上领土纠纷，56% 的国家饱受非法枪支走私、

---

① "2010 Failed States Index", *Foreign Policy*, June 17, 2010, 访问时间：2016 年 3 月 20 日。
② "2014 Global Peace Index", Institute for Economics and Peace, 访问时间：2016 年 3 月 20 日。

贩卖毒品和拐卖人口的困扰。

近年来，印度洋地区也是各种非传统安全事件多发地区，尤其是极端主义、恐怖主义、海盗等威胁不断上升。从东南亚、南亚到中东、北非，这里是恐怖主义和极端主义的主要策源地、恐怖分子的活动大本营，更是全球恐怖活动爆发最集中的地区，其中索马里、也门、伊拉克、巴基斯坦面临的恐怖主义威胁最为严重。据美国国务院 2015 年 6 月发布的 2014 年度全球恐怖主义报告，2014 年全球发生恐怖主义袭击活动 13500 起，比 2013 年增加 35%，造成近 33000 人死亡，比 2013 年增加 81%。共有 95 个国家发生恐怖袭击，但伊拉克、阿富汗、巴基斯坦、印度和尼日利亚占 60%。若加上叙利亚，则高达 80%。[①] 为此，有专家将印度洋称为"伊斯兰恐怖主义之湖"。根据国际海事局的报告，2003—2008 年全世界发生的海盗袭击和武装劫持事件 66.34% 都发生在印度洋地区，2009 年为 73%，2010 年为 64%，2011 年为 65.6%。此外，印度洋也是自然灾害频发地区，世界 70% 的自然灾难都发生在印度洋地区。2004 年印度洋海啸波及范围达 6 个时区，该地区数十个国家都遭遇了海啸的冲击。据统计，海啸造成 29 万人死亡，经济损失 100 多亿美元。

斯里兰卡国防部常秘戈塔指出，印度洋目前面临恐怖主义、海盗、垃圾处理、非法捕捞、毒品和武器走私等威胁，同时印度洋地区频受自然灾害影响。世界各国应该加强沟通协调，共同应对印度洋安全威胁，确保印度洋航行自由和安全。

二　毗邻印度洋的西亚非洲地区构成动荡弧的核心地带，传统与非传统安全问题尖锐突出

中东处于全球海陆空交通的关键枢纽位置，是所谓的五海三洲两洋之地，坐拥地中海、黑海、里海、红海、波斯湾，连接欧亚非三大洲，沟通大西洋和印度洋，拥有直布罗陀海峡、土耳其海峡、苏伊士运河（承担世界 14% 的海运贸易，亚欧货物海运的 80%）、曼德海峡、霍尔木兹海峡（每年全球 40% 的石油和 28% 的液化天然气出口都要通过该海峡）等五条全球海上关键枢纽。正因为此，中东一直为各方所垂涎，历来乃兵家必争之地。历史上，中东也是沟通东西方的"丝绸之路"重要通道。近代以来，西欧为重启"丝绸之路"，不断征战中东，在遭到惨败后才绕道南非好望角，意外

---

① "Country Reports on Terrorism 2014", the State of USA, April 2015, 访问时间：2016 年 3 月 20 日。

发现了"新大陆"。沙俄与苏联为南下地中海和印度洋，数百年来一直激烈争夺土耳其海峡和伊朗高原，并与奥斯曼帝国、波斯、英、法、德、美进行了百年战争。1956年英、法、以色列和埃及围绕苏伊士运河大打出手，爆发苏伊士运河战争（俗称第二次中东战争）。20世纪80年代以来，波斯湾以及霍尔木兹海峡的重要性日益突出，伊朗与伊拉克、沙特阿拉伯、美国也展开激烈博弈。美国前总统尼克松指出："波斯湾的战略重要意义今天集中于两个因素：它的位置和它的石油。军事力量和经济力量现在都有赖于石油。这个基本事实在20世纪最后这几十年里使波斯湾成了全球风暴的风眼。如果苏联有力量关掉中东的石油龙头，它就会有力量使工业化西方的大部分国家向它屈膝。为了做到这一点，苏联人没有必要像他们接管阿富汗那么实际接管波斯湾国家。他们通过外部压力或内部动乱，使西方得不到这些国家的资源，也可达到他们的目的。"[①] 美国著名中东问题专家伯纳德·刘易斯就认为，"中东地区发生的一切取决于来自别处的势力，中东地区国家与国家之间的关系以及其他各种关系，都是由非中东国家之间的敌对竞争状态来左右的"[②]。一个多世纪来，冲突、战争、革命、动荡一直伴随着中东，并成为外界描绘中东的关键词。据联合国估计，阿拉伯世界共有1700多万人由于暴力冲突而背井离乡，是世界上难民和流离失所者数量最高的地区。中东热点问题此起彼伏，导致该地区一直动荡不宁。巴以冲突长期不止，伊朗核问题引发地区持续紧张，两场伊拉克战争致使地区陷入大动荡泥潭，"阿拉伯之春"引爆中东，致使叙利亚、利比亚和也门陷入动荡，"伊斯兰国"和"基地"等恐怖势力日益猖獗。长期以来，西亚非洲地区一直是动荡弧的核心区域，各种安全问题突出，对印度洋的稳定构成了重要威胁。当前，该地区威胁印度洋安全问题既有传统安全威胁，也有非传统安全威胁，其中主要有以下九大问题比较突出。

（一）也门政局持续动荡，什叶派胡塞武装兴起引发也门内战

也门处于红海和亚丁湾之间的重要战略位置，临近世界最繁忙航道。亚丁湾及其曼德海峡是全球交通战略咽喉之一，是海湾石油输往欧洲和北美的主要海上通道，也是欧亚运输的主要通道。据统计，8%的全球货物贸易要经由亚丁湾，其中包括占全球4%的石油及石油产品贸易。埃及总统塞西强调，红海和曼德海峡的安全对埃及来说是一条红线，属于埃及的最高安全利益。2011年春，受"阿拉伯之春"影响，也门爆发大规模反政府抗议活动，

在国内外巨大压力以及以沙特阿拉伯为首的海湾合作委员会（海合会）斡旋下，执政达 33 年之久的萨利赫总统宣布下台，并将权力移交给副总统哈迪（"也门模式"）。2012 年 2 月，也门举行总统选举，哈迪作为唯一候选人胜选。但哈迪执政后并不能有效掌控局势，全国政治对话踟蹰不前，政治和经济改革迟迟无进展，中央政府失控，恐怖主义日益抬头，引发国内普遍不满。去年 7 月，也门政府突然启动削减燃油补贴改革，大幅提高汽油、柴油价格，招致民众不满，抗议活动遍及全国，反政府的什叶派胡塞武装乘机发动 "人民革命"。9 月，胡塞武装进军首都萨那，进而全面夺取军政大权。2015 年 1 月 22 日，胡塞武装占领总统府、总统私人官邸以及关键军事设施，哈迪总统及总理宣布辞职。2 月 6 日，胡塞发布宪法宣言，解散议会，以 "革命委员会" 取而代之。2 月 21 日，哈迪秘密逃往南部港口城市亚丁，强调其仍是合法总统，并宣布定都亚丁。胡塞武装随即进军亚丁。3 月 25 日，哈迪逃亡沙特阿拉伯。胡塞势力的崛起严重冲击也门以及地区政治格局。2015 年 3 月 26 日，以沙特阿拉伯为首的十国联军（沙特阿拉伯、埃及、阿联酋、巴林、科威特、卡塔尔、约旦、摩洛哥、巴基斯坦）对胡塞武装开始发动空袭，力图恢复哈迪政府。沙特阿拉伯对胡塞动武表面上是恢复哈迪政府、维护后院安全，但真实目的旨在遏制以伊朗为首的什叶派势力扩张。此举使也门局势进一步复杂化，并陷入可能爆发内战以及地区性教派战争的危险。从目前看，也门内战短期内难以平息。也门陷入动荡对阿拉伯半岛，尤其是对邻国海合会国家的稳定构成重大威胁，并可能威胁亚丁湾航道安全，加剧索马里海盗扩张，并引发新的难民危机。也门局势失控，尤其是恐怖势力不断向红海沿岸扩张，对亚丁及亚丁湾航运安全将构成严重威胁，还可能危及亚丁湾打击海盗与非法移民的努力。

（二）索马里长期内战与海盗问题

索马里位于非洲之角，是世界最不发达国家和 "失败国家" 之一。日均收入低于 1 美元的极度贫困人口占总数的 43%，日均收入低于 2 美元的贫困人口占总数的 73%。5 岁以下的婴幼儿死亡率为 22%，学龄儿童入学率为 22%。约有 47% 有劳动能力人口失业。医疗保健水平为非洲国家中最低，缺医少药情况严重，仅有不到 1/3 的人口享有医疗服务，75% 以上人口无安全饮水。2004 年人均寿命为 47 岁。全民识字率约 30%。1887 年，索北部沦为英国 "保护地"，称为 "英属索马里"；1925 年，索南部沦为意大利殖民地，称 "意属索马里"。1941 年英国控制了整个索马里。1960 年索南北分别独立并合并成立索马里共和国。1969 年，索国民军司令穆罕默德·西亚德·巴雷发动政变上台，成立索马里民主共和国。1991 年 1 月西亚德政权被推翻，索自此陷入内战，多个政权并存。为结束索军阀割据状态，国际社会先后召开13次索和会，均未果。2006年12月，索过渡联邦政府在埃塞俄比亚军队支持下击溃了反政府的伊斯兰法院联盟武装，控制了首都摩加迪沙及周边地区，但未能实现对索全境的有效控制。反政府武装"沙巴布"和伊斯兰党拒不与政府对话，并联合武装占领首都摩加迪沙大部分街区和索中南部大部分地区，暗杀多名政府要员，造成大量人员伤亡。过渡政府在非盟驻索马里特派团（AMISOM）的支持下守住了摩加迪沙部分街区和索中部部分地区，双方形成僵持状态。2012年8月1日，索全国制宪会议通过《临时宪法》，索正式结束长达8年的政治过渡期，成立内战爆发21年来首个正式政府。

长期内战与内部分裂，加上贫困问题，索马里安全形势一直非常严峻。这一动荡环境不仅制造出了诸多极端主义和恐怖主义组织（如索马里青年圣战组织"沙巴布"。2012年2月，该组织宣布正式与"基地"组织合流并宣誓效忠"基地"领导人扎瓦希里。除与索过渡政府和非盟驻索马里特派团武装对峙外，"沙巴布"还在索境内以及乌干达、肯尼亚等国频繁制造恐怖袭击），还制造出亚丁湾航运安全的索马里海盗，主要在亚丁湾、红海等从事海上抢劫过往船只的犯罪活动。索马里海盗数量众多，主要有四大团伙：邦特兰卫队、国家海岸志愿护卫者、梅尔卡、索马里水兵。2009年12月，索马里海盗当选为《时代周刊》2009年年度风云人物。2011年4月11日，联合国安理会决定在索马里境内和境外设立特别法庭，负责审判在索马里附近海域实施海盗行为的嫌疑人。世界银行和联合国公布的最新报告显示，2005—2012年间，非洲之角海盗通过劫持渔船和商船已勒索了3.39亿美元—4.13亿美元的赎金。猖獗的海盗活动，不仅对稳定和安全构成威胁，还会对区域和全球经济造成破坏。从2008年开始国际社会积极着手打击索马里海盗活动，美国、欧盟、中国、俄罗斯、印度、日本等国派军舰赴亚丁湾执行反海盗巡逻任务。在严厉打击下，索马里沿海和亚丁湾海盗袭击事件数量目前已经降至2006年以来最低。2012年，海盗袭击事件同比减少50%。国际海事局（IMB）称，2015年上半年该地区仅发生8起袭击事件，其中的2起为劫持行为。国际海事局负责人穆孔丹强调，国际海军护航部队在控制相关威胁方面继续起着决定性作用。中国政府积极支持索马里实现政治和解，并参与了亚丁湾护航行动。中国政府欢迎索马里和平进程取得突破性进展，希望索马里政府和人民把握当前历史机遇，早日实现和平安定和国家重建。国际社会应切实落实对索马里援助承诺，增加对非盟驻索马里特派团的支助，支持联合国索马里援助特派团开展工作。中国已决定恢复驻索马里使馆，并已向索派出复馆小组。

（三）苏丹长期内战以及南北苏丹问题

苏丹历史悠久，是非洲面积最大的国家。16世纪，苏丹被并入奥斯曼土耳其帝国势力范围。19世纪70年代英国开始向苏丹扩张。1956年1月1日宣布独立，成立共和国。苏丹南北方在民族、宗教、文化和政治等方面存在的差异与矛盾导致了两次内战的爆发。60%以上的居民为阿拉伯人，信奉伊斯兰教，基本居住在北部，南方居民多信奉非洲传统宗教和基督教。第一次内战爆发于1955年，1972年结束。1983年5月，苏丹中央政权为遏制南部势力的分离倾向，解散了南方自治政府，并在苏丹全境推行伊斯兰法。此举遭到了南方居民的强烈反对，以约翰·加朗为首的一些南方官兵发动兵变，成立了"苏丹人民解放军"，开始武装推翻政府的活动，引发了迄今未止的第二次内战。苏丹第二次内战是非洲大陆持续时间最长的内战之一，到2011年内战结束造成200多万人丧生，400万人流离失所。长期的武装冲突和政治动乱使苏丹经济遭受沉重打击，苏丹因此成为世界上最贫穷的国家之一。在美国和东非政府间发展组织（伊加特）的直接参与下，苏政府与南方反政府武装苏丹人民解放运动（SPLM）的和平谈判取得积极进展，双方于2005年1月9日在内罗毕签署《全面和平协议》。至此，长达22年之久的苏丹内战宣告结束。苏丹于7月9日起进入为期6年的过渡期，过渡期内由北南双方联合执政，巴希尔继续任总统，民族团结政府成立。2011年1月，苏丹南方就是否独立问题举行公投。2月7日，苏丹南方公投委员会公布公投最终结果，在有效投票中，98.83%的选民选择分离，1.17%选择统一。7月9日，南苏丹共和国独立建国，苏丹即予承认。南苏丹虽然独立出去，但南北苏丹的矛盾并未彻底解决，依然存在边界划分及石油资源分配等问题，不时还爆发流血冲突。

（四）埃及局势动荡不宁严重危及地区稳定

埃及在非洲和中东地区具有举足轻重的影响力，是地区稳定的基石。自2011年1月前总统穆巴拉克被迫下台后，以穆兄会为首的政治伊斯兰势力与世俗力量之间的激烈权争使埃政局持续动荡。2012年6月，穆兄会领导人穆尔西赢得总统选举后，由于其推行政策明显伊斯兰化，执政风格明显"带有独裁色彩"以及政绩不显，导致穆尔西政府与世俗力量以及军方的矛盾与冲突不断升级。2014年7月3日埃军方发动"政变"，罢黜穆尔西，使埃政治危机骤然升级，两派矛盾与冲突向对立化、极端化、暴力化方向发展。目前埃对立两派政治和解日益无望，埃社会日益撕裂、趋向对立。临时政府强调要"与极端主义和恐怖主义进行持久战"。除此而外，埃社会内部逊尼派与什叶派、极端伊斯兰分子与基督教徒之间的冲突也开始抬头。穆尔西下台后恐怖主义乘机制造混乱，西奈半岛"变得更危险"，频繁发生恐怖袭击事件，并有向开罗蔓延的迹象。作为该地区的重量级选手，埃政局陷入长期动荡或内部冲突、内战，对地区安全与稳定具有破坏性影响，后果远超过叙利亚内战。从目前来看，虽然军方可大致控制局势，但恐难长期独撑危局，埃未来前景不容乐观，不确定性增大。罢黜穆尔西使军人在埃社会获得一定支持和赞誉，但也面临诸多挑战，前景难测。在新时代背景下，军方效仿冷战期间土耳其军方幕后操纵政府的"监国"模式恐难长期维持；从当前埃及内外环境看，无论是军人还是哪个政治力量，都难以找到解决危机的良方。若埃持续动荡，流血冲突扩大，经济形势继续恶化，军方恐将成为下一个反对目标，在动荡背景下也不排除军方内部发生分裂的可能；军人干政以及武力清场在国际上招致不少反对声音，埃正面临孤立和断援新局面。从长期看，埃短期内恐难摆脱政局动荡的旋涡，政治与社会的动荡长期化恐是未来发展的一个重要特征。对埃及而言，当前面临的最紧迫，最主要的挑战是实现稳定，重建秩序，避免进一步冲突扩大或陷入暴力冲突之中。尽管实现这一目标并不容易，但可以在以下几个方面进行努力。首先，推动和解，恢复秩序，摒弃暴力。埃有关各方应以国家和民族利益为重，抛弃和搁置意识形态分歧，尽最大限度保持克制，推动全国和解。任何一方应尽量避免采取可能促使事态严重恶化、升级的单方面行动，尤其是暴力和极端行为；其次，在可能情况下尽快实现民主过渡，举行全国选举，最大程度地吸纳社会各派力量参加政府（包括温和伊斯兰势力），建立具有包容、宽容，提倡多元主义的政治体制和法律制度。再次，无论是军方，还是其他政治势力，都应将发展经济、改善民生、实现社会公正作为工作的中心任务。没有经济和民生改善就没有稳定，这是稳定赖以实现的根本。最后，外部力量主要应在促和解、促稳定、推动局势缓和、改善民生等方面发挥积极作用，而不是以政治、教派分野或一己私利为标准干涉埃内政，支持或反对一方，动辄以制裁或减少援助等手段相威胁，这样不仅于事无补，还会加剧矛盾，使局势更加恶化。

（五）伊拉克教派冲突愈演愈烈，安全形势十分严峻，国家发展方向不明

美国一手发动的两次伊拉克战争（1991 年海湾战争和 2003 年伊拉克战争）严重破坏了该地区的稳定，打开了地区动荡的"潘多拉盒子"。2003 年 3 月 20 日，美国以萨达姆政权支持恐怖主义，企图发展大规模杀伤性武器为由，不顾国际社会强烈反对单方面对伊动武，推翻萨达姆政权。战后调查

表明美对伊指责完全是谎言，是美政府为发动战争而编造的借口。伊拉克战争虽然推翻了萨达姆政权，但是给伊拉克乃至整个地区造成巨大破坏，并深刻影响着地区和国际的格局。战后伊拉克陷入严重动荡之中，国家面临分裂威胁，教派冲突严重，恐怖主义泛滥，十万伊拉克平民死亡，百万人流离失所，沦为难民。伊战还打开了地区动荡的"潘多拉盒子"，破坏了伊拉克以及中东地区的稳定，使伊拉克变为中东的动荡之源。伊拉克战争还打破过去数十年由逊尼派独家主导的政治格局。战后，伊拉克三大政治力量阿拉伯逊尼派、阿拉伯什叶派以及库尔德人之间，尤其是逊尼派与什叶派、中央政府与库尔德地区政府之间展开激烈斗争，导致危机不断，教派冲突加剧，政局动荡严重威胁伊政治稳定和政府正常运行。2013 年 4 月，伊拉克举行美军撤离后的首次地方选举，竞选期间有 14 名候选人被暗杀。依照英国经济学家情报社（EIU）发布的民主指数报告评估，伊拉克的"民主指数"排名由 2011 年的第 112 名下降到 2012 年的 113 名。从安全形势看，美军撤离后伊安全形势依然非常脆弱，缺少美军支持的伊安全部队能力有限，重大恶性暴力恐怖事件频发，同时因叙利亚内战等因素，"伊斯兰国"等伊斯兰极端势力重新抬头，加剧本已动荡的伊安全局势，它们频繁发动针对伊拉克政府机构与官员、安全机构以及什叶派的袭击，重大恐怖暴力事件不断，"伊斯兰国"还占领了伊拉克西部安巴尔省等多个省份。美国经济与和平研究所（IEP）发表的 2012 年"全球恐怖主义指数"中，伊拉克名列第一位。值得注意的是，邻国叙利亚的动荡局势为伊拉克"基地"组织等极端势力提供了机会，大量伊拉克逊尼派极端分子前往叙参战。

（六）伊朗核问题有所缓解，但伊美关系具有不确定性

伊朗核问题始于 2003 年。该问题既是核不扩散问题，也是美伊关系问题。美国强烈反对伊朗发展核计划，认为伊朗核能发展计划是醉翁之意不在酒，旨在发展核武器，并以此为理由对伊实施制裁，甚至威胁动用军事手段解决。以色列也强烈反对伊朗核计划，视伊朗为最大安全威胁，多方推动对伊实施制裁，并多方准备对伊朗核设施实施军事打击。伊朗则继续推进核发展进程，并对美以威胁采取多方回应措施，包括威胁阻断霍尔木兹海峡。伊核问题导致美伊、伊以关系持续紧张，威胁地区稳定，并引发地区核竞赛，成为新世纪以来影响重大地区安全的重大热点问题。奥巴马政府上台后，希望将美战略重心转移至亚太，对伊政策有所调整，强调接触，并承认伊朗浓缩铀权利。2013 年伊朗新总统鲁哈尼上台后，美伊开始对话，伊核问题谈判开始启动，并取得一系列重要进展。2013 年 11 月，伊朗与伊核问题有关六方在瑞士日内瓦就解决伊核问题达成一项阶段性协议。2015 年 4 月，各

方又达成一揽子框架协议。2015 年 7 月，有关各方完成最终谈判，达成了伊核问题全面协议。伊核协议的达成大大缓解了地区紧张气氛，美国和以色列对伊朗动武的可能性基本排除，波斯湾安全与通道安全得到一定程度的保障。但是，伊核协议的达成并不意味伊朗核问题的彻底解决，也不意味着美伊走向全面和解。在相当长时间里，美伊依然会保持敌对关系，伊核问题能否顺利实施也存在一定不确定性，地区紧张局势不会彻底消除。

（七）巴以冲突难息，中东和平进程濒临死亡

巴勒斯坦问题是中东问题的核心，该问题久拖不决构成地区动荡的主要策源地。巴勒斯坦问题也称巴以问题、阿以问题，根植于西方支持的犹太复国主义运动，其实质是以色列长期占领巴勒斯坦以及阿拉伯国家的领土问题。该问题自 1947 年产生至今已持续 60 多年，它导致阿拉伯国家与以色列集体对抗，引发五次大规模中东战争（1948 年、1954 年、1967 年、1973年、1982 年）、多次加沙战争以及世界石油危机（如 1973 年石油危机），是伊斯兰世界与美国冲突以及恐怖主义滋生蔓延的重要根源，严重破坏地区的和平与稳定。巴勒斯坦问题是地区动荡与冲突的最主要源头，关乎地区和平与稳定，因此一直被视为中东问题的核心，是一个带有全局性、根本性的重大问题。巴以冲突自 1947 年大规模爆发至今已近 70 年，但至今也没有解决的迹象，中东和平进程一波三折。进入 21 世纪以来，"以土地换和平"原则遭到严重质疑，和平进程大大倒退，双方重回冲突与对抗的恶性循环之中，巴以问题在地区日益边缘化。短期内，看不到实现中东和平的前景。

（八）地区性民族与教派冲突

中东是世界上民族、宗教问题最集中的地区之一。中东是世界几大宗教（犹太教、基督教和伊斯兰教）诞生地，不仅宗教意识浓厚，渗透到政治、经济和社会生活方方面面，而且各大宗教之间、同一宗教内部各教派之间也矛盾重重。不同宗教的矛盾远可追溯到长达数世纪之初的十字军东征，近可发现随处可见的阿以矛盾，它也是伊斯兰教与犹太教的冲突。而伊斯兰教内部长期普遍存在着什叶派与逊尼派的冲突，深刻影响着地区国家间关系以及一国内部稳定。伊斯兰教的强烈政治性对地区稳定也产生深刻影响，地区内世俗主义与伊斯兰主义两种政治思潮长期角逐，而 70 年代末期以来以伊朗"伊斯兰革命"为代表的伊斯兰原教旨主义思潮席卷中东大地，带来伊斯兰主义与西方文明的激烈冲突，极端主义与恐怖主义盛行。同时，中东也是民族大熔炉，除了阿拉伯人、土耳其人、伊朗人、犹太人和库尔德人这五大主体民族外，还有很多少数民族如亚美尼亚人、柏柏尔人、亚述人等存在。历史上希腊人、罗马人、突厥人、蒙古人以及近代以来的欧洲殖民者纷至沓

来，强行征服，留下很多民族和宗教问题遗患。值得一提的是，中东还存在很多特殊的教派，兼具民族和宗教属性，如阿拉维人、德鲁兹人和科普特人（信基督教的埃及阿拉伯人）等。由于教义的纷争，利益的纠葛，以及殖民主义者的分而治之政策，使中东的民族和宗教矛盾相互交织，异常复杂。巴勒斯坦问题不仅被视为是阿拉伯人和犹太人之间的冲突，也被看成是伊斯兰世界与犹太人的矛盾。伊朗与阿拉伯国家长达千年之久的矛盾不仅体现了阿拉伯人和波斯人的纷争，也象征着伊斯兰世界少数派什叶派与主流派逊尼派之间长期的意识形态对抗。造成百万人死亡的两伊战争，既是伊拉克与伊朗两国意识形态、利益之争，也有阿拉伯人与波斯人两大民族争斗的影子，战争中阿拉伯国家几乎集体选择了站在伊拉克一边。而伊拉克有两大主体民族阿拉伯人和库尔德人，阿拉伯人内部又分阿拉伯逊尼派和什叶派，自 20 世纪 20 年代伊拉克建国以来两族之间就一直冲突不断，2003 年伊拉克战争后伊拉克民族教派矛盾更加尖锐，几乎导致国家被一分为三。以教派为基础的权力分配格局形成的教派政治目前在中东正大行其道。从当前看，中东传统的民族、宗教/教派关系正在重构，这将对地区政治稳定与地区安全造成严重冲击。其中，阿以和解停滞不前，库尔德人的兴起，分别以伊朗与沙特阿拉伯为首的什叶派与逊尼派在地区范围内的竞争，这三大因素尤为突出。

（九）极端主义和恐怖主义肆虐

长期以来，中东一直是恐怖主义的主要策源地，也是恐怖主义活动的重灾区。其中最突出的问题就是以"基地"组织和"伊斯兰国"为代表的恐怖主义和极端势力的肆虐和威胁。以"基地"组织为代表的恐怖主义组织，对美国等西方国家的安全构成威胁，直接导致美国发动阿富汗战争和伊拉克战争。经过长达 10 年的反恐战争，恐怖主义不仅未衰落，反而更加猖獗。奥巴马上台后，则放弃了反恐战争的提法，对恐怖主义的打击力度下降。自"阿拉伯之春"以来，中东乱局为恐怖主义势力在该地区重新崛起提供了机会。利比亚战争、叙利亚内战、伊拉克教派纷争以及也门内乱，又为恐怖主义势力的壮大开辟了空间。当前中东恐怖主义和极端主义全面蔓延扩散，形成"遍地开花"、连成一片的局面。恐怖主义组织还利用中东乱局，谋求建立政权，如也门建立的"伊斯兰酋长国"、伊拉克和叙利亚境内的"伊斯兰国"。中东动荡为恐怖主义提供了机会，而恐怖主义又加剧了地区动荡。恐怖主义与教派冲突相互交织，也是当前恐怖主义泛滥一个重要特点。

三 印度洋和平区建立任重道远，印度洋安全合作亟待加强

第二次世界大战以前，印度洋周边国家先后沦为英国、法国等国的殖民地和半殖民地，仅埃及、埃塞俄比亚和泰国等少数独立国家。第二次世界大战以后，随着亚非拉民族民主运动开展，英、法等国殖民统治逐渐瓦解，印度洋地区一大批新兴第三世界国家纷纷摆脱殖民压迫获得民族独立。但是，战后的美苏在全球范围内争霸，殖民主义、帝国主义和霸权主义依然横行于世，对第三世界国家的主权、独立和发展构成严重威胁。印度洋沿岸国家绝大多数为新独立的第三世界国家，它们面临严重的安全威胁。因此，自20世纪60年代开始，印度洋周边国家为应对域外强国的军事威胁，维护国家的主权与独立、和平与安全，积极推动建立印度洋和平区（IOZOP），反对大国的干涉和霸权主义、新老殖民主义。印度洋和平区最早由斯里兰卡总理班达拉奈克夫人于1964年在第二次不结盟国家和政府首脑会议上提出，要求宣布印度洋为无核区。1970年，斯里兰卡政府在卢萨卡举行的第三次不结盟国家和政府首脑会议上正式提出了印度洋和平区的建议。第三次不结盟国家和政府首脑会议通过的决议中，要求联合国确认印度洋为和平区。1971年1月，班达拉奈克夫人在英联邦总理会议上又提出要建立印度洋和平区的主张。1971年12月16日，第26届联大通过2832号决议《宣布印度洋为和平区的宣言》（以下简称《宣言》）。决议指出："印度洋在尚待决定的界限内，连同上方空间和下方海洋底，永远成为和平区。"大会呼吁各大国和印度洋沿岸国家进行协商，以便使大国在该地区军事力量不再升级和扩张，并在该地区建立和平区。决议指出建立印度洋和平区的目的在于制约外国的活动，以便保证外国不把印度洋变成它们的战场，主张从印度洋各沿岸和内陆国家的领土上撤除一切外国基地，首先是清除大国在印度洋上的敌对武器。决议规定印度洋和平区的适用对象和实现途径，印度洋和平区的适用对象是印度洋沿岸国、内陆国、联合国安理会常任理事国和印度洋航海国。1972年第27届联大成立印度洋和平区特设委员会。此后，联合国又多次通过相关决议敦促各国实施1971年《宣言》。

　　1971年《宣言》是联合国维护印度洋地区和平和安全的重要文件。但是40多年来"印度洋和平区"迟迟未能建立。分析印度洋和平区迟迟未能建立的原因，主要有两个：一是域外大国的反对。印度洋和平区反映了印度洋周边国家希望发展民族经济，维护印度洋地区和平和安全，维护国家主权与独立的迫切要求。冷战时期，由于美苏的角逐与操纵，印度洋沿岸国家难以有所作为。当年之所以提出建立和平区，也主要是针对美国和苏联在该地区争霸。印度前总理英迪拉·甘地曾公开反对在印度洋地区建立任何类型的外国军事基地，认为印度洋应是个和平区域，对美国在迪戈加西亚的军事存在持强烈的批评态度，指责其是美国推行帝国主义和新殖民主义政策的集中体现，威胁到了印度洋地区的和平。当年美国、英国和法国在印度洋都拥有军事基地和战略利益。美英法苏联四国均不支持印度洋和平区，对 1971 年《宣言》投了弃权票。不过，苏联的立场不久发生改变，1978 年苏联首次投票支持印度洋和平区决议。由于美苏在印度洋地区争霸，致使印度洋地区沦为超级大国全球争霸的直接牺牲品，联合国和平区宣言也成为一纸空文。冷战结束后，美国谋求建立独家主导的全球霸权，更不愿意放弃来之不易的独家主导印度洋的果实。二是印度洋周边国家的特点以及内部矛盾冲突。一方面印度洋周边国家众多，但缺乏一个具有领导力的众望所归的世界性大国。另一方面，印度洋地区国家国情、民族、宗教、文化多样，各国情况迥异，彼此之间还存在严重分歧，甚至冲突，这严重制约了地区国家的安全合作。

　　在当代，加强印度洋地区的安全合作，推动建立印度洋和平区依然具有重要意义，有其迫切性和合理性。推动印度洋安全合作，必须坚持几个原则：一是任何一国都必须放弃独霸印度洋的图谋。印度洋属于全人类，不属于任何一国的私有财产。二是尊重和照顾印度洋地区国家的合法权益和利益关切。三是大力推动印度洋地区国家的发展是推动印度洋和平的根本路径，也是和平与安全的坚实基础。应大力发展该地区国家的经济发展以及贸易联系，推动建立自由贸易区。四是推动无大规模杀伤性武器区的建设是当前建设印度洋和平区的现实可行路径和第一步。五是印度洋地区国家的团结与合作，加强经济文化交流，是维护印度洋和平的重要基石。六是国际社会通力合作，推动印度洋地区的各种地区冲突和热点问题的解决，消弭冲突根源，变不稳定动荡弧为和平与发展之弧。七是印度洋地区安全合作，应以确保印度洋航道安全为主要抓手和优先课题。

　　截至目前，印度洋地区国家和区域外国家在打击海盗方面开展的国际合作可以说是印度洋安全合作的典范。2008 年以来，索马里沿海的海盗和武装劫船活动猖獗。自 2008 年 1—11 月，大约 65 只商船、约 200 名船员在索马里沿海被劫持，特别是在临近"邦特兰"的海域被劫持。向海盗支付赎金 2500 万美元—3000 万美元。为了维护亚丁湾、索马里海域的安全稳定，联合国安理会先后通过第 1816（2008）号、第 1838（2008）号、第 1846（2008）号和第 1851（2008）号决议，授权各国根据《联合国宪章》第七章采取行动，决议要求各国就该区域派有海上军事能力的会员国协调彼此努力，与过渡联邦政府合作，阻遏海盗和海上武装抢劫行为。随后，包括美国、中国、俄罗斯、欧盟等在内的国际社会纷纷向该地区派出护航舰队。地区国家也纷纷加入，支持国际打击海盗行动。2008 年 11 月，由埃及政府发起，毗邻红海的阿拉伯国家（沙特阿拉伯、约旦、苏丹、埃及、吉布提和也门）在开罗举行高级别协商会议，会议由埃及和也门共同主持，索马里过渡政府和阿拉伯国家联盟参加了会议。会议讨论了索马里沿海地区海盗和武装抢劫问题和解决这个问题的区域和国际努力。2009年1月，西印度洋、亚丁湾和红海沿岸各国参加了国际海事组织在吉布提召开的高级别会议，会上通过了共同合作打击海盗的行为守则。除西印度洋、亚丁湾和红海沿岸的17个国家外，国际海事组织其他成员国、联合国各相关机构、一些国际和区域政府间组织和非政府组织也参加了本次会议。守则签署方约定将按照国际法就打击海盗和海上武装抢劫展开全面合作，通过各国协调人和区域信息中心分享和通报信息，阻截被怀疑从事海盗和海上抢劫行为的船只，确保嫌疑人被逮捕和起诉，并为遭到海盗袭击和抢劫的船只和人员提供救助。吉布提会议还呼吁国际海事组织成员国及其他国际和区域组织为实施这份守则提供经济和技术支持。实践证明，近年来，国际社会在打击索马里海盗方面取得了很大成果。只有践行发展、合作、开放、包容、互利、共赢、和谐这14个字的精神，只有将印度洋变为发展之洋、合作之洋、和谐之洋，印度洋才能实现真正的安全，才能建立印度洋和平区。

第五节　印度洋地区发展潜力巨大，但区域合作障碍重重

一　当前印度洋地区合作水平不高

虽然自20世纪五六十年代开始，印度洋地区国家就呼吁加强发展与安全合作，但至今印度洋地区的合作并不尽如人意，地区全面合作局面远未形成。

首先，印度洋地区的经济合作水平明显落后于大西洋和太平洋，区域合作理念远未形成。与这两大洋相比，印度洋地区的经济发展水平、经贸联系、一体化程度远远落后。大西洋两岸合作层次、水平最高，且历史悠久。以亚太经济合作组织（APEC）为龙头，太平洋地区的合作在冷战后得到飞速发展，成绩显著。目前美国正在推动进一步深化与大西洋、太平洋地区合作的"跨大西洋贸易与投资伙伴协定"（TTIP）和"跨太平洋战略经济伙伴关系协议"（TPP），一俟完成，大西洋、太平洋的地区合作将提升到新的水平。

其次，印度洋地区合作呈现碎片化特征。目前在印度洋沿岸有诸多合作机制与平台，如东南亚国家联盟（ASEAN）、南亚区域合作联盟（SAAC）、

海湾合作委员会（GCC）、阿拉伯国家联盟（AL）、经济合作组织（ECO，1985 年由伊朗、土耳其和巴基斯坦倡导成立，1992 年阿富汗、阿塞拜疆、哈萨克斯坦、吉尔吉斯斯坦、塔吉克斯坦、土库曼斯坦与乌兹别克斯坦加入）、非洲联盟（AU）、东南非共同市场、东非共同体（EAC）和南部非洲发展共同体（Community-SADC）以及石油输出国组织等。

再次，环印度洋合作联盟作为唯一合作平台发挥了重要作用，但带有明显缺陷，未能发挥领导作用。1997 年 3 月 5—7 日，环印度洋地区 14 国外长聚会毛里求斯首都路易港，通过《联盟章程》和《行动计划》，宣告环印度洋地区合作联盟（以下简称环印联盟）正式成立。环印联盟是目前环印度洋地区唯一的经济合作组织。联盟成员国面积总和 2024 万平方公里，占世界陆地总面积的 13.5%；人口约 20.5 亿，占世界人口总数的 28.4%；国内生产总值占世界国内生产总值的 9.56%；贸易总额占世界贸易总额的 12.3%。截至 2012 年，该组织共有 20 个成员国、6 个对话伙伴国和 2 个观察员。成员国：南非、印度、澳大利亚、肯尼亚、毛里求斯、塞舌尔、科摩罗、阿曼、新加坡、斯里兰卡、坦桑尼亚、马达加斯加、印度尼西亚、马来西亚、也门、莫桑比克、阿联酋、伊朗、孟加拉国、泰国。对话伙伴国：中国、美国、日本、埃及、英国、法国。观察员：环印度洋旅游组织和印度洋研究组。该组织的宗旨之一就是推动区域内贸易和投资自由化，促进地区经贸往来和科技交流，扩大人力资源开发、基础设施建设等方面的合作，加强成员国在国际经济事务中的协调。环印联盟是目前环印度洋地区唯一的经济合作组织，在引领地区合作方面扮演着重要角色。但是，该组织带有诸多缺陷，发展并不顺畅，地区领导作用并不突出。对此，印度总理莫迪公开承认，印度洋缺乏强大的组织。

最后，印度洋地区区域合作水平低，融合度不高，地区一体化规划尚未真正提上议事日程。从目前来看，印度洋地区国家的合作仍是浅层次的合作。印度洋地区国家与区域外合作重于区域内合作。

二　印度洋地区合作潜力巨大，但困难障碍不少

印度洋地区区域合作潜力巨大，发展前景良好。印度洋地区拥有丰富的自然资源、巨大的人力资源、广阔的市场、互补的经济结构、充裕的资金、便利的交通，以及国际社会对印度洋地区的日益重视，投入不断加大。当前，该地区不少国家经济保持较快发展，全球新兴经济体中不少为印度洋国家，如南非、印度、印尼。"金砖五国"中，有两国位于印度洋地区。布鲁金斯学会印度中心外交政策高级研究员西杜认为："金砖国家在新兴的多极

世界上已成为强大的金融力量和政治声音。金砖国家正着手雄心勃勃的项目，以改变在全球事务中的位置，并促进自身的社会和经济发展。"埃及、南非、印尼也被称为"新砖"国家。在 G20 成员中，有 4 个为印度洋地区国家：印度尼西亚、印度、沙特阿拉伯、南非。非洲发展方兴未艾，正成为全球经济发展的新增长点。澳大利亚、新加坡则被视为发达国家。海湾合作委员会、东盟长期保持良好的发展势头。伊朗在达成伊核协议后国内经济发展与对外合作前景也被外界广为看好。

虽然潜力巨大，各方看好印度洋地区的未来发展，但是印度洋地区的发展与合作在短期内恐怕依然难有大的起色，依然存在诸多困难与障碍有待克服。第一，缺乏区域内大国的有力引领。地区主要大国有澳大利亚、印尼、巴基斯坦、印度、伊朗、沙特阿拉伯、埃及、南非。从实力看，印度明显排在第一位。不过，印度虽自视为印度洋的天然领袖，但其政治号召力、经济影响力明显不足以担当这一重任。印度目前的对外合作方向依然是向东、向北、向西，对印度洋重视远远不够。对此，印度自己也明白。第二，区域外大国为了自身利益不愿放弃称霸印度洋，并在该地区蓄意制造各种事端，同时大国在印度洋竞争加剧，阻碍印度洋地区国家的团结与合作。第三，印度洋地区动荡而脆弱的政治与安全形势短期内难有改善。第四，区域内国家不团结，国家之间存在错综复杂的矛盾与冲突，是地区合作的主要障碍之一。从印度与巴基斯坦、到伊朗与沙特阿拉伯、阿拉伯国家与以色列，地区民族、宗教矛盾复杂，领土、边界纠纷众多，极端主义与恐怖主义，腐败与独裁，外部大国的干涉，都是影响地区合作的主要安全隐患。第五，经济发展不平衡，经济结构相近。印度洋沿岸各国经济条件差异很大。既有发达国家，也有发展中国家；既有经济迅速发展的国家，也有经济相对落后的国家；既有资源丰富的国家，也有资源十分贫乏的国家。产业结构方面也必将雷同。印度洋地区国家因历史的原因采矿业发达，制造业普遍落后。其贸易主要是面向发达国家。印度洋沿岸国家相互之间的贸易仅占该地区贸易总额的 20%。第六，区域内国家的主导权之争日益显露。南非、印度、澳大利亚作为本地区的大国，都希望在环印度洋的经济合作中起主导作用，双方明争暗斗。

从现实出发，为了印度洋地区合作可优先聚焦以下领域：地区安全合作，尤其是反恐、打击海盗；国家治理能力提升合作；贸易自由化与区域一体化合作；资源与能源合作；航道安全与维护合作；海洋合作；印度洋环境保护合作；金融合作；渔业合作；文化合作；灾难救助与预警合作；从次区域合作入手，循序渐进开展合作。

第七章

拓展中国与环印度洋各地区经济关系的对策建议

环印度洋各地区是中国提出的"一带一路"倡议的沿线地区，又是中国的周边地区，因而是中国实施周边外交的重要地区之一。中国与这一地区的经济关系源远流长，进入 21 世纪以来，环印度洋各地区与中国的经济关系发展迅速，态势良好。中国的印度洋政策，应该立足于长远，保持耐心，量力而行，通过渐进的、有层次的政策与策略实现利益的最大化。总体看，中国应当在印度洋地区发挥世界和地区大国的影响力，取得中小国家的支持，进一步加深与印度洋各地区、各国间的合作，密切国家间的贸易联系，强化各国间的利益相关性，最大限度地减少贸易摩擦。从现实出发，可优先聚焦以下领域：贸易自由化与区域一体化合作；资源与能源合作；金融合作；海洋合作；渔业合作；文化合作；航道安全与维护合作；印度洋环境保护合作；地区安全合作，尤其是反恐、打击海盗；国家治理能力提升合作；灾难救助与预警合作；可以从次区域合作入手，循序渐进推进和拓展合作领域。

第一节　中国与环印度洋地区南亚国家发展经济关系的对策建议

环印度洋南亚国家人口密集，市场广阔，虽然经济发展程度不高，但经济总体发展稳定，有的国家经济保持一定增速，发展需求和市场潜力较大。中国与该地区贸易结构存在互补性，贸易合作具有潜力。各方需要进一步扩大相互开放，创造良好的贸易和投资环境，使经济合作有利于各国经济发展和人民福利。2014 年中国国家主席习近平访问印度、斯里兰卡、马尔代夫时表示，中国愿同南亚国家携手努力，将中国对南亚投资提升到 300 亿美元，将为南亚国家提供 200 亿美元优惠性质贷款。

一　进一步发展经济贸易关系

根据 2014 年中印两国新政府达成的共识，两国应在已有合作的基础上，开辟新的经济合作领域，包括产业投资、基础设施建设、节能环保、高技术、清洁能源、可持续城镇化等。争取在未来 5 年将双方贸易额提升至 1500 亿美元。印度自中国进口主要是一些工业制成品和劳动密集型产品。我国应当积极进口其高附加价值产品，如信息高科技产品、医药、生物技术产品、化工高技术产品、特种钢铁产品、高技术含量纺织品等。减少资源、原料等初级产品的进口。

2015 年中巴联合声明一致同意将中巴战略合作伙伴关系提升为全天候战略合作伙伴关系，不断深化中巴命运共同体内涵，致力于中巴世代友好。在此背景下，中国与巴基斯坦的经济关系将持续深入发展。中巴双边贸易额已突破 150 亿美元，应继续努力在三年内将双边贸易额提升至 200 亿美元。要采取适当方式缓解贸易不平衡状况。加快中巴自贸协定第二阶段谈判，在自贸区服务贸易协定下扩大银行业相互开放。

中国与孟加拉国有着历史悠久的传统友谊，孟加拉人民共和国政府总理谢赫·哈西娜于 2014 年 6 月 6—11 日对中国进行正式访问。双方愿意进一步扩大中孟更加紧密的合作伙伴关系的机遇，愿将双边关系提升到新的高度。经贸合作是中孟更加紧密的全面合作伙伴关系的重要组成部分。两国在平等互利的基础上，进一步加强两国贸易、投资、金融、农业、科技创新、卫生、教育、交通、基础设施建设等领域合作。进一步采取具体措施扩大双边贸易。加强经济合作，增加投资，以减少日益扩大的双边贸易不平衡。要鼓励和支持中国企业赴孟开展互利投资，参与孟加拉国通信、能源、交通、基础设施建设和产业发展。

斯里兰卡总统马欣达·拉贾帕克萨于 2013 年 5 月对我国进行国事访问，习主席于 2014 年 9 月访问斯里兰卡，双方签署了经贸、农业等领域合作文件，对两国的经济关系有着深远意义。积极推进双边贸易合作，推动中斯自贸区的谈判进程是双方的共识。两国已成立贸易工作组和经济工作组，应加快研究推进贸易便利化和投融资合作具体措施，推动两国贸易均衡发展，逐步缩减贸易逆差。同时，在《亚太贸易协定》框架下加强合作的基础上，启动中斯自贸区谈判进程，应积极鼓励扩大本币在双边贸易和投资中的使用。加强两国海关合作以便利贸易往来。

马尔代夫是中国的传统友好邻邦。1972 年 10 月 14 日两国建交，习近平 2014 年 9 月访问该国，是 42 年以来中国国家主席首次访问马尔代夫，对中马关系具有划时代意义。我国应在加强海洋事务、海洋经济、海洋安全等领域展开全方位的合作。规划各领域务实合作，促进两国经贸关系可持续发展。

二　进一步加强产业投资合作

印度新政府已确定大力促进劳动密集型产业、旅游业发展，以增加就业，决心把印度打造成具有竞争力的全球制造中心。为达此目的，印度政府将沿着横跨全国的专用货运走廊和工业走廊，设立世界级的投资和工业区。中印两国同意首先在印度古吉拉特邦和马哈拉施特拉邦建立两个工业园区。印方欢迎中方企业积极参与印度制造业项目，双方也将为对方国家公司在本国投资经营提供便利。中印双方应在两国达成共识的领域加快产业合作，共同打造生产和供应链，发展基础更为广泛、可持续的经济伙伴关系。

中国应全力支持巴基斯坦解决能源短缺问题。巴基斯坦能源短缺是制约其社会经济发展首要严重问题之一，应继续鼓励和支持中国国有企业和民营企业寻找巴基斯坦传统能源和新能源领域的投资机会，同时对其引进先进技术以及人才，共同开发利用新能源，解决资源问题。两国应继续加强在农业领域合作，加快落实建立中巴农业示范园，同时加强卫生、教育和公共交通等领域的合作。

中国应积极与孟加拉国国内供应链及其相关服务产业，以及制造业和服务业展开合作，建立相关园区。加大旅游业、纺织业、医药、农业、建材等产业合作。

继续推动有实力的中国企业赴斯投资，鼓励双方私营企业加强投资合作，重点推动旅游、基础设施建设、轻工业、食品加工和包装、农业、出口导向企业领域合作。加强旅游业全方位合作。我国与斯里兰卡应该积极推动两国的旅游服务出口业务的发展，两国应该为旅游机构、旅游从业者加强交流创造条件。中国继续鼓励中国公民赴斯里兰卡旅游，继续开拓中国在斯里兰卡的旅游市场。

鼓励有实力的中国企业赴马尔代夫投资兴业，投资马尔代夫旅游服务业，继续鼓励中国公民赴马尔代夫旅游，并鼓励中资企业投资到马尔代夫旅游业。应采取积极措施鼓励中资企业到马尔代夫投资渔业、零售业等。

三　大力开展基础设施合作

中方已经表示争取在未来五年内向印度工业和基础设施发展项目投资200亿美元。印度政府明确提出，基础设施不健全是阻碍印度经济发展的主要原因之一，印度政府将在 10 年内实施雄心勃勃的基础设施发展计划，包括公路和机场和 1 项"钻石四边形"的高速铁路计划。还将在一些小型城镇建设经济型机场，在改善现有港口状况的同时新建世界级港口。中印已经签署了铁路合作备忘录和行动计划，一是双方将合作确认金奈—班加罗尔—迈索尔路段既有线提速所需的技术投入。二是中方将为印 100 名铁路技术官员提供重载运输方面的培训。三是双方将在车站再开发、在印建立铁路大学等领域开展合作。四是印方愿积极考虑与中方合作建设一条高速铁路。中方对印度基础设施投资应由易到难，有序推进。

中国巴基斯坦合作应以中巴经济走廊为引领，以瓜达尔港、能源、交通基础设施和产业合作为重点，形成"1+4"经济合作布局。中巴经济走廊联委会第四次会议已成功举行，应尽快完成《中巴经济走廊远景规划》，促进本地区基础设施建设和经济发展。

中国应该继续深入与斯里兰卡的基础设施的发展与合作，特别是港口航空、能源发展、道路和高速公路、灌溉等领域。鼓励中国金融机构为斯基础设施建设提供融资支持。

中国应为马尔代夫包括港口在内的基础设施建设提供支援。马尔代夫应该积极参与中方提出的构建 21 世纪海上丝绸之路倡议，中国应积极研究支持马方提出的马累—机场岛跨海大桥项目，支持中国企业参与马方经济发展计划和青年城等项目建设。

四　共同推进孟中印缅经济走廊建设

中印是孟中印缅地区经济合作的首倡者，双方应共同致力于推动孟中印缅经济走廊建设，开展在丝绸之路经济带、21 世纪海上丝绸之路、亚洲基础设施投资银行等框架内的合作，推动区域经济一体化和互联互通进程。推动孟中印缅次区域边境贸易、过境贸易，在贸易通关便利化、运输便利化、人员进出便利化、在管控非法贸易、走私、跨国犯罪等非传统安全方面开展合作，条件成熟时构建次区域自由贸易区。在孟中印缅沿线通过产业布局形成中心城市，由此加快城市化建设。如在印度东部沿海城市加尔各答和中国云南应该合作布局产业园区，开展家电、食品、农产品、轻纺日用品、农用工业等制造业；信息技术、生物制药、磷化工、新能源、新材料等高新技术产业；旅游、文化、金融、康体、医疗等服务业合作。由此推动孟中印缅沿线地区中心城市的城市化建设。

中孟应通过孟中印缅经济走廊释放本地区全面发展的潜力，实现地区和平、稳定和公平及可持续发展。一是实现两国交通的互联互通，为中孟深化互利合作和实现可持续发展提供重要平台。吉大港是孟中印缅经济走廊的沿线重要节点城市，要尽快推动交通连接，在吉大港—拉姆—考克斯巴扎双线单轨铁路和拉姆—冈敦姆铁路（靠近孟加拉国—缅甸边境）深入开展合作。二是加强在区域合作中的沟通与协调。孟加拉国应该积极参与中国—南亚博览会，继续在包括南亚区域合作联盟框架内为深化南亚地区和平、稳定与发展发挥建设性作用，我国也应继续发展与南盟的政治经济关系。

孟中印三国应积极扩大在文化、科技、媒体、卫生等领域交流与合作，促进媒体机构、智库、学术界、学者、友好组织、民间组织、文化团体、体育界、青年团体之间的互动交流。此外，应加强语言、教育及人力资源培训等领域的交流与合作。

第二节 中国与环印度洋地区东南亚国家发展经济关系的对策建议

根据中国与环印度洋地区东南亚国家不同的经济关系，分别从以下几个方面提出中国与这几个国家进一步发展经济关系的对策建议。

一 促进区域合作

需要与环印度洋地区东南亚国家，共同营造开放、包容、共赢的合作环境，促进共同发展。加速中国—东盟自贸区建设。贸易区的加速发展，从贸易方面来看，将促进中国扩大出口规模，提升出口竞争力，优化出口商品结构，实现出口市场多元化战略。

在处理与印度洋沿岸东盟国家关系时需要淡化区域主导权问题。中国与新加坡的合作关系中，中国处于主动但不主导的地位，奉行"主动但不主导"的区域经济合作战略。[1] 由于新加坡是小国，其固有的不安全、不安定和自卑感使它热衷于获得区域一体化的"主导权"。不仅新加坡如此，实际上东盟整个区域一体化战略的核心就是牢牢把握住"东盟的主导权"。东盟在与中国、日本、韩国、澳大利亚等国家相继签署 FTA 后，东盟的战略蓝图已经很清晰，就是构建以东盟国家为核心，以东盟和其他亚太国家的自由贸易区为支撑的亚太经济一体化网络。通过这样的方式，与中国、日本等大国相比处于弱势的东盟国可以保证自己在亚太地区的主导地位，由此可知东

---

[1] 《中国—新加坡经济合作发展的亮点、问题及对策》，豆丁网，http://www.doc88.com/p-8071939390182.html.

盟一直努力保持处于主导的位置。在自身的主导权受到挑战或者威胁的时候，东盟国家不惜引入区域外的大国稀释地区性大国影响力。在这样的情况下，中国应该淡化区域主导权问题，奉行"主动但不主导"的区域经济合作战略，稳住印度洋沿岸东盟国家，获取实质性的区域经济合作利益。[①]

二 促进相互投资

通过加强双边各个层级间沟通进一步促进相互投资。与马来西亚方面，继续支持钦州和关丹产业园区建设，鼓励中国企业积极参与马来西亚六大发展走廊等项目。带动两国产业集群式发展。中方可鼓励中国企业参与马来西亚北部发展和吉隆坡至新加坡高铁建设，推进本地区互联互通。

在与新加坡合作中，一要继续做好顶层设计，加强战略沟通。二要加紧对接发展战略扩大共同利益，发掘合作新增长点。

三 促进贸易合作

提升两国经贸合作层次，鼓励、支持中国有实力的企业增加对印尼制造业、交通、通信等领域的投资，推动双方企业在纺织、钢铁、水泥等领域开展投资合作，通过优势互补提升相关产业竞争力。中方应继续鼓励企业扩大进口印尼有优势的食品、机械电子、天然橡胶、棕榈油、热带水果、矿产和轻工产品，改善贸易结构。

与泰国的贸易需要优化格局、实现动态平衡。中国或需积极扩大从泰国进口，一方面可弥补国内对农副产品（橡胶、大米等）和矿产品需求的巨大缺口，另一方面对拉动泰国国内经济增长同样具有积极作用。同时，中国应努力提升对泰国出口商品的质量和层次，优化贸易商品结构，合理调整竞争性和比较劣势产品的出口。在促进双边贸易持续、快速增长的前提下，合理维持双边贸易结构的动态平衡，实现双边贸易合作的双赢与互惠。强化互补性产品。弱化竞争性产品需有目的地优化两国进出口贸易商品结构，多从对方市场需求考虑，多从双方各自的比较优势出发，找出适合双方进出口贸易中的互补类型产品，减少进出口替代性和竞争性强的产品。提高商品质量与档次，扩大高附加值、高科技产品贸易。加强中泰双边投资合作，促进贸易新发展。应通过相互投资以带动中泰双边中间产品和制造业产品的贸易，提高产业内贸易比重，进而增加双边贸易总量。

---

① 冯伟杰，魏磊：《中国与东盟区域经济合作中存在的问题及对策》，《对外经贸商务》，2010年12月，第25期。

四　能源合作

促进投资与贸易、生产与销售相结合的有效途径，双方可进一步拓展新的合作领域，包括：加大资源勘探开发合作力度，延伸能源开发下游的产业链条，发展风能、生物质能等可再生能源，推进能源清洁利用，加强技术交流和人才培训等。同时共同开展第三国能源勘探开发以及我国南海海上油气开发等合作。双方在其他资源开发利用方面的合作，也有待开拓。能源合作是中国与印尼经贸合作新的增长点。双方应本着互惠共赢的原则加强对话与合作，利用好"能源论坛"等现有机制，在石油、天然气、煤炭、电力等领域进一步加强合作，创造共同受益的能源发展环境，实现可持续发展。应从长远的角度，坚持用战略眼光指导境外矿业投资。对印尼资源开发合作应重点放在矿产集中的加里曼丹岛和苏拉威西岛。

对缅甸能源业的开发，需要构建中缅的产业链与利益链。随着缅甸的经济发展以及对石油天然气需求量的增加，中国可以不断增加对缅石油天然气的供应量。一是发展缅甸的石化产业，中国可以在缅甸投资建炼油厂，解决缅甸成品油短缺的问题，同时为缅甸民众创造新的就业机会，推动缅甸发展；二是投资缅甸沿线城市的天然气管道建设，使油气管道在缅甸也能惠及广大民众，加速管道沿线城市化进程，为促进当地经济社会发展做贡献。让缅甸真正感受到中缅油气管道不仅是中国的，更是缅甸的管道。并推动沿线经济社会的发展，发展关联产业，结合沿线的资源优势和经济优势，把通道经济与实体经济紧密相连，建立若干各具特色、优势互补、充满生机和活力的经济增长点。最终形成以通道为主轴、以沿线大、中城市为支撑点，以众多小城市为网络、互相促进、共同发展，具有强大内聚力和辐射力的经济走廊。

五　以重大项目带动基础设施领域合作

中方鼓励金融机构为项目建设提供融资支持和便利，随着越来越多的中国企业赴海外投资。针对印尼近年加大经济重建力度，重点在扩大基础设施建设，要求中国加大对印尼的投资。基于中方优势，中方可在基础设施建设领域加大与印尼的合作力度，鼓励企业加大投资力度，鼓励金融机构提供更多的金融支持，更加有力地推动重大合作项目取得进展。

与泰国的合作中也需要完善硬软件设施，提升跨境贸易便利化水平。中泰双方亟须加大对交通基础设施建设的投资力度，应大力改善货物通关设施设备，加强双方政府间各部门的交流合作，消除贸易交易过程中不必要的人为性障碍，大幅提高贸易货物的通关效率，缩短通关时间，降低通关费用，以促进贸易便利化。

第三节 中国与环印度洋地区中东国家发展经济关系的对策建议

加强与中东国家的经贸关系，需要中央政府的重视，把中东提升到中国对外关系适当地位；需要外交工作的保障，以因应国际和地区的战略环境；需要把握工作重点，以明确主攻的方向；需要解决具体的问题，以实现工作的扎实推进。从总体上来看，做好这四个方面的工作，显得尤为重要。

一 重新定位中东在中国对外关系中的地位

在中国对外关系的大国、周边国家和其他发展中国家三分法中，中东目前列在其他发展中国家之列。其实，对于中国的对外关系而言，中东具有发展中国家共有的基础功能以外，还具有特殊的重大安全意义。中东与中国的能源安全密切相关。中国发展的最大瓶颈是资源短缺，最重大的资源短缺问题之一是国内石油资源的短缺。如今，中国已经成为世界上第一大石油进口国，这种状况在可以预见的将来会长期存在，甚至进一步发展。世界上没有哪个地区可以有像中东国家那样丰富的资源和那样经济便捷的海上通道，满足中国石油进口的巨大需求。中东国家如今已经满足了中国超过一半的石油进口需求。尽管中国努力采取进口来源多样化战略，但由于其他地区可以供应的资源数量有限或受到运输条件的限制，中国主要依赖中东国家石油供应的状况，将在很长时间内成为常态。确保中东国家对中国的石油长期稳定的供应是中国经济安全的关键一环。中东也关系到中国西部地区的稳定。"三股势力"是中国西部地区的重大安全威胁。肇于中东地区的宗教极端主义思潮对中国西部地区的渗透和影响，以及盘踞在中东地区的"东突"势力与中国西部地区"民族分离主义"分子的勾连，都对中国西部地区"三股势力"的活动都发挥着推波助澜的影响。考虑到中东对中国国家安全和发展的重大影响，建议把中东定位为周边地区或"大周边"地区的一部分，并给予更加高度的重视。

二 以外交手段创造有利于经贸合作的环境

中东形势已经和正在发生巨大变化，特别是地区地缘政治格局多极化，美国对中东掌控能力下降；阿拉伯国家之间分歧增多，伊朗的地缘政治地位上升；中国成为有世界影响力大国，在中东地区经济和安全利益上升；等等。面对这种新形势，中国外交要为中国与中东国家的合作创造良好环境，也要做出相应调整。

（一）注意把外交重点下沉到双边层面

中国对中东的政治外交工作，长期以来比较强调阿拉伯国家的共性，从而把阿拉伯国家作为一支整体力量看待。然而，随着中东地区形势的发展，阿拉伯国家已经发生和正在发生分化。曾经凝聚阿拉伯国家的"泛阿拉伯民族主义"进入低潮，这种思潮的主要旗手，纷纷退出政治舞台。各阿拉伯国家的对外政策个性更加明显，中国对阿拉伯国家的关系也应根据形势的变化，进一步下沉到双边层面，特别是针对各中东国家的具体情况，制定更加精准的外交和经贸合作战略。在落实"一带一路"战略的背景下，制定有针对性的国别经贸可合作规划显得尤为迫切。

（二）继续发挥现有多边关系平台的作用

强调双边关系绝不等于忽视和削弱多变关系。2004年成立的中阿合作论坛、2010年建立的中国与海合会国家战略对话机制，以及2012年成立的中阿博览会等多边关系平台，在中国与阿拉伯国家凝聚共识、相互支持和巩固互信方面，已经并将继续发挥重要作用。在落实"一带一路"战略背景下，仍有推动中阿经贸关系发展的重要潜力。阿盟是大阿拉伯自由贸易区的倡导者和协调者，海合会则不仅是中海自由贸易区谈判的对话方，也是海合会共同工业战略、海合会铁路联网计划等地区性发展机制和项目的倡导者和协调者。加强与这些地区国际组织的合作，可以为扩大中阿经贸合作，特别是在中东地区落实"一带一路"战略，创造更加有利的条件。中阿博览会应在发挥好自身优势的同时，与其他多边平台形成合力，在推动中阿经贸合作方面发挥更大的作用。

（三）进一步参与缔造和维护中东地区和平

中国的中东外交，长期奉行总体超脱的原则。然而，随着中国在中东地区经济利益的扩展，以及中国成为具有世界影响力的大国，中国应当也有能力更加积极地开展地区冲突斡旋调解，为地区和平稳定做更大贡献。建议在处理地区冲突中，倡导中国提出的"新安全观"，提出政治解决巴以问题的中国主张，推动伊核协议按照协议方案落实，支持建立中东无核区和无大规模杀伤性武器区，加强调解北南苏丹的矛盾与冲突，推动叙利亚问题的政治解决，参加联合国在苏丹等国的维和行动计划和反海盗国际行动，发挥和提升上合组织和亚信在维护地区安全中的作用，推动上合组织西扩，适时吸纳土耳其、伊朗为成员国，接纳海合会为观察员国，通过参与缔造和维护中东和平，树立中国负责任大国影响力，为"一带一路"战略在中东的落实创造必要的安全环境。

（四）在大国关系中维护制度利益

中东地区从来都是大国博弈的平台，中国发展与中东国家的关系绕不开在中东处理大国关系。中国与西方国家在中东地区的博弈，主要体现在制度利益层面。西方国家挑战以联合国宪章原则和现行国际法的基本准则为基础的国际制度，打着所谓"人权高于主权"和"保护责任"的旗号，推行"新干涉主义"，出于自身的利益图谋，按照自己设置的标准，任意发动战争，随意变更政权，是中东地区局势陷于混乱的重要原因，也为中国在中东地区落实"一带一路"战略制造了障碍。其危害性在伊拉克、利比亚、叙利亚等国，以及在中东难民潮等问题上，已成不争的事实。对此，在处理与西方国家关系的问题上，中国在中东问题上应继续维护联合国的权威和国际法基本准则，在叙利亚等问题上与俄罗斯等大国开展战略协作，在伊朗核问题上发挥联合国安理会的作用，推动新型大国关系的建设，维护有利于中国的国际制度。

三　明确双方经贸合作的主攻方向

推进中国与中东国家的经贸合作，要看到国际市场出现的重大机遇，实现双方重大利益的对接，才能把握发展的主攻方向。从总体上看，从以下三个方面入手，做好政府的推动工作，对于推动中国与中东国家经贸关系的发展显得尤为重要。

（一）以能源安全共同体为基础，做好油气大文章

中国的石油进口安全离不开中东地区的石油供应，中东国家的石油出口安全离不开中国的市场需求。世界上没有哪个国家，可以为中东国家的石油出口提供如此具有长期和规模意义的市场。随着 2008 年国际金融危机爆发和美国能源革命取得快速进展，国际石油市场逐渐从卖方市场转向买方市场，并且进入了可能持续较长时间的低油价新周期，进一步加重了中东石油输出国的市场竞争，伊核协议落实后伊朗原油增加供应，只能使国际石油市场的供过于求的状况更加严重，中国市场将进一步成为中东主要石油输出国激烈争夺的市场。由于美国天然气自给自足已经接近实现，卡塔尔等中东液化天然气输出国，以及拥有巨大天然气开发潜力的伊朗，也必然把未来液化天然气出口的主要市场方向锁定在东亚地区，特别是天然气可进口增长速度最快的中国。因此，中东能源输出国"向东看"的趋势会更加明显，中国与中东石油输出国之间在能源安全方面的战略性相互依赖更加紧密，中国与

沙特阿拉伯和伊朗等国今天已经互为最大石油市场和供应来源，未来的能源相互依赖只能更加紧密，双方关系的能源安全共同体特征日趋明朗。能源共同体的形成，为中国推动与中东主要油气输出国的经贸关系创造了有利的条件。为此，中国应当利用这一机遇，做好油气大文章，特别是增加从中东的油气进口，降低经济增长的能源成本，节省本国的油气资源；引进中东国家的"石油美元"，加快建设适炼中东高硫原油的炼厂建设和液化天然气接收设施建设，以及相应的管网建设等油气工业下游基础设施；加快中国的石油战略储备建设，提升中国石油安全保障能力；加力推动中国与海合会的自由贸易区谈判，争取海合会国家取消不利于中资企业进入其市场的"担保人"制度等贸易壁垒，为中国企业进入其石油天然气上游领域提供便利。

（二）以产能合作为机遇，开创互利合作新境界

新世纪第二个十年在中东地区爆发的所谓"阿拉伯之春"运动，在很大程度上是由于一些非石油输出国在解决就业问题上的长期失误造成的。埃及等中东国家的官方统计失业率长期居高不下，青年人失业率甚至高达30%—40%。只有大面积缓解就业压力，这类国家才有望实现由乱到治和长治久安。由于人口的大幅度增长，这些国家已经无法仅仅开发有限的农业、旅游业资源来满足就业的需求，只有大规模地发展工业制造业，才有解决就业问题的希望。这一点已经逐渐为当地国家的领导人所认识。许多中东国家都具有丰富而廉价的劳动力资源，以及可以辐射阿拉伯世界乃至欧盟和美国的巨大市场，具有发展工业制造业的良好条件。中国是世界制造业大国，由于国内市场饱和及劳动力成本上升等原因，面临调整产业结构的改革新任务，有大量适合中东国家的产能可以向外转移，埃及、伊朗、伊拉克等中东国家都是产能转移的理想市场。因此，国际产能合作对于中国和中东国家来说，都是一次历史性的机遇。双方应当给予大力推动，如果能够实现，则双方的贸易和投资金融合作有望提升到新水平，互利合作和共同发展将进入新境界。

（三）以工程承包为龙头，扩大货物和服务贸易

中国对与中东国家的产品出口结构在最近30年已经发生了重大的变化，机电产品已经成为出口的主要货物类别。实践证明，机电产品和成套设备出口的一个重要动力，是中国在中东地区建筑工程承包项目的带动，建筑工程承包本身就是一种服务贸易，而它的发展又可以成为带动主要货物贸易类别机电产品出口的龙头。特别是随着中国建筑承包工程企业在中东市场上竞争力的增加，越来越多地获得整包项目和EPC项目，对于项目采购中国装备和机电产品发挥了重大的作用。以建筑工程承包项目促进机电产品出口，仍

有很大潜力可挖，值得给予大力推动。其中最需要突破的瓶颈，是中国工程和中国产品的标准"走出去"。目前，中国标准还很少被国外市场认可和接受，不仅限制了中国建筑工程承包的进一步发展，而且也限制了工程项目对中国设备和机电产品的采购。其实，目前中资企业与欧洲同行在建筑工程承包行业中的技术水平差距已经不大，中国政府和企业如加大推介力度，则有可能在标准规范竞争中迈上新台阶。为此，建议我国政府和企业重视在援助项目中附加应用中方标准规范的条款，带动我国技术标准规范的传播；鼓励我国企业与西方著名工程咨询公司合作，以提高中国标准的可信度和影响力；注重发挥中资企业在中东地区运用中国标准规范建设的典型项目的宣传作用，让更多的当地人亲眼见证中国的技术能力，提高对中国技术标准规范的兴趣；在中东当地设立高铁、新能源等合作研究机构，吸收当地工程技术人员参与，共同推出中国技术标准；适当组织中东国家的官员、企业家、媒体、记者来华作中国技术能力专题参访，亲自了解中国的技术优势和水平，提高引进中国投资和技术标准规范的主动性。

四　多方施策解决经贸问题

推动中国与中东国家的经贸关系，特别是货物贸易、工程承包和金融投资合作，还存在许多具体的问题和障碍。只有发现和解决这些具体问题，才能扎扎实实地把经贸关系提升到新水平。

（一）货物贸易相关建议

第一，帮助出口企业获得市场信息。我国政府商务部门、相关行业商会和协会应当负起责任，帮助企业了解中东各国具体贸易法规、产品认证和质量标准、当地的代理制度以及当地传统和风俗习惯等。

第二，以展会为平台促进商界交流。建议我国政府各级商务部门、相关行业商会和协会应当积极邀请中东国家商界人士参加我国举办的各类展会或是在中东国家举办专业性展会，推介我国具有优势的行业和重点企业，扩大我国企业和产品的影响力。

第三，扩大销售渠道和市场占有率。对于国内实力较强、产品质量和信誉过硬的企业而言，应该注重销售渠道建设，选择当地有实力的经销商或分销商，或是采取与经销商合作建立专卖店的形式进行产品销售。稳扎稳打，逐步加大产品的宣传力度，塑造品牌形象，完善售后服务。

第四，价格竞争要有充分的风险意识。中东地区商人对于货物正常的贸易交货期限卡得比较死，对于样品和质量的一致性非常敏感，一旦疏忽延误交期和有质量问题，供货方不是面对降价就是索赔。因此，中小出口企业面对客户的寻价，不要轻易降价，要考虑在合理的利润范围之内，并且要考虑售后服务工作的开销，产品的报价要从简单的材料报价逐步向品牌和服务附加报价，增加产品的附加值。

（二）工程承包的相关建议

第一，加强对企业的金融支持。在国际市场进入新的低油价周期以来，中东国家的资金状况趋于紧张，带资承包将重新成为获得项目的竞争力核心内容。因此，中国应当做好带资承包的准备，积极推动国内金融保险机构建立和完善对外承包工程业务发展的金融支持体系。加强对带资承包各种实现形式的研究工作，在充分利用政策性银行、保险公司对承包工程各种融资支持手段的同时，进一步鼓励发挥商业银行的融资主渠道作用；在进一步优化信贷条件、扩大信贷对承包工程的支持规模的同时，大胆尝试以 BOT 及其衍生形式或带资方式拓展工程承包业务（例如 PPP）。政府应鼓励双方的主权财富基金参与大项目融资，鼓励金融企业、项目管理企业与承包企业也可打造财团，联手进入市场。

第二，提高承包项目的结构和水平。把现有承包工程的项目结构，从房地产项目引导到资金较有保障的基础设施和石化工业项目上来，其中包括区域经济一体化驱动的地区性电网、铁路网、公路网、电讯网建设项目。要从代表第四次技术革命的新能源领域寻找新的突破口和增长点，特别是积极寻找和关注我国已具能力，且中东国家锐意发展的核电、太阳能、风能等新能源等建筑工程承包项目。在我国劳动力成本上升背景下，企业应逐步退出土建等低端市场，向高附加值领域和新型领域发展。为此，企业应加快对新技术、新材料的学习、研究与应用，设立研究机构，加强与科研院所联系。政府应积极推动中国的技术标准走出去。

第三，鼓励企业通过重组提高竞争力。我国外经企业在国际承包工程和劳务市场上相互压价等恶性竞争现象比较严重，主要原因是企业数量多，企业之间业务同质化严重。要整顿和规范经营秩序，必须加快行业联合、重组、改制的步伐，尽快形成一批专业特点突出、技术实力雄厚、工程及竞争力强的大企业集团。为改变目前多数企业实力单薄的格局，需要优化经营主体结构，推动工程公司之间、工程公司和设计公司之间的重组与兼并，以提升企业的运营规模与实力。在欧美企业占据支配地位、当其企业崛起的市场上，我国工程建设企业可采取各种形式、灵活政策，联合国际、当地企业、专利商、工程公司、银团以及施工企业等，充分发挥各自优势，扩大我国企业的市场份额。

第四，加强行业商会的协调指导作用。行业商会一方面要加强对业内

"走出去"企业的管理,完善自律机制建设,避免无序竞争。另一方面,注意不断提升服务水平和质量,强化提供信息、咨询及相关服务的功能,协助业内企业进行项目谈判。切实履行为企业牵线搭桥的义务,加强在企业管理、沟通政府与企业之间的关系、帮助政府了解行业情况、为企业代言和服务等方面发挥应有的作用。

第五,进一步加强对合格人才的培养。企业人才培养应特别注重培养语言能力强、熟悉当地国情、善于经营管理、具有国际工程谈判能力的复合型管理人才,以及掌握熟练劳动技能、了解和适应所在国风土文化的适合市场需要的劳动力。为此,应当更好发挥国内劳动力培训基地的作用。

第六,建立对外劳务合作社会服务体系。在行业组织中设立外派劳务人员共同风险基金,用于替代劳务备用金制度,减少资金闲置,减轻企业负担。建立外派劳务人员服务体系。为出国劳务人员提供医疗和养老保险等社会保障,为归国劳务人员的重新安置就业提供帮助和扶持,设立为劳务人员提供法律、心理和业务服务的咨询机构等。

第七,强化企业履行社会责任的意识。企业履行社会责任,可以为企业创造更好经营环境,为国家树立互利共赢形象。为此,应对企业开展全面贯彻联合国全球契约、ISO9000系列质量标准等企业社会责任规范,确保工程质量,维护全行业的信誉的教育。吁请企业特别注意解决就业和适用技术转移问题,以及劳动力本地化和环境保护等问题。

(三)投资金融的相关建议

第一,企业有选择地进入中东投资市场,避免误入高风险国家。企业投资前要对市场环境进行全面评估,投资落实后,应按国际惯例,购买海外投资政策性保险产品,以防因东道国发生国有化征收、汇兑限制、战争动乱等政治风险造成经济损失。

第二,企业要加强与政府联系,其中包括与当地政府部门及商会和中国驻所在国使领馆的联系,遇到问题及时向东道国有关方面和中国使领馆报告,遇到突发事件及时向东道国有关方面和中国使领馆求助。

第三,认真了解东道国的经济发展规划,根据每个国家的不同需要优先考虑,把企业的直接投资和产业合作与东道国的经济发展规划结合起来,以便获得东道国政府的更多支持。

第四,对于基础设施不足的国家,企业可以把直接投资、建筑工程承包与改善当地的交通、电信、电力等基础设施结合起来。对于贫穷国家的基础设施建设项目,中国政府可以提供援助。

第五,中国政府应与当地国家的政府大力推动中国与海合会的自由贸易谈判和金融企业走出去，以及提高中东地区人民币结算的规模，为企业投资创造更加便利的条件。

第四节　中国与环印度洋地区非洲国家发展经济关系的对策建议

进一步推动中国与环印度洋地区非洲国家的经济关系发展，应当特别重视维护中非新型战略伙伴关系，为经贸合作提供外交保障，明确经贸合资的主攻方向，并采取具体措施消除经贸合作的障碍。

一　维护中非新型战略伙伴关系

中非历史上长期友好交往，从无战争冲突，在民族独立和解放运动中相互支持，在经济发展问题上相互依靠，有深厚的友谊和互信基础。发展中国家是中国外交的基础，而非洲是世界上发展中国家最集中的大陆，因此是中国外交基础的重要组成部分。在国际舞台上，非洲国家往往用一个声音说话，有国际"票仓"之称。李克强总理于2014年在非盟演讲和世界经济论坛非洲峰会致辞中指出，非洲"已经成为世界政治舞台上的重要一极"。非洲在中国恢复在联合国合法席位、推动祖国完全统一大业等一系列涉及中国主权和重大利益的问题上，均能对中国提供宝贵的支持，是中国可靠的政治伙伴。在经济发展问题上，非洲地区资源丰富，市场潜力很大，是化解中国发展资源瓶颈的难以替代的抓手，也是中国货物和服务出口和投资和技术转移的重要市场。正是由于中国在涉及自身核心和长远利益的问题上，可以依靠非洲的支持，中国政府在2006年1月发表的《中国对非洲政策文件》中，把中非关系明确定位为"新型战略伙伴关系"。这种战略伙伴关系是中国开展对非经贸合作的最基本的全局性战略保障，需要精心维护和不断发展。

二　为经贸合作提供外交保障

保持和发展中国与非洲国家的友好关系，应对大国在非洲地区的竞争，特别是对发展中非关系的阻挠，对于创造有利中非合作的地区环境，具有战略性的关键意义。

（一）支持非洲国家的核心关切

从目前的情况来看，特别需要中国继续在非洲的减贫与发展问题上给予支持，特别是支持联合国的有关方案，在千年目标执行期满以后，继续推动联合国制订有利于非洲国家的减贫和发展方案。需要中国在联合国改革中的非洲国家担任联合国常任理事国的问题上提供支持，呼吁尊重非洲国家的选择，从而进一步帮助非洲摆脱在国际事务中被边缘化的境地。需要在增加对非洲的发展援助问题上提供支持，不仅呼吁增加对非洲国家的援助，而且继续坚持反对把援助附加政治条件。需要在维护非洲的和平稳定上发挥更大作用，除了目前已参加联合国维和行动和打击海盗行动外，还可适当扩大对涉及中国重大投资利益的南北苏丹等非洲冲突的斡旋活动，为在联合国维和计划内的非洲维和行动提供更多的部队，以及提供维和与反恐方面的军事培训合作等。中国与非洲国家的安全合作，其实也是为中国与非洲的经贸关系提供更加安全的合作环境。

（二）扩大与非洲国家和组织的合作

目前中国与非洲国家的双边关系发展良好，在多边层面，2000 年建立的中非合作论坛已经成为全面协调中国与非洲国家关系，特别是经贸合作关系的有效平台。但是中国与非洲国家的次区域合作组织的合作关系迄今还比较薄弱。非洲的次区域合作组织，在非洲本地区安全和发展问题上，特别是区域经济一体化、解决地区冲突等问题上，发挥着重要的作用。加强与这些组织的关系，对于中国企业在非洲开拓次区域市场、开展区域性基础设施项目建设、参与区域性冲突斡旋活动，都具有重要意义。

（三）增进中国和非洲人民相互了解

国之交，在于民相亲。由于地理相距遥远，以及历史联系较少，中国与非洲国家之间的相互了解还是比较欠缺的，这对于开展经贸合作也是不利因素。从外交角度来看，加强民间相互了解，除靠加强现有的文艺体育交流、教育科技培训以及青年妇女和议会党团交流之外，应特别注意扩大智库之间的交流，以促进中非共识和影响高层决策；推动媒体之间的交流，以减少西方媒体霸权对中非关系的不利影响；开展减贫和经济发展经验的交流，以扩大中国经验对非洲发展的影响力。

（四）妥善处理与西方国家的竞争与合作

非洲被欧洲老殖民主义宗主国视为自己的"后花园"，被日本视为"争常"的主攻方向，被美国视为反恐战场，因此西方国家也不愿看到中非关系的快速发展。然而，中国具有许多西方国家所不具备的合作优势，特别是中非友好互信基础牢固；中国可以为非洲资源出口提供长期稳定的市场，有大量的非洲工农业适用技术可供转移，有值得非洲国家参考的发展经验，中国的投资与援助能力也不断提高。因此，就硬实力而言，西方国家很难遏制中非合作的发展。但中国也不应忽视西方国家针对中国发动的扭曲是非的舆论攻势，对于诸如所谓中国在非洲搞"新殖民主义"等罔顾事实的谬论，应当组织中国和非洲的专家学者，给予有理有据的驳斥，纠正国际视听，为中非合作创造有利的舆论环境。与此同时，也要看到中国与西方国家在非洲也有开展合作的机会。例如，中国与欧美国家可以在非洲国家需要和愿意的基础上，发挥各自优势，在援非项目、调解斡旋地区冲突、联合国维和行动、对当地安全部队提供培训等方面进行合作；中国企业还可以利用非洲国家参与的欧盟与非加太国家的协议、欧洲地中海联系协议、美国的非洲增长与机会法案等自由贸易机制，通过对非洲的投资辐射欧洲和美国市场。通过这种合作，扩大中国在非洲的经贸合作规模，减少风险，推动建立新型大国关系。

三　经贸合作的主攻方向

（一）扩大资源合作，实现互利双赢

李克强总理在接见来访的外国代表团时曾经明确指出，"中国经济发展的最大瓶颈是资源短缺"，非洲是世界上资源种类和数量最丰富的地区，中国的发展需要长期依靠从非洲进口多种资源。非洲国家在殖民地时期形成的依靠资源出口的单一经济结构还没有彻底改变，还将在很长时间把资源出口作为经济发展的资本积累手段和经济增长的主要源泉，因此对于中国资源进口市场的依靠将长期存在。除此之外，中国对初级产品进口的需求，也是国际初级产品价格和非洲国家贸易条件的重要支柱。因此，资源合作是中非战略合作的重要组成部分，在未来中国与非洲国家的经贸合作中，仍然应当是主攻方向。中国与非洲的资源合作，不仅限于中国从非洲购买资源产品，而是正在逐渐向中国企业在非洲投资开发资源转变。与西方国家的资源开发企业相比，中国的资源开发企业有独到的优势。前者在非洲通常仅仅满足于开发和销售资源，而中国企业通常兼有上下游产能，以及相关的基础设施建设功能，因此可以发挥综合优势，在资源国不仅开发资源，而且形成资源加工能力，延长非洲资源在本地的价值链，推动资源国的工业化发展和基础设施建设。中国石油企业采用这种模式在苏丹的成功实践，使我国的能源安全、我国企业的利益和资源国的发展互利多赢，受到资源国和其他非洲国家高度赞赏，为资源开发型企业进入苏丹市场，树立了一个很好的典型，对于我国资源开发型企业成功走进非洲，具有很高的参考价值。

（二）扩大产能合作，实现规划对接

非洲国家自获得民族独立以来，就追求通过工业化发展，实现资源在本地的加工升值，改变在殖民地时期形成的单一原料出口的畸形产业结构，但

这种改变迄今没有完全实现，仍然处在工业化的早期阶段。近年来，非洲国家面临人口高速增长、就业压力的扩大，发展工业的愿望更加强烈。非洲国家总体上来说人口资源丰富，劳动力成本较低，农业、矿业和能源资源丰富，本地市场和辐射市场的潜力较大，具有发展工业制造业的有利条件。中国面临国内市场饱和、劳动力成本上升和产业调整的挑战，有大量劳动密集型产业和光伏、风能等新能源产业，适合于转移到非洲发展，为在互利双赢基础上实现中非产能合作提供了历史性的机遇。中非产能合作要注意与非洲现有的发展规划对接。自从21世纪以来，非洲国家对于全地区的发展制定了大量的战略性规划，不仅有2003年出台的《非洲发展新伙伴关系》计划、2013年制定的非洲《2063日程》等全地区总体规划，也有矿业、农业、工业等方面的部门的发展战略规划。非洲国家所实施的发展计划，多以这些地区性规划为指导，根据国情强调自身的优先领域。目前，国内对于非洲发展战略规划的研究还比较薄弱。大力发挥我国智库和学者的作用，加强对非洲发展战略规划的研究，中国政府据此制定中国对非洲产能合作的总体规划，引导企业的对非洲的投资，可以使中国的投资与非洲国家的发展规划对接起来，减少投资与援助的盲目性，争取更多的投资优惠条件，更好发挥投资促进非洲发展的效果，凸显中非经贸合作共同发展的特征。

（三）建设基础设施，改善投资环境

基础设施条件差，是非洲投资环境的突出问题。基础设施的不发达，严重影响了非洲市场经济的发展，也是影响本地私人投资和外国直接投资的主要障碍。中国在海外建筑工程承包方面具有竞争优势，在电力、通信、铁路、公路建设方面经验丰富，通过扩大在非洲国家的基础设施项目建设，可以直接带动建筑工程承包企业在当地市场的发展和中国机电设备的出口，还可以为中国对非洲的产能合作改善投资环境。中国在非洲的埃塞俄比亚、埃及、毛里求斯、尼日利亚、赞比亚等国建立6个经贸合作区，在大的投资环境存在较多缺陷的情况下创造了比较有利的小的投资环境，这种做法值得推广到更多的非洲国家。

（四）扩大援助规模，提高援助效率

非洲是世界贫困人口最集中的大陆，也是大国竞相彰显道义精神的场所。中国虽是发展中国家，对非援助的能力还有限，但巩固中非战略伙伴关系的意义非凡，提供援助是必要手段之一。因此，中国随着经济实力增长，对非援助的规模还应不断扩大。中国对非援助的管理比较笼统，可借鉴其他国家的成功做法，按照主题打造中国的援非品牌，例如产业合作专项援助、农业合作专项援助、扶贫专项援助等，以产生推动经贸合作和提升宣传功能的双重效果。中国的对非援助多与经贸项目直接相关，并以有偿的无息贷款和优惠贷款为主，改善非洲民生的项目相对较少。为了彰显中国对非援助的人文关怀和道义精神，可适当增加以无偿援助为主的民生援助项目，如教育、医疗、卫生、减贫等，以提升中国在非洲的软实力。而这些民生项目本身也会给中国企业带来商机。

（五）加快机制建设，提供法律保障

非洲国家的投资环境总体上还不完善，投资关税壁垒比较高，法律法规不尽完善。中国与非洲国家发展经贸关系，以企业为主体，以市场为导向，改善投资环境非常重要。从政府的角度看，应当积极推动非洲国家参与到改善投资环境的努力中来，特别是降低关税和投资壁垒，改善安全环境，完善基础设施。目前，中国虽然与绝大多数非洲国家都建立了经贸联（混）委会机制，但与一些国家尚未签署投资保护协定，与多数非洲国家还没有签署避免双重征税协定和防止偷税漏税协定。因此，中国政府还应加快推动中国与非洲国家的经贸合作机制建设，为中国企业与非洲国家开展经贸关系提供更加全面和完善的法律机制保障，为企业走进非洲提供更加公平、透明和可预见的经营环境。

四　经贸合作的相关建议

（一）货物贸易的问题与建议

一是针对非洲国家的不同情况，有针对性地采取对策，特别是对于非洲的非资源输出国和民族工业脆弱国家，应视其国情特点，或推动其旅游等服务贸易对华出口；或考虑对其增加投资，以缓和其因贸易逆差造成的外汇压力；或进行适用技术转移，以并塑造加工工业的生产和出口能力，以寻求问题的长远解决办法。

二是积极推进贸易的自由化和便利化，特别是要求非洲国家对中国的适用技术转移和投资降低关税和非关税壁垒，以利扩大中非产能合作；扩大非洲工业品零关税进入中国市场的范围，以扩大非洲国家对华出口规模。非洲全地区层面尚缺乏贸易自由化安排，但贸易自由化和便利化主要在次区域合作组织层面展开，各次区域合作组织的区内贸易自由化和便利化均取得不同程度进展。因此，中国推动对非洲国家的贸易自由化和便利化，应以国别和次区域合作组织为切入点。

三是鼓励有实力的企业到非洲建立物流中心，形成中国对非洲出口货物的主渠道，促进中国名优产品对非洲出口，减少非洲进口商不顾质量地进口中国低价产品，损害中国产品形象的行为。中国与非洲国家海关应建立打击中非货物贸易中的各种逃税、走私等违法行为的合作机制。

（二）工程承包的相关建议

一是通过加强规划带动中国在非洲工程承包业的升级发展。规划的重点应是对接非洲大陆和各次区域一体化规划，着力推进大型公路网、铁路网、电网、通信网络等互联互通大型基础设施工程，利用 BOT、BOOT 等综合承包方式，形成中国的金融企业、经营管理部门与建筑工程企业联合进入市场的态势，争取大型 EPC 项目，以提升承包工程水平档次，带动更多中资企业有序参与，不仅提高建筑工程承包的档次和规模，也为解决中资建筑工程企业低端无序竞争问题提供一条出路。

二是重视劳动力本地化的问题。在思想上应认识到，随着中国劳动力成本上升，国际建筑工程企业的劳动力本地化势在必行，是中资建筑工程企业走出去的必然选择。中资企业应将此作为适应非洲市场要求、履行企业社会责任和推动中非共同发展的重要抉择，加以逐步推行。在实践中应不仅加强对非洲劳动力进行技术和劳动技能培训，而且加紧培养一批能够讲汉语、懂技术的管理人员，扎实推进劳动力本地化进程。

三是高度重视中资企业的安全问题。企业开赴非洲之前，一定要加强调研咨询，对非洲当地的安全状况做到心中有数，行前要做好员工的安全培训，要制定好企业的应急预案，到达非洲以后要与使领馆及时联系，遇到问题及时向使领馆请示报告，寻求援助。值得提到的是，企业应重视履行社会责任，搞好与所在社区的关系，也是对自身安全的重要保障。此外，中国也应加强与非洲国家的安全合作。

（三）直接投资的相关建议

一是政府部门应尽快联合相关部门和研究机构，系统制定中国对非洲投资的总体战略规划，以及对次地区和国别的战略规划，用以指导和协调中国对非洲的大规模产能合作。

二是对海外投资和保险进行立法，与更多的非洲国家签署投资保护协议和防止双重征税协议，建立有利于海外投资的比较完备的法律保障机制。

三是为中小企业融资提供更多的便利。特别是把中小企业接受政府规划指导与融资优惠挂钩，对那些符合中国政府对非洲投资战略规划的中小企业，按优惠条件给予融资方面的鼓励和支持。

四是加强对非投资企业的履行社会责任教育，要求其设置专门负责履行企业社会责任的专门机构，并加强对其履行企业社会责任业绩的评估，作为政府向企业提供支持的一项先决条件。

第五节　中国与环印度洋地区大洋洲国家发展经济
关系的对策建议

一　中国企业需要进一步严格遵守澳大利亚法律法规，积极融入当地社会

中国企业尤其需要注意两个方面的法律规定：一是澳大利亚有关外国务工人员当地工作规定。近两年在澳引进外籍技工中出现了低薪雇佣外劳以及让 457 名临时入境技工签证持有者做非技术工作等违规现象。被媒体曝光的违规情况多涉及我国输澳劳务，国内部分中介公司收取高达 10 万元以上的中介费，也扰乱对澳劳务输出的正常秩序。为解决目前我国对澳劳务输出中存在的问题，有序开展中澳劳务合作，建议采取如下措施：（1）加强对中介公司和经济技术合作公司的指导，遵守澳现行法律法规，严防偷派无技术或不合格人员赴澳务工。（2）要求我国劳务人员赴澳前了解澳法规，弄清雇主情况，直接与澳雇主签订合同，明确工人的各项权利及义务，确保我国劳工工作期限、工资、工作条件、住宿和医疗保险等相关权益。此外，还应加强对我国输澳劳务的技能、英语和法律知识的培训，提高我国劳务人员的综合素质。（3）加强国内主管部门与我国驻外使（领）馆之间的合作与信息沟通，联手管理对外劳务合作事宜，进一步拓展我国输澳劳务业务。[①] 二是严格遵守澳大利亚环保法律。澳大利亚环保法律法规的条款很细。突出特点是重视预防，有关许可制、环境影响评价、污染企业自我监控等法律措施和制度都是着眼于事前控制，有关预防措施的内容占法律条款的绝大多数，而有关事后惩罚措施则处于法规中不显眼的位置。中方企业需要进一步研究澳大利亚环境保护政策，树立环保意识，按照当地的环保标准运行企业。

二　调整贸易及投资结构，扩大投资主体

长期以来，我国与澳大利亚的贸易及投资主要集中于矿产资源领域，在新形势下，双方需要扩大合作领域，深化合作空间。目前，双方在农业、生物、教育、装备制造等领域有巨大的合作潜力。中国企业需要同澳大利亚一道，加强联合研发、生产。在央企、国企"走出去"的同时，也要积极鼓

---

① 商务部美大司：《对澳大利亚劳务输出业务应注意的问题》，http：//jiangsu. mofcom. gov. cn/aarticle/sjdixiansw/200703/20070304428426. html。

励中国民营资本赴澳投资，加快融资整合，实现优势互补。

三 积极规避风险，做好预警防范

中国企业应需要积极关注澳大利亚宏观经济发展状况，对澳经济发展作出客观的预测和评价，做好投资和贸易项目的可行性分析，避免盲目投资。同时注意澳大利亚社会和自然风险。近期以来，针对中国人的抢劫时有发生，中国在澳人员应加强自身安全意识。由于地理位置，澳大利亚气象环境较为复杂，常有台风、洪水发生，在澳人员要提早做好自然风险防范工作。

四 中国企业应与国内主管部门及中国驻澳使领馆保持畅通联系

中国企业应及时关注相关部门发布的政策和信息。驻澳大利亚使馆经商处作为中国政府派驻澳大利亚的贸易与投资促进和管理机构，致力于中国企业赴澳投资合作提供更多更好的服务和帮助。如遇困难应积极向相关部门沟通汇报，积极配合相关部门的调查。

后　　记

　　《环印度洋地区经济发展研究》是云南省社会科学院与中国社会科学院西亚非洲研究所两个研究团队共同完成的省院合作项目。该课题 2013 年立项，历经两年时间，研究人员通过收集大量统计资料，利用已有的研究基础和积累，认真研究，深入分析，2015 年按时完成课题，经专家组评审通过结项，并获得优秀等级。

　　全书的撰写由中国社科院西亚非洲研究所和云南省社科院分工合作完成。第一章环印度洋地区经济发展现状与展望，由云南省社科院完成，任佳、马文霞执笔。第二章环印度洋各区域经济发展现状与趋势，由双方共同承担，任佳、杨宝荣、魏敏、赵姝岚、许娟、马文霞执笔。第三章环印度洋地区的相关区域合作组织状况及影响，由双方共同承担，赵姝岚、杨宝荣、魏敏、胡娟、许娟执笔。第四章中国与环印度洋各区域经济关系分析，由双方共同承担，任佳、陈沫、杨宝荣、赵姝岚、许娟、马文霞执笔。第五章中国在印度洋的利益及其与环印度洋各区域经济合作，由双方共同承担，任佳、陈沫、杨宝荣、赵姝岚、许娟、马文霞执笔。第六章中国与环印度洋各区域发展经济关系的战略环境分析，由中国社科院西亚非洲研究所承担，唐志超执笔。第七章拓展中国与环印度洋各地区经济关系的对策建议，由双方共同承担，任佳、杨光、赵姝岚、许娟、马文霞执笔。全书由任佳、杨光设计、统稿和审定，胡娟参与了统稿和课题组秘书工作。

　　我们衷心希望此书能使读者对环印度洋地区经济发展和中国与该地区的经济合作有较为系统的了解。书中难免有不足甚至错误之处，敬请读者批评指正。

2015 年 12 月 30 日